케이프코드

케이프코드

헨리 데이비드 소로 지음/ 유인호 옮김

한국문화사

To the memory of my mother(1930~2014) and SM(1982~2015)

Cape Cod
Written by Henry David Thoreau
Originally published by Ticknor and Fields in 1865

Translated and annotated by Inho Yoo
Korean translation copyright ⓒ 2022 by Inho Yoo
Printed by Hankook Publishing House in 2022

■ 목차

- 작품 안내__6
- 작가 연보__12

제1장 난파선 …………………………………… 15
제2장 역마차에서 본 풍경 ……………………… 35
제3장 노셋 평원 ………………………………… 48
제4장 모래 해변 ………………………………… 77
제5장 웰플릿의 굴 따는 노인 ………………… 103
제6장 다시 해변으로 …………………………… 129
제7장 케이프 횡단 ……………………………… 162
제8장 하일랜드 등대 …………………………… 187
제9장 바다와 사막 ……………………………… 216
제10장 프로빈스타운 …………………………… 259

- 화보__333
- 역자 후기__337
- 찾아보기__341

■ 작품 안내

　헨리 데이비드 소로가 누구인지 대충 아는 대부분의 일반 독자들은 자연 환경문학의 고전인 『월든』과 민권운동의 교본이랄 수 있는 「시민 불복종」을 먼저 떠올릴 것이다. 그렇지만, 자연세계에 대한 그의 면밀한 관찰과 기록을 더 찾는 사람들은 그가 강을 따라 여행한 이야기로 첫 번째 내놓은 책인 『콩코드강과 메리맥강에서 보낸 일주일』을 시작으로 하여, 메인 주의 산과 호수를 탐방한 이야기인 『메인의 숲』, 그리고 바다를 마주하고 해변을 경험한 이야기인 『케이프코드』를 읽어봄으로써 그의 자연사상에 관한 균형 잡힌 시각을 갖게 될 것이라고 본다.

　소로는 1845년 7월부터 1847년 9월까지 고향인 콩코드 마을 근처의 월든 호숫가에 4평 남짓한 오두막을 손수 짓고 2년 2개월 동안 홀로 자연인의 삶을 영유했다. 거기서 그는 1839년 형과 함께 콩코드강과 메리맥강을 따라 2주간 여행했던 일을 1주일로 줄인 첫 작품 『콩코드강과 메리맥강에서 보낸 일주일』을 완성하고, 숲속에서의 생활을 기록한 『월든』의 초고를 썼다. 그 이후 『월든』의 초고를 7번이나 전체적인 수정과 보충작업을 거듭한 끝에 1854년 틱노어앤드필즈출판사를 통해 세상에 책으로 내놓기까지 10년 남짓한 기간 동안 그는 별개의 작품들로 탄생하는 몇 번의 중요한 여행을 한다. 월든 시기인 1846년 여름 보름 동안 메인주의 뱅거에 살던 고종사촌 매형인 조지 새처의 초청으로 메인의 숲들을 답사하며 최고봉인 카타딘산을 처음 다녀온 것을 비롯해, 1849

년에는 대서양 연안의 케이프코드를 처음 방문한 것이다. 메인의 야생 숲을 재차 삼차 다녀온 여정을 기록한 원고는 처음에 『애틀랜틱 먼슬리』지에 일부를 게재한 후, 『케이프코드』의 경우에도 그렇듯이, 단행본으로 출판하고자 삶의 마지막 순간까지 다듬고 손질했다. 그의 임종 시에 – 최근의 연구에 의하면 실제로는 일주일 전쯤이라고 하지만 – 그가 마지막으로 입에 올렸다고 전해지는 "무스...인디언..."이라는 두 단어는 야생의 자연과 인간에 대한 그의 일관된 몰입을 단적으로 보여주는 증거로 보이는바, 이 원고는 사후인 1864년 『메인의 숲』이란 제목으로 출판되었다.

1849년 10월 소로는 처음으로 대서양 연안의 작은 반도인 케이프코드를 가려고 친구인 채닝과 같이 콩코드를 떠났다. 그런데 프로빈스타운으로 가는 배를 타려고 보스턴에 가보니, 이용하려던 왕복선은 폭풍으로 보스턴에 도착하지도 않았고, 거리에는 미국으로 이민을 오려는 아일랜드인들이 탄 배가 보스턴 서남방에 있는 코하셋에서 난파해 145명이 사망했다는 전단지가 뿌려져 있었다. 이것을 본 소로와 채닝은 배를 타려던 계획을 바꾸어 보스턴 역에서 기차를 타고 해안 마을인 고하셋으로 가서 난파 현장의 참혹한 장면들을 직접 목격한 후에 브리지워터에서 숙박을 한다. 이튿날 케이프코드의 초입에 있는 종착역인 샌드위치로 가는 기차에 몸을 싣고 케이프코드로 들어간다. 그 후 소로 일행은 역마차를 타고 케이프코드 북쪽 루트를 따라 올리언스까지 가서 히긴즈 여관에서 하룻밤을 묵었다. 다음 날 아침부터는 도보로 출발하여 케이프의 모래 해변과 황량한 평원을 종횡으로 답사하고, 마침내 이틀 후 케이프의 끝부분에 있는 프로빈스타운에 도착해 이틀을 더 묵은 다음에 다시 배를 타고 보스턴으로 귀항했다.

여행기 『케이프코드』는 위에 약술한 1849년의 첫 번째 여행 후 몇 달 안에 바로 쓰기 시작한 것으로, 이 책의 전체적인 뼈대는 이 맨 처음의 여행에 토대를 두고 여기에 그가 잇따라서 다시 가본 케이프코드의 모습들과 뉴욕주 해안 등에서와 같은 다른 곳에서의 경험, 그리고 케이프코드의 역사 및 지리에 관한 책들에서 인용한 다양한 문장들과 일화들이 첨가되어 총 10장으로 구성되었다. 각종 작품 선집에 많이 포함되어 하나의 단편소설로 보아도 손색이 없을 제5장 「웰플릿의 굴 따는 노인」을 비롯한 10편의 글은 각기 독립된 얘기로 간주해도 무리가 없다. 이 책은 소로가 죽은 뒤인 1864년 여동생인 소피아와 소로의 여행 동반자였던 채닝이 원고를 함께 정리하여 1865년 틱노어앤드필즈에서 단행본으로 출판되었다.

소로는 1850년 여름 케이프코드로 두 번째 여행을 가기 훨씬 전인 1월부터 콩코드 문화회관Lyceum에서 케이프코드 여행에 관해 4번이나 강연을 했다. 케이프코드로의 마지막 여행을 끝내기도 전인 1855년에는 그의 퀘벡 여행기인 『캐나다의 양키』 일부를 2년 전에 출판한 적이 있는 월간잡지 『푸트남』에 케이프코드에 관한 3편의 글을 연재하였으나, 원고 임의삭제 편집과 관련된 편집자와의 갈등으로 나머지 부분의 게재를 철회하고, 후에 단행본으로 출판하고자 수많은 자료를 섭렵하여 추가하는 작업을 계속했다. 특히 그의 대표작인 『월든』의 앞부분에서 그는 여행이라고 해보아야 자기 고향마을인 "콩코드를 아주 많이 여행했다"고 말한 데다, 「결론」 장에서는 "네 안의 전혀 새로운 대륙과 세계를 탐험하는 콜럼버스가 되라"고 강조한 것처럼, 평소 정신적인 내면의 여행을 중시한 소로의 외면적인 여행에 대한 소극적인 자세를 감안해본다면,

그가 콩코드를 떠나 케이프코드를 네 번이나 방문했다는 사실은 물론이거니와, 『케이프코드』의 초고를 다 쓰고 난 후에도 다시 찾아갔었다는 것은 소로의 일생에서 볼 때 매우 예외적인("Extra vagance!") 일로 보인다. 또한, 그가 이 책을 처음 쓰기 시작하고 나서 사망 원인이 된 독감에 걸려 죽기 몇 달 전까지도 무려 10년 가까운 기간 동안 계속 내용을 덧붙이며 손질하고 있었다는 점은 그의 이 책에 대한 애정과 더불어 케이프코드에 대한 남다른 관심을 보여주는 예例이다. 소로는 네 번의 여행을 다 합쳐서 한 달 남짓한 기간을 케이프코드에서 머문 셈이지만, 다분히 그의 마음과 상상력은 케이프코드의 해변을 비롯한 이 지역의 아름다운 야생자연과 삶의 형태에 사로잡혀 있었다고 보아도 지나친 말이 아닐 것이다.

그러나 바다의 서사시敍事詩라고도 부를만한 이 책은 비록 케이프코드의 인문환경과 각종 초목草木과 지형지물地形地物, 새와 어패魚貝류, 파도波濤와 조류藻類 등 자연환경생태 전반에 대한 소로의 전매특허인 면밀하고도 소상한 기록을 담고 있음에도 불구하고, 특이하게도 케이프코드로 들어가기 전에 목격한 조난사고와 이로 인한 죽음의 처참한 현장에 대해 적나라하게 묘사한 「난파선」 장으로 시작하고 있다. 이런 공포의 장면들을 곳곳에 담고 있는 이 작품은 그동안 초월주의라는 낭만적 이상주의의 관점에서 세계를 바라보고 싶은 이들에 의해 다소 경시되어온 감이 없지 않다. 그렇지만 현대적 관점에서 무엇보다 주목해야 할 점은 소로가 이 책에서 특히 난파현장을 통해 보여주는 바다라는 야생의 세계는 인간에게 전혀 무관심한 자연이라는 사실로, 소로보다 한 세대쯤 후인 19세기 말에 나타난 자연주의적 세계관을 예기豫期하고 있었다는 점이다.

아늑한 월든 숲과 호수를 잠시 벗어나 메인주에 있는 카타딘산 등정 시에 소로가 보고 느꼈던 거칠고 황량한 야생 자연에 대한 미증유未曾有의 감정에서도 나타났듯이, 케이프코드를 가면서 마주친 대양이라는 거대한 야생의 바다는 세계를 바라보는 소로의 초월주의적 관점에 변화를 일으켰다. 자연을 이데아의 상징으로 보는 에머슨의 초월적 자연관에서 그가 점차 멀리 벗어나 자연과학자와 같은 자세로 오로지 자연 자체만을 바라보게 된 것이다. 그러므로 인간에게 전혀 무관심한 바다라는 거칠고 원초적인 야생 세계를 그대로 보여주는 이 책은 그 주제와 관점에 있어서 어느 면에선 내륙의 『월든』과 대척점에 있는 작품이기도 하다. 소로에 관한 종합적인 안내서랄 수 있는 『헨리 데이비드 소로의 인생과 예술』(유인호역, 2017)을 쓴 리처드 슈나이더Richard Schneider의 말대로, 이 『케이프코드』는 『월든』의 초월적 자연관을 보완하여 자연에 대한 균형감각을 이루게 해줄 『월든』의 후속편으로 보기에 가장 적합한 책이며, 또한 프린스턴대학교에서 출판한 『케이프코드』(2004)의 해설문을 쓴 로버트 핀스키Robert Pinsky의 서술처럼, 이 책에 적나라하게 묘사된 처참한 공포의 장면들과 더불어 심기를 불편케 할 정도의 빈정거림과 깊이를 가늠할 수 없는 아이러니들은, 어떻게 보면 『월든』의 상대적으로 정숙한 좌정坐停과 피정避靜의 상황을, 마치 동전의 양면과 같이, 뒤집어 놓은 듯하여 『월든』의 지나치게 포근한 자연이해를 냉엄하게 교정해주고 있다고 할 것이다. 또한 가장 최근에 소로의 전기(*A Life*, 2017)를 출판한 로라 월스 대소Laura Walls Dasso의 표현대로, 『월든』과 『케이프코드』는 각각 빛과 어둠이라는 쌍둥이 형제로서, 낭만주의적 자연과 자연주의적 현실이 각각 대비되고 있음을 볼 수 있다.

이러한 주제적인 중압감이 있음에도 불구하고, 대부분의 그의 글들이 그렇듯이 애초에 강연원고로 작성된 이 작품은, 비록 『월든』에서 보이는 정치精緻한 구성과 이론은 다소 부족할지언정, 소로의 다른 어느 책 보다 재미있고 큰 부담이 없이 읽을 수 있다. 글쓰기와 강연이 결합된 소로의 전광석화처럼 톡톡 튀는 문체와 유머로 인해, 사람들이 눈물이 나도록 웃었다고 에머슨이 말했을 정도로, 케이프코드에 관한 소로의 강연은 청중의 인기를 가장 많이 누렸다. 소로연구의 선구자로 작년에 창립 80주년을 맞은 미국 최초의 작가학회 The Thoreau Society의 설립자이기도 한 월터 하딩 Walter Harding이 지적한 대로 이 책은 소로의 가장 햇빛 가득한 책이며, 야생자연을 탐사한 여행기로서 『메인의 숲』에 못지않게 읽는 재미가 쏠쏠하다. 어린 시절의 판관이라는 별명처럼 엄격한 원칙과 행동으로 탄탄하게 엮인 콩코드를 배경으로 한 작품들과는 달리, 이들 여행기에서는 화자話者이며 주인공으로서 남풍이 부는 듯 따뜻하고 친근한 '아재' 소로의 모습을 여실하게 느끼며 마주할 수 있기 때문이다. 그래도 다소 현학적인 강연에서는 흔한 방식인 얘기가 본줄기에서 옆으로 퍼지는 것을 피해가고 싶은 일반 독자라면, 이 책의 3장 후반부의 마을과 교회 역사를 언급한 부분이나 가장 긴 10장의 중간 부분에 복잡하게 나오는 신대륙 탐험역사 등 전문학도인 신역사주의 비평가들이나 주로 관심 가질 부분은 '한 발쯤' 건너뛰고 읽어도 오늘날 여행지로서의 케이프코드를 전체적으로 이해하는 데 별문제는 없으리라고 본다.

■ 작가 연보

1817   매사추세츠주의 콩코드에서 존 소로와 신시아 던바의 둘째 아들로 7월 12일에 태어남.
1833   하버드대학 입학.
1837   하버드대학을 졸업하고 고향 콩코드로 돌아와 '센터스쿨'에서 교사 일을 시작했으나 체벌에 반대하여 2주 만에 사표를 냄. 초월주의 철학가 에머슨의 권유로 최대 업적이라 불리는 일기를 쓰기 시작함.
1838   가업인 연필공장에서 부친을 도와 일함. 콩코드 문화회관에서 최초의 강연을 함으로써 그의 글쓰기에 중요한 영향을 끼치게 될 행위를 시작함. 에머슨의 가까운 지인이 됨.
1839   사립학교를 운영하며 교사 일을 함께하는 형 존과 콩코드 강과 메리맥 강을 따라 2주간의 보트여행을 함. 후에 『일주일』의 재료가 됨. 제자의 누나인 엘렌 시월이라는 여성과 사랑에 빠짐.
1840   초월주의자 기관지인 『다이얼』에 처음으로 서정시를 게재함. 소로의 청혼을 엘렌이 거절함.
1841   학교 운영을 그만두고 에머슨의 부탁으로 그의 집에 들어가 집안일을 보살피며 친구로 지냄. 에머슨의 부인인 리디언과 우정 이상의 깊은 정을 교감함.
1842   『다이얼』에 그가 쓴 시 9편이 수록되고, 수필 "매사추세츠의 자연사"가 게재됨. 형 존이 사망함. 소설가 너대니얼 호손을 만남.
1843   뉴욕의 스태튼 섬으로 에머슨의 조카 가정교사로 가 있으면서 뉴욕에서 작가로 입신할 수 있는가를 탐색함. 몇 편의 수필과 시를 발표함.
1844   집에 돌아와 부친의 연필공장에서 일함.
1845   월든 호숫가 에머슨 소유의 땅에 오두막을 짓고 살면서 그의 문학적 전성기를 시작함. 『콩코드강과 메리맥강에서 보낸 일주일』의 집필을

시작함.

1846　『월든』의 집필을 시작함. 메인주로 처음 여행하고 나중에 『메인의 숲』에 사용될 자료들을 수집함. 노예제도와 멕시코전쟁에 반대해 인두세 납세를 거부한 결과 6월에 체포되어 감옥에서 하룻밤을 보내게 됨. 이 경험은 2년 후 "개인과 정부의 관계에 대하여"라는 강연을 하게 되고, 수필 「시민불복종」의 소재가 됨.

1847　월든에서의 실험을 끝내고 유럽으로 강연 여행을 떠나는 에머슨의 집으로 다시 들어감.

1848　"크타딘과 메인의 숲"을 『사틴스 유니온 매거진』에 출판하며, 연사로서의 활동을 시작함.

1849　첫 작품인 『콩코드강과 메리맥강에서 보낸 일주일』과 미국의 수필 중에서 세계적으로 가장 유명한 글인 「시민불복종」(원제: 「시민의 정부에 대한 반항」)을 출판함. 가을에 케이프코드로 처음 여행을 다녀옴.

1850　케이프코드 여행담을 강연하기 시작하고, 여름에 케이프코드로 두 번째 여행을 함. 캐나다 퀘벡주를 다녀옴. 측량사로서 활약하기 시작함.

1851　과학적인 자료들을 수집하며 숲을 산책함. 노예제도 폐지론자들과 뜻을 같이 함.

1853　콩코드에서 측량일이 성업을 이룸. 캐나다를 다녀온 얘기인 『캐나다의 양키』 일부분이 출판됨. 메인주에 있는 숲을 두 번째로 방문함.

1854　대표작인 『월든』을 출판함.

1855　케이프코드를 세 번째 방문함. 여행기 『케이프코드』의 첫 번째 에피소드들이 『푸트남 먼슬리 매거진』에 3회에 걸쳐 출판되나, 나머지는 편집자가 임의 수정하려고 해 중지되어 출판이 취소됨.

1856　뉴잉글랜드의 다양한 지역과 뉴저지주에서 측량 일을 하고 강연을 함. 뉴욕의 브루클린으로 국민시인 월트 휘트먼을 찾아가 만남.

1857　노예제도 문제로 남북대결이 심화되는 시기에 전투적인 노예해방운동가 존 브라운을 만나고 그에게 깊은 감명을 받음. 메인주의 숲을 세 번째로 방문하고, 케이프코드를 네 번째로 방문함.

1859　부친사망으로 연필공장을 물려받아 운영하며 가족의 생계를 책임짐.

	브라운을 옹호하는 연설을 함.
1860	브라운에 관한 두 개의 연설문을 포함한 여러 수필을 발표함. 채닝과 뉴햄프셔주에 있는 모내드녹 산을 등정함. 연말쯤 숲에서 나이테를 조사하다 독감에 걸림.
1861	건강회복을 위해 건조한 기후의 미네소타주로 여행을 다녀옴. 『애틀랜틱 먼슬리』지에 보낼 「산책」과 「원칙없는 인생」을 포함한 일련의 원고들을 마지막으로 손질함.
1862	콩코드의 집에서 5월 6일 결핵으로 사망함.

■ 일러두기

1. 본문의 괄호( )와 삽입괄호[ ] 및 대시기호 - 는 모두 원저자가 원서에서 사용한 것이다.
2. 원서의 강조서체는 고딕으로 표시했다.
3. 다양한 도량형 단위는 원문의 것을 그대로 두되, 필요시마다 미터법 환산 값을 각주에 표시했다.
4. 주석은 거의 모두 역자의 것으로, 몇 개 안 되는 원저자의 주는 {원주}라고 따로 밝혔다.
5. 번역의 대본은 초판본을 기본으로 하여 프린스턴대학교 출판부 판(1988)을 주로 참조하였다.
6. 필그림 도착도 안내판 등 화보 사진은 역자가 직접 촬영한 것이다.

제1장 난파선
The Shipwreck

지구의 3분의 2가 넘는 면적을 차지한다고 듣고 있지만, 몇 마일 내륙에 사는 사람은 저 세상만큼이나 아주 조금밖에 아는 것이 없을 바다에 대해서 내가 이제껏 가졌던 지식보다 더 나은 견해를 얻고 싶어, 나는 케이프코드Cape Cod[1]를 1849년 10월과 다음 해 6월 그리고 다시 1855년

---

1 현지주민들이 그냥 '케이프'라고 부르는 이 곶串은 행정구역상 명칭이 매사추세츠주州 반스테이블군郡(Barnstable County)으로 15개의 타운邑으로 구성되어 있다. 각각의 타운들은 통상적인 위도 상의 개념과는 다르게, 본토에 가장 가까운 지역인 본Bourne, 샌드위치Sandwich, 팰머스Falmouth, 메쉬피Mashpee를 위쪽 케이프Upper Cape, 반스테이블Barnstable, 야머스Yarmouth, 데니스Dennis를 중간 케이프Mid-Cape, 그리고 이들 지역 동쪽과 북쪽에 위치한 전 지역을 아래쪽 케이프Lower Cape라고 부른다. 아래쪽 케이프 중에서도 브루스터Brewster, 하위치Harwich, 채텀Chatham을 제외한 대서양과 평행으로 마주한 올리언스Orleans, 이스트햄Eastham, 웰플릿Wellfleet, 트루로Truro, 프로빈스타운Provincetown은 바깥쪽 케이프Outer Cape라고 부르며, 소로도 이 책에서 그런 방식으로 기술하고 있다.

7월 그곳의 트루로Truro를 방문하였다. 첫 번째와 마지막 방문은 친구한 사람과 했고, 두 번째는 혼자 하였다. 나는 케이프코드에서 전부 합쳐서 3주간을 보냈는데 이스트햄Eastham에서 프로빈스타운Provincetown까지 대서양변으로 두 번을 걸었고, 한번은 4~5마일을 제외하고 만^{2}쪽으로 해서 걸었으며, 그러는 중에 케이프를 여섯 번이나 횡단했다. 그러나 바다에 처음 나왔는지라 나는 소금물을 많이 적시지 않았다. 바다라는 팔뚝을 넘어 불어온 탓으로 육지의 미풍에 함유된 소금기만큼 아니면 9월의 강풍이 지나간 후에 20마일 내륙에 있는 수목들의 외피와 창문에서 느끼는 만큼의 짠맛만을 나의 독자들은 기대해야 한다. 나는 콩코드Concord^{3}에서 20마일 이내에 있는 호수들로 산책을 다니는 데 익숙해 왔으나, 근래에는 바닷가로까지 내 산책의 범위를 넓혔다.

내 이웃이 "인간의 교양"에 관한 책을 지은 것과 마찬가지로^4, 내가 케이프코드에 관한 책을 만들지 못할 이유가 없다고 나는 생각했다. 그

---

2   케이프코드와 본토 사이의 케이프코드만Cape Cod Bay. 이후 만灣이란 표현은 별도 지칭이 없는 한 작게는 이 만을 뜻하며, 크게는 매사추세츠만Massachusetts Bay을 뜻한다.
3   보스턴에서 서북쪽으로 28km 지점에 위치한 소로의 고향이며 '월든 호수'가 있는 마을. 1635년 내륙지방에 최초로 세워진 백인 마을로서, 1775년 4월 19일 미국독립전쟁의 총성이 최초로 울려 퍼진 미국의 정치적 성지인 동시에, 19세기 미국 문예부흥기에 초월주의 운동의 중심인물들이 살았던 문학과 사상의 성지이기도 하다.
4   대화교수법으로 유명한 미국의 교육자이며 철학자인 브론슨 올컷Bronson Alcott(1799~1888)은 『교양의 원리와 교육』(The Doctrine and Discipline of Human Culture)(1836)이란 책을 썼다. 그는 『작은 아씨』(Little Women)(1868, 1869)를 쓴 루이자 메이 올컷Louisa May Alcott(1832~1888)의 아버지이기도 하다.

것은 동일한 것에 이름만 다를 뿐이지, 전혀 그것보다 더 모래가 들어간 상태도 아니다. 내 책의 제목으로 말하면, 케이프Cape란 단어는 프랑스어 캅(cap)에서 나왔는데, 그것은 라틴어 카푸트(caput), 즉 머리에서 나온 말로, 아마도 '잡다'라는 동사 카페레(capere)에서 왔을 것이다. '시간을 앞머리로 붙잡다'[5]라는 말에서 보듯이, 우리가 어떤 물건을 손에 쥐는 부분이다. 그것은 또한 독사를 붙잡는 가장 안전한 부분이다. 그리고 코드Cod에 대해 말할 것 같으면, 그것은 바솔로뮤 고스놀드[6]가 1602년에 그곳에서 잡은 "수많은 대구codfish 떼"로부터 직접 도출된 말이다. 이 물고기는 그것의 형상이나 그것이 품고 있는 많은 알 덩어리 때문에 그렇게 불려온 듯하며, "씨알들이 담긴 상자"라는 뜻인 색슨어 코데(codde)에서 나온 것으로 보인다. 그래서 아마도 또한 코들링(codling) ("살짝 익힌 과일(pomum coctile)"?)과 완두콩 같은 청과를 살짝 요리하다는 뜻인 코들coddle 같은 말도 나왔을 것이다.

케이프코드는 매사추세츠의 맨살로 굽힌 팔이다.[7] 어깨는 버자드만이고 팔꿈치는 케이프 말르바르[8]에 있고, 손목은 트루로에, 그리고 모래

---

5 "Take Time by the forelock." 시간(기회)을 앞머리만 있고 온통 대머리인 노인으로 의인화하여, 뒤에서는 잡을 수 없고, 오로지 앞에서만 붙잡을 수 있음을 비유한 표현으로, "기회를 놓치지 않고 잡다, 기회를 놓치지 않고 곧장 행동하다."라는 뜻.
6 Bartholomew Gosnold(1571~1607): 영국의 법률가이며 탐험가. 런던에 버지니아 컴퍼니를 세우고 버지니아의 제임스타운Jamestown 식민지 건설에 참여했다.
7 "Cape Cod is the bared and bended arm of Massachusettes." 이 문장은 케이프코드의 모양을 가장 단적으로 표현하는 말이라고 회자膾炙된다.
8 Cape Mallebarre: 모노모이Monomoy섬의 옛 프랑스이름으로 1605년 이곳을 항해한 프랑스의 탐험가 샘플레인[샹플랭]이 바닥이 얕아 "위험한 모래톱malle

주먹은 프로빈스타운에 있고 그 뒤로 매사추세츠주[9]가 버티고 서 있다. 매사추세츠는 그린 산맥Green Mountains에 등을 대고 해저에 발을 딛고서, 자기의 만을 지키는 운동선수처럼 - 북동쪽에서 부는 폭풍을 막아내며, 언제나 변함없이, 육지로 나온 무릎은 대서양에서 밀려오는 적을 받아 쌓아놓으며, 다른 주먹을 내밀 준비를 하고, 케이프 앤Cape Ann[10]에 있는 가슴 위를 보호하고 있다.

지도를 꼼꼼히 들여다본 결과 나는 케이프의 팔뚝 외곽이나 동편으로 계속 이어진 해변이 있다는 것을 알았다. 해안선을 따라 30마일 이상이나 되었는데 훌륭한 바다의 경치를 보여줄 것 같았다. 그러나 올리언스Orleans의 노셋Nauset 항구로 들어가는 입구로 인해 해변이 갈라져 나는 부득이 이스트햄에서 시작해야 했다. 내가 육지로 해서 접근하면 아마도 거기서 곧바로 레이스 포인트Race Point까지 약 28마일을 도중에 어떤 방해도 받지 않고 걸어갈 수 있었다.

우리는 매사추세츠의 콩코드[11]를 1849년 10월 9일 화요일에 떠났다.

---

barre"이라는 이름을 붙였다. 그 이후로 약 3,000여 건의 조난사고가 있었다고 한다.
[9] 미국 역사의 본향인 이 주는 1620년 필그림들Pilgrim Fathers이 상륙해 만든 플리머스Plymouth 식민지로 시작되었으나, 1630년부터 영국에서 청교도들이 대거 유입하여 보스턴을 중심으로 새로운 매사추세츠 식민지가 형성되어 나중에 매사추세츠주로 발전했다. 19세기 들어 경제는 뉴욕으로, 정치는 워싱턴으로 그 중심을 옮겨갔으나, 주도인 보스턴은 여전히 미국의 역사, 문화, 특히 교육의 중심지로 그 명성을 유지하고 있다. 현재 미국에서 가장 진보적인 정치성향을 보이는 주로, 소로보다 정확히 100년 뒤에 탄생하고 비슷한 나이에 죽은 존 F. 케네디(1917~1963) 대통령을 비롯한 5명의 미국 대통령을 배출하기도 했다.
[10] 보스턴의 동북쪽 대서양 연안에 있는 곶.

보스턴에 도착해보니, 전날 입항하기로 되어있던 프로빈스타운 증기선이 심한 폭풍 때문에 아직 도착하지 않았음을 알았다. 그런데 우리가 거리에서 발견한 전단지에 "사망! 145명 코하셋Cohasset[12]에서 실종되다!"라는 것을 보자, 우리는 코하셋을 경유해서 가기로 결심했다. 우리는 많은 아일랜드 사람들이 시신들을 확인하고 생존자들을 위로하며 또한 그날 오후에 있는 장례식에 참석하러 가려고 여러 찻간에 탄 것을 보았다. 우리가 코하셋에 도착했을 때 거의 모든 승객이 1마일 정도 떨어진 해변으로 향하는 것으로 보였는데, 또한 근처 시골에서 많은 사람이 몰려들고 있었다. 수백 명의 사람이 그 방향에 있는 코하셋 공원으로 줄을 이었고 - 어떤 이들은 맨발로 걷고, 어떤 이들은 마차를 탔는데 - 그들 가운데는 사냥재킷을 입은 사냥꾼들이 총과 사냥감 넣을 가방과 개들을 데리고 있었다. 우리가 매장 장소를 지날 때 우리는 금방 파낸 지하실 같은 커다란 구덩이를 보았다. 그리고 구불구불하고 바위 많은 길을 걸어 해안가에 도착하기 직전에 우리는 건초를 싣는 장비들과 농장 마차들이 각각 세 개의 크고 대충 만든 나무상자들을 싣고 공회당이 있는 쪽으로 다가가는 것을 보았다. 우리는 그 속에 무엇이 들어 있느냐고 물어볼 필요도 없었다. 마차를 끄는 많은 말들은 바닷가 가까이 있는 담장에 붙들어 매어져 있었다. 그리고 1마일이 약간 넘을 정도의 아래 위 해변은 시신을 찾고 난파된 조각들을 조사하는 사람들로 덮여있었다. 해안 바로 앞

---

11 매사추세츠의 콩코드라고 한 것은 같은 이름의, 매사추세츠주 바로 위에 위치한, 뉴햄프셔의 주도州都인 콩코드와 구분하기 위함이다.
12 보스턴의 남동쪽으로 대서양에 면한 노포크 카운티의 마을.

에는 오두막 한 채가 있는 섬인 조그만 브러쉬섬이 있었다. 이곳 낸태스컷Nantasket에서 시추에이트Scituate에 이르는 해안은[13] 파도가 몰아쳐도 부숴버릴 수 없는 단단한 적갈색 암석들로 이루어진 매사추세츠에서도 가장 바위가 많은 해안이라고 알려져 있다. 그것은 많은 난파의 현장이 되어 왔다.

아일랜드 이민자들을 싣고 골웨이Galway[14]를 출발한 범선 세인트 존St. John호는 일요일 아침에 난파되었다. 지금은 화요일 아침이고 바다는 여전히 바위들에 맹렬하게 부딪치고 있었다. 내가 언급했던 것과 같은 크기의 열여덟이나 스무 개쯤 되는 상자들이 물에서 두서너 로드[15] 떨어진 푸른 언덕 쪽에 놓여있었고 군중이 둘러싸고 있었다. 물에서 건져낸, 다해서 27~8구의 시신들이 그곳에 모아졌다. 몇몇은 서둘러 관을 봉하고 있었고 몇몇은 상자들을 마차에 싣고 있었다. 그리고 다른 이들은 아직 단단히 고정되지 않은 관 뚜껑을 들어 올려 옷 밑을 들여다보았다. 왜냐하면 각 시신은 누더기 옷이 아직 달라붙어 있는 상태로 흰 천으로 느슨하게 쌌기 때문이었다. 나는 어떠한 비애의 표시도 목격하지 못했으나 감동적인 것은 일을 처리하는 신속함이었다. 한 남자가 어떤 특정한 시신을 확인하려고 애썼으며 한 장의사나 목수는 어느 상자에 어떤 아이가 놓여있는지 알려고 다른 사람을 부르고 있었다. 나는 많은 대리석 같은 발들과 헝클어진 머리들을 천이 들어 올려 질 때 보았는데, 하나는 검푸

---

[13] 낸태스컷과 시추에이트는 대서양 연안을 따라 각각 코하셋의 서북방과 동남방에 있다.
[14] 아일랜드의 서쪽 대서양 연안에 있는 항구도시.
[15] rod: 약 5m.

르게 부풀어 오른 만신창이가 된 익사한 소녀의 시신이었으며 - 그녀는 아마도 어느 미국인의 가정에 식모살이하러 가던 중이었을 것이다 - 누더기 옷이 아직 달라붙어 있고 부풀어 오른 목 주변에 반쯤 살에 묻힌 목걸이가 있었다. 뒤엉켜 버려 난파된 인간 폐선으로, 바위와 물고기에 의해 뜯기고 그래서 뼈와 근육이 노출되었으나 전혀 핏기가 없었고 - 그저 붉고 하얀 - 넓게 열린 응시하는 눈들은, 광채 없이 죽은 빛으로, 마치 좌초된 선박의 선실 창문처럼, 모래로 가득했다. 이따금 같은 상자 안에 2~3명의 아이들이나, 부모와 아이가 있었고, 뚜껑에는 빨간색 백묵으로 "브리젯 누구누구와 언니의 아이"라고 쓰여 있곤 했다. 주변 풀밭은 돛과 천들로 뒤덮여 있었다. 나는 그 후에 이 해변가에서 살고 있는 어떤 사람에게서 들었는데, 전에 먼저 건너왔으나 어린 아기를 여동생한테 데려오라고 뒤에 남겨놓았었던 한 여자가 와서 이 상자들을 조사해보고 - 내가 인용한 표기와 똑같은 - 한 상자에서, 마치 여동생이 이렇게 발견되길 의도했던 것처럼, 그녀의 팔에 안긴 자기의 아기를 보았는데, 삼일도 되지 않아 그 아이의 어머니는 그 광경을 본 충격 때문에 사망했다고 한다.

  우리는 이 현장에서 방향을 바꾸어 바위투성이 해변을 따라 걸었다. 첫 번째 마주한 작은 만에는 선박의 잔해로 보이는 것들이 모래와 해초로 뒤섞인 작은 조각들과 수많은 깃털들로 흩어져 있었는데 너무나 낡고 녹이 슬어 처음에 나는 그것들이 여러 해 동안 그곳에 널브러져 있던 어떤 오래된 난파선이거니 하고 생각했다. 나는 키드 선장Capt. Kidd[16]을

---

[16] William Kidd(1654~1701): 스코틀랜드 태생으로 1680년에 뉴욕으로 이민하고

떠올리기까지 했고, 깃털들은 바닷새들이 거기에다 버린 것이고, 아마도 이것은 근처의 어떤 전통일지도 모른다고 생각했다. 나는 한 선원에게 그것이 세인트 존호이냐고 물어보니 그는 그렇다고 말했다. 그 배가 어디에서 부딪쳤냐고 묻자, 그는 해변에서 1마일 떨어진 그램퍼스Grampus[17]라고 불리는 우리 앞쪽에 있는 바위를 가리키며 덧붙였다:

"이제 솟아오른 그 일부분을 볼 수 있습니다. 조그만 배같이 보여요."

나는 그것을 보았다. 쇠사슬 줄과 닻에 걸려 있는 것으로 생각되었다. 나는 내가 본 시신들이 익사한 전부냐고 물었다.

"그건 4분의 1도 안 됩니다,"라고 그가 대답했다.

"나머지는 어디 있나요?"

"대부분은 당신이 보는 저 조각난 배 바로 아래에 있어요."

우리가 보기에 이 작은 만에만 해도 큰 선박의 난파라고 여기기에 충분한 잡동사니들이 있었고, 그것들을 마차로 실어 나르는 데 여러 날이 걸릴 것이었다. 깊이는 4~5피트였고, 여기저기 둥근 모자나 재킷이 떠 있었다. 이 난파선 주변의 사람들 가운데에는 폭풍에 밀려온 해초를 부지런히 모아 마차에 실어 파도가 치지 않는 곳까지 운반하는 남자들이 있었다. 그들이 비록 해초에서 종종 천 조각들을 분리해야 했고, 그 밑에서 어느 때고 시체를 발견했을지도 모르지만, 누가 물에 빠졌건 그들은

나서 영국정부로부터 적선을 공격하고 나포할 권리를 인가받은 사략선私掠船, privateer의 선장이며 해적으로 활동한 인물.
[17] 아주 오래전에 이 바위에 부딪혀 침몰한 캐나다의 배인 그램퍼스호의 이름을 딴 바위. 그램퍼스는 대어大魚, great fish를 뜻하는 라틴어에서 나온 말로 보통 큰 물고기나 돌고래들을 지칭해왔다.

이 해초가 소중한 거름이라는 것을 잊지 않았다. 이 난파는 사회라는 피륙에 눈에 띨만한 진동을 만들어내진 못했다.

  1마일 정도 남쪽으로, 세인트 존호가 따라가려고 애쓰던 영국 범선의 돛들이 바위들 위로 솟아오른 것을 보았는데, 밧줄들이 벗겨져 끊어져 나갔는데도, 운이 좋아, 그 배는 코하셋 항구의 입구로 달려 들어왔었다. 해변을 따라 좀 멀리에서 우리는 바위 위에 걸린 남자 옷과, 좀 더 멀리에서 여성의 스카프, 가운, 밀짚모자, 범선의 갑판조리실과 몇 조각으로 망가진 높고 마른 돛들 중의 하나를 보았다. 또 다른 바위투성이 만에서는 물에서 여러 로드 떨어진 곳에 20피트 높이의 바위들 뒤에 여전히 같이 매달려 있는 배의 한쪽 부분의 일부가 놓여있었다. 그것은 길이가 40피트, 폭이 14피트 정도였다. 나는 전에 보다 작은 파편들에 놀랐던 것보다 이런 엉망진창이 된 배의 조각에서 보이는 파도의 힘을 보고 더욱더 놀랐다. 너무나도 큰 목재들과 무쇠 난간들이 여지없이 부수어져서, 나는 어떠한 자재도 파도의 힘을 견디지 못함을 보았다. 이런 경우 쇠도 산산조각이 나고 철선도 바위에 부딪히면 달걀껍데기처럼 깨질 것 같았다. 그러나 이 목재들의 일부는 너무나 썩어서 나는 내 우산으로 헤집을 수 있을 정도였다. 그들은 몇몇 사람들이 이 목재 위에서 구조되었다고 말했으며, 또한 바다가 그것을 이 만으로 밀어 넣은 곳을 보여주었는데, 그것은 지금 물기가 말라있다고 했다. 그것이 밀려들어온 장소와 어떤 상태였는가를 살펴보았더니 어느 누구라도 그 위에서 구조되었을 것이라는 생각이 들었다. 조금 더 멀리에서 일단의 남자들이 자신이 겪은 얘기를 하는 세인트 존호 선원의 주위에 몰려 있었다. 그는 약간 말라 보이는 청년이었는데 선장을 주인님이라고 말했고 약간 흥분한 듯했다. 그는 물이 들이찬 구명보트로 그들이 뛰어들었을 때 배가 기우뚱거렸고 보트 안의 물 무게로 굵은 밧줄이 끊어져서 그들이 서로 분리되었다고 말하고 있었다. 그 자리에 어떤 남자가 와서는 말을 했다:

"잘은 모르겠지만, 그는 충분히 솔직히 얘기하는군요. 보세요, 보트 안의 물 무게가 굵은 밧줄을 끊었어요. 물이 가득 찬 보트는 매우 무겁습니다 –" 어쩌고저쩌고 하며, 커다란 소리로 부적절하게 진지한 어조로, 마치 그것에 내기라도 걸은 것처럼, 하지만 그 문제에 어떤 인간적인 관심은 없다는 듯이 지껄여댔다. 또 다른 한 사람은 체구가 컸는데 근처 바위 위에 서서 바다를 응시하면서 담배를 한입 크게 물고, 마치 그런 습관이 영원히 자기를 확인하는 것인 양, 씹고 있었다.

"자," 다른 한 사람이 자기 동료에게 말했다. "떠납시다. 다 본 셈이요. 장례식에 있어 봐야 아무 소용없어요."

멀리에 우리는 바위 위에 서 있는 사람을 보았는데 듣기로는 구조된 사람이라고 했다. 그는 침울해 보이는 남자였다. 재킷과 회색 긴바지를 입고 주머니에 손을 넣고 있었다. 내가 몇 가지 물어보자 그는 대답을 했는데, 마지못해 말하는 것 같았고 이내 가버렸다. 그의 옆에는 구명보트 선원 중의 한 사람이 기름 먹인 천으로 만든 재킷을 입고 서 있었는데 그들이 어떻게 영국 범선의 구조를 받게 되었는가를 우리에게 말했다. 파도가 심해 배에 남아있는 사람들을 그들이 볼 수 없었기 때문에, 그들은 자기들이 지나친 세인트 존호의 보트가 그 배의 모든 승무원들을 싣고 있었다고 생각했다. 그 배에 누군가 있다는 것을 알았다면 몇 명이라도 구했을지 모르는 것이었다. 조금 더 멀리에 세인트 존호의 깃발이 물이 마르도록 네 모서리를 돌로 눌러서 바위 위에 펼쳐져 있었다. 이 연약하지만 배의 기본적이고 의미 있는 부분은 오랫동안 바람이 부는 대로 휘날렸었는데 틀림없이 해안에 도달할 것이다. 이들 바위에서 보이는 집들이 한두 채 있었는데, 그 집 안에 있는 일부 생존자들은 심신心身이 그 충격을 견뎌내고 회복하고 있었다. 한 사람은 살아날 가망이 없었다.

우리는 해안을 계속 걸어 내려가 멀리 화이트 헤드White Head라고 불리는 절벽까지 가서 코하셋의 바위투성이 해안을 더 많이 볼 수 있었다. 작은 만 안쪽의 반 마일 이내에서 한 노인과 그의 아들이 말과 수레를 갖고, 세인트 존호가 부딪힌 그램퍼스 바위가 시야에 있음에도, 마치 세상에 난파라고는 결코 없었다는 듯이 조용히 자기 할 일에 몰두하며, 그 치명적인 폭풍이 던져 올려준 해초를 모으고 있었다. 그 노인은 배가 난파했다는 것을 들었었고 세세한 얘기들을 대부분 알고 있었으나 그 일이 발생한 이후에 그곳에 있지 않았다고 말했다. 그에게 가장 관심을 끄는 것은 난파된 풀들인 돌미역, 다시마, 그리고 그가 부르는 이름의 해초 등이었다. 그는 해초들을 마차에 실어 그의 헛간 마당으로 실어 날랐다. 그리고 이들 시신들은 그에게는 단지 파도가 던져놓은 다른 풀에 지나지 않았으나 그에게는 쓸모가 없는 것이었다. 우리는 그 후에 또 다른 위급상황에 대비하고 있는 정박 중인 구명보트로 갔다. 그리고 오후에 우리는 멀리서 장례식 행렬을 보았는데 맨 앞쪽에는 선장이 다른 생존자들과 함께 걷고 있었다.

대체로 보아 그것은 내가 기대한 만큼의 인상적인 장면은 아니었다. 어느 외딴곳에서 모래 해변에 밀려온 한 시신을 발견했다면 그것이 나의 감정에 더욱 많은 영향을 주었을 것이다. 나는 마치 이들 불쌍한 인간의 시체들을 이리저리 던지고 형편없이 만드는 것이 그날의 질서인 양 오히려 바람과 파도와 공감했다. 이것이 대자연의 법칙이라면 경외나 연민으로 시간을 낭비해야 할 이유가 있는가? 최후의 날이 온다면, 친구들의 헤어짐이나 개인들의 파멸의 전망 등을 너무 많이 생각하지 말아야 한다. 나는 인류의 공통 운명에 대한 예외로서, 시체들이 전쟁터에서처럼, 어떤 식으로든 우리의 감각이 무디어질 때까지, 계속 불어날 수 있음을 보았다. 모든 묘지들을 같이 다함께 예로 들어보자. 그들은 항상 다수이다. 우리의 동정을 요구하는 것은 개인과 사적인 감정이다. 인간은 살아가는 동안 한 장례식만 빼고 참석할 수 있고, 한 시신만 빼고 바라볼 수 있다. 그렇지만 해안가의 주민들은 이런 사건으로 적잖이 동요되리라는 것을 알았다. 그들은 거기에서 바다가 주검을 포기하는 것을 여러 날 밤낮으로 살펴보았다. 그리고 그들의 상상력과 공감대는 아직 그 조난에 대해 알지 못하는 멀리 떨어져 있는 애도자들에게 장소를 제공할 것이다. 이 일이 있고 나서 여러 날이 지난 뒤에, 모래 해변을 어슬렁거리던 어떤 사람에게 물 위에 뜬 하얀 물체가 보였다. 보트를 타고 다가가 보니, 한 여인의 시체였는데, 몸을 똑바로 누운 자세로 떠올랐고 하얀 모자는 바람에 뒤로 젖혀져 있었다. 나는 마침내 이와 같은 난파로 인해 얼마나 이 해안의 아름다움이 증진되는가를 인지할 수 있을 때까지, 해안 자체의 아름다움이 그곳을 거니는 많은 외로운 산보자를 위해 난파되었음을 보았다. 그리고 이같이 해안은 여전히 더욱 드물고 더 고상한 아름다움을 획득했다.

무엇 때문에 죽은 시체들을 신경써야 하는가? 그것들에는 친구도 없고 벌레나 물고기들밖에 없다. 그것들의 주인은, 콜럼버스와 필그림들

Pilgrims[18]이 그랬던 것처럼, '신세계'로 오는 중이었다. 그들은 그 해안에서 1마일 이내에 있었다. 그러나 그들이 거기에 도달하기 전에 그들은 콜럼버스가 꿈꾸었던 것보다 더욱 새로운 세계, 즉 그 세계의 존재를 이제껏 과학이 발견하지 못했을지라도, 그저 수부들의 얘기와 하찮은 표류목재와 해초뿐만 아니라 우리의 모든 해안가로의 끊임없는 부유浮游 본능으로 콜럼버스가 이에 대해 가졌던 것보다도 훨씬 더 보편적이고 설득력 있는 증거가 있다고 우리가 믿는 세계로 이민을 했다. 나는 육지로 상륙한 그들의 텅빈 폐선을 보았다. 그러나 그러는 중에 그들 자신은 우리 모두가 향하고 있고 우리가 마침내 도달할 곳인 머나먼 서쪽의 어느 해안으로 던져졌다. 그들이 그랬던 것처럼, 그 길은 폭풍과 어둠을 겪게 되리라. 그들이 "삶으로 다시 난파되지" 않았음을 감사해야 할 이유가 틀림없이 있다. 천국에 가장 안전한 정박을 하는 선원은, 보스턴 항구를 더 좋은 곳으로 여기는 지상에 있는 그의 친구들에겐, 난파되는 것으로 보인다. 비록 그들에게는 보이지 않을지라도, 솜씨 있는 항해사가 그를 만나러 오고, 가장 아름답고 향기로운 돌풍이 그 해안을 몰아치며, 그의 훌륭한 배는 파도가 잔잔한 날 상륙을 한다. 그리고 그는 거기에서 황홀경에 쌓여 해변에 입맞춤한다. 반면 그의 낡은 폐선은 여기에서 파도에 휩쓸린다. 사람이 육신과 헤어지는 것은 어렵다. 물론 일단 그것이 사라진 다음에는 없이 지내기는 충분히 쉽다. 사람들의 모든 계획과 희망은 거품처럼 터진다! 성난 대서양의 바위에 부딪힌 몇십 명의

---

[18] 1620년 11월 11일 케이프코드의 프로빈스타운 항구에 메이플라워Mayflower호를 타고 도착한 102명의 순례선조들Pilgrim Fathers.

유아들! 아니다, 아니다! 만약 세인트 존호가 여기 이승에 정박하지 못했다고 하면, 그 배는 저기 저승으로 전송된 것이다.[19] 아무리 강한 바람도 혼령Spirit을 비틀거리게 할 수는 없다. 바람은 영혼의 숨결이다.[20] 의로운 사람의 목적은 여하한 그램퍼스나 물질적인 바위에도 깨질 수 없고, 성공할 때까지 그 스스로가 바위를 쪼갤 것이다.

임종하는 콜럼버스에게 바친다고 한 운문시[21]를, 약간 변조하여, 세인트 존호의 승객들에게 적용해 볼 수 있을 것이다.

"곧 그들에게 모든 일이 끝나고,
곧 항해가 시작될 것이다,
그들을 싣고 멀리 멀리,
미지의 땅을 찾아서.

"각자 홀로 방문해야 할 땅,
그러나 어떤 파도도 사람들을 데려오지 않네,
왜냐면 일단 출발한 선원은
다시는 돌아온 적이 없었기 때문이네.

---

19 육신에서 분리된 영혼의 이동을 당시 발명된 무선 전보電報체계에 빗대고 있다.
20 영혼Spirit이라는 말의 어원은 라틴어 '호흡'(*spiritus*), '바람 불다, 숨 쉬다'(*spirare*)에서 왔다.
21 미국의 목사인 윌리엄 퍼니스William Henry Furness(1802~1896)가 영역한 덴마크의 시인 아담 욀렌슐레거Adam Gottlob Oehlenschläger(1779~1850)의 시 "임종하는 콜럼버스에게"To Columbus Dying. 참고로 이 시는 최근의 한 연구(Susan Lee Dunston, 2018)에 의하면 퍼니스와 평생 우정을 나눈 에머슨Ralph Waldo Emerson(1803~1882)이 쓴 시 "종착역"Terminus의 바탕이 되었다고 한다.

"조각된 나무도, 부러진 가지도,
그 먼 야생에서 떠다니지 않네,
그 바다 위로 떠난 이는
천사 같은 어린애의 시신을 마주치지 않네.

"혼미해지지 않은, 나의 고상한 선원들은,
펼친다, 그대의 캔버스를 넓게 편다.
영혼들이여! 에테르의 바다 위에,
곧 조용히 떠오르리라.

"어느 납추봉도 재지 못하는 심연에서,
거기에 숨겨진 파도를 두려워 말라,
그리고 천사들의 부채질하는 날개가,
그대의 돛단배를 곧장 앞으로 나를 것이다.

"그만 나가라, 이제, 정감과 위안으로 가득한,
이들 거친 해안들을, 그들은 지상의 것,
저 장밋빛 구름들이 헤어지는 곳,
그곳에 축복받은 섬들이 어렴풋이 솟아난다."

 이 일이 있고 난 뒤 어느 여름날, 나는 이 길을 도보로 보스턴에서부터 해안을 따라 걸었다.[22] 날씨가 무더워서 어떤 말들은 헐Hull[23]에 있는 오래

---

[22] 소로는 이듬해인 1850년 6월 두 번째 케이프코드 방문시에 보스턴에서부터 코하셋까지 도보로 여행을 했는데, 이 챕터의 끝까지 그때의 얘기가 계속된다.
[23] 보스턴 남단의 대서양 연안에 있는 좁다란 반도에 위치한 플리머스 카운티의 북쪽에 위치한 마을. 독립전쟁 시 식민지군과 프랑스군이 주둔했던 언덕 위의 요새가 애국자 폴 리비어Paul Revere(1734~1818)의 이름을 딴 공원 안에 있다.

된 요새의 방벽 바로 위까지 올라갔는데 거기엔 불어오는 산들바람 때문에 되돌릴 여지가 거의 없었다. 모래 해변을 따라 *다투라 스트라모니움* (*datura stramonium*), 즉 가시사과나무 꽃이 활짝 피어 있었다. 이 세계보편종, 이 식물계의 쿠크 선장Captain Cook[24]이 선체 바닥에 실려 전 세계로 옮겨진 것을 보고 나는 마치 여러 나라의 큰 도로에 있는 것처럼 느꼈다. 이것을 차라리 비킹르Vikingr[25], 만들의 왕이라 말하자, 왜냐하면 그것은 죄 없는 순진한 식물이 아니기 때문이다. 그것은 단순히 상업만이 아니라, 그 섬유는 해적들이 실을 만든 재료인 것처럼 그것에 부수적인 악을 암시한다. 나는 해안에서 1마일쯤 떨어진 한 선박에 탄 남자가 소리를 지르는 것을 들었는데 그것은 그들이 마치 시골 헛간에 있는 것처럼 소리가 났다. 그들이 돛과 돛 사이에 있었기 때문에, 그것은 순수하게 농촌의 소리였다. 내가 바닷물을 넘겨다보니 작은 섬들이 재빠르게 침식되고 있었다. 바다가 대륙을 맹렬하게 물어뜯고 있었다. 포인트 앨러튼Point Allerton[26]에서처럼 – 식물학자들이 잎이나 뿌리가 끝이 물어뜯긴 것 같다고 부를지도 모를 – 하늘에 닿은 그 곡선으로, 지금은 물밖에 없는 얼마나 많은 공간을 그것이 점령하고 있는가를 보여주듯이, 한 언덕의 튀어오르는 아치가 갑자기 끊어졌다. 한편으로는 이들 작은 섬들의 난파는 환상적으로 새로운 해안에 정렬되고 있었다. 헐Hull 안에 있는 호그섬Hog

---

24 James Cook(1728~1779): 영국의 탐험가, 항해사, 지도제작자이며 영국왕실 해군의 선장이었다.
25 북유럽의 해적을 뜻하는 '바이킹'이라는 단어는 만灣들의 왕King of Bays이라는 뜻의 고대 노르웨이어인 이 말Vikingr에서 나왔다.
26 헐 동쪽 편에 있는 앨러튼 마을의 북단.

Island처럼 모든 것이 부드럽게 미래로 옮겨가는 것으로 보였다. 이 섬은 바로 잔물결의 형상을 하고 있었다. 그리고 나는 주민들이, 육체적인 건강에 영향을 주지 않고 오래 지속되는 정신적 소외감을 생기게 만든다는 섬의 가장자리에 돋아나는 *다투라(datura)*[27]로 파도가 그 위를 지나가는 방패막이용 잔주름으로 활용해야 한다고 생각했다.[28] 이 헐 마을에서 내가 들은 가장 흥미 있는 것은 그 마을의 가장자리에서 솟아나오는 마르지 않는다는 샘물로, 내가 헐떡거리며 해안가를 따라 걷고 있을 때 그 장소를 누가 내게 가르쳐주었는데, 먼 산 옆쪽이라 나는 그곳을 가보지는 못했다. 아마도 내가 로마를 지나간다면, 내가 오래오래 기억해야 할 것은 카피톨리누스 언덕Capitoline Hill[29]에 있는 어떤 샘물일 것이다. 내가

---

[27] {원주}: 제임스타운 잡초(또는 가시 사과). "이것은 일찍 자라나는 식물로, 이곳(즉, 버지니아)에 베이컨Bacon의 반란을 진압하라고 보내진 일부 병사들이 아주 어린 것들을 모아 샐러드로 삶아 먹었다. 몇 사람은 그것을 충분히 먹었는데, 그 때문에 그들은 며칠간을 우두머리가 되었으므로 그 영향은 매우 즐거운 코미디였다. 한 사람은 깃털을 불어 공중으로 날리고, 다른 사람은 화를 쌩쌩 내며 그것을 향해 밀짚을 던지곤 했다. 또 다른 사람은 홀라당 옷을 다 벗고 원숭이처럼 그들을 보고 이빨을 드러내 웃고 이를 갈며 구석에 앉아 있었다. 네 번째 남자는 자기 동료에게 다정하게 입을 맞추고 살피며 만지며 화란의 어느 광대보다도 더 괴상한 용모로 그들의 얼굴을 비웃어댔다. 그들은 이러한 광란의 상태에서 어리석게도 자기들끼리 해칠까 염려되어 감금되었다. – 비록 그들의 모든 행동이 아주 순진하고 선의에서 행한 것임이 관찰되었지만. 정말로 그들은 매우 단정치 못했다. 수많은 그런 단순한 트릭을 보여준 뒤 열하루가 지나서야 그들은 원상태로 다시 돌아왔는데 무슨 일이 있었는지 기억하지 못했다." – 비벌리Beverley의 『버지니아의 역사』*History of Virginia*, 121페이지.

[28] a ripple(잔물결/잔주름)이라는 단어의 동음이의어 pun을 사용하고 있다.

[29] 로마의 7개 언덕 중의 하나로 고대 로마의 주신인 주피터 신전이 있던 곳. 이 명칭은 워싱턴의 미국회의사당에 대한 환유換喩, metonym로 쓰이는 '캐피톨

오래된 프랑스 요새에 있던 우물에 무언가 좀 관심을 가졌던 것은 사실이다. 그 샘은 깊이가 90피트로 바닥에는 대포가 있었다. '낸태스컷 모래 해변에서 나는 12대의 이륜마차들을 선술집에서 세어보았다. 때때로 말을 타는 사람들은 바다를 향해 말을 몰아가서 물에서 열기를 식히며 서 있었다. 그리고 나는 바닷바람과 목욕 때문에 모래 해변이 도시들에 가치가 있음을 알았다.

예루살렘 마을에서는 주민들이 막 다가오는 천둥 소낙비가 몰아치기 전에 말리려고 널어놓았던 바닷말을 급히 모아들이고 있었다. 소낙비는 한쪽으로 지나갔고 나는 겨우 몇 방울 맞았는데 더운 공기를 식히지 못했다. 나는 그저 목 주변에 바람이 한번 훅 부는 것을 느꼈다. 만에서 한 선박이 뒤집힌 것이 시야에 들어왔고 다른 배들은 닻을 끌면서 해안으로 다가가고 있었다. 코하셋 바위투성이 해안에서의 해수욕은 정말 좋았다. 바닷물은 내가 이제껏 본 어느 물보다도 더 순수했고 투명했다. 진흙 성분은 전혀 찾아볼 수 없었다. 바닥은 모래라 바다농어가 주변에서 헤엄치는 것을 볼 수 있었다. 매끄럽고 부드럽고 기가 막히게 닳아버린 바위들과 완벽하게 깨끗하고 바위에 붙은 나무같이 자란 해초들이 넘실거리고 있었는데, 바위에 아주 단단하게 붙어 있어 붙잡고 당기며 나아갈 수 있어서 해수욕하는 호사스러움을 크게 높여주었다. 해초들 바로 위에 붙은 조개삿갓들의 줄은 어딘가 꽃봉오리와 꽃받침과 씨방 같은 식물의 성장을 떠올리게 했다. 그것들은 조끼의 단추 같은 바위의 솔기를 따라 놓여있었다. 그날은 1년 중 가장 더운 날의 하나였다. 그래

힐'Capitol Hill'이란 말로 살아있다.

도 나는 물이 얼음처럼 차가워서 한두 번 이상 헤엄을 칠 수 없었다. 그래서 나는 난파의 경우에 단순히 물에 빠져 죽는 것보다도 추워서 죽을 위험이 더 많을 것으로 생각했다. 물에 한 번 담그는 것만으로도 삼복더위를 몽땅 잊을 정도로 충분했다. 전에 땀을 쏟았을지라도, 삼십 분만 지나면 언제 더위가 있었는가 할 정도였다. 웅크리고 있는 사자 같은 황갈색의 바위가, 파도는 끊임없이 그것에 몰아치고 광대한 양의 조약돌이 문질러대는 데도, 바다에 대항하고 있었다. 파도가 물러갈 때 조그맣게 움푹한 곳들에 고인 물은 너무나 맑았는데, 나는 그것이 염수라고는 믿기지 않아서 마시고 싶을 정도였다. 그리고 더 위쪽으로는 비가 온 후에 생긴 민물 웅덩이들이 있었는데 깊이와 온도가 모두 달랐지만 여러 종류의 수영을 하는 데 편리했다. 그리고 부드러운 바위들의 더 큰 우묵한 곳들은 앉아있고 옷을 갈아입기에 편리한 장소가 되었다. 이런 점에서 볼 때 그것은 내가 이제껏 보아온 가장 완벽한 해변이었다.

나는 코하셋에서 좁다란 모래사장으로 바다와 분리된 멋지지만 얕은 4백 에이커[30]쯤 되는 호수를 보았다. 그것은 봄에 대 폭풍이 불 때 바닷물이 모래 위로 밀어 올라와 생긴 것으로 청어가 그곳으로 들어갔는데, 그 후에 출구가 막혀 지금은 청어가 수천 마리씩 죽어가고 있어서 주민들은 물이 증발함에 따라 역병을 두려워하고 있다고 들었다. 그 호수 안에는 다섯 개의 작은 바위섬이 있었다.

이 바위투성이 해안을 몇몇 지도들에서는 플레즌트 코브Pleasant Cove[31]

---

30 1에이커acre는 약 4,047m²(약 1200평).
31 '유쾌한 작은 만'이라는 뜻의 자연의 지명은 이 일대에서 인간이 겪는 비극과

라고 부른다. 코하셋의 지도상에서 그 이름은 내가 세인트 존호의 난파 현장을 보았던 특정한 만을 한정해 가리키는 것으로 나타난다. 이제 바다는 언제 난파가 있었느냐는 듯이 보였다. 그것은 웅대하고 장엄했으나 호수처럼 아름다웠다. 난파의 흔적을 찾아볼 수 없었고, 또한 난파된 수많은 사람의 뼈가 그 순수한 모래 속에 묻혀있다는 것을 나는 믿을 수가 없었다. 그러나 우리의 첫 번째 여행으로 얘기는 계속 이어진다.[32]

아이러닉한 대조를 이룬다.
[32] 소로는 이 작품의 뼈대를 첫 번째 여행에다 맞추어 전개하고 있다.

제2장 역마차에서 본 풍경
Stage - Coach Views

    브리지워터Bridgewater[1]에서 그날 밤을 보내고, 아침에 근처에서 화살촉 몇 개를 주운 후에, 우리는 샌드위치Sandwich행 기차를 타고 오후가 되기 전에 샌드위치에 도착했다. 이것은 케이프의 시작이긴 하지만 "케이프 코드 열차"의 종착점이었다. 몰려드는 안개와 함께 비가 억수같이 쏟아졌고, 그칠 징조가 없었기 때문에, 여기서 우리는 마차꾼에게 말한 대로, "그날 마차가 가는 데까지" 거의 구식이 되어버린 운송수단인 역마차를 탔다. 우리는 역마차가 하루에 얼마나 멀리 갈 수 있는지 잊고 있었으나, 케이프의 도로들이 매우 "무겁게 빠진다"는 말을 들었다. 비록 모래로 되어 있어, 비가 와서 좀 나을 것이라는 말을 덧붙여 듣기는 했지만. 이 역마차는 극도로 좁은 마차였다. 그러나 좌석 하나에 둘이 앉아도 될 만한 약간의 여유가 있었으므로, 마차꾼은 사람들의 몸 치수도 재지

---

[1] 매사추세츠주 플리머스 카운티에 위치한 마을.

않고 아홉 명의 승객이 탈 때까지 기다렸다가, 마치 잘못은 문짝 경첩이나 빗장에 있다는 듯이. 두세 번 문짝을 콱콱 밀어 닫는 동안에 우리는 그에게 도움이 되도록 그에 맞게 숨을 들이마시고 내쉬었다.

우리는 이제 제대로 케이프에 와 있었다. 케이프는 샌드위치로부터 35마일을 동쪽으로 뻗어 나가 다시 거기서 북북서쪽으로 30마일을 더해 총 65마일이었는데 평균 폭은 5마일이었다. 안쪽지역은 해발 2백피트나 때로는 3백피트 정도의 높이였다. 매사추세츠의 지질학자인 히치코크[2]에 의하면, 그것은 거의 전적으로 모래로 이루어졌다고 한다. 비록 지표면 약간 아래에 숨겨진 암반이 있을지 모르지만, 심지어는 어떤 장소에서는 3백 피트 깊이까지 모래라는 것이다. 그리고 충적층인 끝부분과 그 밖의 해안가를 따라서 있는 극히 적은 부분을 제외하고는 그것은 대홍수로 생긴 홍적층이 기원이다. 케이프의 첫 절반까지는 여기저기서 모래와 섞인, 큰 덩어리의 돌들이 발견된다. 그러나 마지막 30마일에서는 큰 자갈이나 심지어는 작은 자갈도 보기 힘들다. 히치코크는 오랜 세월에 걸쳐 바다가 본토의 보스턴 항구와 다른 만들을 침식하여 미세한 조각들이 해안에서 멀리 있는 파도들에 의해 쌓여 이러한 모래 사구를 형성했다고 추론하고 있다. 모래 위로, 지표면에 농학적인 시험을 해본다면, 반스테이블Barnstable에서 트루로까지 얇은 표토 층이 점차 감소하다가 트루로에서 그것이 끝나고 있음이 발견된다. 그러나 세월로 꿰매어질 것 같지 않은 구멍과 찢긴 데가 많은 이 풍상을 겪은 의상은 케이프의

---

[2] Edward Hitchcock(1793~1864): 미국의 지질학자로 매사추세츠의 명문대학인 앰허스트Amherst 대학의 제3대 총장(1845~1854)을 지냈다.

속살을 내보여주고 있고, 그것의 맨 끝은 완전히 맨살을 드러내고 있다.

나는 즉시 책을 꺼냈다. 1802년에 인쇄된 매사추세츠 역사학회가 발간한 전집 중 8번째 권인데 이 책은 케이프의 마을들에 관한 몇 개의 간단한 소개를 담고 있다. 나는 내가 있는 장소가 나오는 데까지 읽어나가기 시작했다. 기차에서는 여행하는 것만큼 빨리 읽지 못했다. 플리머스 쪽에서 온 사람들에게, 그 책은 "20마일에 걸친, 집이라고는 겨우 몇 채가 띄엄띄엄 있는 숲 한가운데를 지나서 말을 타고 와서 보니, 샌드위치 정착촌이 좀 더 맘에 드는 모습으로 여행자의 눈에 다가온다"고 말하고 있었다. 다른 작가는 이 동네가 아름다운 마을이라고 말하고 있다. 그러나 나는 우리의 마을들이 대자연과 대조되는 것이 아니고 마을들끼리만 서로 대조를 담고 있다고 생각한다. 나는 "모직물 축융縮絨공장", "멋있는 학교" 또는 공회당, 그리고 "다른 전문기술들을 지닌 여러 상점들"로 어쩌면 장식이 되고, 지주들의 녹색과 흰색으로 된 집들이 전면으로 마을의 거리에 한 줄로 쭉 늘어서 있는 모습이 꼭 사막에 더 가까운지, 아니면 길게 늘어선 가축우리인지 분간하기가 쉽지 않았는데, **아름다운** 마을들이라고 쉽게 말하는 그 작가의 취향을 크게 존경할 수가 없다. 그런 장소들은 다만 지친 여행자들이나 귀향하는 자나 – 아니 어쩌면 참회하는 염세주의자에게나 아름다울 수가 있을 것이고, 편향되지 않는 감각을 지니고 숲에서 막 나와서, 구빈원인지 아닌지 구별이 안 되는 여기저기 흩어져 있는 촌집들을 잇달아 지나 흙길을 밟으며 마을의 하나에 접근하는 이에게는 그렇지가 않다. 그렇지만, 샌드위치에 대해서는, 특별히 말할 것이 없다. 우리가 본 샌드위치는 기껏해야 반쪽 샌드위치였고, 그것도 때로는 좋은 쪽이었음이 틀림없다. 나는 단지 그 마을이 조그만 마을로서는 건물들이 바짝바짝 배치되어 있는 것을 보았다. 모래를 활용하는 유리공장과 좁다란 거리가 있었는데, 우리는 거리를 돌고 돌아서 어디로 가는지도 모를 정도였다. 비가 들이쳤는데 처음에는 이쪽으로 들어오다 다음엔 저쪽으로 들어왔으므로, 나는 집에 있는 그들이 역마차를 타고 있는 우리보다 더욱 편안하게 보았다. 내가 읽는 책은 이 마을에 대해 또 "주민들은 겨우겨우 먹고사는 사람들이다."라고 쓰여 있었다. 즉 그들은 내 생각에 철학자처럼 살지 않는다는 것이리라. 그러나 이 마을에서 우리가 식사하도록 역마차가 오래 머물지 않았기 때문에, 우리는 이 진술이 맞는지 시험해볼 기회가 없었다. 그렇지만, "그들이 생산하는 기름의" 양에 대해서는 언급할 수가 있다. 책에는 더 나아가 "샌드위치 주민들은 대개 그들의 조상들의 특징인 풍습, 직업과 생활방식에 애착을 갖고 꾸준히 매달리는 것을 보여준다."고 쓰여 있었다. 이것은 내게 그들도 세계의 다른 곳에 사는 사람들과 대동소이하다는 것을 생각나게 해주었고, 저자는 이것이 "비슷한 점이고, 그것은 오늘날에도 그들의 미덕이나 취향에 대한 비난이 되지 못할 것"이라고 했는데 그 말은 저자가 그들과 하나임을 확인해주는 것이다. 어느 민족도 자기 조상들이 자기들에게 아무리 큰 저주가 되었을지라도, 조상들을 욕하면서 살지 않았다. 그러나 우리에게는 옛 권위가 그 저주였음을 고백해야만 한다. 그런데 아마도 그들은 이제 그 모든 것을 변화시킨 듯했다.

우리가 가는 길은 반스테이블, 야머스Yarmouth, 데니스Dennis 그리고 브루스터Brewster를 통해 올리언스까지 만 쪽을 따라가는 것이었는데, 우리 오른쪽으로는 케이프를 내려 달리는 낮은 산들이 이어져 있었다. 길에서 볼 때 날씨는 좋지 않았으나 우리는 빗속을 뚫고 가면서 어렴풋이나마

땅과 바다를 가능한 한 많이 바라보았다. 대부분 사방이 맨땅 아니면 언덕들에는 작은 관목이 무성한 숲만이 있었다. 우리는 야머스에서 - 내가 잘못 본 것이 아니라면, 데니스에서도 - 리기다 소나무³를 4~5년 전에 심은 땅들을 보았다. 소나무들은 줄을 맞추어 심어져 있었고, 우리가 그 옆을 지나갈 때, 넓은 공한지가 있는 곳을 제외하면, 아주 잘 크고 있는 것으로 보였다. 이것이 이런 땅을 유용하게 이용하는 유일한 방법이라고 우리는 들었다. 모든 높은 봉우리에는 장대가 꽂혀 있었는데 오래된 바람막이 코트나 돛이, 예를 들면, 보스턴의 정기우편선이 북쪽에 도착한 때를 케이프의 남쪽 편에 있는 사람들이 알게 해주는 신호로서, 거기에 매여 있었다. 그것은 마치 이러한 사용이, 행상인들을 위해서는 누더기 몇 벌만 남겨놓고, 케이프의 낡은 옷가지들의 상당 부분을 흡수하는 것처럼 보였다. 언덕에 있는 - 커다란 팔각형의 풍상에 찌든 구조물인 - 풍차들, 늪에 박아놓은 막대에 의지한 큰 통들의 긴 줄과 거북이 같은 낮은 지붕에 조금 더 작은 풍차들이 있는, 해안을 따라 늘어선 염전들은 내륙 사람들에게는 신기해 보이고 흥미 있는 대상들이었다. 도로 쪽의 모래는 이끼 같은 식물인, *후드소니아 토멘토사*(Hudsonia tomentosa)의 다발들로 덮여 있었는데, 다른 아무것도 크지 않는 곳에서 자라서 "포버티그라스 poverty grass"⁴라고 부른다고 역마차에 탄 한 여성이 우리에게 말해주었다.

나는 역마차회사 사람들 사이에 지배적인 유쾌한 평등함과 그들의 넉

---

3 pitch - pine: 미국 북동부에 자생하는 3엽송으로, 학명은 곧고 단단한 소나무라는 뜻의 '*피누스 리기다*(Pinus rigida)이다.
4 미국 동북부 해안지대에 자생하는 흰 깃털이 달린 히스 같은 작은 식물로 매우 척박한 모래땅에서 자라 빈곤poverty초, 가난풀이라는 명칭이 붙었다.

살좋은 훌륭한 유머에 놀랐다. 그들은 소위 자유롭고 편하게 사는 사람들이었다. 그리고 살아가는 법을 마침내 배운 사람들처럼 서로 만나 도움을 주고받았다. 그들은 처음 보는데도 서로 아는 사람들같이 보였다. 그들은 매우 단순하고 솔직했다. 그들은 의아할 정도로 죽이 잘 맞는데, 즉 그들은 만나고 싶을 때는 언제나 만나고 거기에는 어떤 장애물도 없어 보였다. 그들은 서로 두려워하거나 부끄러워하지 않았다. 그저 각 구성원들이 허용하는 만큼의 그런 회사를 만드는 데 만족했다. 뉴잉글랜드의 많은 지역에 있는 단순한 부와 지위에 대한 똑같은 어리석은 존경은 여기서는 주장되지 않음이 분명했다. 그래도, 그들 중 몇 명은, 그들이 그렇게 불렸듯이, 우리가 지나온 여러 마을의 "일등 국민들"이었다. 바다 배의 선장들이 항상 하는 식으로 농업에 대해 말하는 형편이 좋은 상태에 있는 퇴역한 선장들; 육지의 소금과 같은 사람으로, 이전에는 바다의 소금과 같은 인물이었던 긴 겉옷을 걸쳐 입은 몸이 꼿꼿하고 존경스럽고도 믿음직하게 보이는 남자; 어쩌면, 지방 집회 General Court[5]의 의원이었던, 좀 더 점잖은 신사; 수많은 폭풍을 너무나 많이 봐서 쉽게 화내지 않는 이마가 넓고 얼굴이 붉은 케이프코드 남자; 연안여객선이 보스턴을 출발하기를 일주일 동안 기다리다 마침내 기차를 타고 온 어부의 아내 등등.

 진실에 대한 엄격한 존중은 우리로 하여금 그날 우리가 본 몇몇 여자들이 아주 지나치게 초췌하게 보였다고 말하지 않을 수 없게 만든다. 그들은 돌출한 턱과 코를 가졌는데 이빨은 다 빠져있었다. 그리고 얼굴

---

5 식민지시대 '자유인'으로 구성된 뉴잉글랜드의 입법·사법권을 갖는 기구.

모습은 날카로운 *더블유W*자 모양으로 보였다. 그들은 그들의 남편만큼 잘 보존되지 못했다. 아니면 말린 표본처럼 잘 보존되어 있었다고나 할까. (그들의 남편은, 그렇지만, 소금에 절여있었다.) 그러나 이 모두에도 불구하고 우리는 그들을 존경한다. 우리 자신의 치아구성도 완벽함과는 거리가 멀다.

여전히 우리는 빗속에서 계속해서 갔다. 우리가 멈추어 섰다면 그것은 흔히 우체국이었다. 그리고 이런 비 오는 날, 편지를 쓰는 것과, 그것을 우리의 도착에 맞추어 분류하는 것은 케이프 주민들의 주된 직업임이 틀림없다는 생각을 했다. 우체국은 여기에서 특이하게 가정적인 기관으로 보였다. 이따금 역마차는 어떤 낮게 드리워진 상점이나 주거지 앞에서 멈추었는데, 마차바퀴장수 아니면 구두장이일 것 같은 이가 소매 있는 셔츠 차림에 가죽 앞치마를 두르고 새로 산 안경을 쓴 채, 마치 여행자들에게 주려고 집에서 만든 케이크 조각이라도 되는 듯이 엉클 샘Uncle Sam 가방[6]을 들고 나타났다. 그는 마치 큰 짐짝인 것처럼 여행자들의 존재에는 전혀 관심 없다는 듯이 마차꾼에게 수다를 한참 늘어놓았다. 한번은 우리는 한 여성이 우편배달부라는 것을 알았는데, 사람들은 그녀가 길을 가장 잘 찾는다고 말했다. 그러나 우리는 거기에서 편지들은 틀림없이 매우 면밀한 조사를 받고 있다고 의심했다. 이런 목적으로 데니스에서 우리가 멈추어 있는 동안에, 우리는 창문으로 머리를 내밀어 우리가 어디를 가고 있는지 보려고 시도했다. 안개 속에서 우리 앞에 포버티 그라스로 찌든 독특하게 황량한 언덕이 솟아오르는 것을 보았다. 비록

---

[6] 미국 국기 문양을 넣어 만든 가방.

그 언덕들은 우리에게서 가까웠고, 말들이 여전히 그 길을 향해가고 있었는데도 불구하고, 우리가 그쪽 편 땅 끝에 도달한 듯했는데도, 마치 지평선에 있는 것처럼 어른어른거렸다. 그 정도로, 우리가 본 데니스의 그 지역은, 내가 뭐라고 부를 수 있는 명칭을 찾을 수 없는 성격을 가진, 극도로 황량하고 황폐한 시골이었다. 그 표면은 아마도 이틀 전에 마른 땅이 된 바다의 바닥과 같았다. 그것은 포버티그라스로 덮여있었고 나무 하나 보이지 않았으나, 여기저기에 풍상을 겪은 단층집이 빨간 지붕을 하고 있었는데 - 집의 나머지 부분은 칠을 하지 않았을지라도, 종종 지붕은 칠을 했기 때문에 - 을씨년스럽고 활기라곤 없었지만, 땅에다 넓은 기초를 해서 안락함은 모두 그 안쪽에 있음에 틀림없었다. 우리는 올 때 함께 가져온 지명사전에서 1837년에 이 마을에 속한 150명의 선주들이 미국 각처의 항구들로부터 항해를 했다는 것을 읽었다. 마을의 남쪽 지역에는 더욱 많은 집이 있어야만 했다. 그렇지 않고, 그들이 아직도 거기에 있다고 한다면, 그들이 가정집에 있을 때 전부 어디에서 묵는가를 상상할 수가 없었다. 그러나 사실인즉슨 그들의 집은 물 위에 떠다니는 집이고 그들의 가정집은 바다 위에 있다는 것이다. 데니스의 이 지역에는 거의 나무 한 그루 찾아볼 수 없었고, 그들이 나무를 심는다고 말하는 것을 듣지도 못했다. 사실, 교회당의 네모꼴 공간에 롬바르디 미루나무가 건물의 샛기둥처럼 일렬로 쭉 둘러 심겨져있었으나 내가 잘못 본 것이 아니라면 그것들은 모두 죽어있었다. 나는 여기에 부활이 필요하다고 생각하지 않을 수 없었다. 우리가 가진 책에는 1795년에 데니스에는 "뾰족탑을 가진 우아한 교회당이" 세워져 있었다고 쓰여 있었다. 비록 그것이 뾰족탑이 있었는지 아니면 포플러와 동조하여 그렇게 같이 다

썩어 무너졌는지 나는 기억하지 못하지만, 아마도 이것이 그 건물일 것이다. 이 마을의 또 다른 교회당이 "말쑥한 건물"이라고 기술되어 있었으나, 이웃 마을인 채텀의 교회당에 대해서는, 그 당시에 단 하나가 있었는데, "수리가 잘 되었다"는 말밖에는 없었다. 나는 이 두 언급은 정신적일 뿐만 아니라 물질적인 교회들에 적용한 말로 이해될 수 있다고 믿는다. 그렇지만, 브로드웨이Broadway에 있는 트리니티 교회의 "우아한 교회당"에서부터 놉스커셋Nobscusset에 있는 이것에 이르기까지, 내 짐작으로는, "아름다운 마을들"과 같은 범주에 속한다. 나는 우아한 교회당을 제철에 하나도 보지 못했다. 행위가 아름다운 것이 멋진 것이다.[7] "안개가 채텀에는 이 지방의 어느 다른 지역보다 빈번하다. 그리고 여름에 안개는 나무 대신에 태양의 열기를 막아 집들을 보호해주는 역할을 한다."고 우리가 비록 책에서 읽었을지라도, 무더운 날씨에 무엇으로 사람들이 그늘을 만드는지 우리는 알지 못했다. "넓은 시야를 즐거워하는 사람들에게는" - 채텀의 주민들은 넓은 시야를 즐거워하지 않는다고 추론할 수 있는가? - "안개는 유쾌하지 않다. 그렇다고 안개가 건강에 해롭다고 판명되지는 않는다." 모르면 몰라도, 또한, 거침없는 바닷바람이 부채의 목적에 부응한다. 채텀의 역사가는 더 나아가 "많은 가정에서 아침과 점심의 차이가 없다. 치즈, 케이크, 파이 등이 아침과 점심식사에 공통이다."라고 적고 있다. 그러나 그것들이 정말로 아침과 점심에 공통이었는지는 여전히 불확실한 채로 남아 있다.

언덕이 많은 길은 여기에서 만의 해변 근처로 이어졌다. 한쪽으로는

---

[7] "Handsome is that handsome does.": 얼굴보다 마음씨

만이고 다른 쪽은 케이프에서 가장 높은 땅이라고 하는 "울퉁불퉁한 스카고Scargo 언덕"이 있었다. 이 언덕의 정상에서 바라보는 만의 드넓은 광경에 대해서 우리의 안내자는 "만의 경치가 매우 아름다운 것은 아니지만, 숭고함이라는 강한 정서를 전해준다."고 말한다. 이것은 우리가 스스로에게 만들고 싶었던 바로 그런 전언이다. 우리는 데니스의 수엣Suet을 지나갔는데, 수엣과 퀴버넥Quiver Necks에 대해서 "놉스커셋과 비교해볼 때," - 우리는 놉스커셋을 통과했거나 그 근처를 지나갔다고 어렴풋하게 기억했다 - "그것은 유쾌한 마을이라고 이름붙일 수 있지만, 샌드위치 마을과 비교해보면, 거의 혹은 전혀 아름답지 않다."고 쓰여 있었다. 그렇지만, 우리는 데니스를 우리가 케이프에서 본 어느 마을보다도 좋아했다. 이 마을은 매우 신기했고 폭풍이 몰아치는 날엔 너무나 숭고할 정도로 쓸쓸했다.

    수엣의 존 시어즈[8] 선장은 이 나라에서 태양광에 의한 순수한 바다소금을 얻은 최초의 사람이었다. 비록 소금은 비슷한 방법으로 프랑스나 그 밖의 나라에서 오래전에 만들어졌지만, 이것은 1776년이었는데 전쟁 때문에 그때는 소금이 부족했고 값이 비쌌다. 역사전집은 그의 실험에 대해 흥미 있는 얘기를 담고 있다. 이 책을 우리가 제염소의 지붕들을 처음 보았을 때 읽었다. 반스테이블 카운티는 우리나라 북쪽 해안에서 이런 작업하기에는 최적의 장소이다. 여기에는 바다로 빠지는 민물이 거의 없다. 아주 최근에 이곳 제염산업에 약 2백만 달러가 투자되었다.

---

[8]   John Sears(1744~1817): 매사추세츠 식민지의 퇴역 선장으로 케이프코드에서 제염사업을 처음 시작한 인물.

그러나 지금 케이프는 소금 수입상들과 서부의 소금 생산자들과 경쟁을 할 수가 없다. 그리고 그에 따라 케이프의 제염소들은 빠르게 쇠퇴하고 있는 중이다. 소금 만드는 일에서 그들은 여느 때보다도 더욱 어업에 눈을 돌린다. 지명사전에는 일목요연하게 마을별로 어업인구 수, 생선과 생선에서 짠 기름의 가격대, 소금 생산량과 소비량, 해안무역에 종사하는 인원수, 종려나무 잎으로 만든 모자와 가죽과 장화와 구두와 주석세공품을 만드는 인원수와 생산량을 말해줄 것이고 다 읽고 나면, 전 세계에 걸친 거의 똑같은 가내수공업을 더욱 여실하게 짐작하게 해준다.

오후 늦게 우리는 브루스터Brewster를 지나갔는데, 그곳은 브루스터 장로의 이름을 딴 마을로 그렇게 하지 않으면 그가 잊혀질까 두려워서였다. 브루스터 장로에 대해 들어보지 않은 사람이 있는가? 그가 누구였는지 누가 아는가? 이곳은 케이프에서도 현대적으로 세워진 마을로 보였다. 퇴역한 바다 배 선장들이 좋아하는 거주지로. "외국을 항해하는 선박의 주인들과 선원들이 이 카운티의 다른 어느 마을보다 이곳에 더 많이 산다."고 쓰여 있다. 이곳에는 케임브리지포트Cambridgeport[9]에서나 볼 수 있는 많은 현대식 미국의 주택들이 모래 위에 세워져 있었는데, 찰즈강Charles River을 따라 흘러 내려와서 만을 가로질러 표류한 것이라고까지 확언할 수 있을 정도였다. 나는 그 집들을 미국식이라고 부르는데 그 이유는 그 집들이 미국인들에 의해서 돈이 지불되고 미국의 목수들에 의해 "세워지기" 때문이다. 그러나 그 집들은 목재에서 거의 다듬어진 것이 없고 단지 흰 페인트로 동부의 재료를 가린 것이라 내게는 가장

---

[9] 하버드대학교가 있는 보스턴 근교의 케임브리지에 있는 찰즈강 유역의 항구.

흥미 없는 표류 목재였다. 우리는 우리의 해양건축에 대해 자부심을 가질 이유가 있을 것이다. 그리고 우리 선박들의 모델을 구하기 위하여, 그리스인들이나 고트족이나 이탈리아인들에게 갈 필요가 없다. 바다 배 선장들은 그들의 물에 떠 있는 집을 짓는데 케임브리지포트의 목수들을 고용하지 않는다. 해안에 있는 그들의 주택들을 위해서는, 만약 어떤 집을 본떠야만 한다면, 누미디아Numidia[10]식으로, 바닥을 위로 향하고 있는 그들의 선박중의 하나를 보는 것이 상상력에 더 어울릴 것이다. "어떤 계절에는 웰플릿과 트루로에 있는 창문들에 햇빛이 반사하는 것이 [케이프의 팔꿈치의 안쪽을 가로질러] 18마일 위쪽으로 떨어진 시골길에서 맨눈으로 분간될 정도이다."라고 적혀있었다. 우리가 24시간 동안 햇빛을 보지 못했었기 때문에, 이 말을 즐겁게 상상했다.

같은 저자(존 심킨즈 목사)는 주민들에 대해서 꽤 오래전에 말했다. "이들은 어떤 누구보다도 사회적 모임과 가정적 오락을 더 많이 즐기는 것으로 보인다. 공식적인 자리가 아니라면, 그들은 선술집을 들락거리는 습관이 없다. 이곳에서는 진짜 부랑자나 술집에 출몰하는 사람을 알지 못한다." 이것은 나의 고향 사람들에 대해 말할 수 있는 것 이상이다.

마침내, 우리는 올리언스에 있는 히긴즈 주막Higgins's Tavern[11]에서 그날 밤을 보내려고 멈추었다. 우리는 안개가 걷힐 때 육지를 먼저 보게 될지 바다를 먼저 보게 될지 알지 못하여, 마치 바다의 모래톱 위에 있는 것처

---

[10] 아프리카 북부에 있던 고대왕국으로 현재의 알제리, 튀니지 등의 지역.
[11] 이 주막집은 현재 존재하지 않지만, 근처에 주막이라는 이름의 모텔이 들어서 있다. 소로 일행은 1849년 10월 10일 밤을 여기서 묵고 다음날 아침 도보로 여행을 계속했다.

럼 들떠 있었다. 우리는 여기서 두 명의 이탈리아 소년들을 따라잡았는데, 그들은 모래를 밟으며 멀리 케이프 아래쪽으로, 손풍금을 각각 등에 걸머지고, 터벅터벅 걸어왔으며, 프로빈스타운으로 가고 있는 중이었다. 만약에 프로빈스타운 사람들이 그들에게 문을 닫아 걸어버린다면 얼마나 가혹한 운명일까 하고 우리는 생각했다. 그 다음에는 누구네 마당으로 갈 것인가? 그래도 우리는 음악이라곤 파도소리밖에 듣기 힘든 여기로 그들이 오길 잘했다고 결론지었다. 이같이 위대한 문명의 힘은, 빠르던 늦던, 신세계라는 온통 모래로 된 케이프와 등대에 대표단을 파견한다. 인구조사원이 방문하고 그곳의 야만인으로 하여금 항복하라고 소환한다.

제3장 노셋 평원
The Plains of Nauset

다음날 아침인 10월 11일 목요일에는 비가 억수같이 쏟아졌으나 우리는 걸어서 계속 가기로 결정했다. 우리는 처음에 프로빈스타운을 향해 대서양쪽 해안을 걸어가는 방법의 실현가능성과 관련하여 도중에 우리를 막는 습지나 개울이 없는지 얼마간의 탐문을 하였다. 히긴즈는 방해물은 없고 도로로 가는 것보다 그리 많이 더 멀지 않다고 했으나, 자기 생각에는 모래 위로 걸을 때는 발이 매우 "무겁다"는 것을 우리가 알아야 하고, 길이 몹시 나쁘고, 거기에서는 말도 발굽 위의 돌기까지 모래에 빠지곤 한다고 말해주었다. 그러나 주막에는 거기를 걸어본 사람이 한 사람 있었는데 그는 우리가 매우 잘 갈 수 있긴 하겠지만, 둑 아래로 걸을 때는 동풍이 부는 파도가 일면 모래에 구덩이가 생겨 때때로 불편하고 위험하기까지 하다고 말했다. 처음 4~5마일을 우리는 도로를 따라 갔는데 그 길은 여기서 케이프의 가장 좁은 부분인 팔꿈치에서 북쪽으로 향해 나 있었다. 우리가 가는 방향의 오른쪽으로 올리언스의 노셋 하버

Nauset Harbor[1]의 일부로 바닷물이 들어오는 조그만 입구를 뛰어넘을 수 있었다. 비록 도로 가운데에는 말들이 빠져 발이 "무거웠을"지라도, 우리는 도로 양쪽에서 걷는 사람들에게는 여행이 즐겁다는 것을 발견했다. 비와 마찬가지로, 어제처럼 몰려드는 안개와 함께 바람이 세게 불었으므로, 우리는 우산을 뒤로 받치고 걸었다. 그리고 바람은 우리가 빠른 속도로 모래 위를 걸어가게 도와주었다. 우리가 낯선 해안에 도착했다는 모든 징후가 나타났다. 도로는 그저 시골길이라 황량했고, 불모의 맨땅이 솟아올라 드러난 곳으로 감아 돌아나갔다. 집과 집들 사이는 멀었고 작고 지붕이 녹슨 집들 말고는 거의 없었다. 그렇더라도 그 집들은 잘 수선한 것으로 보였고 문간 마당은 담장을 치지 않았는데도 단정했다. 어쩌면 차라리 그 집들은 집들 주변의 마당바닥이 바람에 쓸려서 깨끗해진 것처럼 보였다. 이곳에는 재목이 부족했기 때문에 목재기둥과 다른 지붕마루들이 없는 것은 아마 이런 모습과 관계있을 것이다. 그 집들은, 육지에 상륙한 선원들같이, 그들의 자세나 복장을 세심히 고려하지 않으면,

---

[1] 바깥쪽 케이프Outer Cape의 시작인 올리언스와 이스트햄의 동쪽 해안 경계에 걸쳐 있는 만灣으로 생태의 보고寶庫라고 불리는 노셋 해안습지Nauset Marsh를 말한다. 뒤에 10장에서도 소로가 전해주고 있듯이, 이곳의 지도를 처음 만든 사람은 프랑스 탐험가 샘플레인으로 1605년 아메리카원주민과 유럽인 사이에 최초의 교류가 있던 곳이며, 좁고 뾰족한 모양의 긴 모래톱spit이 넓은 습지와 대서양을 분리해주고 있다. (1924년 이 사구沙丘 위에다 소로의 오두막과 비슷한 '포캐슬'Fo'castle이라는 집을 짓고 1년간 야생자연, 특히 조류鳥類를 관찰한 헨리 베스톤Henry Beston이 쓴 *The Outermost House*(1928, 1988)『세상 끝의 집-케이프코드 해안에서 보낸 1년』(강수정역, 2004)이라는 책은 미국조류학회의 중요한 자산이 되었으며, 이 습지와 연접한 서북쪽의 6번국도 옆에는 현재 '케이프코드해양국립공원'에서 운영하는 '솔트폰드Salt Pond 방문자센터'와 박물관 등이 있다.)

육지의 단단함을 누리고자 똑바로 앉아 있는 것으로 보였다. 그들에게 육지는 그저 *단단하고 친숙한 땅*(terra firma and cognita) 이었지만, 아직은 *비옥하고 쾌적한*(fertilis and jucunda)것은 아니었다. 쓸쓸하기까지 한 모든 풍경이 내 눈에는 어떤 아름다움을 지니고 있었다. 그리고 이러한 경우에 그 아름다움의 영속적인 특질은 날씨로 인해 더욱 증가되었다. 모든 사물이, 우리가 황량한 벌판을 보지 않거나 바다의 포효소리를 듣지 않을 때에도, 바다에 대해 이야기를 하고 있었다. 새로 말하면 갈매기들이 있었고, 들에는 마차들이, 집들에는 기대어 뒤집어 놓은 보트들이 있었다. 그리고 때때로 고래의 갈비뼈가 도로가의 담장에 엮여 있었다. 나무들은, 있다하더라도, 집들보다도 드물었는데, 사과나무는 예외로, 분지에는 몇 개의 작은 과수원들이 있었다. 이 과수원들은 폭이 좁고도 높았는데 위쪽은 편평해, 옆가지를 다 잘라버려 마치 비바람에 노출된 상황에서 자라는 커다란 자두나무 관목 숲이나, 아니면 땅바닥에서 바로 가지가 나오는 왜소한 명자나무 관목 숲 같았다. 그것들은 유사한 조건하에서 모든 나무는 적어도 유사한 성장습관을 가질 것이라는 점을 시사했다. 나는 나중에 케이프에서 사람 머리 높이보다 크지 않은 다 자란 사과나무들을 보았는데, 정말로 한 과수원 전체에서 모든 과일을 사람이 땅에 서서 수확할 수 있었으나 나무 밑으로는 거의 기어들어 갈 수 없었다. 어떤 나무들은, 주인들이 내게 말해준 바로는, 20년이나 되었는데 높이가 겨우 3피트 반이었고, 땅으로부터 6인치 위에서 반경 5피트로 벌어졌다. 그리고 주변에 암종 벌레들을 잡는 타르 상자들이 주위를 둘러싸고 있어 그 나무들은 화분에 심은 식물들처럼, 마치 겨울에 집안으로 들여 놓을 수 있는 것처럼 보였다. 다른 곳에서 나는 까치밥나무 관목들보다 크지 않은 사과나무들을 보았는데, 주인은 사과가 그해 가을 1.5배럴[2]이나 달렸다고 내게 말해주었다. 그 나무들이 만약 함께 바짝 붙어 있었다면 나는 한 발짝만 뛰어도 그것들 모두를 따낼 수 있었을 것이다. 나는 트루로에 있는 하일랜드 등대Highland Light 근처에서 몇 그루를 측정했는데, 근처의 관목 숲에서 어릴 때 채취해 와서 접목한 것이었다. 하나는 접목한 지 10년이 되었었는데 키가 평균적으로 보니 18인치였고 위쪽으로는 편편하게 9피트 넓이로 벌어져 있었다. 그 나무는 2년 전에 한 부셸[3]이나 되는 사과가 달렸었다. 다른 나무는, 아마도 씨앗으로부터 20년을 자랐는데 키가 5피트였고, 마찬가지로, 땅에 가지를 18피트를 뻗어서 사람이 그 밑을 기어들 수가 없었다. 이 나무는 2년 전에 1배럴의 사과가 달렸다. 이 나무들의 주인은 나무들에 대해 얘기할 때 인칭대명사를 어김없이 사용하며 "내가 그 놈을 숲에서 캐왔는데, 그 놈은 열매가 안 달려요."라고 말했다. 그 이웃에서 내가 본 가장 큰 나무는 꼭대기 잎까지 9피트 높이였고, 땅에서 다섯 갈래로 가지를 뻗으며 33피트나 넓게 퍼졌다. 이러한 성장습관은 확실히 장려되어야 한다. 그리고 몇몇 순회하는 전문 관리사들이 조언하는 것처럼 올려 가지치기를 하지 말아야 한다.

한쪽 마당에서 나는 한 그루의 매우 건강하게 보이는 나무를 보았는데, 나머지 나무들은 모두 죽거나 죽어가고 있었다. 주인은 자기 아버지가 그 나무 한 그루만 빼고 모든 나무에 지느러미 고래 썩은 것을 거름으로 준 적이 있다고 말했다. 1802년에, 남쪽으로 올리언스 다음 마을인

---

[2] 1배럴barrel: 약 159리터.
[3] 1부셸bushel: 약 36리터.

채텀Chatam에는 단 한그루의 과수목도 없었다. "과일나무는 바다로부터 1마일 이내에서는 자라게 할 수가 없다. 더 멀리 떨어져 심은 나무들도 동풍으로 손상을 입고, 봄에 심한 폭풍이 불면, 수피에서 소금기가 느껴진다."고 옛날의 올리언스에 대한 설명이 말해주고 있다. 종종 우리는 그 나무들이 마치 녹이 난 것처럼 노란 지의류인 *파르멜리아 파리에티나* (Parmelia parietina)로 덮여있는 것을 보았다.

케이프에서 내륙 사람에게 가장 이국적이고 그림 같은 구조는, 염전을 감안하더라도, 뒤쪽에 긴 목재를 땅에 비스듬하게 받쳐놓은 회색빛의 8각형 탑인 풍차인데, 긴 목재의 끝에 달린 차륜에 의지하여 풍차의 날개들이 바람을 마주하도록 돌려진다. 또한, 회전날개들은 어느 정도의 바람의 힘을 받아야 추진력을 얻는 것으로 보였다. 커다란 둥근 바퀴자국으로 건물 주변이 닳아 있었다. 풍차가 바람을 향하도록 조정하는 이웃사람들은 바람이 어느 쪽으로 부는지 풍향계 없이도 알 것 같았다. 그것들은 느슨하고 가벼운 기관이라서 부상당한 새처럼 날개나 발을 끌고 있는 듯 보였는데, 네덜란드의 사진 중의 하나를 생각나게 했다. 위로 올라온 땅에 있고 건물도 높아서, 육지의 윤곽 자체는 단단하고 확실해서 바다 멀리에서도 별 의미 없는 원추나 모래 절벽까지 볼 수 있을지라도, 멀리 지평선에서 바라보이는 큰 나무들이나 또 보통 다른 물체들이 없으므로, 풍차들은 랜드마크로서의 역할을 하고 있다. 육지에 상륙하는 선원들은 보통 풍차들 아니면 교회당들을 보고 배를 조종한다. 시골에서 우리는 교회당 건물들로만 길을 찾을 수밖에 없다. 그래도, 교회당 건물은 7일 중에 하루 움직이는 일종의 풍차로, 교리나 여론이라는 바람으로 돌려지거나, 아니면 더 드물게는 천국의 바람에 의해 돌려진다 – 거기에서는, 전부 밀기울이나 곰팡내 나는 것이 아니라고 한다면, 회반죽이 아니라고 한다면, 인생의 양식을 만든다고 우리가 믿는 다른 종류의 곡물을 빻는다.

여기저기 들판에는 조개껍데기 더미가 있었다. 올리언스는 조개, 특히 대합조개로 유명해서 우리 책의 저자가 "더 적절하게 말해, 지렁이들"이라고 얘기하는 미끼로 쓰려고 깠던 것들이었다. 해안가는 마른 땅보다 더 비옥하다. 주민들은 자기들의 수확물을 옥수수 부셸로 뿐만이 아니라 조개 배럴로 잰다. 천 배럴의 조개는 6~7천 부셸의 옥수수와 가격이 같다고 계산된다. 그리고 조개는 더 많은 노동이나 비용을 들이지 않고 획득하게 되자 공급이 무진장하다고 생각되었다. "해안가의 일부가 파헤쳐지고 모든 조개를 잡은 후 2년만 지나면 여전히 조개가 많았다고 한다. 심지어 많은 사람은 이런 일을 하지 않으면 조개가 서로 너무 바짝 달라붙어 크게 자라는 것을 막기 때문에 조개 개펄을, 감자밭을 갈듯이, 자주 갈아주는 것이 필요하다는 것을 수긍했다."고 역사는 전한다. 그러나 우리는 조그만 조개, *미야 아레나리아*(mya arenaria)가 이전처럼 많지 않다는 얘기를 들었다. 아마도, 조개 펄을 마침내 너무나 자주 휘저어 온 것이다. 그럼에도 불구하고, 조개를 돼지 먹이로 쓰는 바람에 조개가 부족하게 되었다고 불평하는 한 남자는 트루로에서 한겨울에 126달러어치나[4] 되는 조개를 캐내어 깠다고 내게 말했다.

우리는 올리언스와 이스트햄 사이에 있는, 제러마이어 도랑Jeremiah's

---

[4] 당시의 1달러dollar는 현재의 화폐가치로 환산하면 대략 30달러 정도에 해당한다.

Gutter[5]이라고 불리는, 길이가 14로드가 좀 안 되는 개울을 건넜다. 대서양은 때때로 여기서 만을 만나서 케이프의 북쪽 부분을 고립시킨다고 한다. 케이프의 시냇물은 바다로 금방 빠져버리므로 흐를 공간이 없기 때문에 미세한 규모로 형성될 수밖에 없다. 그것 말고도, 우리는 공간이 부족하지 않을 때도 그 모래로 물이 흐르기가 어렵다는 것을 발견했다. 그래서 물이 흐르거나 흐를 수도 있는 최소한의 통로는 중요하고, 이름을 붙여 주는 영예를 누린다. 우리는 이웃한 마을인 채텀에는 흐르는 물이 없다고 읽었다. 말로 서술한다면, 토지의 황량한 모습이 거의 믿기지 않을 것이다. 겉모양으로 판단해 보면, 내륙지방의 어느 농부도 경작하거나 심지어 담을 칠 생각을 못할 정도의 땅이거나 모래밭이었다. 일반적으로, 케이프의 개간된 들판은 소금과 옥수수가루의 혼합같이 희고 노랗게 보인다. 이것이 흙이라고 불린다. 모든 내륙지방 사람들의 흙과 비옥함에 대한 개념은 이 지역들을 방문해보면 혼란스러울 것이다. 그리고 방문자는 나중에 한참 동안 흙과 모래를 구별할 수 없을 것이다. 채텀의 역사가는 바다로부터 얻은 그 마을의 한 부분에 대해서, "흙이 형성되기 시작하는 믿기지 않는 모습이 있다. 어느 누구의 눈에도 그것은 관찰되지 않을 것이고, 많은 사람들은 아마도 그것을 인정하지도 않을

---

5   기원전 6~7세기 이스라엘의 대 예언자 이름을 딴 작은 개울. (19세기 초까지는 케이프코드 동쪽의 바닷물과 서쪽의 만을 운하처럼 연결시켰었는데 - 1602년 케이프코드라는 이름을 붙인 고스놀드가 아래쪽 케이프를 섬으로 언급했던 이유이다 - 조수가 밀려와 모래로 메워지는 바람에 끊겨 이 개울은 기록에서 사라졌다. 현재 만 쪽으로는 보트메도우 리버Boat Meadow River로 남아 있으며, 소로도 1857년 네 번째 방문 시 이 도랑은 지도에 보트메도우 리버로 나온다고 일기에 적고 있어 같은 개울을 두 개의 이름으로 부른 셈이다.)

것이기 때문에, 그것은 **믿기지 않는** 모양을 하고 있다."고 말하고 있다. 우리는 이것이 케이프의 더 큰 부분에 대한 서술로 나쁘지 않을 것이라고 생각했다. 이스트햄의 서쪽 편에는 "모래 해변"이 있는데, 우리는 다음번 여름에 건너갔다. 반 마일 넓이로 마을을 가로질러 펼쳐져 있고 17에이커를 포함하였는데 지금은 그곳에 풀밭이라고는 찾아볼 수 없다. 비록 이전에는 그 땅에 밀을 재배했었지만. 여기에서 모든 모래땅은 "모래 해변"이라고 불린다. 파도가 있건 그 위에 바람이 몰아치건, 그것은 공통적으로 해변에서 비롯했기 때문이다. "어떤 장소들의 모래는," 이스트햄의 역사가는 말한다. "바닷가 풀을 쓰러뜨리고, 25년 전에는 언덕이라곤 없던 곳에 50피트 높이의 언덕을 만들었다. 다른 곳에서 모래는 작은 계곡들과 습지들을 메웠다. 튼튼한 뿌리를 가진 관목이 서 있던 곳은 그 모습이 특이했는데 흙과 모래덩어리가 관목에 붙어 있어 조그만 탑같이 보였다. 몇몇 장소에서는 이전에 흙으로 덮여 있었던 바위들이 그대로 노출되어 있는데, 마치 채석장에서 최근에 캐낸 것처럼 보였다."

우리는 사실적으로도 그렇고 보기에도 분명한 불모지인데도 불구하고, 이스트햄에서 여전히 재배되는 다량의 옥수수 수확 소식을 듣고 놀랐다. 우리가 들린 올리언스의 지주는 그가 해마다 3-4백 부셸의 옥수수를 재배하고, 꽤 여러 마리의 돼지를 살찌우며 기른다고 우리에게 말했다. 샘플레인[6]의 『항해기』에는, 1605년의 모습대로, 가운데에 원형천

---

[6] Samuel de Champlain(1567~1635): 프랑스의 탐험가이며 군인. 대서양을 21번 이상이나 횡단하여 항해했다고 하는 그는 1608년 퀘벡Quebec 등의 식민지를 건설하고, 북아메리카의 지리와 인종을 기록한 연대기와 지도를 그린 '여행기'인 『항해기』(*Voyages*)(1613,1632)를 출판했는데, 최초로 정확한 북미 해안지도

막이 있는 인디언들의 옥수수 밭의 근황을 보여주는 판화가 있는데, 여기가 필그림들이 굶어죽지 않기 위해서 1622년에 노셋 인디언들로부터, 그들의 말을 인용하면, "옥수수와 콩을 큰 통[7]으로 8~10개 분량을 샀다고" 한 곳이다.[8] "1667년 [이스트햄] 마을은 모든 가정마다 옥수수에 막대한 손해를 입히는 블랙버드blackbird를 12마리 잡거나 까마귀를 3마리 잡아야 한다는 투표를 했다. 그리고 이런 투표는 여러 해 동안 반복되었다." 1695년에는 부가적인 조례가 통과되었는데 즉, "마을의 모든 미혼자는 6마리의 블랙버드나 3마리의 까마귀를 잡을 것이며, 독신으로 남아있는 동안은 그에 대한 벌칙으로 이 조례에 복종할 때까지는 결혼할 수 없다"는 것이었다. 그렇지만 블랙버드는 여전히 옥수수를 괴롭혔다. 나는 그 다음해 여름에 옥수수에 앉아있는 그 새들을 보았다. 그리고 들판에는 블랙버드를 쫓는 허수아비가 아니라면 까마귀를 쫓는 많은 허

를 작성했다고 알려져 있다. (프랑스명은 '샹플랭'이나, 소로가 가장 많이 언급하는 이 사람의 경우는, 북미 여러 지명에 이름을 남기고 있어, 편의상 영어명칭인 '섐플레인'으로 통일하였음을 밝힘.)

7   hogshead: 238리터들이 용기.
8   {원주}: 그들은 그후 마타치에스트라는 곳에 닿아서 더욱 많은 옥수수를 샀다. 그러나 그들의 작은 배가 폭풍에 휩쓸려가 버리자 총독은 플리머스까지 숲을 통해 50마일을 도보로 돌아갈 수밖에 없었다. 『모트의 이야기』에 의하면, "그는 집으로 무사히 돌아왔다. 비록 지치고 survated 했지만," 즉 발이 부르텃지만. (이탈리어 sobattere, 라틴어 sub 혹은 solea battere, 발바닥이 찢어지다. 이 구절에 대한 어떤 해설자의 말처럼 "acerbatus에서 나온 쓰라린 혹은 악화된"이란 뜻은 아니다.) 이 단어는 매우 드물게 나타나는데 오로지 총독과 그러한 곤경에 처한 비슷한 위치에 있던 사람에게만 적용되고 있다. 그런 사람들은 일반적으로 장거리 이동이 허용되었을지라도, 조심하면 발바닥을 보호할 수 있었을 것이다.

수아비가 있었는데 나는 그것들을 종종 사람으로 오인했다. 그로인해 나는 많은 남자가 미혼이거나 블랙버드가 많이 있다는 결론을 내렸다. 그래도 그 새들은 서너 개의 낟알밖에 언덕에 놓아두지 않아 우리가 하는 것보다는 아주 적은 식물들을 남아있게 했다. 1802년에 인쇄된 『역사전집』에 있는 이스트햄에 대한 얘기에서는 이렇게 쓰여 있다. "주민들이 소비하는 것보다 더 많은 옥수수가 생산되었다. 1천 부셸이 넘는 옥수수가 해마다 시장으로 보내졌다. 돌이 없는 흙이라서 쟁기로 흙을 가는 것이 빨랐고, 옥수수가 싹이 나온 뒤에는 염소보다 조금 더 큰 케이프의 조랑말이 두 명의 소년의 도움을 받아 하루에 3 - 4에이커의 밭을 쉽게 김을 맬 수 있었다. 몇몇 농부들은 해마다 500부셸의 곡물을 생산하는데 익숙했고, 오래지 않아 한 농부는 60에이커에서 800부셸을 재배했다." 비슷한 얘기들이 오늘날도 나온다. 정말로 최근의 얘기들은 어떤 경우에는 옛날얘기들의 미심쩍은 반복이다. 그리고 나는 그들의 진술이 대체로 예외에 기초한 것이고 더욱이 보이는 것처럼 수많은 에이커의 땅들이 불모지라는 것을 의심치 않는다. 여기서 어떤 작물도 재배할 수 있다는 것은 충분히 놀라운 일이다. 그것은, 다른 사람들이 암시했듯이, 대기 중의 수분의 양, 모래의 온기, 그리고 서리가 거의 안 내리는 것에 기인할지도 모른다. 연자방앗간 주인은 그의 돌을 갈고 있었는데, 그는 40년 전에 이곳에서 옥수수 껍질을 벗긴 적이 있었고, 하루저녁에 500부셸을 까서 옥수수 더미 가운데 높이가 6피트 이상으로 쌓인 적이 있으나, 지금은 1에이커에서 15에서 18부셸이 평균 작황이라고 내게 말해주었다. 나는 이 마을에서처럼, 그렇게 왜소하고 보잘것없게 보이는 옥수수로 된 밭을 결코 본 적이 없었다. 아마도 주민들은 쉽게 경작되는 넓은 지표면에서 작은 수확으로 만족할 것이다. 그 땅은 항상 가장 이익이 되는 가장 비옥한 땅은 아니었으며, 서부의 비옥한 낮은 땅과 마찬가지로 이 모래땅은 경작한 만큼 갚아 주었다. 더구나 거름이 없이 모래에서 재배한 채소들 특히 호박들이, 비록 그 씨를 집안에 심으면 곧 퇴화할지라도, 뛰어나게 달콤하다고 말하고 있다. 나는 여기 채소들이 잘 클 때는 아마도 부분적으로는 모래와 대비되어 그럴지라도 뛰어나게 푸르고 건강해 보인다고 증언할 수 있다. 그래도 케이프 마을들의 주민들은 일반적으로 그들 자신이 먹는 곡물이나 돼지를 기르지 않는다. 그들의 채소밭은 보통 해안 습지나 늪지의 가장자리로부터 회복한 작은 조각 땅들이다.

아침 내내 우리는 수 마일이나 떨어진 동쪽 해안에서 바다가 포효하는 소리를 들었다. 그것은 세인트 존호를 난파시킨 폭풍의 영향을 여전히 느끼게 했다. 그래도 우리가 뒤를 따라잡은 학생 하나는 그런 소리에 귀가 익숙해져서 우리가 의미한 것이 무엇인지 거의 알지 못했다. 그는 조개껍데기 속에서도 똑같은 소리를 더욱 담담하게 들었을 것이다. 몇 마일 내륙에서도 들리는 육지에 몰아치는 바다의 소리가 대기를 가득 채우는 바로 옆을 거닐기에는 매우 영감을 불어 넣어주는 소리였다. 집 문간에서 으르렁대는 개를 한 마리 기르는 대신에, 케이프 전체를 위해 으르렁거리는 대서양을 갖고 있다니! 대체로, 우리는 가장 성난 상태의 바다를 우리에게 보여주곤 하는 폭풍을 반겼다. 찰스 다윈[9]은 심한 돌풍

---

[9] Charles Darwin(1809~82): 영국의 박물학자이며 지질학자, 생물학자. 1831~1836년 비글호를 타고 갈라파고스 제도 등 세계를 탐사한 후 쓴 『비글호의 항해』(*The Voyage of the Beagle*)(1839)와 『종의 기원』(*On the Origin of Species by Means of Natural Selection, or the Preservation of Favoured Races in the Struggle for Life*)(1859),

이 불고 난 뒤에 칠레 해안에 일어나는 파도의 포효소리는 밤에 "산이 많고 숲이 우거진 시골을 가로질러 21해리[10]"의 거리까지 들릴 수 있음을 확인했다. 우리는 케이프의 삶이 어른에게와 같이 아이에게는 어떠한 가를 아는 것이 중요하다고 생각했기 때문에 아까 언급했던, 여덟 살 쯤 되었을, 소년과 대화를 나누며, 우리 우산으로 바람을 막아주며 걷게 했다. 우리는 그로부터 그 근처에서 가장 좋은 포도를 발견할 수 있는 장소를 알았다. 그는 통에 저녁거리를 들고 가고 있었는데, 우리가 어떤 부적절한 질문을 하지 않아도 그 안에 무엇이 들었는지 결국 보이게 했다. 가장 꾸밈없는 사실들은 알고자 하는 마음에는 항상 가장 잘 받아들여질 수 있다. 드디어 이스트햄 교회당에 우리가 도착하기 전에, 우리는 도로를 벗어났고 동쪽 해안으로 가는 시골을 가로질렀다. 노셋 등대는 세 개의 등대가 가까이 모여 있었는데 우리로부터 2~3마일 거리였다. 등대들이 많아서 다른 등대와는 구별될 수 있을 것이지만, 이것은 그러한 목적을 달성하기에는 무능하고 값비싼 방법으로 보였다. 우리는 별안간 언뜻 보기에, 하나나 둘 예외는 있지만, 시야에 집 하나 없는, 나무 하나 담장 하나도 없는, 끝없는 평원에 온 것을 스스로 발견했다. 담장 대신에, 흙이 가장자리로 턱을 만들게 밀어 올려 있었다. 나의 동반자는 그것을 일리노이의 출렁이는 대평원에 비유했다. 우리가 그곳을 걸어갈 때 성난 듯이 몰아친 폭풍우속에서 그것은 진실로 원래보다 더 광대하고

『인간의 출현』(*The Descent of Man*)(1871)과 같은 획기적인 책을 써 최초로 자연도태라는 개념을 창안하고 진화론을 주장했다.

10 sea miles: 바다에서의 거리를 재는 단위로 1해리는 1마일, 즉 육지의 1.6km와 같다.

쓸쓸한 것으로 보였다. 산이 없고, 황무지의 한복판에는 여기저기 건조한 분지만 있는 데다, 멀리 있는 지평선이 안개로 가려졌기 때문에, 우리는 그것이 높은지 낮은지 알지 못했다. 한 외로운 여행자가 저 멀리서 돌아다니는 것을 우리가 보았는데, 그는 거인처럼 어른거렸다. 그는, 마치 이랫도리로 지탱하는 것만큼이나, 어깨 밑의 멜빵을 위로 매다 것처럼 구부정하게 걸어가는 것으로 보였다. 그들을 견주어 볼 다른 비교 대상물이 없었기 때문에, 어른들이나 아이들이나 조금 멀리서 보면 비슷하게 보였을 것이다. 정말로, 한 내륙사람에게는 케이프의 경치는 변함없는 신기루였다. 이런 시골이 양방향으로 1~2마일 늘어져 있다. 이것은 한때 산림이었던 "노셋 평원"으로, 겨울에는 바람이 윙윙 불고 흰 눈이 여행자의 얼굴에 아주 신나게 불어 닥친다. 나는 말할 수 없이 천하고 치욕적인 느낌을 받곤 했던 마을들을 빠져나온 것이 - 성인들이 야만과 더러운 습관에서 벗어나지 못하여 여전히 시가담배를 입에 빨고 있는 매사추세츠의 선술집들을 한동안 뒤로하고 떠난 것이 - 기뻤다. 나의 정신은 외부의 황량함에 비례하여 솟구쳐 올랐다. 마을들은 환기가 필요했다. 신들도 그들의 제단에서 올라오는 좀 순수한 불꽃을 보아야 기뻐할 것이다. 신들은 시가와 담배 연기로 달래지지 않을 것이다.

우리는 이렇게 그 마을의 후면을 우회하면서, 프로빈스타운에 도달할 때까지 어떤 마을도 들어가지 않았기 때문에, 어느 누구도 거의 만나지 않고 그들의 역사를 우산 속에서 읽었다. 옛날 설명들은 지형학이 제일 풍부했다. 그것은 다른 모든 것 중에서도 우리가 정말로 가장 원했던 것이다. 이들 마을에 대한 현대의 설명 중에서 읽을 만한 부분들은, 주로, 옛 문헌들에서 나온, 출처를 밝힌 것도 있고 안 밝힌 것도 있는, 인용문들이고 똑같이 관심 있는 어떤 부가적인 정보는 없었다. 결국 그들이 말할 유일한 얘기인 마을의 역사는 그 장소에 있는 교회의 역사로 구성되어, 옛날 그리스어와 라틴어의 호시절에 쓰여진 옛 교구목사들의 라틴어 묘비명들의 인용으로 끝을 맺고 있다는 것을 발견했다. 그 얘기는 모든 목사의 임명으로 돌아가서 누가 예배시작 기도를 했고, 누가 설교를 했으며, 누가 임명 기도를 했고 누가 비용을 냈고, 누가 동료로서 오른 손을 내밀었는지, 누가 축복하는 발언을 했는지, 또한 얼마나 많은 교회공의회가 때때로 열려 어떤 목사의 정통성을 심문했는지 그리고 그것을 구성한 전원의 명단을 충실하게 말해줄 것이다. 이 평원을 넘어가는데 한 시간이나 걸릴 것이고, 특이하게도, 전망의 다양성도 없으므로, 그 동안에 나는 이스트햄의 역사를 조금 더 읽어보려고 한다.

플리머스에서 온 위원단이 인디언들에게서 이스트햄의 영토를 구입했었을 때, 그들이 구입한 땅의 북쪽에 있는 케이프의 전 지역을 지칭하는 "빌링스게이트Billingsgate의 권리를 누가 갖고 있느냐고 물었다." "대답으로, 그것을 소유한 자는 어느 누구도 없다는 것이었다. '그렇다면,' 위원단은 말하길, '그 땅은 우리 것이다.'라고 말했다. 인디언들이 그렇다고 대답했다." 이것은 놀라운 주장이고 승인이다. 필그림들은 스스로를 '어느 누구도 없음'Not Any의 대표자로 간주한 것으로 보인다. 아마도 이것은, 그들의 후손들이 실행에 옮겨왔고 지금도 여전히 매우 광범위하게 실행하고 있는, 아직 점령되지 않았거나 적어도 생각만큼 많이 개간되지 않은 장소를 "대변하는" 조용한 방식의 첫 번째 사례였을 것이다. '어느 누구도 없음'Not Any이 양키[11]들에 앞서 모든 미국의 유일한 주인이었던 것 같다. 그러나 역사는, 필그림들이 빌링스게이트를 여러 해 점유하고 있었을 때, 마침내 그 땅에 대한 권리를 주장하는 "스스로 루테난트 안소니Lieutenant Anthony[12]라고 행세하는 한 인디언이 나타났으며," 그들은 그에게서 그 땅을 샀다는 것을 말해주고 있다. 그러나 루테난트 안소니가 언젠가 백악관의 문을 두드리고 있을지 누가 알겠는가? 여하튼, 만약 사람이 어떤 물건을 불공정하게 점유하고 있다면, 결국엔 틀림없이 큰 사단이 날 것임을 나는 알고 있다.

토마스 프린스[13]는, 플리머스의 총독을 몇 번이나 했는데, 이스트햄 정착지의 지도자였다. 이 마을에서 한때는 농장이었던 곳에 그가 이백 년 전에 영국에서 가져와 그곳에 심었다고 전해지는 배나무 한그루가 얼마 전까지 서 있었다. 그 배나무는 우리가 그곳에 가기 몇 달 전에 바람에 쓰러졌다. 최근의 얘기로는 그 나무가 얼마 전까지 왕성한 상태에 있었고, 열매는 작았지만 맛이 뛰어났으며, 평균 15부셸의 열매를 수확했다고 전하고 있다. 그 나무에게 주는 몇 편의 어울리는 시를 쓴

---

[11] 양키란 말은 원래 뉴욕의 네덜란드 이민들이 코네티컷에 살던 영국 이민농부들을 촌놈들이라고 경멸조로 얀 키즈(Jan Kees)라고 부르던 말인데, 후에 영어철자로 J가 Y로 바뀌고 s를 복수로 잘못 인식하여 양키Yankee가 되었다. 남북전쟁시 남부에서 북부군인들을 비하하는 말로 쓰였으며, 그 이후로 북부인들과 나아가 미국인을 지칭하는 말로 사용되어 왔으나, 일반적으로 뉴잉글랜드인들은 근검하고 과묵하며 말과 계산이 빠른 특징을 보인다고 알려져 있는데, 그들 자신은 잘 안쓰는 표현이다.

[12] 안소니 중위라고도 번역할 수 있겠지만, 'Lieutenant'라는 말은 원래 '어떤 장소를 계속 차지한 사람'(lieu=장소+tenant=점유자)이라는 뜻이다.

[13] Thomas Prince(1600?~1673): 1621년 11월 플리머스 식민지에 도착한 영국인으로, 1644년 이스트햄으로 옮겨가 마을을 창설했다. 나중에 플리머스로 돌아와 식민지 운영에 뛰어난 수완을 발휘하여 약 20년 동안 세 번이나 총독을 역임했다.

허먼 도안[14]의 시 중에서 인용을 하려 한다. 그것이 내가 본 것으로 기억하는 케이프의 시로 유일하다는 것이 그 이유의 하나고, 그 시들이 나쁘지 않다는 것이 또 한 이유이다.

"이백 년이, 세월의 날개를 타고,
　지나갔네, 기쁨과 비애와 함께, 너 오래된 나무여!
바다 넘어 땅에서 이식되어,
　이 낯선 풍토에서 너의 첫 번째 잎들을 내밀은 이후로.

　　*　　*　　*　　*　　*　　*

[이들 별들은 더욱 종교적인 시행들을 표시하고, 또한 죽은 사람들을 나타낸다]

"추방된 집단은 오래전에 사라졌는데,
　그런데도 여전히, 오래된 나무여! 너는 그 자리에 서 있구나
프린스의 손이 그 당시에 너를 심은 곳에 -
　그의 종족과 시대의 의도하지 않은 기념물;
우리의 영광스런 조상들이
　플리머스에서 이곳으로 와 정착했을 때를;

14　Herman Doane(1808?~1891?): 이스트햄 태생의 미국 시인. 그는 『허먼 도안의 특이한 질병과 인생 스케치』(1826)를 출판했다.

도안과 히긴즈와 스노우와 다른 유명인사들,
　　그들의 이름을 후손들이 존경하여 기억하네.

　　　　＊　＊　＊　＊　＊　＊

"오랜 세월이 네 가지들을 가늘게 했구나, 오래된 필그림 나무여!
　　그리고 수많은 연륜의 무게로 너를 휘이게 했구나;
그래도, 서리 낀 나이 중에도, 네 꽃을 우리는 보고,
　　그리고 해마다 여전히 네 달콤한 열매는 달리는구나."

각운으로 형편없는 짝을 지은 것이 아니라면, 내가 인용할 수 있는 몇몇 다른 시행들도 있다. 한 마리의 황소가 누우려할 때, 서 있는 그에게 멍에가 너무 버겁다. 이스트햄의 첫 번째 정착자 중의 한 사람은 집사인 존 도안[15]이었는데, 그는 1707년에 110세의 나이로 죽었다. 전해오는 얘기에 의하면 그는 여생의 마지막 몇 년을 요람에 누워 있었다고 한다. 그것은, 누가보아도, 아킬레스[16]와 같은 삶은 아니었다. 그의 어머니는 그를 무적으로 만들어줄 수액에 그를 담글 때 미끄러뜨렸음에 틀림없다. 그는 두 발뒤꿈치가 몽땅 들어갔다. 그의 농장의 돌 경계담의 일부는 그가 세워놓은 것으로 그의 이름 첫 글자들이 새겨있는 채로 오늘날도

---

[15] John Doane(1590~1686): 영국에서 1630년 전후에 플리머스로 이민을 온 사람으로, 식민지 관리로 오랫동안 일했다. 1707년은 소로가 착각한 것임.

[16] 아킬레스Achilles를 낳은 바다의 여신 테티스는 아들을 불멸의 존재로 만들고자 저승의 강인 스틱스Styx 강물에 담갔으나 그녀의 손이 잡고 있던 발꿈치 부분은 강물이 닿지 않아 그 부분이 약점이 되어 트로이 전쟁에서 파리스가 쏜 화살을 맞아 죽었다.

서 있다.

이 마을의 교회사는 우리로 하여금 무언가 좀 관심을 끌게 했다. "그들은 매우 일찍이 조그만 교회당을 지었는데, 가로 세로 20피트 크기로 이엉을 댄 지붕과, 소총을 발사할 수 있는 구멍이 모든 방면에 있던" - 물론 마귀에 대고 쏜 것이지만 - 것으로 보인다. "1662년에 그 마을은 해안에 떠밀려온 모든 고래의 일부는 목회자 생계부양을 위해 할애되어야 한다는 것을 동의했다." 의심할 바 없이, 이렇게 목사들의 부양을 하나님의 섭리에 맡기는 데에는 그만한 온당함이 있어 보였다. 그들은 하나님의 종들이고 하나님만이 폭풍을 지배하므로 고래가 거의 떠밀려오지 않을 때는 사람들은 그들의 예배가 열납되지 않은 것으로 의심했기 때문이다. 목사들은 폭풍이 불 때마다 절벽 위에 앉아 해안을 불안한 마음으로 바라보았음이 틀림없다. 그런데 나로 말하면, 내가 만약 목사라면, 내가 아는 많은 시골 교구의 관대함보다는 고래를 내게 밀려올라오게 하는, 케이프코드의 등 쪽[17]에 있는 큰 파도의 큰 중심부를 차라리 믿었을 것이다. 시골목사의 봉급을 보통 "아주 고래만 한"[18] 것이라고 말할 수는 없다. 그럼에도 불구하고, 떠밀려온 고래에 의존하는 목사는 그로 인해 힘든 시간을 가졌음이 틀림없다. 나라면 차라리 작살을 갖고 포클랜드 섬[19]으로 달려가 고래를 잡았을 것이다. 폭풍으로 숨이 끊어져 목사를 먹여 살리려고 술집들과 술고래들에게 끌려가는 고래를 생각해

---

[17] backside: 케이프를 팔이라 할 때 등에 해당하는 부분인 웰플릿과 트루로에 걸친 대서양 연안.
[18] 셰익스피어, 『햄릿』 제3막 2장, 372행.
[19] Falkland Island: 남대서양의 아르헨티나 근해의 영국령 섬.

보라! 그에게는 얼마나 큰 위안이었겠는가! 나는 대구를 볼락과 구별할 수 있을 만큼 오랫동안 어부로 생활해 왔던 브리지워터에 정착한 한 목사에 대한 얘기를 들었다. 관대하게 보이긴 하지만, 이런 상태는, 그로 인해 모든 시골 교단을 비우게 할 것이다. 왜냐하면 오래전부터 사람을 낚는 어부가 물고기를 낚는 어부였기 때문이다. 또한, 여기의 고등어에는 수업료 없는 학교를 지탱하기 위한 의무가 놓여있었다. 다른 말로 하면, 어린이들의 학교를 무료로 할 수 있도록 고등어 무리에 세금이 부과되었다.[20] "1665년, 지방의회는 주 정부의 마을들에 기거하는 사람으로 성서를 부정하는 모든 사람에게 체벌을 가하도록 하는 법을 통과시켰다." 성서가 사실이라는 고백을 억지로 할 때까지, 어느 봄날 아침 매질을 당하는 남자를 생각해보라! "또한 마을은 신성한 예배 시간 동안에 교회당 밖에 서 있는 모든 사람을 가축우리에 넣어야 한다는 것을 투표로 정했다." 복종의 벌이 불복종의 벌보다 크지 않도록 만들기 위해서 마을은 교회당에 앉아있는 것이 가축우리에 앉아있는 것과 전혀 같지 않음을 살펴볼 필요가 있었다. 이것이 근처의 숲에서 열린 만灣의 모든 지역에서 모여든 수천 명의 야영 집회 때문에 근년에 유명해진 이스트햄이었다. 비록 건강하지 못한 것은 아니라 하더라도 아마도 뜻밖일 수 있는 종교적 정서가 발달한 이유는 이곳 인구의 많은 부분이 여성으로 그들의 남편들과 자식들은 바다에 나가 있거나 아니면 익사했거나 해서 그들과 목사들만 뒤에 남아있다는 사실이었다. 옛 기록은 "히스테릭한

---

[20] 수업료 없는 학교(free - school)와 고등어 무리(mackerel - school)라는 말에서 school이라는 동음이의어를 사용하고 있다.

발작이 올리언스, 이스트햄, 그리고 아래 마을들에서, 특히 일요일 예배 시간에 매우 흔하다. 한 여성이 발작을 일으키면, 대체로 대여섯 명의 다른 여자들이 그녀와 공감해 발작을 일으켜서 교회당은 극도의 혼란으로 내몰렸다. 몇몇 나이든 남자들은 철학적이지도 자비롭지도 않게, 아마도, 의지가 일부 관계되는 것이며, 조롱과 위협이 악을 막는 경향이 있을지 모른다고 추정한다."라고 말한다. 지금은 어떤지 우리는 알지 못했다. 우리는, 그렇지만, 특이하게도 남자 같은 여자를 바로 이 평원에 있는 한 주택에서 보았는데, 그 여자는 발작으로 고통을 받았거나 발작을 일으킨 사람들과 공감했던 것 같지는 않았다. 어쩌면, 인생 자체가 그녀에게는 히스테릭한 발작이었을 것으로 보이는 – 어떤 남자도 이제껏 갖거나 보여주지 못한 단단함과 조야함을 지닌 노셋 여인이었다. 그녀의 목에 들어난 혈관과 근육, 송판에 박힌 못을 두 이빨로 물어 빼는 것이 예사였을 그녀의 쇠같이 단단한 다문 턱을 보는 것으로 충분했다. 치마를 걸쳐 입은 전함의 병사처럼 방파제를 통해 사람들에게 외치는 듯, 세상에 대항해 싸웠을 사람, 사는 것이 그녀를 골 아프게 만든 것처럼 보였을 사람, 어떤 큰 고난에도 충분히 단련된 여자였다. 나는 그녀가 유아살해를 범했던 사람으로, 남동생이라곤 유아 때 죽은 어떤 아주 조그만 애밖에 없던 사람으로 간주했다. – 왜냐하면 남동생이 무슨 필요가 있는가? – 그리고 그녀의 아버지는 그녀가 태어나기 전에 죽었음이 틀림없다. 이 여성은 우리에게 야영 집회가 전년 여름에는 콜레라 유입 공포로 열리지 못했고, 올해 여름에는 일찍 열릴 것이지만, 호밀이 너무나 덜 자라서 그들을 위해 밀짚이 준비되지 못할 거라고 말했다. 왜냐하면 사람들이 밀짚에 눕기 때문이다. 이 집회에는 때때로 150명의 목사들과,

(!) 그리고 5,000명의 참가자들이 운집했다. 밀레니엄 숲이라고 불리는 땅은 보스턴에 있는 한 회사 소유인데, 내가 케이프에서 본 집회의 이런 목적으로 가장 알맞기도 하고 좀 안 맞기도 했다. 담이 쳐져 있고, 참나무들 사이로 천막의 프레임들이 배치된 게 상시 보이는 곳이다. 그들은 솥과 펌프를 가지고 있고, 모든 부엌 살림도구와 천막 덮개와 가구를 그 장소에 있는 영구건물 안에 보관하고 있다. 그들은 보름달이 뜰 때를 집회 시간으로 잡았다. 한 남자는 일주일 전에 펌프를 깔끔히 청소하라고 지명되었고, 그동안에 목사들은 목청을 가다듬는다. 그러나 모르긴 몰라도, 후자는 전자처럼 순수한 흐름을 항상 내어주지는 못한다. 나는 작년 여름에 연회를 연 장소의 탁자 밑에 조개껍데기 무더기가 버려진 것을 보았고, 그것은 물론, 기독교로 개종하지 않은 자의 짓이거나 험담하고 비웃는 자의 짓이라고 추측했다. 야영 집회는 누가 봐도 기도모임과 피크닉의 독특한 결합인 것처럼 보였다.

여기에 정착한 최초의 목사는 1672년 새뮤얼 트리트[21]목사로 "뉴잉글랜드의 복음주의자들 중에서 명망 높은 인사"라고 얘기되는 신사였다. 그는 당시에 백인만 아니라 많은 인디언을 개종시켰고, '신앙고백'을 노셋 언어로 번역을 했다. 인디언들을 처음 가르친 리처드 분[22]이 1674년 구킨[23]에게 병든 사람에게 다녀왔다며 쓴 인디언들에 관한 글이 있다.

---

[21] Samuel Treat(1648~1717): 코네티컷 출신으로 1672년부터 45년 동안 이스트햄의 목사를 역임했다.
[22] Richard Bourne(1609~1682): 영국에서 태어나 1636년 미국으로 건너와 샌드위치에 정착하여 인디언 선교에 전념한 목사.
[23] Daniel Gookin(1612~1687): 영국태생의 뉴잉글랜드 인디언 감독관. 뉴잉글랜

"그리고 그로부터 매우 감미롭고 천상의 표현이 나왔다." 그러나 그들 전체에 관해서는, "사실인즉, 내 가슴을 쥐어뜯듯 슬프게도, 많은 수의 그들은 매우 행실이 문란하다"라고 말하고 있다. 트리트 씨는 가장 엄격한 캘빈주의자로서, 포기하거나 옆으로 빠져나감으로써 가시가 없는 고슴도치가 되는 사람의 하나가 아니라, 일관된 캘빈주의자로 그의 가시를 멀리 쏘아대며 자신을 용감하게 방어할 수 있는 사람이라고 서술되어 있다. 원고 상태의 그의 설교 한 권이 존재한다. "그것은 출판을 목적으로 계획되었던 것으로 보인다."라고 해설자는 말하고 있다. 나는 죄지은 이들에게 말하는 '누가복음 16장 23절에 관한 강론'에서 다음 문장들을 재인용한다.

"너희는 오래지 않아 끝없는 구덩이로 가야하리라. 지옥은 커져서 너희를 받을 준비가 되어 있다. 너희를 맞이할 공간이 충분하다.---"

"생각해보라, 너희는 하나님이 당신의 정의를 드높이시려고 일부러 준비한 장소에 가는 도다. 고통받는 일밖에는 다른 일이 없는 장소라. 지옥은 하나님의 교도소니, 하나님은 모든 일을 하나님 같이 하심을 기억하라. 하나님이 당신의 정의를 보이시고 얼마나 분노하시는가를 보이려 하실 때는, 정말로 그런 목적으로 보이는 지옥을 만드시느니라." – "전지전능한 하나님의 과녁으로 정해질 너희의 영혼이 슬프도다---."

"생각해보라, 하나님이 너희를 비참하게 만들 제일가는 원인임을---하나님의 숨결은 지옥의 화염을 영원히 불어올리는 풀무요, - 그리고 너희를 벌

드 인디언들에 관한 『뉴잉글랜드 인디언들의 역사 모음집』(1674)과 『뉴잉글랜드 기독교도 인디언들의 행위와 고난의 역사적 해석』(1677)이라는 두 권의 책을 썼다.

하신다면, 하나님의 분노에서 만난다면, 너희를 인간으로 만나지 않을 것이며, 너희에게 전능의 타격을 가하리라."

"혹자는 죄짓는 것이 이승과 함께 끝난다고 생각한다. 그러나 그것은 잘못 생각한 것이다. 피조물은 영원한 법칙에 매어있다. 저주받은 자는 지옥에서 죄가 늘어난다. 모르긴 몰라도, 이런 언급이 너희를 기쁘게 할지 모른다. 그러나 기억하라, 거기에는 즐거운 죄가 없을 것이니라. 먹는 것도, 마시는 것도, 노래하는 것도, 춤추는 것도, 방종한 희롱도, 훔친 물을 마시는 것도 없느니라. 그러나 못된 죄, 더 혹독한, 지옥의 죄들, 고문하고 신을 저주하고 욕하고 성내고 불경한 것으로 더 분노한 죄들만이 있느니라. ─ 너희의 모든 죄의 잘못이 네 영혼에 놓여지고, 수많은 불타는 기름더미를 만들 것이니라."

"죄지은 자여, 간원하노니 이 모두가 진실임을 깨달아라. 이것이 하나님의 자비를 비웃는 것이라고, 아이들을 정신없게 겁내주는 헛된 우화에 지나지 않는다고 꿈꾸지 말지어다. 하나님은 자비로우시나, 너희를 비참하게 만들 수도 있느니라. 하나님은 영광의 장소에서 별처럼 빛나시고, 당신의 정의의 힘을 드높이고자 죄지은 자들을 무더기로 벌하실지라도, 그들을 구원하신 하나님을 찬양하여 영원한 할렐루야를 부르는 그런 귀중한 속성의 충분한 기념물을 갖고 계시느니라."

"그러나" 같은 작가는 계속 말을 잇는다. "숭고하고 인상적인 웅변적 말투에서 자연스럽게 나오는, 공포의 교리를 선언하는 강점을 갖고도, ('Triumphat ventoso gloriæ curru orator, qui pectus angit, irritat, et implet terroribus.' Vid. Burnet, De Stat. Mort., p. 309.)[24] 그는 설교자로서 인기 있는 인물이 될 수가 없었다. 그의 목소리는 너무나 커서, 발작적인 여자들의 비명 소리와 노셋 평원에 불어대는 바람소리 가운데서도, 교회당에서 꽤 먼 곳까지 들렸다. 그러나 그의 목소리는 그것과 뒤섞이는 그런 불협화음이나 마찬가지로 음악적이지 않았다."

---

24 버넷의 『죽은 자와 부활하는 자의 상태에 대하여』, 309페이지.

"그러한 설교의 효과는 그의 신도들이 몇 번, 그의 목회과정에, 일깨워지고 정신을 차렸다"고 얘기된다. 그리고 한 번의 경우는 한 비교적 젊은 남자가 너무 무서워해서 거의 정신이 나갔는데, 트리트 씨는 그에게 지옥이 좀 덜 무섭게 보이게 하는 솜씨를 발휘해야 했다. 그래도 우리는 "트리트의 태도는 기분 좋았고, 대화는 즐거웠으며, 때때로 허황되기도 했지만, 항상 기품이 있었다. 그는 유머있는 말과 우스개를 좋아했는데 길고도 큰 웃음소리로 그런 것에 대한 애호를 나타냈다."고 확신한다. 이 사람에 대한 일화가 잘 알려져 있어, 틀림없이, 많은 나의 독자들이 들었을 것인데, 그럼에도 불구하고, 나는 다음 일화를 인용하고자 한다.

"그가 윌라드(보스턴의 사우스 교회 목사)씨[25]의 딸과 결혼한 후에, 그는 때때로 장인의 교회에서 설교해달라는 초청을 받았다. 윌라드씨는 남성적이고 조화로운 목소리로 우아한 설교를 했다. 특히 그것을 읽어보지 않은 사람들에 의해 빈번히 조롱받는 그의 『설교전집』으로 큰 명성은 얻지 못했을지라도. 그래도 그의 설교에는 사상의 힘이 있고 언어의 에너지가 있다. 그가 일반적으로 숭배를 받는 것은 자연스러운 결과였다. 트리트 씨는 그의 장인의 회중 앞에서 그의 가장 훌륭한 강론의 하나를 그가 늘 하는 불행한 방식으로 설교했기 때문에 드넓은 혐오감을 불러일으켰다. 그리고 몇 명의 훌륭한 판사들이 윌라드 씨를 기다렸다가, 사실 가치 있고 경건한 사람이지만 비참한 설교자인 트리트 씨가 다시는 교회 강단에 초대돼서는 안 된다고 간청을 했다. 이 요청에 윌라드 씨는 답변을 안 했으나, 그는 사위가 자기에

---

[25] Samuel Willard(1640~1707): 매사추세츠주 콩코드 태생으로 당대 가장 영향력 있던 개혁복음교회목사였으며 하버드대학 총장(1701~1707)을 역임했다. 그가 행한 250편의 설교를 엮은 『설교전집』(*A Compleat Body of Divinity*,1726)은 이제까지 뉴잉글랜드에서 출판된 가장 큰 책들 중의 하나이다.

게 그 강론을 빌려주기를 바랐다. 그 강론을 넘겨받자 그는 몇 주 후에 그 강론을 고치지 않고 그대로 그의 신도들에게 설교했다. 사람들은 윌라드 씨에게 달려가 신문에 싣게 사본을 한 부 달라고 요청했다. '그 차이를 보십시오.' 그들은 소리쳤다. '목사님과 사위 분의 차이를. 트리트 씨와 똑같은 내용으로 설교를 하셨는데, 그의 설교가 경멸스러웠던 반면, 목사님의 설교는 빼어났습니다.' 주석에서 보듯이, '윌라드 씨는 트리트 씨가 손으로 쓴 설교를 내어 보인 후에 이들 현명한 비평가들에게 파이드루스[26]의 말을 빌려 다음과 같이 말했을 것이다. -

'En hic declarat, quales sitis judices.' "

Lib. v., Fab. 5.

트리트 씨는 대폭설[27]로 알려진 역사에 기록된 폭풍 직후 중풍마비로 죽었다. 그 폭풍은 그의 집 주변 땅을 완전히 헐벗게 해놨으나, 도로에는 흔치 않은 높이로 눈이 쌓여있었다. 이 눈을 뚫어 길을 내고 인디언들이 그의 관을 무덤으로 옮겼다.

독자들은 우리가 줄곧 꾸준하게 노셋 해변을 향해 약간 북동쪽의 방향으로 넓은 평원을 여행하며, 마치 우리가 트리트 씨의 장례식의 적절한 주기에 접근하고 있는 것처럼, 안개와 비가 뒤섞여 바람이 세차게 부는 동안, 우리가 항해하면서 우산 밑에서 책을 읽고 있음을 상상하고 있을 것이다. 우리는 『스코틀랜드인의 삶의 빛과 그림자』[28]에서 얘기하

---

26 Phaedrus(15B.C~A.D.50): 고대 로마의 우화 작가. 인용문은 '이것에 의해서 다르게 판단하는 사람들이 많이 있다.' 『우화』 제5권. (라틴어의 일부 주석에 있어서는 飯田実 씨의 번역(Kousakusha, 1993)을 참고했음을 밝힘.)
27 Great Snow: 1717년 2월 27일부터 3월 7일까지 뉴잉글랜드 지방에 내린 일련의 초유의 대강설 폭풍.

는 대로 누군가가 눈 속에서 사라진 그런 황야라는 생각이 들었다.

여기에 정착한 다음번 목사는 "아일랜드에서 태어나 더블린 대학에서 교육받은 새뮤얼 오스본"이었다. 그는 "지혜롭고 덕 있는 사람"이었다고 전해진다. 그는 사람들에게 다른 연료가 거의 없었으므로 그들에게는 큰 축복이었던 이탄泥炭의 사용법과 말리고 준비하는 기술을 가르쳤다. 그는 또한 농업의 개량을 도입했다. 그러나 그의 많은 공헌에도 불구하고, 그가 아르미니우스[29] 종교를 포용하면서 일부 회중은 불만을 보이게 되었다. 결국에는, 10명의 목사로 구성된 교회협의회가 그들의 교회와 함께 그를 심문했고 그들은 자연적으로 그의 유용성을 폄훼했다. 그 협의회는 두 명의 신학자들인, 조셉 도안과 나사니엘 프리먼이 원해서 열렸다. 그들의 보고서에서 그들은 "협의회가 보기에 목사 오스본 씨는 이 교회 사람들에게 행한 설교에서 그리스도가 행하고 고통을 받은 것이 하나님의 법에 복종할 우리의 의무를 전혀 줄여주거나 방면하지 않는다고 하고, 그리스도의 고통과 복종은 스스로를 위한 것이었다고 말한 적이 있다고 보인다. 이런 말 둘 다 우리는 위험한 오류를 포함하고 있다고 생각한다."라고 말하고 있다.

또한 - "본 협의회가 보기에는, 오스본 씨는 공적인 자리와 사적인 자리에서 성서에는 어떤 약속도 없고 조건적이라고 주장한 것은 또한 잘못이라고 생각하며, 우리는 새로운 심성의 약속과 같은, 그분이 우리의 마

---

[28] 스코틀랜드의 작가 존 윌슨(John Wilson, 1785~1854)의 소설(*Lights and Shadows of Scottish Life*,1822).
[29] Jacob Harmensen Arminius(1560~1609): 네덜란드의 신학자.

음에 그분의 법을 써 놓으실, 아무런 조건 없는 절대적인 약속이 있다고 우리는 말하는 바이다."

또한 그들은 말하길, "본 협의회가 보기에는, 오스본 씨는 **복종**은 한 개인을 정당화하는 중요한 원인이라고 선언했는데, 그것은 매우 위험한 오류를 담고 있다고 우리는 생각한다."

그리고 그들은 나보다 나의 독자들이 더 잘 알고 있을 그런 류의 많은 구별을 했다. 그렇게, 동쪽 멀리에 예이지디스인들, 혹은 마귀의 숭배자들, 소위 칼데아인들과 같은 그런 사람들 사이에서, 여행자들의 증언에 의하면, 여러분은 여전히 이런 교리문제들에 관한 눈에 띄는 논쟁들이 진행 중인 것을 들을지도 모른다. 오스본은 따라서 해고되었고, 보스턴으로 이사 가서 여러 해 동안 학교를 운영했다. 그러나 내 생각에는 이탄泥炭 초원에서 그가 행한 일들로 그가 충분히 정당화되었다고 본다. 그러한 증거의 하나는 그가 90에서 100살 사이의 나이까지 살았다는 것이다.

그 다음 목사는 벤자민 웹이었는데 그에 대해 근처의 한 목사가 "자기가 여태 본 가장 훌륭한 남자이며 가장 훌륭한 목사"라고 말했을지라도, 역사가는 다음과 같이 말하고 있다.

"그는 자기 의무를 일사분란하게 시행하며 세월을 보냈고, [그것은 시골의 소집병사를 생각나게 한다], 그리고 그의 성격에 틈을 주는 어떠한 그늘도 없었기 때문에, 그에 대해서는 말할 게 많다. [연민이라는 마귀는 그의 가로 길을 따라서 몇 개의 그늘나무를 심어놓지 않았다.] 그의 마음은, 들판의 모든 어두운 지점을 완전히 덮어주는, 새로 내린 눈처럼 순수했다. 그의 정신은, 구름 없이 달빛 비치는 6월의 온화한 저녁 하늘처럼 청아했다. 어떤 미덕의 이름을 부르면 그는 그 미덕을 실행했고, 어떤 악덕의 이름을 부르면 그는 그 악덕을 피했다. 그의 성격을 특별한 자질로 표시한다면, 그것은 그의 겸손함, 그의 온화함, 그의 하나님에 대한 사랑이었다. 사람들은 오랫동안 벼락의 아들[트리트 씨]에 의해 가르침을 받았었다. 웹에게서는 사람들은, 부드러운 설득과 지고의 존재의 자비를 들이내 보여줌으로써, 미덕으로 나아가도록 달콤하게 유도한, 위안의 아들에 의해서 배웠다. 그의 생각은 대부분 하늘에 있어 아래의 침침한 지역으로 거의 내려오는 법이 없었다. 트리트 씨와 같은 종교적 정서를 갖고 있었을지라도, 그의 시선은 구세주가 공표하러 오신 저 반가운 위대한 기쁨의 소식에 향해 있었다."

우리는 그런 분이 노셋 평원에 발을 내디딘 적이 있었는지 들어보고 싶었다.

우리의 책을 더 넘겨보니, 우리의 눈에 올리언스의 조나산 배스컴 목사의 이름이 보였다: "senex emunctae naris, doctus, et auctor elegantium verborum, facetus, et dulcis festique ermonis."[30] 그리고 다시 데니스의 나산 스톤 목사의 이름이 보였다: "Vir humilis, mitis, blandus, advernarum hospes"[31]; [그곳에서 그를 필요로 했다]; "suis commodis in terrâ non studens, reconditis, thesauris in cœlo."[32] 내 생각엔, 데니스의 어느 주민도 그의 속세의 물품에 너무 마음을 쓸 수 없어, 그의 많은 보물들이 천국에 있는 것으로 간주해야만 했으므로, 거기서 그것은 쉬운 미덕이었으리라. 그러나 모르면 몰라도, 모든 이들 중에서 가장 의롭고

---

[30] "고상한 취미를 가진 노인으로 우아한 언어를 구사하고, 즐겁게 박력있는 설교를 하는 사람"
[31] "겸허하고 온후하며 쾌활한 노인으로 손님을 따뜻이 맞아주는 이"
[32] "지상의 이익을 추구하지 않고 천상의 보물을 쌓아놓다"

적합한 성격을 가진 이로는 채텀의 이프라임 브리그즈 목사로 그에게 주어진 것으로 보이는 후기 로마인들의 언어로 된 "*세이프Seip, 세포에제sepoese, 세포에메제sepoemese, 웨케쿰wechekum*"이라는 말은 해석이 되지 않기 때문에, 우리는 그것이 성서의 어딘가에, 아마도 니프먹 인디언들에게 보낸 사도 엘리엇[33]의 편지 어딘가에 나타나는 말이라는 것을 의심치 않을지라도, 그것이 무엇을 의미하는지 모른다.

내가 옛날 목사들을 좋아하지 않는다고 어느 누구도 생각하지 않기를 바란다. 그들은, 모르면 몰라도, 그들 세대의 가장 훌륭한 사람들이었다. 그리고 그들의 전기들은 마을의 역사책의 페이지들을 채워야 할 만한 충분한 가치가 있다. 내가 만약 그들이 말하는, 어쩌면 그들이 들었을 "복음"을 들을 수만 있다면, 나는 이 글보다 더욱 훌륭한 음조로 글을 쓸 텐데 말이다.

내 얘기에 이들 긴 발췌문들을 삽입해 넣는 것보다 독자에게 그 평원이 얼마나 넓고 특이하며, 그 평원을 지나가는데 얼마나 긴 시간이 걸리는가를 깨닫게 만들어 줄 더 좋은 방도는 없었다.[34]

---

[33] John Eliot (1604~1690): 인디언들에게 기독교를 전파한 청교도 선교사로 사람들은 그를 '사도 엘리엇'이라고 불렀다.

[34] 소로 일행이 히긴즈 여관을 나와 우산을 쓰고 역사책을 포함한 수권의 책을 담은 가방까지 들고 발이 빠지는 모랫길을 걸으며 지나가던 노셋 평원은 소로 당시에는 사실상 황량한 벌판이나 마찬가지였으나, 지금은 연도沿道를 따라 늘어선 주택들과 나무들로 그때와는 상당히 달라진 모습이다. 소로는 노셋 습지(Nauset Marsh) 주변을 지났고, 이제 다음 장에서는 이스트햄의 북동쪽에 있는 노셋 등대를 거쳐 해안을 따라 서북쪽으로 북상하기 시작한다.

제4장 모래 해변
The Beach

    드디어 우리는 그 평원이 언뜻 보기에 끝나가는 경계에 도착했다. 그리고 멀리서는 고지대 습지라고 보였던 곳에 들어가서 보니 마른 모래임이 밝혀졌고, 비치그라스[1], 베어베리[2], 베이베리[3], 일리시폴리아참나무[4]와 비치플럼[5]으로 덮여 있었다. 우리가 해안에 접근할 때는 약간 오르막길이었고, 그 다음엔 아무것도 자라지 않는 모래 지대를 가로질러 가는 동안, 바다의 파도 소리가 전보다 더 크게 들리지는 않았으므로, 우리가 반마일 더 나아갈 준비를 했는데, 갑자기 우리는 대서양이 내려다보이는

---

[1] beach - grass: 해변의 모래땅에 많은 볏과의 잡초.
[2] bearberry: 진달래과의 관목으로 곰이 좋아하는 열매가 달린다고 붙은 이름.
[3] bayberry: 북미 동부 원산의 관목으로 식물성 양초를 만드는 방향족의 녹회색 열매가 달린다.
[4] shrub oak: 미국 동부와 캐나다 동남부지역 원산으로 수고樹高 6m 이내인 잎이 호랑가시나무와 비슷한 관목성의 참나무 (학명 *Quercus ilicifolia*). 소로는 이 참나무와 사랑에 빠졌다고 1856년 12월 1일 자 일기에 쓴 적이 있다.
[5] beach - plum: 북미 동부 원산으로 자두나무 비슷한 벚나무속의 관목.

벼랑위에 서 있었다. 우리 밑에 멀리 해변이 있었고 넓이는 6로드에서 12로드로 하나의 긴 파도의 줄이 해안을 향해 달려들고 있었다. 바다는 극도로 어둡고 폭풍이 일었다. 하늘은 완전히 구름이 끼었고, 구름들은 빗방울을 여전히 떨어뜨렸다. 그리고 바람은 흥분시키는 원인이기 보다는 이미 흥분된 대양大洋과 동조하여 불어대는 것 같았다. 파도들은 해안에서 좀 떨어진 모래톱을, 마치 많은 보이지 않는 댐 위인 것처럼, 휘감았다가 10이나 12피트 높이의 천개나 되는 폭포처럼, 부서졌고, 그런 다음에는 모래에 거품으로 굴러들었다. 우리와 유럽 사이에는 저 야만적인 대양 밖에 없었다.

둑을 내려간 후에, 모래가 가장 단단한 곳으로 가능한 한 바닷물 가까이서 우리는 노셋 등대를 뒤로 하고 북서 방향으로 있는 해변을 위쪽으로 한가하게 걸으며, 약 25마일 떨어져 있는 프로빈스타운으로 향했다. 강하게 뒤를 치는 바람 때문에 여전히 우산을 받치고 나아가면서, 침묵 속에서 경탄하며 우리가 걸어 갈 때, 바다 흐름의 엄청난 힘은-

$$ποταμοῖο μέγα σθένος Ὠκεανοῖο.^6$$

하얀 파도들을 해안으로 몰아붙이고 있었다. 거품이 모래위로 밀려왔다가 다시 우리가 볼 수 있는 한 멀리까지 뒤로 물러갔고 (그래서 우리는

---

6 호메로스의 『일리아스』 제18권 607행. "또한 가장자리를 따라 오케아노스강의 위대한 힘을 넣었다." (소로가 그리스어로 인용한 호메로스의 문장들은, 대부분 본문에 거의 비슷하게 서술되어 있어, 굳이 해석을 따로 아니해도 내용을 이해하는데 아무런 불편은 없으나, 혹시라도 궁금해 할 독자를 위해 영문판과 천병희씨의 번역본 『일리아스』(숲, 2015)를 참조하여 옮겼음을 밝힘.)

대서양 해안선을 따라, 우리 앞과 뒤로, 얼마나 멀리 가는지를 상상했다), 아주 규칙적이라, 위대한 것들을 조그만 것으로 비교하자면, 하얀 지휘봉으로 박자를 맞추는 성가대의 지휘자와 같았다. 이따금씩 더 높은 파도는 우리로 하여금 가는 길에서 급히 벗어나게 했다. 우리는 바닷물과 거품으로 우리가 걸어온 발자국들이 가득 차오르는 것을 돌아다보았다. 파도들은 하얀 갈기를 멀리 뒤로 휘날리며 해안으로 돌진하는 넵튠[7]이 모는 천 마리의 말떼처럼 보였다. 그리고 마침내, 태양이 잠시 비추자, 그들의 갈기는 무지개 색상을 띠었다. 또한 소금물에서 장난치는 해우海牛의 꼬리 같은, 긴 해조류가 때때로 튀어 올랐다.

  시야에는 돛이 하나도 없었고, 그 날은 아무것도 보지 못하였다 – 왜냐하면 사람들은 최근의 폭풍으로 모두 항구로 찾아들었고 다시 바다로 나올 수 없었다. 며칠 동안 모래 해변에서 우리가 본 유일한 인간들은 부유浮游 목재와 난파선에서 나온 조각들을 찾고 있는 한 두 사람의 레커[8]들뿐이었다. 봄에 동풍이 분 뒤에는 이 해변은 때로는 한쪽 끝에서 다른 쪽 끝까지 동부지방의 목재들이 흩어져 있는데, 건진 사람이 임자이고, 케이프는 목재가 거의 없으므로, 이 부유목재들은 주민들에게 신이 보내준 것이다. 우리는 곧 이 레커 중 한 사람을 만났다 – 표준 규격의 케이프 남자로 빛바래고 풍상을 겪은 얼굴을 한 그와 우리는 담화를 나누었는데, 그의 주름진 얼굴 안에서 나는 어떤 특별한 모습을 구별해내지 못했다. 그것은 마치 생명이 부여된 낡은 돛과 같았고, 풍상에 찌든 육신

---

7 Neptune: 고대 로마의 바다의 신.
8 wrecker: 난파선의 잔해와 물건들을 건져 올려 수입을 잡는 사람들.

이 매달려 있는 절벽 같았는데, 모래 언덕에 생기는 둥근 진흙 덩어리 같았다. 그는 소금물을 맛본 모자를 쓰고, 여러 조각과 색깔로 된 코트를 입었는데 그것은 마치 모래로 염색한 듯이 주로 모래사장의 색채를 띠고 있었다. 그의 다채로운 등은 - 그의 코트가 어깨 사이에도 여러 조각으로 되어 있었기 때문에 - 우리가 그를 지나가면서 둘러보았을 때, 우리에게는 풍부한 조사 대상이었다. 그가 사실 뒤쪽에 그렇게 많은 상처를 가졌다는 것은, 그가 앞쪽에도 더욱더 많은 심각한 상처를 갖고 있지 않았다면, 명예스럽지 못한 것일 수 있었다. 그는 마치 때로는 횡재를 하곤 했으나 결코 안락하지 못한 것처럼 보였다. 너무나 엄숙해서 웃을 수 없고, 너무나 거칠어서 울을 수도 없는 사람 같았는데, 조개처럼 무관심하게 - 대합조개 같이 모자를 쓰고 발을 내밀어 해변을 거닐려고 나와 있었다. 그는 케이프의 등 쪽에 계속 남아 몇 세기를 지내온 필그림들 - 적어도, 페레그린 화이트[9] - 의 후손이었을 것이다. 그는 난파된 것들, 오래된 통나무들, 물먹은 목재에 따개비로 덮인 것들, 또는 나무판자와 들보들, 심지어는 그가 파도에서 끌어내 말리려고 쌓아놓은 나무때기들을 찾고 있었다. 목재가 너무 커서 멀리까지 나르지 못할 때는 그는 마지막 파도가 그것을 남겨놓은 곳에서 자르거나, 그것을 몇 피트 정도 굴리면서 그 위에 막대를 엇갈리게 하여 땅에다 꽂아 고정시켰다. 몇 개의 썩은 통나무들은, 메인주에서 땅에 성가시게 방해가 되어 어쩌면 일부러 물속

---

[9] Peregrine White: 필그림들이 뉴잉글랜드에 도착한 후 처음으로 태어난 인물 (1620~1704). Peregrine이란 말은 원래 '땅을 건너온'이라는 뜻인데, '순례 길에 나선'으로 발전해, 순례자라는 뜻의 필그림(Pilgrim)이란 말이 유래되었다.

에 밀어 넣은 것인데, 여기서는 이처럼 조심스럽게 끄집어내서 쪼개고, 말리고, 유용하게 절약해 썼다. 겨울이 오기 전에 레커들은 이것들을 어깨에 메고, 가까운데 작은 골짜기가 없으면, 모래에 호미로 만든 긴 대각선의 경사로를 이용하여 언덕 위로 힘들게 나른다. 언제라도 사용할 수 있도록 그의 갈고리 달린 쇠 지팡이가 언덕 위에 놓여있는 것을 볼 수 있다. 그는 모래 해변의 진짜 군주이다. 그의 "거기서의 권리는 누구도 시비 걸 사람이 없고,"[10] 해변의 새처럼 모래 해변과 아주 동일시된다.

크랜츠[11]는 그린란드에 대한 설명에서, 그린란드인들의 방식과 사용에 대해 달라거[12]가 한 이야기를 인용하며 말한다. "해안가에서 부유 목재나 난파선의 부서진 것들을 발견한 사람은 누구나 비록 그가 이곳에 살지 않는다 하더라도 그것을 자기 것으로 누린다. 그러나 그는 물 밖으로 그것을 끌어내어, 그것에 소유자가 있다는 표시로, 그 위에 돌을 올려놓아야만 한다. 그러므로 이 돌은 안전 증서이다. 왜냐하면 그렇게 한 뒤에는 어떤 그린란드 사람도 그것에 간섭하지 않기 때문이다." 그런 것이 국가들의 본능적인 법이다. 우리는 또한 크랜츠의 글에서 이런 부유 목재에 대한 이야기를 본다. "그 (대자연의 창설자)가 이 혹독한 바위투성이 지역에 나무의 성장을 부정했으므로, 그는 대서양의 해류에 많은 양

---

[10] 영국의 시인 윌리엄 카우퍼(William Cowper, 1731~1800)의 시 "알렉산더 셀커크 선장이 썼다고 추정되는 시(Verses Supposed to Be Written by Alexander Selkirk)"의 한 구절로 소로는 『월든』 제2장에서도 인용하고 있다.

[11] David Crantz(1723~1777): 독일인으로 1759년 그린란드에 1년 동안 파견된 경험으로 1765년 그린란드의 역사와 문화에 관해 독일어로 쓴 책이 1767년 『그린란드의 역사』(The History of Greenland)로 영역되었다.

[12] Lars Dalalger(1719~1772): 1758년 『그린란드 여행기』를 출판한 덴마크인.

의 목재를 이 해안가에 옮겨달라고 청했다. 그에 따라 목재가 일부는 얼음이 없이 왔지만, 대부분은 얼음과 함께 이곳까지 물에 떠 내려와, 섬들 사이에 스스로 자리 잡는다. 이것이 없다면 우리 유럽인들은 그곳에서 불태울 나무가 없을 것이고, 가난한 그린란드인들은 (사실 옷자락 말고는 나무를 태우는 데 사용하지 않는다), 그렇지만, 지붕을 덮을 목재도, 천막을 세울 나무도, 그들의 배를 만들고 화살을 만들 나무도 없을 것이다. 그들이 집을 수리하고 따뜻한 의복과 옷감을 만들고, 불을 켜고 요리를 하는 데 써야만 하는 (작지만 휘어진 오리나무 등이 그래도 거기에 **자랐다**.) 이런 목재 중에는 뿌리 쪽이 갈라진 큰 나무들이 있는데 여러 해 동안 이리저리 옮겨 다니고 얼음에 부딪혀서 가지와 껍질이 거의 없고 큰 나무벌레들로 부식되어 있다. 이들 부유목 중에는 적은 수의 버드나무, 오리나무, 너도밤나무 등이 있고 이것은 (바로 그린란드의) 남쪽에 있는 만에서 나온다. 또한 큰 사시나무 기둥들은 아주 멀리서 오는 것이 틀림없으나, 가장 많은 것은 소나무와 전나무이다. 우리는 또 가지가 거의 없는 곧게 자란 나무를 많이 보는데, 나는 이것이 고고하게 보이는 바위산의 옆면을 장식하는 낙엽송 같다는 생각이 든다. 또한 단단하고 붉은 나무도 있는데 향기가 보통의 전나무보다 더 마음에 든다. 나는 교차 잎맥을 지닌 삼나무 냄새가 나는 이 나무가 고지대인 그리슨 산에서 자라고 스위스 사람들이 실내 벽면을 장식하는 아름다운 은빛 전나무인 *지르벨(zirbel)* 이라고 여긴다." 그 레커는 우리에게 스노우 할로라고 불리는 약간 꺼진 곳으로 가라고 손짓하여 그곳을 통해 우리는 모래 둑을 올랐다. 다른 곳은 어렵지는 않더라도 우리 신발에 가득히 미끄러지는 모래 때문에 올라가기가 불편했기 때문이다.

이 모래 둑은 - 케이프의 근간인데 - 모래 해변으로부터 바다의 수면보다 100피트 혹은 그 이상 솟아 있다. 우리가 처음 그 위에 발을 딛고 서서 우리가 걷기로 선택했던 장소가 어떤 곳인지를 발견하니 별난 기분이었다. 우리의 오른쪽 아래로는 부드럽고 살짝 경사지는 12로드 넓이의 모래 해변이 끝없이 이어지는 하얀 파도들과 맞닿아 있었고, 더 멀리에는 모래톱 위로 연녹색의 바닷물이 케이프의 팔뚝에 해당하는 전면에 걸쳐 길게 맞닿아 있었다. 이것 너머로는 지칠 줄 모르는 광대한 대양이 뻗어있었다. 우리의 왼쪽으로는 바로 둑의 가장자리로부터 뒤로 확장하는 반짝이는 모래로 된 완벽한 사막이 30로드에서 80로드에 이르는 폭으로 15~20피트 높이의 조그만 모래 언덕을 멀리서 휘감고 있었다. 그 사이에는, 그렇지만, 어떤 곳에서는 모래가 훨씬 더 멀리까지 깔려있었다. 그다음엔 풀밭이 시작되었는데 - 조그만 언덕들과 골짜기들이 이제 상상할 수 있는 가장 찬란한 가을의 색깔로 불타오르는 관목들로 덮여있었다. 그리고 이것 넘어서는 여기저기에서 만灣의 바닷물들이 보였다. 여기 웰플릿에서, 바다에서 보일 때의 그 모양 때문에 선원들 사이에서, 한때 이스트햄의 일부였던 이유로, '이스트햄의 테이블랜드Table Lands'라고 알려진 순수한 모래 고원은 - 해발 150피트에 폭이 250미터 혹은 그보다 더 넓은 데도 많지만 - 그 마을의 남쪽 경계로부터 북쪽으로 뻗어있었는데, 풀 한 포기 없이 - 테이블과 거의 같은 수준으로 - 2마일 반이나 3마일을 걷는 동안 눈이 닿을 수 있는 먼 곳까지, 살짝 바다 쪽으로 솟아올랐다가, 공병대가 원하는 것처럼 규격에 맞춘 듯이 모래가 버틸 수 있는 한 가파른 경사를 이루며 다시 해변으로 숙어 있었다. 그것은 가파른 경사면의 놀랄 만큼 큰 요새의 성벽 같았다. 그 고원의 완만한 비탈들이 모래 해변이고, 그것의 평야는 대양으로 – 그것의 표면으로부터 우리는 케이프의 더욱 위대한 부분을 내려다보았다. 간단히 말하면, 우리는 한쪽 편으로는 일종의 '약속의 땅'이고 다른 한쪽 편은 바다인, 놀랄 만큼 찬란한 가을의 풍경을 보여주는 사막을 횡단여행하고 있었다. 그래도, 비록 전망이 매우 넓었을지라도, 시골이 대부분 나무가 없는 데다 집도 거의 볼 수 없었기 때문에 – 우리는 해안에서 집을 한 채도 보지 못했다 – 바다와 사막이 결합된 고독이 있었다. 천 명의 사람들이 있었더라도 그것을 심각하게 방해하지는 못했을 것이고, 모래를 밟는 그들의 발걸음처럼, 광대한 경치에 파묻혔을 것이다.

해안 전체가 바위가 없어서 우리는 20마일 이상을 걷는 동안 한두 개의 바위만을 보았다. 모래는 해변처럼 부드러웠고 태양이 비칠 때는 눈을 피곤하게 했다. 레커들이 힘들게 모래 둑 위로 가져다놓고 말리려고 쌓아놓은 사막의 유일한 물체인 몇 개의 부유목인 통나무들이 무한히 크고 멀리 보였다. 심지어는 원형천막처럼 보이기도 했는데 가까이 가서 보니 보잘것없는 나무로 "들쭉날쭉한 것들"이었다.

16마일을 가는 동안, 노셋 등대에서 시작하여, 모래 둑은 그 높이를 유지했고, 북쪽으로 더 멀리는 여기와 같은 높이는 아니었을지라도, 경미한 골짜기들로 중단되었고, 비치그라스와 베이베리의 덤불들이 가장자리의 모래 속으로 빈번히 기어들었다. 1802년에 인쇄된 『반스테이블 카운티의 동부 해안에 대한 기술』이라고 제목을 붙인 몇 페이지가 있어 들여다보니, '수난水難구조협회'[13]라는 단체가 '자선의 집'이니 '인정의

---

13 Humane Society: 1786년 보스턴 시민그룹이 창립한 미국 최초의 해난 구조

집'이니 하는 오두막들을 세워놓은 지점들과 "난파를 당한 바닷사람들이 피난처를 찾을 다른 장소들"을 표시해 놓고 있다. 이것을 2천부를 배포했으므로, 이 해안을 자주 다니는 모든 선박마다 한 부가 비치되었을 것이다. 나는 이 난파선원 지침서를 우울한 관심을 가지고 읽어본 적이 있다. 파도 소리가, 아니, 바다의 신음 소리가 그것을 통해 들리기 때문이다. 마치 그것의 저자 스스로가 난파의 유일한 생존자인 것처럼. 해안의 이 부분에 대해서 그는 말한다: – "이 고원지대는 가파르고 솟아오른 둔덕들이 바다에 접근해 있다. 그것은 특히 폭풍이 불 때는 극도로 올라가기 어렵다. 맹렬한 태풍이 불고, 파고가 매우 높을 동안에, 바닷물은 그 둔덕 아래를 부딪쳐 대서 그 둔덕과 바다사이에 있는 해안선 위에서 걷는 것을 안전하지 않게 만든다. 선원이 둔덕을 올라가는데 성공한다 하더라도 그는 벽촌으로 들어간다는 사실을 감당해야만 한다. 가옥들이 일반적으로 멀리 떨어져 있어서 그 집들은 야간에 그의 탐색범위를 벗어나 있다. 그는 둔덕들이 교차하는 계곡으로 지나가야만 한다. 이들 계곡들은, 주민들이 할로라고 부르는데, 해안과는 직각으로 달리고, 그 가운데 또는 낮은 부분에, 길은 주거지에서 바다를 향해 나 있다." 길이

지원 조직으로, 난파당한 선원과 승객들을 위한 지침서를 발행하고, '인정의 집'(Humane House) 또는 '자선의 집'(Charity House)이라고 하는 임시가옥을 매사추세츠만 해안 곳곳에 지었다. 이 단체는 1848년에 의회가 예산을 지원하는 '인명구조단'(U.S. Life‑Saving Service)의 모델이 되었고, 1915년 이후로는 해안경비대(U.S. Coast Guard)가 운영하는 정부의 해난구조 전문 조직으로 발전한다. 영어명칭이 같은 1954년 설립된 '동물애호협회'와는 다르며, 정확한 이름은 '매사추세츠주 수난구조협회'(Humane Society of the Commonwealth of Massachusettes)이다.

라는 말을 눈으로 볼 수 있는 마차가 다니는 길이라고 항상 생각하지는 말아야 한다.

　우리에게는 - 위쪽의 둔덕과 아래쪽의 모래 해변에 난 - 두 개의 길이 있었는데, 둘 다 모래 해변으로 빠지는 물길 하나 없고, 사막이 심각하게 끊어지는 일도 없이, 노셋 하버에서 레이스 포인트까지 28마일 북서쪽으로 뻗어있었다. 만약 노셋 하버에서, 만조 때에 모래톱에 8피트 이상 물이 차오르지 않는 좁고 얕은 작은 만을 따라 걸을 것이라면, 10마일이나 12마일이나 더 멀리 걸을 수 있을 것이고, 그러면 40마일이나 될 터인즉 - 낸태컷의 동쪽 편에 있는 둔덕과 모래 해변은 이들 해변의 연장에 지나지 않는다. 나는 비교적 만족했다. 거기에서, 나는 마치 안장이 없는 말을 타고 가는 것만큼이나 충분히 케이프를 내 발 아래 두었다. 그것은 지도에 있는 그대로도 아니고, 역마차에서 본 그대로도 아니었다. 거기에서 나는 거대하고 진실한 케이프코드를 모두 야외에서 발견했다! 지도에 나타낼 수 없는 것이기에, 그것을 마음대로 색칠해보시라. 그와 같은 것은 어디에도 없어 더 멀리 갈 수도 없고 볼 수도 없는, 그보다 더 진실한 그림이나 설명도 없는 사물 자체를 말이다. 전에 그것이 어떠했다고 내가 생각했는지 나는 기억할 수가 없다. 사람들은, 인정의 집만 있는 곳이 아니고, 호텔건물이 서 있는 해변들만을 찬양한다. 그러나 나는 인간의 작품들이 조난당하는 해변을 보고 싶었고, 진실한 대서양이라는 집에 묵어보고 싶었다. 거기에서는 대양이 바다의 주인인 동시에 집 주인이고, 부두가 없이도 해안에 상륙하며, 부서지는 육지는 단지 허약자이거나 기껏해야 메마른 땅일 뿐이라는 것이 해변에 대해 말할 수 있는 전부다.

우리는 아주 한가하게 모래 해변으로 걸어가다 둔덕위로 걸어가기도 하며 나아갔다. 우리는 때때로 오랫동안 바다를 떠돌다가 마침내 육지에 정착한 축축한 단풍나무나 노란 자작나무 통나무 위에 걸터앉거나, 아니면 둔덕에 있는 모래동산의 바람을 막아주는 곳 아래에서 대양을 꾸준히 응시할 수 있었다. 둔덕은 너무 가파랗기 때문에 우리는 골이 파이는 위험이 없는 곳에서 벤치에 앉듯이 가장자리에 걸터앉았다. 우리 같은 내륙사람들에게는 지평선에 있는 땅을 상상하지 않고 바다 너머를 내다보는 것은 힘들었다. 그런데 구름들이 바다 위에 낮게 드리워져, 육지 위에서는 결코 그렇게 보이지 않는 데도, 아마 우리가 보는 거리가 아주 멀기 때문이겠지만, 물 위에 멈춰서 쉬고 있는 것으로 보였다. 모래는 도움이 되는 점도 있었다. - 비록 모래 위를 "무거운" 발걸음으로 걸어가지만, 발바닥에는 부드러웠다. 그리고 거의 이틀이나 비가 왔었는데도 불구하고, 반시간쯤 지나 비가 잠잠해지니 모래동산 쪽에 틈이 벌어진 경사가 있었는데 비에 젖지 않은 자리가 있었다. 이 사막의 모든 양상은, 날씨가 좋을 때이건 나쁠 때이건, 해가 폭풍 후에 방금 나타날 때든 멀리서 습기 머금은 표면을 비추고 있을 때이건 간에, 아름답다. 그것은 너무나 희고 순수하고 편평하다. 그리고 하나하나 경미한 고저와 길 자국이 너무나 선명하게 나타난다. 그리고 눈을 비켜들면 바다가 바로 눈앞에 있다. 여름에는 고등어잡이 갈매기들이 - 여기서는 근처의 모래 언덕에 둥지를 트는데 - 지나가는 사람을 성가시게 쫓아온다. 때때로 끼익거리며 사람 머리에 가까이 날아온다. 제비 같은 그 새들이, 거의 케이프를 가로질러, 모래 해변에서 먹이를 먹고 있던 까마귀들을 쫓는 것을 볼 수도 있다.

얼마 동안 내가 파도의 포효하는 소리, 물결이 끊임없이 들어오고 나가고 하는 소리를 말하지 않았을지라도, 여러분이 만약 거기에 있었다면 내가 하는 소리를 거의 알아들을 수 없을 정도로 요란하게, 파도는 한 번도 쉬지 않고 밀려오고 으르렁거렸다. 거기에서 바다는 휴식하는 법이 없으므로, 비록 소동과 폭력이 덜 있긴 해도, 바로 이 순간에도 파도는 밀려오고 으르렁거리고 있다. 우리는 이 광경과 소란에 의해 완전히 하나로 흡수되었다. 크뤼세스[14]처럼, 비록 그와는 다른 분위기에서이지만, 우리는 소리 울려 퍼지는 바닷가 해안을 따라서 묵묵히 걸었다.

$$Bῆ\ δ'\ ἀκέων\ παρὰ\ θῖνα\ πολυφλοίσβοιο^{15}\ θαλάσσης.^{16}$$

나는 가끔 약간의 그리스어를 삽입하는데, 비록 호머[17]의 **지중해**가 이렇게 크게 소리가 났는지 의심스럽긴 해도, 부분적으로 그리스어가 아주 많이 바다와 같은 소리가 나기 때문이다.

---

14 Chrysis: 아폴론의 사제.
15 {원주}: 영어에는 여러 가지 파도소리를 표현하는 단어가 없다. 온화하게든 맹렬하게든, 단번에 귀에 들이 닥치는 $πολυφλοίσβοις$ 소리와, 그리고 바다가 온화한 분위기 속에 있을 때, 눈에 밀려드는 $ἀνάριθμον\ γέλασμα$ 소리를 표현할 단어가 없다.
16 『일리아스』 제1권 34행. "그리하여 노인은 노호하는 바닷가 기슭을 따라 말없이 걸어갔다."
17 Homer: 서양문학의 원천이라 일컬어지는 양대 서사시 『일리아드』(*Iliad*)와 『오디세이』(*Odyssey*)를 기원전 8세기경에 지었다고 하는 고대 그리스의 시인. 영어명칭인 호머를 우리말로는 '호메로스'; 일리아드를 '일리아스'; 오디세이를 '오뒷세이아'라고 표기한 천병희씨의 완역본들이 있으며, 이 책에서도 그것을 따랐다.

이스트햄의 야영 집회에 자주 오는 사람들의 관심은 감리교파의 설교와 케이프의 등 쪽에서 들리는 큰 파도의 설교 사이로 나뉘어졌다고 한다. 왜냐하면 그 설교들은 모두 그들이 머무는 과정에 이곳으로 흘러오기 때문이다. 나는 이 경우에 가장 큰 목소리가 그것을 실어 나른다고 믿는다. 둔덕에 있는 군중에게 "나의 청중이여!"라고 대양이 말한다고 가정하면 어떤 효과를 낼 것인가! 저쪽 편에는 존 N. 마핏[18] 같은 이가 있고, 이쪽 편에는 폴루플로이스보이오스 탈라사[19] 목사가 있다.

여기에는 바위가 드물었기 때문에 바위에 붙어사는 모자반은 거의 없었고, 주로 다시마 같은 긴 해조류가 뭍으로 밀려온 것이 약간 있었다. 녹색의 바닷물에 잠수한 상태로 반쯤은 똑바로 떠오르며 흙 묻지 않은 손가락에 돌이나 심해의 홍합을 움켜쥐고 있는 이 커다란 갈색의 앞치마 같은 해조류를 선박의 갑판 위에서 걸어 다닐 수 있을 때 보지 못한 사람이 있을까? 나는 그것이 거의 내 머리의 반만 한 큰 돌을 쥐고 있는 것을 본 적이 있다. 우리는 종종 이 케이블 같은 해조류 무리를 바라보았다. 파도의 물마루 위에서 이리저리 던져지며 마치 그것이 물 위로 띄워 올리는 보물이라도 있는 것처럼 그것이 나오는 것을 보려고 흥미 있게 기다렸다. 그러나 우리는 항상 놀랐다. 그리고 우리의 관심을 끌었던 것이 별 것 아닌 덩어리라는 데 실망했다. 우리가 바다를 내다보았을 때, 물 위에 있는 가장 작은 물체들도 무한히 크게 보였기 때문에, 우리는

---

[18] John N. Maffit(1794~1850): 아일랜드 출신의 미국 감리교 목사로 전국적인 명성을 날린 종교인이며 순회 설교자.
[19] Poluphloisboios Thalassa: 그리스어 발음의 영어표기로 노호하는 파도 소리를 나타내는 의성어.

대양의 거대함에 큰 감명을 받았다. 하나하나가 전체 바다에 큰 비율을 지니고 있음을 우리는 보았다. 우리는 대양이 힘들여 옮겨온 우스꽝스러운 나무나 풀 부스러기들 같은 해안에 다가온 그런 물체들의 크기에 종종 실망했다. 그래서 만약 대서양이 우리에게 접안한다고 하면, 대서양 자체가 더욱더 가깝게 검사를 받게 될 것이고, 단지 작은 호수라고 판명되지 않을까 의심하기 시작했다. 이 대형 갈조褐藻, 노 모양 풀, 다시마, 악마의 앞치마, 밑창가죽, 또는 리본 풀 등 여러 가지로 불리는 다양한 종들이 우리에게는 특이하게 바다의 놀라운 생산물로, 마차를 장식하려는 넵튠이나 변덕스러운 프로테우스[20]에게 딱 맞는 발명품으로 보였다. 바다에 대해 말해진 전부가 내륙 사람에게는 엄청난 소리로 들리고, 그 모든 생산물이, 해초에서 뱃사람의 모험담이나 물고기 얘기에 이르기까지 마치 그것들이 다른 행성에 속한 듯이, 거의 어떤 믿을 수 없는 특질을 지녔다. 이 자연의 요소에서 동물과 식물의 왕국이 만나고 묘하게 섞인다. 대형 갈조의 한 종류는 보리 세인트 빈센트[21]에 따르면, 줄기의 길이가 1500피트가 된다고 하는데, 때문에 이제까지 알려진 가장 긴 식물이라고 한다. 한 범선의 선원은 포크랜드섬에서 해안에 밀려온 다른 종류의 갈조를 부유목재로 오인하고 그 줄기를 걷어 올리느라 헛되이 이틀을 소비했다. (해조류Algae에 관한 하비[22]의 책을 보라.) 이 종들은 적어도 거의 식용이 가능한 것으로 보였다. 내가 만약 굶어 죽게 된다면

---

[20] Proteus: 모양을 자유자재로 변화시키고 예언력을 가진 해신海神.
[21] Bory St. Vincent(1778~1846): 노르웨이 박물학자이며 여행가.
[22] William Henry Harvey(1811-1866): 아일랜드의 식물학자이며 조류학자.

먹어볼 것이라는 생각을 했다. 한 선원이 내게 말하기를 암소들은 그것을 먹는다고 했다. 그것은 치즈처럼 잘라진다. 나는 앉아서 신중하게 그것을 한두 패덤[23] 잘라 깎아낼 기회를 잡았는데, 좀 더 그것을 잘 알게 되었다. 그것이 어떻게 베어지고 그러는 동안 내내 오목해 있는가를 보게 되었다. 그것은 면이 넓은 벨트처럼 보였고, 마치 두드려서 펴놓은 듯이, 가장자리에는 깃이 나 있었으며, 또한 나선형으로 뒤틀려있었다. 끝부분은 대체로 파도가 때려서 닳고 너덜거렸다. 내가 집으로 가져온 줄기 도막은 일주일이 지나자 4분의 1로 줄어들었다. 그리고 서리 같은 소금 결정들로 완전히 덮였다. 독자들은 내가 풋내기임을 양해해줄 것이다. 비록 이것은, 어쩌면 독자도 마찬가지겠지만, 바다 - 풋내기라는 말은 아니다 - 왜냐하면 나는 강가에서 살기 때문인데, 거기에는 이런 해초가 물에 밀려오지 않는다. 그것이 어떤 풀밭에서 자라고 그것이 어떻게 긁어모아지며 어떤 종류의 날씨가 건초에 맞고 안 맞고 하는 것을 고려해볼 때, 우리는 그것에 관해 당연히 호기심을 가질만하다. 날씨를 잘 아는 사람이 이 문제에 대해 다음과 같이 표현한 적이 있다.

> "저 거대한 추분의 폭풍이
> 대서양에서 노여움으로
> 땅을 향해 내려올 때,
> 바위에서 해초를 싣고
> 밀려오는 파도를,

---

[23] fathom: 바다나 광산에서의 길이의 단위로, 우리말로 '한 길' 정도에 해당하는 약1.83m.

채찍질한다.

"버뮤다의 산호초에서,
내려앉은 암봉의 가장자리에서,
저 멀리 빛나는 아조레 섬들 위로;
바하마로부터, 돌진해오는,
은빛 반짝이는
산살바도르의 물결이여

오크니 바위섬들[24]을 파묻는
출렁이는 물결로부터
쉰 목소리의 헤브리디스[25]에 답하며,
조난당한 배로부터 부유하는
떠올린 돛대들,
쓸쓸하게 비오는 날에;

"끝없이 떠다니고, 떠다니고, 떠다니며
쉼 없이 이동하는
바닷물 위에서."

그러나 그는 다음과 같이 덧붙일 때, 이 해변을 생각하지 않고 있었다.

"마침내, 아늑한 만으로
모래가 있는 해변에 도달해서야

---

[24] Orkneyan Skerries: 스코틀랜드 북쪽에 있는 바위섬들.
[25] Hebrides: 스코틀랜드 북서쪽의 열도.

모두는 다시 휴식을 발견했도다."

이들 해초들은 문학이라는 아늑한 만灣으로 아직 들어가지 못한 저 괴상하고 놀라운 생각들의 상징들이었다.

"끝없이 떠다니고, 떠다니고, 떠다니며
이동하는
쉬지 못하는 마음의 흐름위에서
그리고 아직은 "그들은 책 속에 기록되지 않았고,
숨겨놓은 집안의
언어들처럼 더 이상 전하지 않네."[26]

모래 해변은 또한 아름다운 해파리들로 흩어져 있었다. 그것을 레커들은 태太해파리라고 불렀다. 가장 낮은 형태의 동물적 생명체의 하나로. 어떤 것은 희고, 어떤 것은 와인 색깔이었다. 그리고 직경이 1피트였다. 나는 처음에 그것이 폭풍이나 다른 어떤 적이 물어뜯은 어떤 해양괴물의 부드러운 부분이라고 생각했다. 그처럼 요란한 해안을 가진 탓에 매우 탄탄한 조직을 가진 것들도 그것에 부딪혀 난파되는 판에, 해파리와 이끼와 같은 그런 부드러운 것들을 바다는 무슨 권리로 그 가슴 안에 품는 것인가? 바다의 팔 안에다 그런 섬세한 아이들의 응석을 받아준다는 것이 이상했다. 나는 처음에 이 해파리들이 전에 보스턴 항구에서 보았던

---

[26] 미국의 시인 헨리 워즈워드 롱펠로우(1807~1882)의 『바닷가와 난로가』(The Seaside and the Fireside)(1850)에 수록된 시 "해초"("Seaweed").

여러 형태와 똑같은 것임을 깨닫지 못했다. 마치 태양을 만나려고 하는 것처럼 표면으로 물결치며 올라와 광범위하게 바닷물 색깔을 변화시켰으므로 나는 개복치 수프를 통해 항해하는 것만 같았다. 한 마리를 잡으려고 하면 수은처럼 손의 다른 쪽에 엎질러질 것이라고 사람들이 말한다. 육지가 바다에서 솟아오르고, 마른 땅이 되기 전에는, 카오스가 지배했다. 높고 낮은 물의 표시 사이에서, 바다는 부분적으로 옷을 벗기고 솟아올라, 일종의 혼돈이 여전히 지배하여, 제멋대로 생긴 형체 없는 피조물들만이 자리 잡고 살 수 있다. 고등어 갈매기들이 우리 머리 위와 파도 사이를 줄곧 맴돌고 있었다. 비록 그 새들도 해파리나 이끼처럼 섬세한 유기체이긴 하지만 폭풍 속에서도 아주 편안하게, 때로는 두 마리의 흰 갈매기가 검은 갈매기 한 마리를 좇고 있었다. 우리는 그 새들이 오히려 그들의 몸보다 정신으로 그들이 처한 상황에 적응했음을 보았다. 그들의 상황은 종달새나 로빈의 상황보다는 본질적으로 더 야생적인, 다시 말하면, 덜 인간적인, 자연임이 틀림없었다. 그들이 내는 노래곡조는, 마치 해안에 놓여 있던 수금의 줄을 거칠게 건드린 것처럼, 어떤 금속이 떨리는 듯한 소리를 냈는데, 풍경과 포효하는 파도와 잘 조화되었다. 너덜거리는 천 같은 대양의 음악이 물을 뿌리며 높이 튀어 올랐다. 그러나 내가 모래 해변이 만드는 인상을 가장 완전하게 소생시켜 생각나게 하는 소리의 이름을 들어보라는 요청을 받는다면, 그곳에 출몰하는 물떼새(Charadrius melodus)의 음울한 삐악삐악 소리일 것이다. 그 새들의 목소리, 역시, 처음 바다가 창조된 이후로 심해에서 실종된 뱃사람들을 위해 해변을 따라서 끊임없이 연주되는 애가哀歌에 있는 덧없는 부분처럼 들린다. 그러나 이 모든 쓸쓸함을 통해서, 우리는 영원한 멜로디의 순수하고 정해지지 않은 곡조를 들은 것 같았다. 왜냐하면 항상 어느 한 가정에는 비가悲歌인 곡조가 다른 가정에는 환호하는 아침노래이기 때문이다.

갈매기를 잡는 뛰어난 방법은, 인디언들로부터 도입되었는데, 1794년에 웰플릿에서 실행되었다. "갈매기집은 모래 해변 바닥에 고정된 갈고리기구로 만들어진다."라고 쓰여 있다. 막대기둥들이 위를 향해 엇갈리게 뻗쳐있고, 옆은 막대가지들과 해초로 촘촘히 엮어진다. "위쪽의 기둥 막대들은 고래 살코기로 덮여있다. 그 속에 들어있는 사람은 새들이 보지 못한다. 갈매기들이 서로 다투며 고기를 먹고 있을 때에 그는 막대 사이로 한 마리씩 새들을 끌어당겨 40에서 50마리까지 잡는다." 이 때문에, 어쩌면, 사람이 **붙잡혀 들어갈 때, 갈매기처럼 되었다**고 말한다. 우리는 "한 종류의 갈매기는 네델란드말로 *말레무케(mallemucke)*, 즉 어리석은 파리라고 불리는데, 그 새들이 파리처럼 열심히 죽은 고래 위에 내려앉기 때문이다. 그리고 모든 갈매기는 어리석고도 대담하게 총을 맞기 쉽다. 노르웨이 사람들은 이 새를 *하브헤스트(havhest)*, 즉 해마라고 부른다. (그리고 영어번역자는 그것이 아마도 소위 말하는 멍청이라고 말한다.) 그 새들은 너무 많이 먹었을 때는 게워 냈다가 그것을 지칠 때까지 다시 먹는다."고 쓰여 있었다. "그들의 재산을 나누는 갈매기의 이런 습성 [뱃속의 내용물을 도둑갈매기들에게 다시 토해내는 것]이 사람들 사이에서 '얼간이', '속이는 자', 그리고 '속여 빼앗기'라는 용어가[27] 생겨나게 한 것이다." 우리는 또한 사람들이 프라이팬에다 돼지기름을 넣고 불을 붙

---

[27] gull: 얼간이; guller: 속이는 자; gulling: 속여 빼앗기.

여 모래 해변에서 밤에 잠을 자는 작은 새들을 잡곤 했다는 것을 읽었다. 인디언들은 아마도 송진 횃불을 사용했을 것이고 새들이 그 불빛을 보고 모여들면 막대기로 내리쳐서 잡았다. 우리는 둔덕 가장자리에 구덩이들이 파여 있는 것을 주목했다. 그 속에 포수들이 숨어서 아래위로 선회하며 물고기를 잡는 큰 갈매기들을 쏘았다. 큰 갈매기들은 먹기 좋다고 생각되었기 때문이다.

우리는 몇 개의 커다란 대합조개를 발견했는데, 그것은 폭풍이 바닥에서 떼어내어 해안으로 던져놓은 *막트라 솔리디시마*(mactra solidissima)라는 종이었다. 나는 길이가 6인치나 되는 가장 큰 것 중의 하나를 실험해보려는 생각으로 지니고 갔다. 우리는 그 후 바로 보자기와 밧줄을 든 한 레커를 만났는데, 그는 프랭클린호 화물의 일부였던 아마亞麻 포목을 찾고 있다고 말했다. 그 배는 봄에 이곳에서 조난당하여 9명이나 10명이 실종되었다. 독자는 해안으로 쓸려온 선장의 가방 안에서 미국에 다다르기 전에 이 선박을 난파시키라고 그에게 지시하는 편지가 발견되었다는 상황으로 인해, 그리고 잇따른 소송 사건으로 인해 이 난파를 기억할 것이다. 레커는 아마포목이 아직도 이런 심한 폭풍에서도 해안에 밀려올라와 있을 거라고 말했다. 그는 또한 내가 지니고 있는 조개는 바닷조개 또는 암컷조개라고 하는데, 먹기 좋다고 말했다. 우리는 점심시간을 모래 언덕 아래, 비치그라스로 덮여있고, 둔덕의 맨 위에 있는 황량한 조그만 골짜기에서 가졌는데, 그동안에 번갈아서 비가 왔다 개었다 했다. 거기서, 내가 해변에서 주워온 몇 개의 습기가 있는 부유목을 칼로 잘라내어 성냥과 종이로 불을 붙이고, 타다 남은 불 위에다 저녁거리로 조개를 구웠다. 왜냐하면 아침식사는 이번 여행에서 주택에서 공통으로 가진 유일한 식사였기 때문이다. 조개가 구워지니 한쪽 껍데기 면에는 살이 붙었고 다른 쪽 껍데기 면에는 액체가 고였다. 텁텁하기는 했지만, 향기롭고 식감이 좋아서 나는 그것을 아주 맛있게 **전부 먹었다**. 사실, 크랙커 한두 개를 곁들여 먹었다면, 풍성한 저녁이 되었을 법하다. 나는 집의 설탕통에서 본 적이 있는 그런 조개껍데기임을 알아보았다. 그것에 막대 하나를 묶어 놓으니, 전에 이 근처 살던 인디언의 호미가 만들어졌다.

마침내, 정오쯤에 우리가 바다 위에 뜬 두 개 내지 세 개의 무지개를 본 후에, 소낙비가 그쳤다. 그래서 하늘은 점차 맑아졌지만 바람은 여전히 강하게 불고 파도도 전처럼 높이 일었다. 계속 길을 가서, 우리는 이내 자선의 집에 다다랐고, 우리는 조난당한 뱃사람들이 어떻게 지냈는지 보려고 안을 들여다보았다. 바닷가에 있는 황량한 골짜기에서 멀리 둔덕 바로 안쪽에 모래에다 박은 기둥 위에 세워진 외로운 건물이 있었다. 추위에 얼어가는 남자가 굽힐 수 있는 가벼운 못이 U자 모양의 꺾쇠에 박혀있었고 바닥에는 그가 눕거나 혹은 난로에 불을 피워 따뜻하게 할 수 있도록 밀짚이 있었다. 아마도 이 임시가옥은 조난당한 사람의 대피소로 사용된 적이 전혀 없는 듯했다. 그리고 이 시설을, 밀짚과 성냥이 이곳에 있는지, 판자가 바람을 막아주는지, 해마다 점검하도록 약속한 자비로운 사람은 태만해졌고 폭풍과 난파가 끝남을 감사하고 있을 것이다. 그런데 바로 이 밤에 생명이 꺼져가는 선원들이 얼어붙은 손으로 문을 더듬어 열려고 하다 아침까지는 그들의 사지의 절반은 죽어있을 것이다. 이곳에 들어왔을 혹은 들어와 있었던 가족들의 상황이 어땠을까, 저런 난로 주위에서 겨울저녁들을 보낸 인간들의 비극이 어떠했을까 라는 생각을 했을 때, 저런 집들은 인간이 거주하도록 의도된 것이긴 해도, 내게 기분 좋게 보이지 않았다. 그것들은 무덤으로 가는 무대에 지나지 않는 것으로 보였다. 갈매기들이 그 주위에 날아들고 그 위에서 끼익 끼익하는 소리를 냈다. 폭풍우 속에서 바다의 포효하는 파도 소리가 적막함을 깨며, 해가 가고 해가 올 때마다, 어쩌면, 한 번의 기억에 남을 밤을 제외하곤, 내부가 전혀 깜깜하고 비어있는 그 집들을 통해 울려 퍼졌다. 조난당한 사람들을 맞이하기 위한 집이라! 도대체 그 집들은 어떤 종류의 선원들의 집이란 말인가?

"각각의 임시가옥은," 『반스테이블 카운티의 동부해안에 대한 기술』의 저자는 말한다. "나무기둥 위에 8피트 길이와 8피트 넓이로 서 있다. 높이는 7피트이고, 남쪽으로 미닫이문이 있고 서쪽으로는 미닫이 셔터가 있다. 건물의 지붕꼭대기로부터 15피트 솟은 기둥이 동쪽에 있다. 안에는 밀짚이나 건초가 공급되어 있고, 벤치 하나가 더 준비되어 있다." 그것들은 지금의 이 모델과는 약간 다양하게 바뀌었다. 북쪽으로 세이블과 엔티코스티 섬에는 비슷한 임시가옥이 있다. 나는 얼마나 남쪽 해안으로 멀리까지 있는지는 알지 못한다. 그가 이 해안에서 조난당할지도 모르는 뱃사람들에게 가장 가까운 재난구호소나 다른 대피소로 안내해주는 자세하고 충실한 지시사항을 읽어보면 감상이 절로 어린다. 왜냐하면 이스트햄에 대해서 말해진 것처럼, 해안에서 1마일 안에 몇 개의 집들이 있긴 하지만, 그래도, 이곳에 극도로 맹렬하게 몰아치는 "눈보라 속에서 그 집들을 밤이건 낮이건 간에 발견하는 것은 거의 불가능할 것이다." 물이 뚝뚝 떨어지고 추워 떨고 있는 얼어붙는 일행을 이렇게 안내하며, 기운을 돋우고, 지시하는 상상적인 안내를 듣는다. "이 계곡의 입구에 모래가 모여 쌓였기 때문에, 현재는 약간 올라가는 것이 필요하다. 몇 개의 나무담장을 넘어 지나가며 오른쪽 편으로 있는 숲으로 들어가지 않도록 주의하면, 4분의 3마일 정도의 거리에 있는 집 하나를 발견할 수 있을 것이다. 이 집은 도로의 남쪽 편으로 서 있는데 거기에서 멀지 않은 곳에 남쪽으로 파멧 강이 있어 동에서 서로 염분이 있는 습지지대를 지나 흐른다." 이스트햄 해안에 밀려온 조난자에게 그는 말한다. "교회당은 뾰족탑이 없으나, 아까시나무로 된 남쪽과 북쪽에 있는 두 개의 작은 숲 사이에 있는 그 위치로 가까이 있는 주거 가옥들과 구별될 것이다. 남쪽에 있는 작은 숲이 세배나 더 길다. 임시가옥에서 1과 4분의 1마일쯤에 풍차방앗간의 지붕과 날개가 나타난다." 그렇게 몇 페이지에 걸쳐 계속된다.

우리는 이 집들이 어떤 목숨을 구하는 방도가 되었는지 알지 못했다. 비록 이 저자가 트루로의 스타우트 크리크 머리 쪽에 세워진 한 건물에 대해 말하고 있긴 하지만, "그것은 그 속에 굴뚝을 만드는 부적절한 방식으로 세워졌는데 비치그라스가 자라지 않는 지점에 위치했다. 강한 바람이 그 기초에서 모래를 쓸어내서 굴뚝은 무게를 이기지 못하고 무너졌다. 올해 [1802년] 1월에 그것은 완전히 부수어졌다. 이 사건은 브루터스 호가 파도에 떠내려간 6주 전쯤이었다. 그것이 남아 있었다면, 그 배의 불운한 선원들 전부가 구조되었을지도 모른다. 임시가옥이 서 있던 지점으로부터 겨우 몇 로드 떨어진 해안에 그들이 닿았기 때문이다."

이 집을 그 레커는 "자선의 집"이라고 불렀고, 어떤 이들은 "인정의 집"이라고 부르는데, 바로 우리가 처음 마주친 것으로, 창문도 없고 미닫이 셔터도 없고 물막이 판자도 없고, 페인트칠도 되어있지 않았다. 우리가 말했듯이 문틀 꺾쇠에 녹이 난 못이 길게 박혀있었다. 그렇지만 우리는 인정의 집의 진면목을 알고 싶고 더 좋은 기회가 없을 성싶어, 우리는 문에 있는 나사 구멍에 눈을 교대로 대어보았다. 그리고 오랫동안 어둠 속을 들여다본 후에 아무것도 보지 못하고 – 얼마나 많은 조난당한 사람들의 뼈를 우리가 마침내 보게 될지 알지 못하고, 그 문을 노크한 사람에게 그 문이 항상 열린 것을 아닐지라도, 나사 구멍으로 내부를 오랫동안 충분히 들여다본 사람에게는 보일 것이라는 신념의 눈으로 – 왜냐하면 우리는 내적으로 보는 연습을 좀 했었기 때문에 – 대양과 육지와 모래 해변이라는 바깥세상을 우리 뒤에 놓고, 눈동자가 확대되어 어둠 속에서 방황하고 있는 빛살을 모으게 될 때까지, 햇빛을 가리고 꾸준히 한쪽 눈으로 보았다. (눈동자는 봄으로써 확대될 것이고, 충실하고 끈기 있는 눈이, 아무리 작더라도, 마침내 이기지 못할 정도로 너무나 어두운 밤은 결코 없었기 때문이다.) 이렇게 한 뒤에, 말하자면 – 공허밖에는 아무것도 없는 곳에서 이런 표현을 우리가 써도 된다면 – 사물이 우리의 시각에 형체를 띠기 시작했고, 통찰을 얻기 위해 오랫동안 소원했던 것을 얻었다. 비록 우리가 처음에 그것이 희망이 없는 경우라고 생각했을지라도, 몇 분 동안의 꾸준히 신성한 능력을 실행한 후, 우리의 시야는 결정적으로 밝아지기 시작했다. 그리고 우리는 "『실낙원』과 『복낙원』"을 지은 눈이 먼 음유시인[28]과 함께 외칠 준비가 되었다.

"안녕! 첫 번째 태어난, 천국의 소생인, 성스런 빛이여,
또한 영원하고 영원히 공존하는 빛줄기여

---

28 영국의 시인 존 밀턴(John Milton, 1608-1674).

내 너를 죄 없다 표현해도 될 것인가?

좀 더 긴 하나의 굴뚝이 우리 시야에 빨갛게 몰려왔다. 간단히 말해서, 우리 시력이 어둠에 익숙해졌을 때, 우리는 바닥에서 몇 개의 돌과 풀어진 양모 다발이 있다는 것을 발견했다. 그리고 저쪽 끝으로 빈 벽난로가 있었으나, 그것은 성냥이나 밀짚 또는 건초가 공급되어 있지 않았고, "의자 하나도 비치되지" 않았음을 볼 수 있었다. 사실, 그것은 거기 내부에서 모든 우주적 아름다움의 조난이었다.

외부 세계에 우리의 등을 돌리고서, 우리는 이처럼 나사구멍을 통해 인정의 집 안을, 자비의 바로 그 뱃속을 들여다보았다. 빵 대신에 우리는 돌을 발견했다. 그것은 말 그대로 (바깥쪽에 있는 바다 - 고양이들의) 울부짖는 소리에 생쥐 한 마리 나온 격이었다. 그렇지만, 우리는 몸속으로 파고드는 바람을 피하기 위해, 인정의 집의 바람이 없는 곳에서 밖에 앉아 있는 것이 기뻤다. 거기에서 우리는 생각했다. 자선이 얼마나 차가운가를! 얼마나 비인간적인 인류애인가를! 이것이, 그렇다면, 자선이 숨기고 있는 것이다! 빗장에 녹슨 못이 박혀있는, 그것으로 수리하기도 매우 어려운, 오래되고 멀리 있는 미덕들. 네 가까이 모래 해변에 어느 누가 다다르게 될지 너무나도 불확실하다. 그래서 우리는 주변을 돌며 떨었다. 그 안으로 들어갈 수 없어, 가끔 나사구멍으로 별 하나 없는 밤을 들여다보면서, 우리는 그것이 인정의 집이 아니라, 밤이나 카오스의 족속에게나 속한 탓에 지금은 닫혀있는 바닷가 상자로, 사람들이 시원한 바다바람을 쏘이기 위해 여름철을 보내는 곳이었으며, 그들의 관심사를 엿보는 것은 우리에겐 어울리지 않는다는 결론을 내렸다.

나의 동반자는 내가 한 줌의 정감도 가지고 있지 않다고, 놀랍게도, 약간 절대적인 용어로, 이 일에 앞서 선언한 적이 있었다. 그러나 나는 비록 그런 정서에 전혀 문외한은 아닐지라도, 바로 그 당시에 내 두 다리가 아프지 않았다는 것을 그가 의미한 것이 아닌가 한다. 그러나 나는 이번 여행을 일종의 감상感傷 여행으로 의도하지 않았다.

제5장 웰플릿의 굴 따는 노인
The Wellfleet Oysterman

    모래 해변을 맞닥트리고 나서 우리는, 이런 모래땅조차도 서로 각기 다른 마을의 관할 하에 있기 때문에, 웰플릿과 트루로 사이의 경계인, 모래에 박힌 돌 표지를 지나간 이후로 8마일 쯤 걸어 간 뒤에, 나무 한 포기 없는 산과 계곡을 넘어 내륙으로 향했다. 이곳으로는, 몇 가지 이유로, 바다가 우리를 따라오지 않았다. 할로를 밟고 올라가서, 우리는 반마일 이내에 있는, 동쪽 해안 근처에서 흔치 않은 두 세 채의 멀쩡하게 보이는 집들을 발견했다. 그 집들의 지붕 밑 다락은 분명히 작은 방들로 가득차서 지붕이 아래로 거의 늪지를 못했다. 그래서 우리는 거기에 우리가 묵을 방이 있다는 것을 의심치 않았다. 바다에 가까운 집들은 대체로 낮고 넓은 한 층 반의 높이였다. 그러나 단순히 박공 모서리의 창문 숫자만 센다면, 한 층이 더 있다고 생각할 것이고, 아니면, 여하튼, 반 층인 옥탑이 그림으로 그릴 가치가 있다고 생각되는 유일한 것이었다. 여기와 케이프의 다른 곳에서도, 집들의 박공 양쪽 끝머리 부분에 창문들이 많고 또 크기와 위치가 제각각인 것은, 마치 뒤쪽에 요람(cunabula)이 있는 다양한 방주인들이 각자 필요한 곳마다, 바깥쪽에서 어떻게 보이든 아랑곳 하지 않고, 자기들의 몸 크기와 지위에 맞추어 구멍을 뚫어놓은 것처럼, 우리에게는 그럴듯하다는 생각이 들었다. 성인용 창문도 있었고, 어린이용 창문도 있었는데 - 어떤 남자가 헛간 문에 뚫어놓은 고양이용 큰 구멍과 새끼고양이용의 더 작은 구멍도 서너 개가 있었다. 때때로 그것들은 처마 밑에 너무 바짝 붙어 있어서 다른 방의 평판과 보를 틀림없이 침범했을 거라고 생각했다. 그리고 처마 부분에 더 정확히 맞추려고 삼각형으로 된 창들이 눈에 띄었다. 주택의 양쪽 박공 끝부분들은 이처럼 권총같이 많은 총구를 지니고 있었다. 그리고 만약 주민들이 일부 우리 고향의 이웃사람들이 갖고 있는 것과 똑같이 창문 밖을 내다보는 습관을 지니고 있다면, 여행자는 그들과 만날 기회가 별로 없을 것이 틀림없다.

일반적으로, 케이프에 있는 페인트칠 하지 않은 구식 집들은, 주변풍경과 조화도 잘 안되고 나무도 별로 심겨지지 않은 그럴싸한 현대적인 집들에 비해, 그림같이 보일 뿐만 아니라 더욱 편안하게 보였다.

이 집들은 7개의 인접한 호수 가까이에 있었는데, 이 호수들은 헤링 리버[1]라 불리는 조그만 시냇물의 수원으로, 헤링 리버는 만으로 빠진다. 케이프에는 많은 헤링 리버가 있다. 그 냇가들은 아마 얼마 안 있으면 청어들보다 더 숫자가 많아 질 것이다. 우리는 첫 번째 집의 문을 두드렸다. 그러나 집안에 사는 사람들이 다 밖으로 나가고 없었다. 그러는 와중

---

1   Herring River: 청어 천(靑魚 川).

에 우리는 다음집의 창문에서 우리를 내다보고 있는 사람들을 보았다. 우리가 그 집으로 다가가기 전에 나이 많은 부인이 나와서 가림막이 판자로 된 문을 잡아당겨 잠가놓고 안으로 다시 들어갔다. 그럼에도 불구하고 우리는 그녀의 문간을 두드리는데 주저하지 않았다. 그 때 텁수룩하게 보이는 노인이 나타났는데 우리는 그가 60이나 70살쯤 되었다고 여겼다. 그는 처음에 수상쩍어하며 우리가 어디서 왔고 직업이 무엇인가를 물었다. 그에 대해 우리는 솔직하게 대답했다.

"보스턴서 콩코드까지는 얼마나 떨어져 있나?" 그가 물었다.

"기차로 20마일입니다."

"기차로 20마일이라," 그가 반복했다.

"독립혁명으로 유명한 콩코드에 대해서 들어보신 적이 없으세요?"

"내가 콩코드에 대해서 들어본 적이 없느냐고? 이보게, 난 벙커 힐 전투[2]의 포성을 들었다네. [그들은 만을 가로질러서 대포소리를 듣는다.] 나는 90이 다되어가는 88살이라네. 콩코드 전투 당시 나는 14살이었네. - 그런데 자네들은 그 때 몇 살이었나?"

우리는 그 전투에 우리가 참여하지 않았음을 고백해야 했다.

"자 그럼, 들어가세. 그것은 여자들에게 맡기세," 그가 말했다.

그렇게 해서 우리는 안으로 걸어 들어갔고, 놀라워하며 앉았다. 나이 많은 부인이 우리의 모자와 짐 꾸러미를 받았다. 그리고 노인은 커다란 구식의 벽난로로 다가가면서 말을 계속했다.

---

[2] Bunker Hill Battle: 1775년 6월 미국 독립전쟁 초기 보스턴 근교에 있던 이 언덕을 두고 식민지군과 영국군이 치열한 공방을 벌였던 주요 전투.

"나는, 이사야³가 말하는 대로, 불쌍한 아무 짝에도 쓸모없는 놈일세. 나는 올해 완전히 파산했거든. 나는 여기에서 엄처시하에 있어요."

가족은 노인과 그의 아내, 그리고 거의 자기 어머니처럼 늙어 보이는 그의 딸, 그녀의 아들인 숙맥 (야만적으로 보이는 중년의 남자로 얼굴아래가 튀어나왔는데 우리가 들어갔을 때 난로 옆에 서 있다가 바로 나가 버렸다.), 그리고 10살 된 남자애로 구성되어 있었다.

나의 동반자가 여자들과 얘기를 나누고 있는 동안, 나는 노인과 대화를 했다. 그들은 노인이 늙고 어리석다고 말했으나, 그는 그들을 너무도 분명히 알고 있는 듯 했다.

"이 여자들은," 그가 내게 말했다. "둘 다 불쌍한 아무 짝에도 쓸모없는 존재들일세. 이 사람은 내 아내일세. 64년 전에 그녀와 결혼했지. 그 여잔 84살인데, 살모사처럼 귀가 먹었어. 다른 것도 더 낫지 않아."

그는 성서를 높이 평가했다. 아니면 최소한 그는 성서에 대해 좋게 **말했고** 나쁘게 **생각하지** 않았다. 왜냐하면 그렇게 말하는 것이 그 나이의 남자에게는 분별 있는 일이었을 것이기 때문이다. 그는 성서를 여러 해 동안 주의를 기울여 읽었고, 대부분을 입에 줄줄 외었었다고 말했다. 그는 자신이 아무것도 아닌 존재라는 의식으로 깊게 감명을 받은 듯 했다. 그리고 반복적으로 외쳤다.

"나는 아무것도 아니야. 내가 성서에서 수확한 것은 바로 이것이네. 인간은 불쌍한 아무짝에도 쓸모없는 피조물이며, 모든 게 신이 보고 싶은 대로 맘 내키는 대로라는 것이네."

---

³ Isaiah: 구약성서에 나오는 선지자.

"존함을 여쭈어 봐도 될까요?" 내가 말했다.

"그럼," 그는 대답했다. "나는 내 이름을 말하는 게 부끄럽지 않네. 내 이름은 ___이라네[4]. 나의 증조부는 영국에서 건너와 이곳에 자리 잡았지."

그는 나이 많은 웰플릿의 굴 따는 남자였다. 그는 그 일에 수완을 발휘했고, 아들들이 여전히 그 일에 종사하고 있다.

거의 모든 매사추세츠의 굴 상점과 판매대를, 내가 듣기로는, 웰플릿의 원주민들이 공급하고 유지시킨다. 이 마을의 일부는, 전에 그곳에 풍부하게 있었던 굴 때문에 아직도 빌링스게이트라고 불린다. 그러나 토종 굴은 1770년에 사라졌다고 한다. 이에 대한 원인은, 된서리와 항구에 썩게 방치된 지느러미 고래 시체들 등 여러 가지 있겠지만, 이 문제의 가장 흔한 설명은 – 나는 물고기가 사라지는 것과 관련하여 비슷한 미신이 거의 모든 곳에 존재함을 발견한다 – 웰플릿 마을이 굴 채집 권한을 두고 이웃 마을들과 다투기 시작했을 때, 노란 반점이 굴에 나타났는데, 신의 섭리가 굴을 사라지게 했다는 것이다. 몇 년 전에 6만 부셸을 해마다 남쪽으로부터 가져와 "빌링스게이트의 고유한 풍미"를 낼 때까지 웰플릿 항구에 이식했다. 그러나 지금은 보통 성체로 수입해서, 보스턴이나 그 밖의 시장들이 가까운 바다에 양식을 하는데, 그런 곳은 염수와 담수가 섞인 물이라 굴 생육에 더 적합하기 때문이다. 이 사업은 여전히

---

[4] 윌리암즈 호수(Williams Pond)에 살던 이 노인의 실제 이름은 존 영 뉴콤(John Young Newcomb,1761~1850)이다. 이 노인에 대한 소로의 묘사는 그의 작품을 통 털어 가장 흥미 있는 인물스케치(character sketch)라는 평을 받는다.

호황을 누린다고 했다.

　노인이 굴은 겨울에 너무 수면 가까이 이식하면 동해를 입기 쉬우나, "굴의 눈을 긴장시킬 정도로 춥지" 않다면 상하지 않는다고 말했다. 뉴 브런스윅[5] 주민들은 "사실 추위가 매우 심하지 않다면 얼음이 굴 양식장에 형성되지 않을 것이란 것과, 만蠟이 결빙될 때 굴 양식장은 그 위의 물이 얼지 않은 상태로 있거나, 프랑스인 주민이 말한 대로 서리가 녹아 쉽게 찾을 수 있다는 것"을 알아냈다. 우리의 주인장은 겨울 내내 굴을 지하실에 보관한다고 말했다.

　"먹이나 물도 없이요?" 내가 물었다.

　"먹이나 물도 없이," 그가 대답했다.

　"굴들이 움직이나요?"

　"내 구두길이 만큼."

　그러나 굴은 "모래 바닥에 자리를 잡아, 편편한 면을 위로, 둥근 면을 아래로"라고 말하는 그를 내가 가로채서 내 구두는 그 안의 내 발 도움 없이는 움직일 수가 없는 데요 라고 말하자, 그는 굴은 성장할 때 단순하게 자리를 잡고, 네모진 곳에 놓아두면 네모지게 생긴 것을 발견하게 될 것인데, 대합조개는 아주 빨리 움직일 수 있다고 말했다. 나는 그 이후에 롱아일랜드[6]의 굴 따는 남자로부터 굴이 가운데가 모체에 붙어있는 큰 덩어리 채로 발견되고 혓바닥이 나온 채로 잡힌다고 들었다. 이런 경우에 어린 굴의 나이는 최소한 5 - 6년 동안 움직일 수 없었다는 것을

5　New Brunswick: 캐나다의 동부 해안지역.
6　Long Island: 뉴욕주의 맨해턴과 코네티컷주에 연안에 인접한 기다란 큰 섬.

증명한다고 그들은 말한다. 그리고 『자연사의 호기심』, 50페이지에서 버클랜드[7]는 다음과 같이 말하고 있다. "아주 어릴 때 스스로 한번 자리를 잡고 고정시킨 굴은 결코 바꿀 수 없다. 그럼에도 불구하고, 고착하지 않은 굴은, 그러나, 바다 바닥에서 느슨히 머물러, 동력을 갖는다. 그들은 껍데기를 가장 넓게 벌렸다가 갑자기 오므림으로, 물을 앞으로 방출하여 뒤로 움직인다. 건지[8]의 어부는 굴이 이런 방식으로 움직이는 것을 빈번히 보았다고 내게 말했다."

어떤 이들은 여전히 "굴이 매사추세츠 만의 고유종이었는지 아닌지," 그리고 웰플릿 항구가 이 어종의 "자연적인 서식지"였는지 아닌지 하는 의문을 마주한다. 그러나 굴 따는 노인의 증언은 말할 필요도 없고, 내 생각에 그것은 아주 결론적인데, 비록 토종 굴이 지금 멸종되었을지 몰라도, 나는 인디언들이 까서 먹은 굴 껍데기들이 케이프 전역에 널려져 있는 것을 보았다. 사실, 케이프는 이들 굴과 다른 물고기들이 풍부하기 때문에 인디언들이 처음에 밀집하여 정착했다. 우리는 이후에도 그들이 자리 잡은 흔적들을 많이 보았다. 굴과, 조개와, 새조개와 다른 껍데기들이 타버린 재와 사슴과 다른 네 발 짐승들의 뼈와 섞여 있는 트루로와 그레이트 할로 근처, 하이-헤드와 이스트 하버 강 근처에서 나는 6개의 화살촉을 주웠다. 그리고 한 두 시간이 지나자 내 주머니들을 그것들로 채울 수가 있었다. 인디언들은 습지의 가장자리쯤에 살다가, 어떤 경우

---

7 Buckland, Francis Trevelyan(1826~1880): 영국의 외과의사, 동물학자로 인기 있던 자연사학자.
8 Guernsey: 영불 해협 노르만디 해안 근처의 영국령 섬.

에는 피난처와 물을 찾아 호숫가에서 살았다. 더구나, 샘플레인은 1613년에 인쇄된 『항해기』에서 1606년에 그와 프와트린쿠르[9]는, 캅 블랑(*Cap Blanc*)(케이프코드) 서쪽의 한 지점인, 남쪽으로 약 5리그, 위도 42도에서, 지금 매사추세츠 만이라고 불리는 것의 남쪽 부분에 있는, 한 항구 (반스테이블 하버?)를 탐험했다고 말한다. 그리고 그들은 그곳에서 많은 좋은 굴을 발견하고 그것을 "*le Port aux Huistres*"(굴 항구)라고 이름 지었다. 그의 한 지도 판본(1632)에서는, "조개의 강(*R. aux Escailles*)"이 만(灣)의 같은 부분으로 물이 빠지는 것으로 그려있다. 그리고 『오길비[10]의 아메리카』에 있는, "뉴 벨기에(*Novi Belgii*)" 지도상에서, "굴 항구(*Port aux Huistres*)"라는 단어는 같은 장소의 반대편에 위치해 있다. 또한 1633년에 뉴잉글랜드를 떠난 윌리엄 우드는 1634년에 출판된 그의 『뉴잉글랜드의 회고』에서 찰스 강에 있는 "커다란 굴-둔덕"과, 미스틱[11]에 있는 또 하나의 커다란 굴 둔덕에 대해 말하고 있다. 각각 그것은 강의 항해를 방해했다. "굴들은 구두 뿔의 형태로 된 큰 것이었고, 어떤 것은 길이가 한 자였다. 이것들은 봄마다 매년 봄의 간조 때 바닥을 드러내는 어떤 둔덕들에서 키웠다. 껍데기가 없는 이 어류는 매우 커서 나눠놓아야 그것을 입에다 제대로 넣을 수 있었다." 굴은 여전히 거기에서 발견된다. (또한, 토마스

---

[9] Poitrincourt [Jean de Biencourt et de Saint-Just, Sieur de Poutrincourt] (1557~1615): 프랑스 귀족으로 북미의 뉴프랑스 지역에 아카디아(Arcadia)로 알려진 영구정착지를 세운 인물 중의 하나. 프랑스 식민지 사령관을 역임함.
[10] John Ogilby(1600~1676): 스코틀랜드의 작가, 번역가, 지도제작자.
[11] Mistick: 코네티컷주에 있는 항구도시 Mystic. 미국 최대 규모의 해양 박물관이 있다.

모톤[12]의 『뉴 잉글리시 가나안』, 90페이지를 보라.)

　우리가 묵은 집의 주인은 바다조개 또는 대합 암컷은 쉽게 채취되지 않고, 갈고리로 긁어모아지지만, 대서양 쪽에는 절대 없고, 단지 폭풍이 칠 때 적은 수량이 이곳의 해변에 밀려온다고 우리에게 말해주었다. 어부들은 때때로 몇 피트 물속을 걸어 다니며 자기 앞의 모래 속에다 뾰족한 막대를 밀어 넣는다. 이것이 대합조개의 벌어진 입속으로 들어가면 조개가 막대를 물므로, 밖으로 끌어낸다. 조개는 그것을 먹이로 하는 검둥오리와 쇠오리를 붙잡아 두는 것으로 알려져 왔다. 이날 이후 어느 날 나는 우연히 뉴베드퍼드의 아쿠쉬넷 둑에서 오리들을 바라보고 있었는데, 한 남자가 다음과 같은 이야기를 내게 한 적이 있다. 그는 그날 아침 썰물 때 미나리 풀(*Salicornia*) 가운데서 먹이를 찾도록 어린 오리들을 내보냈는데, 마침 풀 가운데서 무엇인가가 막아서 오리 한 마리가 다른 오리들을 따라가지 못하고 정지해 있는 것이 그의 눈에 띄었다. 그래서 가보니 오리의 발이 대양 백합조개 껍데기에 물려있는 것을 발견했다. 그는 두 마리를 함께 잡아올려 집으로 가져왔는데, 그의 아내가 칼로 조개를 벌려 오리를 풀어주고 백합조개를 요리했다는 얘기였다. 집주인인 노인은 큰 대합조개들은 맛이 좋다고 했다. 그러나 그들은 언제나 조개를 요리하기 전에 독이 있는 부분은 떼어낸다고 말했다. "그걸 먹으면 고양이도 죽는다는 말이 있어요." 나는 그에게 그날 오후에 큰

---

[12] Thomas Morton(1579~1647): 영국에서 태어나 미국으로 이민 온 초기 식민주의자로 법률가, 작가, 사회개혁가로 보스턴의 퀸시 식민지를 창설하고 미국원주민들을 연구한 저서가 있다.

조개를 통째로 먹었다는 말을 하지 않았지만, 내가 고양이보다 더 지독하다고 생각하기 시작했다. 그는 행상인들이 그 주변에 와서 때때로 여자들에게 겉물 떠내는 국자를 팔려고 시도했는데, 그는 그들에게 여기 여자들은 그들이 만드는 것보다 더 좋은 조개껍데기로 된 국자를 갖고 있다는 얘기를 해주었다는 말을 했다. 조개는 바로 이런 용도에 딱 맞는 모양으로 되었다. 어떤 곳에서는 그 조개를 "만능국자"라고 부른다. 그는 또한 대형 해파리는 손으로 다루기에는 독성이 있다고 하고, 선원들이 그것을 마주칠 땐, 건드리지 않고 가는 길 밖으로 밀어놓는다고 말했다. 나는 그날 오후 그것을 손으로 만졌는데, 아직까지 아무 해를 못 느꼈다고 그에게 말했다. 그러나 그는 그것이 손을 가렵게 만들고 특히 전에 긁힌 데가 있거나 가슴에 넣으면, 그게 무엇인지 알 것이라고 얘기했다.

그는 우리에게 케이프의 등 쪽 해변은 어떤 얼음도 형성된 적이 없고, 아니면 100년에 한 번 정도 있을까 말까하고, 거의 눈이 쌓이지 않는데, 모래땅에 흡수되거나 날라 가거나 쓸려간다고 알려주었다. 때때로 겨울에, 썰물일 때, 모래사장이 얼어붙어, 등 쪽 위로 약 30마일 정도 마루처럼 매끈한 탄탄한 도로가 생기는데, 그의 소년시절 어느 해 겨울에는 그와 그의 아버지가 "새벽에 등 쪽으로 곧장 올라가서 프로빈스타운까지 걸어갔다가 저녁 먹을 때 돌아온 적도 있었다."는 것이었다.

개간된 땅을 내가 거의 보지 못해서, 전부 황량하게 보이는 땅으로 무얼 하냐고 내가 묻자, 그는 "아무 것도 못하지."라고 말했다.

"그럼 담장은 왜 치셨나요?"

"모래가 불어와 전부다 덮어버리는 것을 막으려고."

"노란 모래는 그 안에 약간의 생명이 있는데, 흰 모래는 거의 없거나 전혀 없어," 그가 말했다.

그의 질문들에 대답하다가 내가 측량 일을 했다고 말해주었을 때, 그는 자기 농장을 측량해준 사람들은 지면이 고르지 않은 곳에서는 그들의 팔꿈치 높이만큼 각각 체인을 동이는데 익숙하더라고 말했다. 그것은 그들이 허용하는 오차였다. 그는 왜 그들이, 두 번이나 비슷하게, 그의 토지증서와 일치하는 결과가 나오지 않았는지 내가 얘기해줄 수 있는지를 알고 싶어 했다. 그는 옛날식의 측량사들을 더 존경하는 듯 했다. 나는 그 모습을 보고 놀라워하지 않았다. 그는 "조지 3세 왕이 4로드 폭으로 케이프의 전 구간에 곧고 넓은 도로를 깔았다"고 말했으나 그게 지금 어디에 있는지는 말을 하지 못했다.

이 측량사들에 관한 이야기는 한 롱아일랜드 사람을 떠올리게 했는데, 그는 한 때, 내가 그의 뱃머리에서 해안으로 뛰어내릴 준비를 했을 때, 내가 그 거리를 과소평가하여 빠질 거라고 생각했고 - 비록 나중에 나는 그가 나의 무릎 관절의 탄력을 자기 것의 기준으로 판단한 것을 알았지만 - 그가 건너뛰고 싶은 개울을 만났을 때, 다리 하나를 들어 올리고서는 발이 맞은 편 둑에 닿을지를 가늠하고서야 그 개울을 건너 뛸 수 있음을 알았다고 내게 말했다. 나는 그에게 "그래요, 미시시피 강은 말할 것도 없고, 다른 조그만 물길에서, 내 발로 별 하나를 가릴 수는 있을 테지만, 나는 그런 거리를 뛰어넘으려고 나서지 않을 것입니다"라고 말해주었다. 그리고 나는 어떻게 그의 발이 딱 맞는 높이에 있는지를 아느냐고 물었다. 그러나 그는 그의 발들을 한 쌍의 분할자分割子나 보통의 사분의四分儀만큼 정확한 것으로 간주했고, 그것들이 가리키는 원호의 모든 도수와 분을 고통스럽게 회상하는 것처럼 보였다. 그리고 그는 자기의 대퇴부에는 목적에 부합하는 홱 당기는 무엇이 있다는 것을 나보고 믿으라는 식이었다. 나는 그에게 그의 두 발목을 적당한 길이의 줄로 연결해 원호가 되도록 해서 수평적인 지면에 닿는 점프 능력을 측정해보면 어떻겠냐고 했다. 한 쪽 다리를 지평선이라는 차원과 수직으로 가정해보는 것은, 그렇지만, 이런 경우에 너무 대담한 생각이었을 것이다. 그럼에도 불구하고, 이것은 내가 흥미 있게 들은 일종의 두 발의 기하학이었다.

우리가 묵은 집의 주인은 호수의 이름들을 우리에게 얘기해 주는 데 기쁨을 느꼈다. 대부분의 호수를 우리는 그의 집 창문에서 볼 수 있었는데, 그는 우리가 정확히 알아들었는지를 확인하려고 우리가 자기 말을 따라 반복하게 했다. 가장 크고 멋진, 맑고 깊으며, 둘레가 1마일이 넘는 갈매기 호수Gull Pond가 있었고, 뉴컴, 스웽트, 슬로, 호스-리치, 라운드, 헤링 호수 등이었다. 내가 틀리지 않다면, 만조 때는 모든 호수가 연결된다, 해안을 측량하는 사람들이 호수들의 이름을 그에게 물으러 왔었다. 그리고 그는 그들이 발견하지 못했던 호수 하나의 이름을 말해주었다. 그는 호수들의 수면이 이전만큼 높지 않다고 말했다. 그가 태어나기 4년 전에 지진이 났었다. 지진은 호수들의 바닥판을 깨뜨려, 철 성분을 가라앉게 했다. 나는 이런 얘기를 읽은 기억이 없었다. 셀 수 없을 만큼 많은 갈매기들이 호수에서 쉬곤 했다. 그러나 큰 갈매기들은 지금은 거의 드문데, 그가 말한 대로, 멀리 북쪽에서 영국인들이 그 새들의 둥지에서 알을 훔쳤기 때문이었다. 그는 갈매기들을 갈매기 잡는 움막에서 포획하던 시절과, 밤에 불을 질러 작은 새들을 후라이팬으로 때려잡던 시절을 잘 기억하고 있었다. 이 때문에 그의 아버지는 전에 매우 좋은 말 한 필을 잃어버렸다. 어느 어두운 밤에 빌링스게이트 섬에서 새를 잡으려고 웰플릿에서 온 일단의 사람들이 불을 피웠을 때, 그곳 초원에는 풀을 뜯는 20마리의 말과 망아지들이 있었는데 그 불에 놀란 말들이 어둠속에서 근처의 해변과 말들을 갈라놓은, 그 당시 간조 때나 건널 수 있던, 통로지역을 건너가려고 애썼는데, 모두 바다로 쓸려가서 물에 빠져 죽었다. 나는 아직도 많은 말들이 여름 내내 웰플릿, 이스트햄, 올리언스의 섬들과 해변에서 일종의 공유지처럼 방목되고 있는 것을 관찰했다. 그는 또한 소년시절, 숲으로 잠자러 간, 그가 "야생 암탉들"이라고 부른 것을 잡은 것을 설명했다. 아마도 그것들은 "프레리 암탉들"(뇌조)이였을 것이다.

그는 갯 완두콩(*Lathyrus maritimus*)을 좋아하여 익은 것과 마찬가지로 덜 익은 것을 요리했다. 그는 그것이 뉴펀들랜드에서 아주 풍성하게 자라는 것을 본 적이 있었는데 그곳 주민들도 그것을 먹었으나 그는 씨로 쓸 완전히 익은 것을 결코 구할 수가 없었다고 한다. 우리는 '채텀'이라고 제목이 붙은 항목에서, "1555년에, 대기근 시기 동안에 서섹스(잉글랜드)의 오포드 주변 사람들은 이 식물의 씨앗을 먹음으로써 살아남을 수 있었다. 이것은 그 지방의 해안가에 매우 풍부하게 자랐다. 소와 말과 양과 염소들은 그것을 먹는다."는 글을 읽었다. 그러나 이 얘기를 인용한 작가는 반스테이블 카운티에서 이 완두콩들이 이용되었음을 알지 못했다.

그 노인은 그렇다면 항해사였었나? 아, 그는 한창시절에 세상을 돌아다녔었다. 그는 한 때 스스로 우리의 모든 해역의 수로 안내인이라고 생각했다. 그러나 지금은 사람들이 해안이름들을 하도 바꾸어 놓아서, 그가 성가시다고 할지도 모를 일이었다.

그는 우리에게 자기가 재배한 '섬머 스위팅'이라고 부르는 상큼한 사과를 맛보라고 주었다. 그가 빈번히 접목으로 번식시켰는데, 한번 뉴펀들랜드인가 샬르Chaleur 만에서 세 그루를 본 것 외에는 다른 곳에서는 자라는 것을 본적이 없다고 했다. 그가 항해하며 지나갈 때 본 것이라 나는 그것이 어딘지 모르겠다. 그는 멀리서도 그 나무를 분간할 수 있다고 확신하고 있었다.

마침내, 내 여행 동료가 괴짜라고 부른 숙맥이 들어와, 이빨 사이로 "제기랄, 책장사 놈들이란 - 줄곧 책 얘기만 지껄이는군. 뭔가 일을 해야 좋지. 지랄하는 놈들. 쏴 죽일까 봐. 여기 박사 하나 나왔네. 죽일 놈. 총 가져와 쏴 버려야겠다"고 중얼거리며, 한 번도 머리를 들지 않았다. 그러자 노인이 일어나서, 마치 명령을 내리는 데 익숙한 듯이, 그리고 이번이 자기의 권위를 발휘해야 할 첫 번째는 아닌 것처럼, 큰 소리로 말했다. "존, 가서 앉아 있거라. 네 일이나 신경 써. 네가 좀 전에 말하는 것을 다 들었다. 쓸데없는 짓 그만두고 - 네가 짖어대는 소리가 무는 것보다 더 나쁘다." 그러나 개의치 않고 존은 똑같은 소리를 다시 주절거렸다. 그러다가 노인네들이 남겨놓은 식탁에 앉았다. 그는 식탁위에 있는 것을 전부 먹어치웠다. 그리고는 사과를 집으려고 몸을 돌렸는데, 그것은 그의 나이든 어머니가 손님들을 위해 아침식사로 사과소스를 만들어주려고 껍질을 벗기고 있던 것이었다. 그러나 그의 어머니는 사과를 멀리 치우고 그를 보내버렸다.

내가 이듬해 여름, 해안과의 사이에 있는, 오시안[13]의 탄생지였다고 해도 괜찮은 황량한 언덕들을 넘어, 그 집에 다가갔을 때, 언덕배기의 옥수수 밭 한 가운데 있는 그 괴짜를 보았다. 그러나 늘 그렇듯이, 그는 이상하게 어른거리고 있어서 나는 그를 허수아비로 오인했다.

이 노인은 우리가 이제껏 만나본 가장 즐거운 노인이자 가장 잘 보존된 노인의 한 사람이었다. 그의 대화 스타일은 라블레[14]에 어울릴 만큼 충분히 거칠고도 솔직했다. 그는 훌륭한 파뉘르주[15]를 만들었을 것이다. 아니면 차라리 그는 정신 멀쩡한 실레누스였고 우리는 그의 이야기를 듣는 소년들인 크로미스와 므나실러스였다.[16]

"해모니안[17] 언덕가의 트라키아[18] 음유시인[19]도
핀두스[20]에 있는 무시무시한 피버스[21]도
이보다 더 깊은 침묵이나 더 큰 존경심을 갖고 듣지 아니했네."[22]

---

13 Ossian: 3세기 아일랜드의 전설적인 영웅이며 시인.
14 Francois Rabelais(1494?~1553): 프랑스 르네상스 시기의 대표적 작가.
15 Panurge: 라블레가 쓴 "가간투아와 판타그루얼"(Gargantua와 Pantagruel)에 나오는 판타그루얼의 단짝인물.
16 크로미스와 므나실러스(Chromis and Mnasilus)는 로마의 시인 베르길리우스(B.C.70~A.D.19)의 『목가(牧歌, Eclogue)』 6장에 나오는 목동들로 주신酒神 디오니수스(Dionysus)의 양아버지이며 유쾌한 배불뚝이 영감인 실레누스(Silenus)가 노래를 불러주겠다는 약속을 지키지 않자, 어느 날 그가 동굴에서 술에 취해 잠을 자고 있을 때에 결박하여 놓고 깨어나자 노래를 요구한다.
17 Haemonian: 고대 그리스의 비옥한 평원인 데살리(Thessaly)의 시적인 이름.
18 Thracian: 에게해와 흑해 사이에 있던 고대의 인도·유럽어족 국가.
19 고대 그리스의 전설적인 음악가이며 시인이며 예언자인 오르페우스(Orpheus).
20 Pindus: 그리스 북부의 산 이름.
21 Phaebus: 고대 그리스의 빛의 신인 아폴론, 또는 태양을 의인화한 시적인 이름.
22 『목가(Eclogue)』 6장 38~40행.

그의 대화에는 과거와 현재가 이상하게 섞여있었다. 그는 조지 왕 치하에서 살았었고, 나폴레옹과 현대인들이 일반적으로 태어날 때를 기억했을 것이기 때문이다. 그는 식민지들과 모국의 갈등이 처음 발발했을 때, 14살의 소년으로 그는 마차에서 건초를 떠내고 있었다. 도안 집안사람이 나이 많은 토리 당원이었는데, 훌륭한 휘그 당원이었던 그의 아버지에게 말하고 있었다. "이봐요, 빌 아저씨, 저 호수를 쇠스랑으로 떠서 바다에 집어넣어버릴 수도 있잖아요. 식민지들이 독립을 얻으려고 착수하는 것처럼 말예요." 그는 워싱턴 장군을 잘 기억하여 어떻게 그가 보스턴의 거리를 따라 말을 몰았는지를 우리에게 보여주려고 일어섰다. "그는 조-오-금 크고 통통하게 보이는 남자였어. 사내다운 결의에 찬 장교였지. 말 위에 올라탔을 때 다리가 참 예뻤다네." - "저기, 말해주지, 이게 워싱턴의 방식이었네." 그런 다음 그는 다시 벌떡 일어났다가, 마치 모자를 흔드는 것처럼 보이게 하면서, 좌우로 우아하게 고개를 굽혀 인사했다. "그런 분이 워싱턴장군이었네."

그는 혁명의 많은 일화들을 우리에게 얘기해주었다. 그리고 우리가 똑같은 얘기를 역사책에서 읽었고 그의 얘기가 책에 쓰인 것과 일치한다고 말하자 대단히 기뻐했다.

"그럼," 그가 말했다. "내가 알지, 알고 말구! 나는 귀를 넓게 열고 있던, 16살의 젊은이였다네, 그 나이에는, 자네도 알겠지만, 아주 매사에 깨어있고, 주변에서 일어나는 모든 것을 알고 싶은 것이네. 오, 내가 알지!"

그는 거기에서 전 해 봄에 발생한 프랭클린호의 조난에 대한 얘기를 해주었다. 한 소년이 이른 아침에 자기 집에 와서 해안가에 있는 배가 누구의 배냐고 물었다. 배는 곤경에 처해 있었고, 그는 노인인 관계로, 먼저 아침식사를 하고 나서 해안가의 언덕 꼭대기로 걸어 올라갔다. 그리고 편안한 자리를 발견하고 거기 앉아 조난된 배를 보았다. 배는 모래톱 위에 있었는데 그로부터 4분의 1마일 밖에 안 떨어져 있었다. 그리고 모래 해변에 있는 사람들과는 더욱 더 가까웠다. 그들은 보트 하나를 마련했으나 파도 때문에 도움을 줄 수가 없었다. 아주 높은 바닷물이 출렁이고 있었기 때문이었다. 배의 앞부분 쪽에 승객들이 몰려 있었다. 그리고 몇몇은 선실 창문을 통해 밖으로 나오고 있었는데 다른 사람들이 갑판으로 끌어내주고 있었다.

"나는 선장이 자기 보트를 탈출시키는 것을 보았지"하고 그가 말했다. "그는 작은 보트를 하나 갖고 있었어. 그러자 사람들이 하나씩 그 보트로 화살처럼 곧바로 뛰어내렸네. 그들을 세어보니 9명이었어. 하나는 여자였는데 다른 사람들과 똑같이 뛰어 내리더군. 그런 다음 그들은 노를 저어 배에서 떨어져 나왔지. 바다가 그들을 도로 붙잡더군. 파도하나가 그들에게 덮쳤는데, 다시 물위로 나왔을 때는 6명이 여전히 보트에 매달려 있었어. 내가 그들을 세어 보았네. 다음 파도가 보트를 홀딱 뒤집어 놓더군, 그리고 그들 모두를 물에 빠지게 했어. 그들 중 어느 누구하나도 해안에 상륙하지 못했네. 배의 다른 부분들은 물속에 잠겨 있었기 때문에, 나머지 사람들은 선수 갑판에 모두 함께 몰려 있었어. 그들은 보트에서 일어난 일을 모두 보았지. 마침내 육중한 바다가 조난당한 배의 나머지와 선수 갑판을 분리시켰고, 그것을 최악의 파도 안쪽에다 놓아주었네. 그러자 구조보트가 그들에게 도달할 수 있었고 여자 하나만 빼고 배에 남아있던 모든 사람을 구조했다네."

그는 또한 우리가 거기 있기 서너 달 전에 증기선 캠브리아호가 그의 해안에서 좌초된 얘기와, 그 배의 영국인 승객들이 그의 땅을 배회하던 것과, 그의 말로는, 그들은 해안가 높은 언덕에서 본 전망을 "그들이 이제껏 본 것 중 가장 멋지다"고 생각했다는 얘기와, 또한 호수에서 여자들이 자기의 떠내는 그물을 갖고 놀은 못된 장난에 대한 얘기를 우리에게 해주었다. 그는 우리 지방 조상들이 조지 3세 왕 시절에 영국 혈통에 대해 말하곤 한 것과 꼭 같이, 이 여행자들이 지갑에 돈이 가득했다고 얘기했다.

퀴드 로콰르(Quid loquar)?[23] 그가 우리에게 말해준 것을 무엇 때문에 반복하는가?

"Aut Scyllam Nisi, qnam fama secuta est,
Candida succinctam latrantibus inguina monstris,
Dulichias vexâsse rates, et gurgite in alto
Ah timidos nautas canibus lacerâsse marinis?"[24]

저녁나절 동안에 나는 내가 먹었던 조개의 위력을 느끼기 시작했다. 그래서 나는 내가 묵는 집의 주인에게 그가 말한 고양이 보다 내가 더

---

23 "왜 말하는가?" 이 말은 다음 줄의 인용 구절로 계속 이어진다.
24 베르길리우스, 『목가』 4장 74 - 77행:
    "그가 니수수의 딸 스킬라에 대해 이런 말이 있다고 노래한 것을,
    허리춤에 으르렁거리는 야수들의 목줄을 매달고서,
    이타카의 배들을 혼란에 빠뜨려, 소용돌이치는 깊은 물속에
    벌벌 떠는 선원들을 그녀의 바다 개들로 찢어 던졌음을?"

강하지 못하다는 말을 고백하지 않을 수 없었다. 그러나 그는 자기가 솔직히 말하는 사람인데, 그것은 모두 상상이라고 내게 말할 수 있다고 대답했다. 여하튼 그것은 나의 경우에 구토를 일으킴을 증명했다. 나는 잠깐동안 그것에 의해 꽤 아팠다. 그러는 동안 그는 내가 고생하는 것을 보고 웃어댔다. 나는 나중에 필그림들의 프로빈스타운 하버 상륙에 대해 『모트의 이야기』[25]에서 이런 말을 읽고 기뻤다. "우리는 근육질이 크고 (늙은 편집자는 그것들이 틀림없이 바다조개였다고 말하고 있다) 살찐 바다진주로 가득한 것을 발견했다. 그러나 우리는 그것들을 먹지 않았다. 왜냐하면 그것을 요리해 먹은 사람은 선원이건 승객이건 모두 탈이 났기 때문이다. . . . 그러나 그들은 곧 괜찮아졌다." 이것은 내가 그들이 겪은 바와 같은 비슷한 경험을 했음을 회상시켜 필그림들에게 더 가까이 다가가게 했다. 더구나 이것은 그들의 얘기가 맞는다는 확인이었다. 그래서 나는 모트의 얘기에 있는 모든 말을 이제 믿을 준비가 되었다. 나는

---

[25] Mourt's Relation: 『모트의 이야기』라는 책자(원제: *A Relation or Journal of the Beginning and Proceedings of the English Plantation Settled at Plimoth in New England*)는 1620년 11월 필그림들이 탄 메이플라워호가 케이프코드의 프로빈스타운 항구에 상륙할 때부터 탐험을 통해 플리머스 식민지에 정착하게 되기까지 1년간의 일들을 상세히 기록하고 있는 책으로 필그림의 지도자인 윌리엄 브래드포드(William Bradford)가 첫 섹션의 대부분을 쓴 것 같지만, 주로 역시 필그림인 에드워드 윈슬로(Edward Winslow)가 쓴 것으로, 1622년 런던에서 존 벨라미에 의해 처음 출판되고 판매되었다. 이 중요한 문서는 윌리엄 브래드포드와 동서지간으로 역시 필그림의 일원이 된 영국의 출판자인 "조지 모트(George Mourt)라고 종종 불리는, 조지 모톤(George Morton, 1585~1624)에 의한" 것이라고 잘못 인용되어왔기 때문에 『모트의 이야기』라는 제목이 생겨났다.

또한 인간과 조개가 서로 간에 같은 각도로 놓여있다는 것을 발견하고 즐거웠다. 그러나 나는 바다진주를 보지 못했다. 클레오파트라처럼 나는 그것을 삼켜버렸음에 틀림없다. 그 후로 나는 만의 편평한 곳에서 이 조개들을 파내서 관찰해보았다. 그것들은, 모래위 물방울들 자국을 보면, 바람을 등지고 10피트는 족히 물을 분출할 수 있었다.

"자, 내가 자네에게 질문을 하나 해야겠네,"하고 노인이 말했다. "그리고 나는 자네가 말해줄 수 있는지 모르지만, 자네는 배운 사람이고, 나는 자연에서 배운 것 말고는 전혀 배운 것이 없다네." - 우리는 그가 우리를 어리둥절하게 만들 정도로 그가 요세푸스[26]를 인용할 수 있는 사실을 그에게 상기시키는 것은 헛일이었다. - "나는 내가 학식 있는 사람을 만나면, 이런 질문을 해보겠다는 생각을 했었네. 에잌시가 어떻게 철자되며 그것이 무슨 뜻인지 말해줄 수 있나? 에잌시" 하고 그가 계속했다. "이곳에는 에잌시라는 이름을 가진 여자애가 하나 있네. 헌데 그게 무슨 말인가? 무슨 뜻을 의미하는 것인가? 성서인가? 내가 바이블을 25년 동안 되풂이해서 읽어보았는데도 그런 말을 한 번도 못 보았거든."

"이 말을 찾으려고 바이블을 25년이나 읽으셨다구요?" 내가 물었다.

"그런데, 그것이 철자가 어떻게 되었지? 마누라야, 어떻게 철자가 되었냐니까?"

그녀가 말했다: "그것은 바이블에 있어요. 내가 보았다니까요."

"그럼, 그것이 어떻게 철자가 되어있는 지요?"

"잘 몰라요. 에이 시 에이치, 에잌ach, 에스 이 에이치, 세seh, - 에잌세

---

[26] Flavius Josephus(37?~100?): 유대의 역사가이며 군인.

Achseh."

"그것이 에이 엑스 와이(Axy)로 철자하나? 자 그럼, 자네들은 그것이 무슨 뜻인지 아는가?" 그가 나에게 고개를 돌리며 물었다.

"모르겠는데요," 나는 답변했다. "전에 한 번도 들어본 적이 없어요."

"전에 한번 여기에 학교 선생님이 오신 적이 있었네. 그래서 사람들이 그게 무슨 뜻이냐고 물어보았지. 그러자 그는 빈폴[27] 이상의 뜻은 없다고 말했네."

나는 그에게 나도 학교선생님과 같은 의견이라고 말해주었다. 나 자신 학교 선생님을 한 적이 있었다. 나는 별 이상한 이름들을 다뤄본 적이 있었다. 나는 또한 조헤스, 베라이아, 어메자이아, 베투엘, 그리고 쉬어자수브 등과 같은 이름도 들어본 적이 있었다.

마침내 굴뚝 구석 쪽 자리에 있던 그 조그만 아이가 양말과 신발을 벗고, 발을 쪼였다. 아픈 다리를 산뜻하게 진정시킨 후 잠자리로 가버렸다. 그 다음에 숙맥은 울퉁불퉁하게 보이는 발과 다리를 내놓고는 그를 따라갔다. 마지막으로 노인은 그의 장딴지를 우리에게 드러내 보였다. 우리는 전에 노인의 다리를 보는 행운을 가져본 적이 한 번도 없었다. 그래서 다리가 마치 어린애 다리처럼 예쁘고 통통한 것을 보고 놀라워했다. 우리는 그가 다리를 내보여주는데 일종의 자부심을 느끼고 있다고 생각했다. 그런 후에 그는 물러갈 준비를 해나가는 동안에 나이 많은 인간이 겪기 쉬운 질병들을 파뉘르주와 같은 솔직한 화법으로 말을 계속했다. 우리는 그에게는 보기 드문 잘 만난 상대였다. 그는 보통 목사들

---

[27] bean‐pole: 콩 넝쿨지지대.

123

아니면 말 상대가 없었다. 때로는 10명씩이나 한 번에 만나긴 하지만. 그는 한가하게 있는 일부 속인들을 만나면 기뻐했다. 그날 저녁은 그에게 충분히 길지 않았다. 내가 속이 나빴었기 때문에, 나이든 부인이 내가 잠자리에 들지 않겠느냐고 물었다. 노인네들에게는 늦은 시간이었다. 그러나 하던 얘기를 다 끝내지 않았던 노인은, "피곤하지 않지요, 그렇지요?"라고 말했다.

"아 네," 나는 말했다. "서둘지 않아도 됩니다. 조개 먹고 생긴 구역질을 잘 견뎌낸 것 같아요."

"조개는 좋아요," 그가 말했다. "지금 몇 마리 먹었으면 좋겠다."

"나는 한 번도 아픈 적이 없어요," 나이 많은 부인이 말했다.

"그렇지만 아주머니는 고양이를 죽인 부분을 떼어냈겠지요," 내가 말했다.

드디어 우리는 그의 얘기를 중간에 끊고는 다음날 아침에 계속 듣기로 했다. 그러나 결국, 나이 많은 부인중 한사람이 밤중에 덜렁거리는 난로 판을 잡아매려고 우리 방으로 들어왔다가 나갈 때, 우리를 안에 두고 출입문을 잠그는 조심성을 보였다. 나이 많은 여인들은 노인들보다 더 의심이 많은 법이다. 그렇지만, 바람이 집주위로 울부짖듯이 윙윙 불어대어, 그날 밤 내내 난로 판 뿐 아니라 받침대도 덜거덕거리게 만들었다. 장소 불문하고 바람이 많은 밤이었을 것이다. 그러나 우리는 바다의 고유한 굉음과 바람 때문에만 생긴 굉음소리를 구별할 수 없었다.

바다가 만드는 소리는 그것 가까이 사는 사람들에게는 매우 의미 있고 흥미 있는 것임에 틀림없다. 내가 다음해 여름 이 장소에서 해안을 떠나 4분의 1마일 떨어진 언덕을 올라가고 있을 때, 나는 바다에서 나는,

마치 대형 증기선이 해안가에서 수증기를 내 품고 있는 것처럼, 갑작스러운 큰 소리를 듣고 깜짝 놀랐다. 그래서 나는 갑자기 숨이 멎고 한순간 피가 얼어붙는 듯이 느꼈다. 그리고 나는 대서양을 다니는 증기선이 이렇게 멀리 항로를 벗어났나 보려고 기대하며 둘러보았다. 그러나 아무것도 이상한 것은 보이지 않았다. 나와 바다 사이에는 할로의 입구에 낮은 모래톱이 있었다. 내가 언덕을 올라 다른 공기층으로 솟아났을지도 모른다는 의심을 하며 - 그것은 내게 바다의 일상적인 굉음소리만을 떠오르게 했었다 - 나는 다시 즉시 내려가 그 소리가 들리지 않는지 알아보았으나, 내가 올라가거나 내려가거나 상관없이 그 소리는 일 이 분 안에 사라졌다. 그런데 그러는 내내 바람은 거의 없었다. 노인은 이것을 바람이 바뀌기 전에 바다가 내는 특이한 굉음소리인, 소위 "러트rut"라고 말했는데 그는 그렇지만 이유를 설명할 수는 없었다. 그는 바다가 내는 소리를 들으면 날씨를 모두 알 수 있다고 생각했다.

나이 많은 조슬린[28]은 1638년에 뉴잉글랜드로 왔는데, 그의 날씨표기 가운데는 "해안가에 부딪치는 바닷물 소리와, 숲에서 살랑거리는 바람 소리는, 명백한 바람이 없어도, 바람이 곧 불어올 것임을 보여 준다"는 것이 있다.

이 일이 있은 후 어느 날 밤 해안의 다른 부분에 있을 때, 나는 1마일 거리에서 밀려오는 파도가 내는 굉음을 들었다. 그리고 주민들은 그것이 바람이 동쪽으로 바뀌어 비오는 날씨가 된다는 신호라고 말했다. 바닷물은 동쪽으로 어딘가에서 몰려들었고, 이 포효하는 소리는 균형을 유지하

---

[28] John Josselyn(1638-1675): 17세기 영국의 여행가.

려는 노력으로 생겨나 물결이 바람에 앞서 해안에 도달했다. 이 나라와 영국 사이를 오가는 한 정기선의 선장은 때때로 대서양상에서, 아마도 잔잔한 바다에서, 바람에 거슬려 오는 물결을 만나는데, 그것은 멀리서 바람이 반대 방향에서 불어오고, 물결이 바람보다 더 빨리 밀려온다는 것을 가리킨다고 내게 말해주었다. 선원들은 "거센 파도"와 "대형 파도"에 대해 말하고 있는데, 그들은 그것이 허리케인과 지진으로 생겨나고 있으며, 수 백 때로는 심지어 2, 3천 마일을 밀려오곤 한다고 생각한다.

다음 날 아침 해가 뜨기 전에 그들은 우리를 다시 나가게 해주어서 나는 대양 밖으로 나오는 태양을 보려고 해변으로 달려갔다. 84년의 겨울을 보낸 노파가 추운 아침바람 속에 벌써 나와 모자도 안 쓰고 어린 소녀처럼 총총걸음으로 우유를 짜려고 암소에 다가가고 있었다. 그녀는 아침식사를 재빠르게 소음이나 부스럭거리는 일이 없이 준비했다. 그러는 동안에 노인은 등을 굴뚝 쪽으로 향하고, 앉아있는 우리 앞에 서서, 담배 씹은 침을 자기 뒤에 있는 난로 불속에, 거기서 준비하는 여러 가지 요리것기에 아랑곳 하지 않고, 좌우로 뱉어내면서, 얘기를 계속했다. 아침식사로 우리는 뱀장어, 버터밀크 케이크, 데우지 않은 빵, 푸른 콩, 도넛, 그리고 차를 먹었다. 노인네는 끊임없이 말을 해댔다. 그의 아내가 식사를 좀 하시는 게 좋겠다고 말하자, 그는 "재촉하지 말아요. 나는 너무 오래 살아서 서둘 필요가 없단 말이요." 라고 말했다. 나는 사과소스와 도넛을 먹었는데 그것들은 노인네가 뱉은 침이 가장 최소로 떨어졌다고 나는 생각했다. 그러나 나의 친구는 사과소스를 거부하고 핫케이크와 푸른 콩을 먹었다. 그것들은 화덕의 가장 안전한 부위를 점하고 있는 것으로 그 친구에게 보였었다. 그러나 적어놓은 것들을 나중에 비교해보고 나서, 나는 그에게 버터밀크 케이크는 특히 노출되었고, 나는 그것이 반복적으로 수난을 당하는 것을 보았기 때문에 피했다고 말했다. 그러나 그는 그렇다 하더라도, 사과소스가 심하게 상한 것을 목격해서 그 때문에 그걸 먹을 생각이 나지 않았다고 밝혔다. 아침을 먹은 후에 우리는 노인의 시계를 보았더니 그 시계는 고장이 나 있었다. 참기름이 없는 관계로, 약간의 "닭기름"으로 기름을 쳤다. 그는 우리가 땜장이 아니면 행상인이라고 거의 믿고 있었기 때문이다. 그러는 동안에도 어느 날 밤 서리가 내려 시계 케이스에 생긴 가는 금과 관련된 시각적인 면들에 대한 얘기를 했다. 그는 우리가 어떤 종파에 속하는지 알고 싶어 했다. 그는 젊은 시절 한 달에 13가지 설교를 들은 적이 있었다고 말했다. 그러나 그는 그 어느 종파에도 가담하지 않고, 자기가 읽는 바이블에 집착했다. 그의 바이블 속에는 그들의 설교 같은 것은 전혀 들어있지 않았다. 나는 옆방에서 면도를 하고 있다가, 그가 내 친구에게 어느 종파에 속하느냐고 묻고 친구가 대답하는 것을 들었다.

"아, 저는 '세계 형제애' 파에 속합니다."

"그게 뭔데?" 그가 물었다. "'금주禁酒의 자식들'인가?"

마침내, 자기가 부르는 것과 똑같은 이름으로 우리가 부른다는 것을 발견하고 그가 기뻐한 나머지 건네준 도넛을 주머니에 마냥 가득 채우며, 숙박비를 치루고 난 뒤에, 우리는 출발하였으나 그는 문 밖으로 우리를 따라 나와, 프랭클린 호에서 떨어져 나온 씨앗으로 재배한 식물의 이름을 우리가 자기에게 말해주기를 바랬다. 그것들은 양배추, 브로콜리, 그리고 파슬리였다. 내가 매우 많은 것들의 이름을 그에게 묻자, 그는 그의 채소밭에 저절로 난 것과 심어 키운 식물 모두의 이름을 거꾸로 나에게 물었다. 그가 혼자 힘으로 가꾸는 채소밭은 약 2분의 1 에이커였다. 보통 있는 밭작물 외에도, 옐로우 덕, 레몬 밤, 우슬초, 적설초, 점나도나물, 별꽃, 로만 약쑥, 목향, 그리고 다른 식물들이 있었다. 우리가 거기에 서 있을 때에, 나는 물수리가 노인의 호수에서 물고기 한 마리를 낚아채려고 몸을 굽히는 것을 보았다.

"저기 좀 봐요," 나는 말했다. "물수리가 물고기를 잡았네요."

"그렇군," 줄곧 바라보고 있었으나 아무것도 알 수 없던 노인이 말했다. "물수리는 잠수를 안 하고, 단지 발가락만 적시지."

그런데, 확실한 것은, 물수리가 이번에는 그렇지 않았다. 비록 그 녀석들이 종종 그렇게 한다고는 하지만, 그 물수리는 발톱으로 물고기를 낚아채기에 충분할 정도로 몸을 낮게 굽혔을 뿐이었다. 그러나 물수리가 반짝거리는 먹이를 그의 관목 숲으로 가져갈 때 땅에다 떨어뜨렸다. 그리고 우리는 그 물수리가 그것을 다시 집어가는 것을 보지 못했다. 그것은 그 물수리들이 잘 안하는 일이다.

이렇게, 노인에게는 날카롭게 소리칠 또 다른 기회가 있었으므로, 처마 밑에서 모자도 쓰지 않고 서 있던 그는 "들을 가로 질러가게"라고 우리에게 가르쳐주었다. 그래서 우리는 이제 아직은 오전시간이라 또 다른 하루를 보내려고 다시 해변을 택했다.

이런 일이 있은 후 하루인가 이틀 뒤에 프로빈스타운 은행의 금고가 내륙에서 온 두 사람에 의해 깨뜨려져 열리고 돈을 강탈당했다. 그리고 우리를 환대해준 집의 사람들은 잠시 동안이긴 하지만 우리가 그 남자들이 아닌가 하는 일말의 의심을 했었다는 것을 우리는 알았다.

제6장 다시 해변으로
The Beach Again

　해안선을 따라서 길게 계속 늘어선 것으로 내가 기술한 적이 있는, 높은 모래 언덕으로 가는 우리의 길은, 늘 그렇듯이, 모래에 무질서하게 뻗어있는 베이베리 덤불의 작은 군락지들을 통해 지나갔다. 이것은 그 근처에서 일리시폴리아 참나무 다음으로 아마도 가장 흔한 관목이었다. 나는 그것의 향기로운 잎들과 바로 밑의 작년에 성장한 짧은 가지 둘레에 오글오글 달린 작은 회색 열매에 대단히 마음이 끌렸다. 내가 알고 있는 콩코드의 덤불식물은 두 가지로 그것들은 수술만 있어 열매를 맺지 않는다. 이 덤불의 열매들은 존경스러운 모습을 보여주고, 냄새가 작은 화장품같이 아주 진하다. 로버트 비벌리[1]는 1705년에 출판된 그의 『버지니아의 역사』에서 "강어귀들에서 그리고 바다와 만을 따라서, 그리고 작은 시내와 습지 근처에, 열매가 달리는 도금양[2]이 자란다. 그 열매로

---

[1]　Robert Beverley(1667~1722): 초창기 버지니아 식민지의 정치가이며 역사가.
[2]　myrtle: 방향성의 상록관목.

사람들은 이상하게 푸른빛이 도는 딱딱하고 부서지기 쉬운 왁스를 만드는데, 정제하면 거의 투명해진다. 이것을 가지고 그들은 양초를 만드는데, 만져도 끈적거리지 않고 날씨가 가장 더울 때 놓아두어도 녹지 않는다. 또한 이 초가 타는 냄새는 동물 지방으로 만든 양초와 같은 역한 냄새가 나지도 않는다. 이 초는 갑자기 그냥 꺼지면 별로 좋지 않은 냄새가 나는 다른 양초에 비해, 방안에 있는 모든 사람들에게 기분 좋은 향내를 풍긴다. 그래서 꺼지는 연기의 향을 맡으려고 점잖은 사람들이 종종 그 양초를 일부러 끄기도 한다. 이 열매로 만든 연고를 갖고 놀라운 일들을 수행했다는 뉴잉글랜드의 한 외과의사가 그것이 녹는다는 사실을 최초로 발견했다고 전해져 온다."고 서술하고 있다. 관목들에 여전히 매달린 풍부한 작은 열매들을 보고, 비록 우리가 방금 떠나온 집에서 한 개를 보긴 했지만, 우리는 양초를 만들기 위해 주민들이 그것들을 대체로 수집하지 않는다고 판단했다. 그 후로 나는 직접 수지樹脂를 만들어 보았다. 4월에 잎이 없는 가지들 밑에 바구니를 대고 손으로 훑어서 20분 만에야 1쿼트[3]를 모았다. 거기에 3파인트[4]를 만들기에 충분한 양을 더했다. 나는 적당한 갈퀴와 크고 얕은 바구니를 가지고 있었다면 훨씬 더 빨리 모을 수 있었을 것이다. 그것들은 씨까지 틈새를 채우고 있지만, 껍질이 수지로 모두 둘러싸여있는 오렌지만큼 꽉 차지는 않았다. 기름이 있는 부분은 위로 솟아올라, 맛있는 검은 육즙처럼 보이게 했다. 그것은 발삼 향이나 다른 허브 차와 매우 비슷한 냄새가 났다. 그것을 식힌 다음,

---

[3] a quart: 약1리터.
[4] a pint: 약0.5리터.

표면에서 수지를 떠낸다. 이것을 다시 녹이고 걸러낸다. 나는 3파인트로 4분의 1파운드[5] 나가는 수지를 얻었는데 열매 안에 더 많이 남아있었다. 작은 양이, 결정체처럼, 옥수수 알갱이의 크기로 (열매들 가운데로부터 그것들을 주워내며, 나는 그것을 천연의 금괴들이라고 불렀다) 다소 평평한 반구의 형태로 식었다. 라우던[6]은 "재배한 나무들은 야생에서 발견한 나무들 보다 더 많은 왁스가 나온다고 한다."고 말하고 있다. (뒤풀레시, 『수지樹脂식물』 제2권 60페이지를 볼 것) 소나무 숲에서 만약 송진이 손에 묻었다면 이 열매들을 두 손으로 비벼대기만 하면 떨어진다. 그러나 거기에서 바다는 거대한 사실이었으며, 그것은 우리로 하여금 베이베리와 인간들을 잊게 만들었다.

오늘[7] 대기는 아름답게 청명하였고, 바다는 더 이상 어둡고 폭풍이 일지 않았다. 파도는 여전히 모래 해변에 거품을 몰고 왔지만, 반짝이고 생명의 기운이 가득했다. 그날 아침 나는 하루가, 바다의 가슴 밖으로 나오는 것처럼, 벌써 바다위로 밝아오는 것을 보았다.

"녹황색 의상을 걸친 새벽이 대양의 흐름으로부터 급히 솟아오르고 있을 때, 불멸의 존재들과 필멸의 존재들에게 빛을 갖다 주려고."[8]

태양이 바다위로 떠오르는 것이 아주 멀리 보였으므로, 처음에 태양을

---

[5] a pound: 약450그램.
[6] John Claudius Loudon(1783-1843): 스코틀랜드의 식물학자로 정원설계가이며 작가.
[7] 1849년 10월 12일 금요일.
[8] 호메로스, 『일리아스』 제19권 1~2행. (소로의 영역)

가렸던 수평선의 구름 언덕은 해가 화살처럼 그 뒤로 높이 솟아오르는 바람에 깨뜨려지고 흩어진 뒤에야 인식되었다. 그러나 나는 여전히 해가 육지위로 솟아오르는 것처럼 바라보았고, 해가 바다위로 솟아오르고 있다는 것을 깨닫기가 쉽지 않았다. 나는 이미 수평선에서 밤새 케이프를 돌아 나와 지금은 다른 나라들로 물길을 따라 순조롭게 나아가고 있는 몇 척의 선박들을 보았다.

우리는 트루로의 남쪽 부분에서 다시 해변과 만났다. 하루의 이른 시간에 만조가 되어 해변은 좁고 물렁거렸으므로, 우리는, 전날만큼 높지는 않았지만, 이곳에서는 매우 높은 모래언덕을 걸었다. 가벼운 할로들로 더 많이 방해를 받았다. 『동부해안에 대한 묘사』의 저자는 이 부분에 대해, "모래 언덕은 매우 높고 가파르다. 그 서쪽 가장 자리로부터 폭이 100야드[9]가 되는 모래회랑이 있다. 그 다음에는 낮은 땔나무 덤불숲이 4분의 1마일 계속되어 거의 지나가기가 불가능하다. 그 다음에는 나무가 우거져 당황하게 만드는 수풀이 나오는데, 그 안에는 집 한 채 찾아볼 수가 없다. 그래서 선원들은 이 두 할로 (뉴콤 할로와 브러쉬 할로) 사이의 거리가 상당한데도, 그들이 실종되기 십상인 눈보라 치는 날에 있어서처럼, 절대로 그 숲에 들어가려고 하지 않았다." 이곳에 큰 나무들이 많이 남아있지 않다는 것을 제외하면, 여전히 이것은 이 지방을 여실하게 묘사하는 말이다.

갈매기처럼, 바다의 표면을 훑는 많은 선박들이 있었고, 그것들은 파도의 골짜기에 반쯤 가렸다가도, 선수 사장船首斜檣에 수직으로 내려걸린

---

[9] 1 yard: 90센티미터.

기둥이 물을 가르며 큰 파도의 꼭대기로 던져 올려졌다. 바크 범선 한척이 해안과 평행을 이루며 서 있었는데 갑자기 돛을 전부 내리고, 정박하여, 해안에서 반마일밖에 안 떨어진 우리 가까이에서, 바람에 일렁거렸다. 처음에 우리는 그 배의 선장이 우리와 의사소통을 하길 원한다고 생각했다. 그런데 우리는 아마도 뱃사람이라면 이해하였을 곤경에 빠졌다는 신호를 알아볼 줄 몰랐다. 그래서 그는 우리가 자기에게 등을 돌린 무정한 레커들이라고 우리를 욕했다. 몇 시간을 우리는 그 배가 우리 뒤에서 그곳에 정박하고 있는 것을 여전히 볼 수 있었다. 그리고 우리는 어떻게 그렇게 오랫동안 그 배가 항로에 서성일 수 있는지 궁금해 했다. 아니면 그 배가 화물을 상륙시키려고 사나운 해변을 고른 밀수선이었나? 아니면 물고기를 잡거나 선박의 페인트칠을 하려고 하였나? 얼마 안 있어, 다른 바크 범선들, 쌍돛대의 횡범선들, 쌍돛대 또는 그 이상의 종범선들이 그러는 동안에 케이프에 두 배로 늘어났고, 한바탕 부는 강풍에 그 배의 옆으로 다가갔다. 그래서 우리는 양심의 가책을 받지 않아도 되었다. 다른 배들이 꾸준히 앞으로 나아가는 반면, 이들 선박들 중 몇 척은 뒤에 쳐졌다. 우리는 면밀하게 그 배들의 장비와 선수船首의 삼각형 돛들과, 어떻게 그들이 물위를 걷는가를 살펴보았다. 왜냐하면 살아 있는 피조물 사이에 존재 하는 것이 그들 사이에서는 아주 달랐기 때문이다. 그러나 우리는 그들이 보스턴과 뉴욕, 리버풀을 기억하고 그리로 향하거나 거기서 나온다는 것을, 마치 그런 장대한 교통로에서는 선원이 자기의 물건 팔러 다니는 일을 잊기라도 하는 것처럼, 신기해했다. 그들은 어쩌면 서인도 제도에서 오렌지를 가져왔을 것이다. 그런데 껍질은 도로 가져갔는지? 우리는 마찬가지로 우리의 낡은 올가미를 영원이라는 바다를 건너 이송할 수도 있을 것이다. 그것이 그 축복받은 섬들과의 또 다른 "무역의 홍수"인가? 천국은 리버풀 항만과 같은 그런 항구인가?

여전히 끊이지 않고, 내륙의 불모지들과 덤불 숲, 사막과 고른 경사면을 갖고 있는 높은 모래언덕, 넓고 하얀 모래 해변, 파도들, 모래톱위의 녹색 바닷물, 그리고 대서양이 이어졌다. 그리고 우리는 해안에 새롭게 당도한 기쁨으로 여행을 했다. 우리는, 해파리와 바다조개에서 얻은 새로운 경험과 더불어, 해마海馬의 멍에와 해우海牛의 꼬리에서 또 다른 교훈을 얻었다. 바닷물은 전 날처럼 심하게 요동치지 않았다. 모든 물결이 잦아드는 듯이 보였다. 그것이 우리의 기대이기도 했기 때문이지만, 몇 시간이 지나도 그대로였다. 그러나 우리 옆에는 스스로를 균형 잡으면서, 요동치는 자세를 한 바다가 있었다. 물결칠 때 마다 모래를 돌돌 말아놓거나, 말하자면 어설픈 씨줄 날줄로 엮어놓고, 불쑥 솟은 가장자리를 순식간에 만들어 놓았다. 우리는 여유를 가지고 바다를 보고 싶었기 때문에 서둘지 않았다. 그리고 정말이지 그 부드러운 모래는 서둘러 지나갈 수 있는 장소가 아니었다. 왜냐하면 거기에서 1마일은 다른 곳에서 족히 2마일과 같았기 때문이다. 그 외에도, 우리는 언덕을 올라가거나 내려갈 때 구두 속에 들어온 모래를 빈번히 비워야했다.

우리가 오늘 아침 물가 가까이로 걸어가고 있을 때, 우연히 고개를 돌려 보니, 한 커다란 검은 물체가 파도에 의해 해변으로 밀려와 우리 뒤에 있었다. 그렇지만 너무나 멀리 떨어져 있어 그것이 무엇인지는 분간할 수 없었다. 그리고 우리가 그것으로 되돌아가 보려고 했을 때, 두 남자가, 전에 사람 기척이라곤 없던 모래 둑에서, 마치 모래 속에서 나온 듯이, 달려와서는, 또 다른 파도가 와서 삼키기 전에, 그것을 건져냈다.

우리가 접근해가는 동안, 그것은 연속적으로 거대한 물고기, 익사한 사람, 돛이나 그물의 형태로 보이다가, 마지막에 보니 아마(亞麻) 천 다발로, 프랭클린 호의 화물의 일부였는데, 그 남자들은 그것을 마차에 실었다.

　모래 해변의 물체들은, 그것이 인간이건 무생물이건, 극히 괴상하게 보일 뿐만 아니라, 실제보다 훨씬 더 크고 더 이상해 보인다. 최근 이곳에서 위도상 몇 도 정도 남쪽에 있는 바닷가를 다가가고 있을 때, 내 앞에서 반 마일 정도 떨어진 것으로 보인, 모래 해변에서 각이 지고 울퉁불퉁한 15피트 높이의 햇빛과 파도로 하얗게 바랜 절벽같이 보이는 것을 나는 보았다. 그러나 몇 발자국 더 다가가 보니 그것은 난파한 선박의 화물의 일부인, 누더기 더미로 높이가 고작 1피트 정도였다. 한번은 또한, 조난당한 지 한 주가 지난 후에, 한 등대로부터 방향을 지시받고, 상어에 물어뜯긴 채, 해변에 떠밀려왔던 한 인간 신체의 유품을 찾으러 다녀온 적이 있었다.[10] 나는 물에서 12로드 떨어진 모래 해변 위로 1~2마

---

[10] 소로는 1850년 7월 25일 에머슨의 부탁으로 이태리에서 가족과 함께 배를 타고 귀국하는 중에 뉴욕주의 파이어 아일랜드 근방에서 6일 전에 폭풍으로 난파당해 익사한 마거릿 풀러(Margaret Fuller, 1810~50)의 시신이나 유품을 찾으러 갔었다. 마거릿 풀러는 19세기 전반 미국의 대표적인 여성운동가이며 지식인으로서 미국 최초의 중요한 페미니스트 저작이라고 간주되는 『19세기의 여성』(*Woman in the Nineteenth Century, 1843*)이라는 책을 쓰기도 했다. 초월주의자 클럽 운동에 합류하여 에머슨과는 각별한 사이였으나, 『뉴욕 트리뷴』지의 외국 특파원으로 이태리 혁명을 취재하러 갔다가 혁명가인 오솔리 백작과 만나 결혼하여 2살 난 아들을 두고 있었다. 혁명이 실패한 후, 취재한 내용을 미국에서 출판하려고 원고를 가지고 영구 귀국 중이었고, 에머슨은 그 원고만이라도 회수할 수 있기를 바랐으나, 소로는 그녀 남편의 재킷 단추하나를 겨우 수습하여 돌아왔다고 한다.

일 멀리 떨어진 곳에 있는, 막대기에 걸린 천으로 덮여있던, 그 시신을 찾아야 했다. 나는 그렇게 작은 물체를 찾으려면 반드시 면밀하게 살펴 보아야 한다고 예측했으나, 모래 해변은, 폭이 반 마일이나 되고, 눈이 닿는 곳보다 더 멀리 뻗어 나가, 아주 완벽하게 매끈한 모습을 드러내고 있었으며, 바다를 향해 신기루는 너무나 확대되어 있었으므로, 나로부터 반 마일 떨어진 지점에 있던 별 의미 없는 가늘고 긴 나무 조각이 빛에 바랜 방해석方解石[11]으로 보였고, 유물들은 마치 모래 평원에 위엄 있게 놓인 것처럼, 아니면 한 세대가 거기에다 그들의 돌무더기를 힘들게 쌓 아 올렸던 것처럼, 유별나게 눈에 띄었다. 가까이 가보니 그것들은, 사 실, 펼쳐진 해안에 살짝 굴곡을 이룰 뿐인, 약간의 살점이 붙어 있는 단순히 몇 개의 뼈들이었다. 그것들에는 전혀 주목할 만한 그 어떤 것도 없었다. 그것들은 감각기관과 상상력 둘 다에 눈에 띄게 거슬리지는 않 았다. 그러나 내가 그곳에 서 있었을 때, 그것들은 더욱더 위압적이 되었 다. 그것들은 모래 해변과 바다와 함께 외로이 있었고 바다의 공허하게 포효하는 소리가 그것들에게 전달되는 듯했다. 그리고 코훌쩍이는 동정 심을 나에게 유발시킨 그것들과 바다 사이에는 마치 서로 간에 양해가 있는 듯한 인상을 주었다. 시체는 그것에 속한 어떤 지고한 권위의 이름 으로, 살아있는 어느 인간도 지배할 수 없는 해변을 소유하고 지배하고 있었다.

 우리는 그 뒤에 물에 씻겨 올라온 수많은 작은 아마亞麻 천 조각들을 보았다. 그리고 나는 그것이, 그해 11월이 되어서도 어떤 때는 한 번에

---

11 spar: 일정한 면을 따라 빛나는 광물.

여섯 다발이나 좋은 상태로 계속 발견된다는 것을 알았다.

  우리는 열심히 부드럽고 둥근 조약돌로 우리의 주머니들을 채웠다. 조약돌은 어떤 장소들에서는, 심지어 이곳에서도, 모래 위에 판판하고 둥근 조개들(Scutellae?)과 함께 얇게 흩뿌려져 있었다. 그러나 우리가 읽었던 것처럼, 조약돌이 물기가 마르면 그 아름다움이 사라졌다. 그리고 앉을 때마다, 우리의 수집품이 잘 선별될 때까지, 우리는 가장 볼품없는 것들을 주머니에서 다시 꺼내서 버렸다. 모든 재료가 파도에 의해 굴러 조약돌의 형태로 만들어졌다. 다양한 돌들뿐만 아니라, 어떤 선박이 떨어뜨린 단단한 석탄과 유리조각, 어떤 경우는 여러 마일에 걸쳐 결코 찾아볼 수 없는 3피트나 되는 토탄 덩어리도 있었다. 지구의 모든 거대한 강들은 해마다, 항상 그런 것은 아니더라도, 상당한 양의 목재들을 배출시키고 그 목재들은 먼 해안들로 떠돌아다닌다. 나는 또한 벽돌로 된 매우 완전한 조약돌과, 난파선에서 나온 카스틸 막대 비누가 돌돌 굴러서 완전한 원통으로 되어, 이발소의 간판기둥처럼 여전히 나선형으로 빨간빛을 내고 있는 것을 본 적이 있다. 누더기로 된 화물이 해안으로 쓸려올 때는, 낡은 주머니와 가방처럼 들어간 곳이 있는 모든 것들이 모래 해변에서 굴러가다 모래가 가득 차서 터질 지경이다. 그리고 한번은, 조난당한 인간의 옷에 달린 주머니가 이렇게 모래로 통통 불어나, 레커들이 주머니를 찢어 개봉한 뒤에도, 내용물들로 주머니들을 식별할 수 있다는 희망을 품도록 나를 현혹했다. 한 짝의 장갑은 정확하게 마치 한 손이 그 속에 들어있는 것처럼 보였다. 그런 옷 속에 든 물은 금방 짜내어졌고, 증발되었다. 그러나 모래는 모든 솔기에 스며들어서 쉽사리 제거되지 않았다. 해안에서 주워 올린 해면(海綿)들은, 잘 알려져 있듯이,

모래를 빼내려고 갖은 노력을 했는데도 불구하고, 해변의 모래를 최근까지도 일정 부분 품고 있다.

나는 모래 제방의 맨 위에서, 정확히 자이언트 조개(Mactra solidissima)와 모양이 같고, 똑같은 크기의, 짙은 회색빛 돌 하나를 발견했다. 그런데 놀라웠던 것은, 이 조개의 열린 한쪽 껍데기와 똑같은 형태와 깊이로, 바깥쪽의 절반이 벗겨져 그 돌 가까이 놓여 있었다. 반면에 다른 한쪽은 그 안의 더 어두운 색깔의 단단한 핵을 내밀고 벌어져 있었다. 나는 나중에 맛조개와 닮은 돌을 하나 보았다. 그러나 그것은 단단한 것이었다. 마치 돌이 형성 과정에서 조개껍데기가 공급한 주형을 채운 것처럼 보였다. 아니면 조개를 만든 똑같은 법칙이 돌로 조개를 만들었던 것처럼 보였다. 껍데기에 모래가 가득한 죽은 조개들은 모래 조개라고 불린다. 모래가 들어있는 커다란 조개껍데기들이 많이 있었다. 그리고 때로는 한쪽 껍질은 따로따로 정확히 고르게 채워져 있었다. 마치 그것이 쌓였다가 다시 흐트러진 것처럼. 모래제방의 맨 위에 있는 많은 작은 돌들 사이에서 나는 화살촉 하나를 발견했다.

자이언트조개와 따개비 외에도, 우리는 해안에서 작은 대합조개(Mesodesma arctata)를 발견했는데, 나는 여러 마리를 모래톱에서 손으로 파냈다. 그리고 이쪽 편에 우럭조개(Mya arenaria)가 없을 때는 주민들은 그것을 때때로 식용한다. 대부분의 빈 껍데기들은 어떤 적에 의해 구멍이 뚫려졌다. - 또한 저

아스타르테 카스타네아(Astarte castanea)

물에 쓸려와 40에서 50개의 기이한 다발로 로프 같은 족사足絲에 의해 함께 붙어 있는, 몇 개의 바위 위에 있는 식용 홍합(Mytilus edulis).

카드거치대와 바늘겨레로 쓰이는 가리비의 껍데기(*Pecten concentricus*).

새조개 혹은 거품조개(*Natica heros*), 그리고 "샌드 서클"이라고 불리며, 뚜껑 없는 돌 항아리의 꼭대기처럼 보이는, 한쪽 면이 깨졌거나, 사포로 만든 나팔꽃 모양의 앞 장식물 같은 그들의 놀라운 알 까는 자리(*nidus*). 또한,

칸셀라리아 코오트호우이(*Cancellaria Couthouyi(?)*), 그리고

페리윙클즈(?)(*Fusus decemcostatus*).

우리는 나중에 만灣 쪽에서 몇몇 다른 종류를 보았다. 고울드[12]는 이 케이프가 "이제까지 많은 연체류 종의 이동에 장애물이었음을 증명했다"고 서술했다. - "[매사추세츠에 속해 있는 것으로 1840년에 그가 기술한] 197종 가운데서 83종이 남쪽 해안으로 지나가지 못한다. 50종은 케이프의 북쪽 해안에서 발견되지 않는다."

갑각류 가운데서는, 모래 해변 높이 종종 아주 하얗게 표백된 채로, 게와 가재의 껍데기가 있었다. 바다나 해변 벼룩(*Amphipoda*), 그리고 말굽게나 소스팬 피쉬(*Limulus Polyphemus*)의 몸통껍질들, 그것들을 우리는 만 쪽의 해변에서 살아있는 것을 많이 보았는데 거기에서는 사람들이 그걸 돼지에게 먹였다. 그 꼬리는 인디언들이 화살촉을 만드는 데 쓰였다.

방선형 중에는, 보통 척추가 분기된, 성게나 에그(*Echinus granulatus*). 초콜릿 색깔의 척추로 덮였으나, 부드럽고 흰, 5개의 받침 같은 모양의

---

[12] Augustus Gould(1805~1866): 미국의 박물학자.

둥글넓적한 조가비들(*Scutella parma?*). 약간의 불가사리나 오손이 (*Asterias rubens*). 그리고 개복치나 해파리(*Aureliae*).

또한 최소한 한 종류의 해면동물이 있었다.

보통 물이 높이 찼을 때의 지점과 모래 둑 아래 사이의 순전히 모래만 있는 바닥 여기저기에서 내가 주목한 식물들은 바다 십자화(*Cakile Americana*), 함초(*Salsola kali*), 갯 별꽃(*Honkenya peploides*), 바다우엉 (*Xanthium echinatum*), 등대풀(*Euphorbia polygonifolia*), 또한, 비치그라스(*Arundo, Psamma*, 혹은 *Calamagrostis arenaria*), 해변가 골든 로드 (*Solidago sempervirens*), 그리고 갯완두(*Lathyrus maritimus*)가 있었다.

때때로 우리는 레커가 보통보다 큰 목재를 굴리는 것을 도와주거나, 모래 둑 아래로 돌들을 굴러 내려가게 하면서 즐거워했다. 그러나 우리는 거의 어느 돌 하나도 물에 닿게 할 수 없었다. 모래 해변은 부드럽고 넓었다. 그렇지 않으면 우리는 바닷물이 유입되지 않는 모래톱 안에 있는 얕은 물가에서, 꽤 차갑고 바람이 일었을지라도, 해수욕을 했다. 대서양 쪽에 그 많은 물을 앞에 두고도, 나중에 우리가 들은 것처럼, 되밀려 가는 파도와 상어가 출몰한다는 소문으로 수영을 못하기 때문에, 그곳에서 보는 바다는 더운 날씨에 흔히 바라보기만 하는 감질나게 하는 전망이다. 해안 가까이에 있는 유일한 집들인, 이스트햄과 트루로의 등대에 있는 사람들도, 다음해에, "아무리 돈을 주어도" 거기에서 수영하지 않겠다고 선언했다. 왜냐하면 그들은 때때로 상어들이 모래 위로 한순간 튀어 오르며 몸을 떠는 것을 보았기 때문이었다. 다른 사람들은 이 얘기를 듣고 비웃었다. 그러나 그 사람들은 아마도 어느 곳에서도 수영을 해본 적이 없기 때문에 비웃을 수가 있었을 것이다. 한 나이 많은 레커는 우리가 해수욕을 한 곳에서 14피트나 되는 식인상어를 잡아서 황소로 끌어올렸다고 우리에게 말했다. 다른 레커는 자기 아버지가 그곳에 출몰한 좀 더 작은 같은 종류의 상어를 잡아서 파도가 데려가지 못하게 주둥이를 꽂아 그놈을 세워놓았다고 말했다. 사람들은 케이프 전역에 걸쳐 상어에 관한 사나운 이야기들을 해줄 것이다.[13] 나는 그 얘기를 전적으로 의심하지는 않을 셈이다 – 어떻게 상어들이, 보트에 탄 사람을 물려고, 때때로 보트를 뒤집는지, 또는 조각조각 찢어 놓는지를 말이다. 나는 이 안류離岸流[14]를 어렵지 않게 믿을 수 있다. 그러나 12년 동안에 상어 한 마리면 길이가 100마일이나 되는 모래 해안의 명성을 유지시키기에 충분하다는 것을 의심치 않는다. 그렇지만, 나는 7월에 우리는 이곳의 모래언덕을, 길이가 6피트쯤 되는 아마 상어였을 물고기 한 마리와 4분의 1마일을 평행하여 나란히 걸었음을 덧붙이지 않을 수 없다. 그놈은 해변에서 2로드 이내에서 천천히 먹이를 찾아 배회하고 있었다. 그것은 창백한 갈색이었고, 마치 온 자연이 이 바다의 자식을 방조한 것처럼, 물속에서 특이하게 얇은 막처럼 흐릿했고, 물 표면에 이를 때마다 많은 가로지르는 검은 줄이나 고리무늬가 보였다. 심지어 같은 종種이라 하더라도 각각의 물고기들이 그들이 사는 물에 의해 채색된다는 것은 잘 알려져 있다. 우리는 그것이 우리가 방금 해수욕을 하고 있었던, 작은 코브[15]랄

---

[13] 참고로 스티븐 스필버그 감독의 대표작이며 출세작인 '죠스'(*Jaws*, 1975)가 케이프의 바로 아래에 위치한 섬인 마사스 비니어드(Martha's Vineyard)에서 촬영되었다는 점은 또한 흥미롭다.
[14] undertow: 해안에서 바다로 되돌아가는 물결.
[15] cove: 물이 육지로 들어온 작은 만.

까 해수욕장으로 들어갔다가, 그 당시에 그곳 물은 겨우 4~5피트 깊이였는데, 그곳을 탐색한 후에 천천히 밖으로 다시 나가는 것을 보았다. 그러나 우리는 그 코브를 선점한 놈이 없는지 모래언덕 위에서 먼저 관찰한 후에 다시 들어가 해수욕을 계속했다. 우리는 바닷물이 생기로 가득 차고, 만 쪽의 바다보다, 소다수처럼, 아마 더 공기가 들어있다고 생각했다. 왜냐하면 우리는 어린 연어처럼 특별한 기분이라, 상어를 마주칠지 모른다는 생각보다는 생기를 주는 바닷물의 특질을 너무나도 크게 느꼈기 때문이었다.

때때로 우리는 젖은 모래 해변에 앉아, 해변의 새들, 도요새들과 다른 새들이 파도가 칠 때마다 가까이 쉴 새 없이 총총거리며, 바다가 그들의 아침거리를 던져주기를 기다리는 모습을 바라보았다. 해변의 새들 (*Charadrius melodus*)은 매우 재빠르게 달렸다가 놀랍게도 꼿꼿이 붙어서 있어서 모래 해변과 거의 구별되지 않았다. 젖은 모래는 이리저리 뛰는 작은 바다벼룩들로 덮여 있었는데, 그것들은 분명히 그 새들의 먹이의 일부였다. 이 바다벼룩들은 모래 해변을 뒤지는 작은 청소부로 그 수가 어마어마해 떠밀려온 큰 물고기도 순식간에 먹어치울 것이다. 참새보다 크지 않은 한 작은 새는 - 그것은 깝작도요였을 것이다 - 파고가 5~6피트나 되는 소란스러운 물 위로 날아 앉아, 오리처럼 거기에서 떠다니곤 했다. 파도가 칠 때마다 그 본능이 파도가 깨지지 않을 것이라고 말해줄 때면, 흰 파도가 이는 거품위로 교묘하게 날개 짓을 하여 공중으로 2~3피트 떠오르며, 그것을 몇 초 동안 숨기는 상당히 큰 파도를 안전하게 뚫고 나갔다. 그것은 이렇게 대양과 장난을 치는 작은 생물이었다. 그러나 파도가 파도의 방식대로 하듯이, 그것도 그 나름대로는 완벽한 성공이었다. 또한 케이프의 전 해안에 걸쳐서 몇 로드 떨어져 있는 파도를 따라 솟아올랐다가 내려앉는 거의 단절되지 않는 검둥오리의 줄이 있었다. 수련의 잎이나 강꼬치풀이 호수의 경계의 일부를 이루는 것처럼, 그것들은 대양의 경계의 일부를 변함없이 만들었다. 우리는 만에서뿐만이 아니라 바깥쪽에서도 본 바다제비(*Thalassidroma Wilsonii*)에 대하여 다음과 같은 내용을 읽었다. "바다제비의 가슴 깃털은, 모든 수영하는 새들의 깃털과 같이, 방수이다. 그러나 물에 젖지 않는 물질이, 그 이유 때문에, 수면에서 기름을 모으는 데 적합하다. 그러한 기능은 표면을 건드릴 때 바다제비의 가슴 깃털에 의해 수행된다. 그리고 비록 그것이 그들이 먹이를 획득하는 유일한 방법은 아닐지언정, 그들이 먹이의 상당 부분을 얻는 것은 분명하다. 그 새들은 깃털에 기름을 채울 때까지 잇달아 돌진하고 그런 다음 파도 위에서 멈추어 쉬고 그들의 부리로 기름을 제거한다."

이와 같이 우리는 부드럽게 곡선을 이루는 해안을 따라 – 우리의 오른쪽 편으로는 국가들의 고속도로[16]가 있고, 왼쪽으로는 케이프의 모래절벽이 있는, 도중에 아무도 나타나지 않는 이 대양의 보도를 따라서, 한번에 2~3마일 앞을 보면서, 계속 나아갔다. 우리는 오전에, 아마도 프랭클린호였을, 한 난파된 선박의 일부를 보았다. 아직도 페인트칠이 선명한 15평방피트의 큰 잔해였다. 갈고리와 줄로 우리는 그것을 끄집어낼 수 있었을 것이다. 파도들이 반복해서 갈고리를 던질 수 있는 거리에 그것을 밀어놓았다가, 종종 도로 앗아갔다. 어떤 가난한 레커에게는 운이 좋

---

[16] 대서양의 국제무역 해상 이동 통로를 가리킨다.

은 장물이었을 것이다. 그 난파된 선박의 일부분을 3에서 4달러를 주고 산 한 남자는 거기에서 나온 50에서 60달러 상당의 철을 팔았다는 얘기를 내가 들었기 때문이다. 기억에 남을 만한 편지가 들어있는 선장의 가방을 주웠다는 또 다른 사람은 나에게 자기 채소밭에서 자라고 있는 많은 복숭아와 자두나무들을 보여주었는데 그것들은 그 배로부터 해안에 쓸려온 것들로 모두 예쁘게 묶어져 있고 이름표가 붙어있었다. 그리고 그는 내게 벨Bell 아무개 씨가 보스턴 근처에 세울 종묘장의 씨를 수입할 예정이기 때문에 500달러 상당액을 받을 것이라고 내게 말했다. 그의 무 씨앗도 같은 원천에서 나왔다. 또한 같은 선박에서 나온 값나가는 마스트에 쓰는 튼튼한 둥근 재목들과 칵투스Cactus호에서 나온 것들이 그의 마당에 놓여있었다. 간단히 말해서, 주민들은 그들이 잡은 것을 보려고, 어부가 물고기를 잡는 어살을 가보거나 벌목꾼이 방책을 보러 가듯이, 해변을 규칙적으로 방문한다. 케이프는 그들의 방책이다. 나는 최근에 상태가 좋은 사과를 20배럴이나 주운 사람의 얘기를 전해 들었다. 아마도 폭풍으로 갑판에 실은 일부가 떨어졌을 것이다.

비록 팔려고 광고해야 할 가치가 있는 물품들을 보살피라고 임명된 마스터 레커들이 있을지라도, 그래도 의심할 바 없이 가치 있는 상당량은 은밀하게 실려 나간다. 그러나 우리 모두는 우리의 해변에 어떤 보물이 쓸려올지 모른다고 생각하고 그것을 확보하길 궁리하는 레커가 아닌가? 그리고 우리는 생계를 얻는 공통의 방식들로부터, 이들 노셋과 바니갓 레커들의 습성을 추론하지는 못하는가?

말 그대로 광대한 야생의 바다는 이처럼 인간의 손으로 만든 폐품들과 조난물품들을 멀리 있는 해안까지 실어 나른다. 바다가 무엇을 토해

내지 않을지에 대해서는 알 길이 없다. 바다는 어느 것도, 바닥에 붙어있는 자이언트 조개조차도, 누워있게 놓아두지 않는다. 그것은 아직도 프랭클린호의 아마포목 다발들을 밀쳐 올리고 있고, 난파된 지 100년도 더 된 어떤 낡은 해적선의 조각이 오늘날 해안에 밀려온다. 육두구肉荳蔲[17]의 종자를 화물로 실은 선박이 이곳에서 난파당한 지 몇 년 후에 그것들은 온통 해변을 따라 흩어져 있었는데, 상당 기간 염수로 상하지 않았다. 곧 그 뒤에 어부가 그것으로 가득 차 있는 대구를 잡았다. 아, 그렇다면, 향료 섬Spice-Island 사람들이 그것을 필요로 하는 모든 나라들이 주워갈 수 있게, 그들의 육두구 나무를 바다에 대고 흔들었을 수도 있지 않았을까? 그렇지만, 일 년 후에 나는 프랭클린 호에서 나온 육두구가 말랑말랑해진 것을 발견했다.

물고기들이 삼킨 진기한 품목의 목록을 만들 수도 있을 것이다. - 펼쳐져있는 선원의 접는 칼, 그곳에 무엇이 들어있는지 모르는 빛나는 주석으로 만든 코 담뱃갑, - 그리고 물주전자, 보석들, 그리고 요나[18]. 전날 나는 신문에서 다음과 같은 스크랩을 마주쳤다.

"한 마리의 종교적인 물고기 - 얼마 전에 나를 초대한 덴톤 호텔의 주인 스튜어트 씨가 60파운드쯤 되는 쏨뱅이를 구매했다. 배를 갈라보니

---

[17] 인도네시아의 향료 섬인 몰로카 제도 원산의 상록수 열매. 도토리 같은 열매를 갈아서 향료를 만든다.
[18] Jonah: 니네베 사람들에게 가서 가르침을 전하라는 신의 부름을 어겼다가 큰 물고기에 삼켜지고 토해진 뒤에 나와서 결국 사명을 수행했다는 이스라엘의 선지자.

감리교 교회의 신도회원증이 있는 것을 발견했다. 그것은 다음과 같이 쓰여 있다. -

신도
E. 감리교회
1784년 창립
계절 회원증　　18
목사.

'우리의 가벼운 고통은, 그것은 잠시 동안이지만, 우리에게 훨씬 더 넘치고 영원한 영광의 무게로 작용하는 도다.' - 고린도 후서 제4장 17절

'오 여기 모든 나의 고통은 무엇입니까?
만약에, 주여,
당신의 발아래 경배하고
나타날 저 황홀한 주인과 만나는
나를 당신이 믿으신다면'

"그 종이는 물론 구겨지고 젖어있었다. 그러나 햇빛에 말리고 꼬인 곳을 다림질하니 그것은 꽤 읽어볼 수 있었다. -『덴톤(Md.) 저널』."

때때로 우리는 난파선에서 떨어져 나온 상자나 통을 직접 끌어냈다. 모서리로 고정시켜 십자로 묶은 나뭇가지를 사용해, 레커 형제들에게 건들지 말라고 표시해두었다. 아마도 그것은 해변에 누워있을 테지만, 결국은 어떤 더욱 심한 폭풍이 데려갈 것이고, 사실 다시 떠밀려오기 전까지는 인간에겐 상실이나 다름없을 것이다. 우리는 또한 발만 적시고

들어가서도 바다가 갖고 놀고 있던, 예인망의 일부분인 값나가는 줄과 부표를 건져 올렸다. 왜냐하면 매우 위대한 인물이 당신에게 하사한 최소한의 선물을 마다하는 것은 온당치 않아 보였기 때문이다. 우리는 이것을 집으로 가져왔고 채소밭의 경계 줄을 치는 데 사용하고 있다. 나는 젖은 모래 속에 반쯤 묻힌 병 하나를 주웠는데, 따개비가 잔뜩 붙어 있었으나, 뚜껑은 단단히 닫혀있었고 붉은 맥주가 반쯤 담겨 있었는데 아직도 향나무 냄새가 배어있었다. 난파라는 난폭한 세계로부터 각각의 특성을 간직하고 남아있는 모든 것이 한편으로는 거대한 소금바다이며, 다른 한편으로는 이 맥주라는 작은 바다라고 나는 상상했다. 헤아릴 수 없이 많은 대양의 파도에 시달린 모험을 그것이 우리에게 말해줄 수 있다면 어떻게 될 것인가? 그것이 지나온 것과 같은 그러한 고난을 인간이 겪는다면 인간은 더 이상 인간이 아닐 텐데 말이다. 그러나 내가 천천히 그것을 모래 위에 쏟아붓고 있을 때, 인간 자신이란 반쯤 비워진 창백한 맥주병과 같은 존재로 내게 보였다. 그것은 '시간'이 이제껏 들이마신 후, 잠시 동안 마개를 닫아놓아, 온갖 상황의 대양에서 정처 없이 떠다니다가, 머지않아 주위의 파도들에 휩쓸려버리거나, 어떤 머나먼 해변의 모래 가운데에 쏟아져버릴 운명이었다.

여름에 나는 두 남자가 근처에서 배스를 낚시하는 것을 보았다. 그들의 미끼는 오징어가 부족했기 때문에, 황소개구리 한 마리 아니면 다발로 된 몇 마리의 조그만 개구리였다. 그들은 물러가는 파도를 따라가며 낚싯줄을 그들의 머리 위로 둥글게 휘감으며 점점 재빠르게 가능한 한 가장 멀리 바닷속으로 던졌다. 그런 다음 뒤로 물러나 모래위에 퍼져 앉아서 미끼를 물기를 기다렸다. 그것은 글자 그대로 (혹은 **리토럴리**)[19]

해변에 걸어 내려와서, 대서양에다 낚싯줄을 던지는 것이었다. 나는 다른 쪽 끝에 무엇이 매달릴지를, 프로테우스[20]인지 누구인지를 몰랐을 터였다. 어쨌든 당신이 그를 끌어당기지 않는다면, 네 스스로 끌어당겨짐이 없이 그를 가게 놔두는 것이리라. 그리고 그 사람들은 그것이 줄무늬 있는 배스 아니면 아마도 대구일 것이라고 경험으로 알았다. 이런 물고기들은 해안 가까이를 따라 놀기 때문이다.

때때로 우리는 제멋대로 자란 비치그라스가 덮인 둑 위의 모래 언덕에서 바람을 등지고 앉아서 바다를 응시하거나 만의 더없는 축복인 남쪽으로 가는 선박들을 바라보았다. 우리는 뒤에 있는 만의 어렴풋한 모습 이외에도 반원보다 조금 더 큰 대양의 모습을 볼 수 있었다. 뒤쪽의 바다는 모든 점에서 사납지도 황량하지도 않았다. 대서양상에는 한 번에 100개의 돛이 시야에 빈번히 들어왔기 때문이다. 날씨 좋은 여름날엔 80개는 보통 셀 수 있다. 그리고 수로 안내인들이 상륙해서 둑에 올라 자기들을 필요로 하는 사람들을 찾아 나선다. 이들은 바람이 부는 좋은 날씨를 기다리고 있었고, 모두가 보스턴 항구에서 나와 있던 사람들이었다. 그들이 비니어드 해협에서 모였을 때도 마찬가지 경우였다. 그래서 어느 날은 불과 몇 사람밖에 못 보다가도 다음 날은 커다란 떼를 볼 수가 있다. 많은 삼각돛과 긴 지삭支索 돛을 가진 종범선들이 모든 바닷길에 법석인다. 매우 큰 높이와 넓이의 캔버스를 가진 가로돛을 단 선박들이

---

19 '글자그대로'를 뜻하는 literally와 '해안가로'를 뜻하는 littorally라는 말의 pun을 조금 어색하게 사용하고 있다.
20 Proteus: 그리스 신화속의 자유자재로 변하는 모습과 예언의 능력을 가진 해신 海神.

저 멀리 수평선으로부터 이따금 나타났다가는 사라지면서 수평선으로 가라앉고 있었다. 이곳저곳에서 수로 안내선이 방금 포를 발사한 멀리 떨어진 외국 선박을 향해 그 작은 보트를 후방에서 끌고 가고 있었다. 그 포의 소리는 해안을 따라 마치 둑의 동굴이 함몰되는 것 같이 울렸다. 우리는 수로 안내인이 망원경으로, 그와 말하려고 돛을 내린 먼 선박을 살펴보는 것을 볼 수 있었다. 그는 여러 마일을 그 선박과 만나려고 항해한다. 그리고 이제 그 선박은 돛을 되돌려놓고 그와 나란히 의사소통을 하며, 선박소유자들에게 어떤 중요한 메시지를 보낸다. 그런 다음, 이 해안들에 영원히 작별을 고한다. 아니면, 어쩌면, 한 프로펠러 추진 증기선이 지나가며 과일화물이 손상될지 모르는 고장이 난 선박, 아니면 먹통이 된 선박에 빨리 다가갔다. 비록 조용하게 그리고 대부분 서로 주고 받는 말이 없이 그들은 일을 처리했지만, 그들은, 틀림없이, 서로가 신나는 일의 원천이며 일종의 사회였다.

오늘은, 내가 전에 수용하지 않았었던 별칭인, '자줏빛 바다'였다. 뭉개진 꽃이 달린 자줏빛 포도색깔로 된 구분되는 지점들이 있었다. 그러나 시종일관 바다는 온갖 색깔들로 점철되어 있다. "조용한 대양의 표면에서 끊임없이 희롱하는 찬란한 색조들"에 관해 길핀[21]은 제대로 쓰고 있다. 그리고 이것은 해안에서 멀리 보면 지나치게 혼란스런 것도 아니었다. "산꼭대기를 종종 감싸고 있는 저 반짝이는 색상들은 확실히 고도

---

21 William Gilpin(1724~1804): 영국의 예술가로 국교도 목사, 교장, 작가. 그는 "그림같이 아름다운(picturesque)"이라는 개념을 창안해낸 사람의 하나로 가장 잘 알려져 있고, 나무는 "지상에 존재하는 모든 작품 중에서 가장 위대하고 아름다운 존재"라고 했다.

로 아름답다. 그러나 그것들은, 서로가 종종 몇 리그의 공간에 펼쳐진, 무지개의 모든 생생한 화려함으로 끊임없이 다양하고 변화하는 바다의 색깔들에 비하면 반짝이는 빛에 불과하다"고 그는 말하고 있다. 보통은 날씨가 조용할 때, 바닥을 물들이는 엷은 색깔을 띠는, 해안에서 반 마일에 걸쳐, 바다는, 몇몇 호수가 그렇듯이, 녹색이거나 녹색 비슷하다. 그 다음엔 여러 마일에 걸쳐 청색인데, 종종 자줏빛을 띤다. 멀리는 거의 은빛 줄무늬 빛으로 보이고, 그 너머로는 일반적으로, 지평선의 산맥 같은, 마치 그것처럼, 간섭하는 대기에 색깔을 의존하듯이, 어두운 청색 테두리가 있다. 어느 다른 날에는 그것은 긴 빛줄기로 표시될 것이고, 바람이 어느 쪽으로 불었는지를 보여주며, 번갈아 매끄럽다가 주름지고, 심지어 호우로 인해 물이 불어날 때에 우리의 내륙의 풀밭처럼, 밝다가도 어두운 색깔이 된다.

이렇게 해서, 우리는 거품이 이는 해안에서 포도주 빛 대양을 바라보며 앉았다. -

$$Θίν' ἔφ' ἁλὸς πολιῆς, ὁρόων ἐπὶ οἴνοπα ποντον.$$ [22]

여기저기 바다의 표면에는, 하늘이 매우 맑았기 때문에, 그렇지 않았으면 구름이 있다는 것을 인지하지 못했겠지만, 구름의 그림자로 더욱 어두운 지점이 있었다. 그런데 한 번에 훨씬 작은 표면이 보이는 육지에

---

22 『일리아스』 제1권 350행. "그는 회백색 바다 기슭에 홀로 앉아 끝없는 바다를 바라보며."

서는 어떤 그림자도 보이지 않았을 것이다. 그래서 자기가 있는 곳에 반드시 비가 올 것 같지 않는 날에도 일과 중의 선원에게는 먼 구름들과 소낙비들이 사방에서 보일지도 모른다. 7월에 우리는 청어 떼가 수면에 주름을 일으키는 암청색 지역들을 보았는데 구름의 그림자와 거의 구별되지 않았다. 때로는 바다가 멀리 넓게 청어 떼로 얼룩져 있었는데, 그러한 것이 바다의 무진장한 풍요이다. 가까이 다가가보면 그들의 등지느러미가 보이는데, 그것은 매우 길고 날카로워 물위로 2~3인치를 내밀고 있다. 때때로 또한 우리는 해안을 따라 노니는 배스의 흰 복부를 보았다.

반쯤 전설적인 항구들을 향해 나아가고 있는 멀리 떨어진 이들 돛배들을 바라보는 것은 시적인 오락이었다. 바로 그 항구들의 이름은 우리 귀에는 신비한 음악이었다. 파얄과 베이블 맨델, 그리고 또 샤그리스, 그리고 파나마 - 샌 프랜시스코의 유명한 만과 새크라멘토와 샌 조우퀸의 황금빛 강물들을 향해가고, 피더 강과 아메리칸 포크로 가고 있는데, 거기에는 서터 요새가 자리 잡고 있고, 내륙에는 로스 앙헬레스시[23]가 서 있는데. 사람들이 더 많은 기대를 품고 바다를 항해하지 않는 것이 놀랍다. 기억에 남을 만한 것은 어느 것도 평범한 마음의 상태에서 달성된 적이 없다. 영웅들과 발견자들은, 그들이 동시대 사람들이 꿈꾸는 것보다 더 많은 어떤 것을 기대하고 꿈꾸고 있을 때만이, 아니면, 즉, 그들이 진리를 바라보기에 적합한 마음 자세에 있을 때에, 이전에 믿었던 것보다 더 진실한 것을 그들 스스로 발견해냈다. 세상의 표준에 비춰보았을 때, 그들은 항상 제정신이 아니다. 심지어 야만인들조차도 넌지시

---

[23] City de los Angeles: 천사의 도시(로스앤젤레스).

그렇게 많이 추측했다. 험볼트[24]는 신세계에 다다르는 콜럼버스에 대해 말하고 있다. "저녁 공기의 고마운 선선함, 별이 빛나는 창공의 천상의 순수함, 꽃향기의 내음이 그에게 육지의 미풍에 실려 가볍게 날라왔다. 이 모두가 그로 하여금 (『데카데스』Decades에서 에레라[25]가 말해주는 대로) 그가 우리들의 최초 조상의 성스러운 거주지인 에덴동산을 다가가고 있다는 생각을 하게 했다. 오리노코는 그에게 고대세계의 존경스런 전통에 의하면 낙원에서 흘러, 새롭게 식물들로 장식된 대지의 표면에 물을 주고 나누어 놓았다는 네 개의 강 중 하나로 보였다." 그리하여 엘 도라도[26]와 청춘의 샘[27]을 발견하려는 탐험대조차도, 보상적인 것은 아닐지언정, 사실적인 발견을 하게 되었다.

　매우 멀리 떨어져있는 선박들이 우리 눈에 들어왔다. 일단 우리가 바라보기 시작했을 때, 수평선에는 그 선박들의 돛대 꼭대기만 보였다. 그리고 그것들을 전부 보려면 눈에, 그것도 잘 보이는 쪽으로, 강한 힘을

---

[24]　Alexander Humbolt(1769~1857): 녹일의 자연과학사, 시리학사, 팀염가. 그는 독일의 철학자이며 언어학자인 빌헬름 폰 험볼트(1767~1835)의 동생이다. 험볼트의 생물학적 지리에 관한 방대한 연구는 생물지리학의 토대를 마련했다.

[25]　Antonio de Herrera y Tordesillas(1559~1625): 스페인의 역사가. 그의 책 『서인도로 알려진 육지와 섬들에서의 스페인인들의 행적사』는, 스페인어로 '수 십 년'을 뜻하는 Décadas [Decades]로 더 잘 알려져 있으며, 아메리카정복에 관한 가장 훌륭한 문서의 하나로 간주된다.

[26]　El Dorado: 남미 콜롬비아의 신비적인 원주민 부족장(zipa)을 스페인 제국사람들이 부르는데 사용한 "금을 바른 인간", "금으로 된 왕"이란 뜻의 스페인어에서 유래된 말로, 사람에서 장소로 전설이 변화되어 보물의 도시, 황금의 나라로 확대되었다.

[27]　Fountain of Youth: 그 물을 마시거나 그 물로 목욕을 하면 누구든지 젊음을 회복할 수 있다고 여겨지는 샘물.

주어야 했고, 때로는 우리가 눈썹을 세고 있는 것은 아닌지 하는 생각이 들기도 했다. 찰스 다윈은 안데스의 기지로부터 "비록 지리적으로 26마일 정도나 떨어져 있었지만, 발파라이소 만에 정박 중인 선박들의 돛대를" 보았으며, 안슨[28]은, 그 이유가, 즉 육지의 매우 높은 고도와 투명한 공기라는 것을 모르고, 선박들이 발견된 해안과의 거리를 보고 놀라워했었다고 기술하고 있다. 증기선들은 돛을 단 선박들보다 더욱 멀리서 감지할 수 있다. 왜냐하면, 어느 누가 얘기하듯이, 나무와 철로 된 그 배들의 선체들과 돛대들이 내려지면, 그 배들의 연기 나는 돛대와 내품는 연기의 흐름들이 여전히 그들을 보여주기 때문이다. 그리고 같은 저자는, 전함증기선을 위한 역청탄과 무연탄의 비교적인 이점에 대해 말하면서, "수평선 위로 올라가는 연기의 기둥들로부터 [프랑스 해안의] 칼레[29] 항구의 증기선들의 움직임들이 [영국해안의] 램즈게이트[30]에서, 바다에서 불을 처음 켜고 끄는 것에 이르기까지, 언제나 관찰될 수 있다. 그리고 미국에서 역청탄을 때는 증기선들은 굴뚝에서 품어져 나와 수평선을 따라 길게 움직이는 검은 연기의 짙은 기둥들로 인하여 선체가 보이기 시작하기 적어도 70마일 전에 추적될 수 있다"고 기술하고 있다.

사방의 수평선에 이렇게 굉장히 먼 거리에 수많은 선박들이 있음에도, 그 배들 사이의 광대한 공간들은, 별들 사이의 공간처럼, 우리에게서 멀리 떨어진 거리만큼이나 배들 사이도 멀었다. 아니, 어떤 배들은 우리에

---

[28] George Anson(1679~1762): 영국의 해군제독.
[29] Calais: 도버해협에 면한 프랑스의 항구로 잉글랜드에 가장 가까움.
[30] Ramsgate: 영국 잉글랜드 남동부 켄트 주의 항구 도시이며 휴양지.

게서 떨어진 것보다 두 배나 서로 멀리 떨어져 있었는데, 우리에게 대양의 거대함이라는 의식을, "열매를 맺지 않는 바다"라고, 그것이 불려 왔듯이, 각인시켜주었다. 그리고 우리는 인간과 인간의 업적들이 지구에 어느 정도 비율을 차지하는지를 볼 수 있었다. 우리가 멀리 내다보고 있을 때, 바닷물은 점점 더 어두워졌고, 우리가 더 멀리 보면 볼수록 바닷물은, 생각하기가 두려울 정도까지, 점점 더 깊어지는 것을 보았다. 그리고 해안으로든 해저바닥으로든 그것은 다정한 육지와는 아무 관련이 없는 것으로 나타나보였다. - 밑바닥이 보이지 않는다면, 그것이 표면에서 2~3마일 아래 있다면, 그리고 바닥에 도달하기 훨씬 오래전에 빠져 죽을 것이라고 한다면, 그것이 비록 고향땅과 같은 물질로 되어 있다 한들 그것이 무슨 소용이 있겠는가? 대양에서는, 베다[31]에 쓰여 있는 대로, "거기에는 도움을 줄 아무것도, 의지할 아무것도, 매달릴 아무것도 없다." 나는 내가 육지 동물임을 느꼈다. 열기구 풍선 안에 있는 사람조차도 보통 잠깐이면 지상에서 떠오를 수 있다. 그러나 선원들의 유일한 희망은 먼 해인에 닿을지도 모른다는 것이다. 나는 그래서 옛날의 항해사인 험프리 길버트 경[32]의 영웅주의를 정당하게 평가할 수 있다. 1583

---

[31] the Veda: 베다는 '지식'이라는 뜻의 산스크리트어에서 나온 말이며, 초기 산스크리트어로 쓰여진 힌두교의 성스런 경전 대부분을 일컫는다. 전통적으로 리그베다(Rig - Veda), 사마베다(Sama - Veda), 아타르바베다(Atharva - Veda), 야주르베다(Yajur - Veda)의 4권이 있으며, 삼하타스(the Samhitas), 브라흐마나스 (the Brahmanas), 아라냐야카스(the Aranyakas), 그리고 우파니샤드(the Upanishads)로 구성된다고 믿는다.

[32] Sir Humphrey Gilbert(1539~1583): 영국의 탐험가, 의회의원, 군인으로 북아메리카와 아일랜드에 있는 영국식민지의 개척자.

년에 그가 아메리카에서 귀환할 때 우리가 있던 곳에서 북동쪽으로 멀리서 폭풍이 몰아닥쳤는데, 그는 손에 책을 들고 고물 쪽에 앉아서 심해로 빨려 들어가기 바로 직전, 후미에 있는 그의 동료들이 가청 거리 안에 왔을 때, 다음과 같이 소리쳤다는 얘기가 있다. "우리는 육로와 마찬가지로 해로로 천국에 가까이 왔도다." 나는 그것을 깨닫는 것이 쉽지 않았을 것이라고 보았다.

케이프코드에 관하여, 사람들이 다음번으로 듣는 가장 동쪽에 있는 땅은 성 조지 뱅크[33]이다. (어부들은 그들이 자주 다니는 "조지스Georges"와 "캐슈스Cashus" 그리고 다른 가라앉은 땅에 대해 말한다.) 모든 케이프의 남자들은 한때 섬이었던 조지 뱅크에 대해 일가견을 가지고 있다. 그리고 설명을 하다가 그들은 깊이가 얕다고 6, 5, 4, 2 패덤으로 점차로 줄여가다, 그곳의 마른 땅 한 조각 위에서 고등어 갈매기 한 마리를 본 적이 있다는 누군가의 자신 있는 주장까지 나아간다. 거기에서 발생한 조난사고들을 생각해볼 때, 뉴잉글랜드의 옛날 지도에 나오는 이 해안에서 떨어져 있는 데몬섬Isle of Demon을 떠올리게 했다. 내 생각에, 해안으로부터 천 마일이나 떨어진 어떤 해저의 퇴堆 위로 걸쳐있는, 표면 가까이에 보다는 깊이 가라앉는 것이 더 좋은, 익사한 사람의 시체처럼, 온통 창백한 코에서 거품을 내뿜는, 익사한 대륙인, 바다바닥의 모습에는, 바닥이 없다고 상상한 것보다 더 무서운, 무언가 괴물 같은 것이 있음에 틀림없다.

---

[33] St. George's Bank: 케이프코드와 캐나다의 노바스코샤 반도의 케이프 세이블 사이에 자리 잡고 있는 해저의 융기된 지역.

나는 한 증기선을 타고 가다 매사추세츠만 자체의 얕음을 보고 놀란 적이 있다. 빌링스게이트 포인트에서 벗어나 나는 막대기로 바닥을 건드려볼 수가 있었다. 그리고 나는 그것이 해안에서 5~6마일에서 해초로 다양하게 그늘진 모습을 담담하게 바라보았다. 이것이 "케이프의 물이 얕은 사주砂洲 마당"이라는 것은 사실이다. 그러나 다른 곳에서는 만이 시골의 호수보다 훨씬 더 깊지는 않다. 셰익스피어 클리프[34]와 프랑스의 케이프 그리네[35] 사이의 영국해협에서 제일 깊은 바다는 180피트라고 들었다. 그리고 귀요[36]는 "발틱해는 독일 해안과 스웨덴 사이는 겨우 120피트 깊이밖에 안 된다." 그리고 "베니스와 트리에스테 사이의 아드리아 바다는 깊이가 고작 130피트이다"라고 말하고 있다. 우리 고향의 한 호수[37]는, 반 마일 길이밖에 안 되지만, 100피트 이상으로 깊다.

대양은 커다란 호수일 뿐이다. 한여름에는 폭이 3~4로드에 수 마일 길이로, 마치 표면이 얕은 유막으로 덮여있는 듯한, 시골의 호수에서와 꼭 같은, 바다 위에 유리처럼 매끈한 줄무늬를 때때로 볼 수 있다. (그것이 수면 아래 조류潮流가 물결치지 않고 꾸준히 흐른다는 것을 표시하지 않는다고 하면) 두 종류의 대기가 만나거나 나누어지는 곳에서의 일종의 정지 상태라고 말할 수 있을 것이다. 왜냐하면 선원들은 대양과 육지의 미풍이 선박의 앞 돛과 고물의 돛 사이에서 만남에 대해 말하고 있기 때문이다. 고물의 돛이 완전히 펼쳐져 있는 동안, 앞 돛은 갑자기 뒤로

---

34 영국의 켄트주에 있는 도버해협에 면한 절벽.
35 Grinez: 프랑스 북부 도버해협에 돌출한 곳.
36 Arnold Henry Guyot(1807~1884): 스위스 태생의 미국의 지리학자.
37 월든 호수.

바뀐다. 다니엘 웹스터[38]는 마사스 비니어드 근해에서 청새치 낚시를 기술하는 그의 편지의 하나에서, 어부들과 선원들이 "유막油幕"이라고 부르는 이러한 매끈한 장소들에 대해 언급하면서, "우리는 그것들을 어제 만났다. 그리고 우리의 뱃사공은 그것들을 발견할 때는 언제나 그것들로 향했다. 그는 그것이 먹이를 썰어먹는 청새치에 의해 야기된다고 말했다. 즉, 이들 게걸스러운 녀석들이 너무 커서 전체를 삼키기가 어려운 청어 무리로 들어가서, 먹이를 먹기 좋도록 조각조각 깨물어 논다는 것이다. 그리고 이러한 살육으로부터 나온 기름이 표면으로 올라와 '유막'을 만든다."

그렇지만 배와 상업을 위한 장소이며 도시의 항구와 같이 유순한 이 평온한 대양은 조만간 갑작스러운 격렬함으로 휘몰아칠 것이다. 그리고 모든 동굴과 절벽은 소란스러운 소리가 울려 퍼질 것이다. 그것은 인정사정없이 이 선박들을 이리저리로 밀어올리고 모래나 돌로 된 턱으로 깨트릴 것이고 그 승무원들을 바다괴물에게 배달할 것이다. 그들을 해초처럼 갖고 놀고, 죽은 개구리처럼 부풀게 할 것이고, 아래로 갔다 위로 갔다 하며 날라다가 물고기들에게 보여주고 물어뜯게 내줄 것이다. 이렇게 온화한 대양이 누더기가 된 인간의 신체를 엄청나게 큰 미친 황소들처럼 이리저리 던져 찢을 것이고, 그의 친척들이 몇 주 동안 해변을 따라 유물을 찾는 모습이 보일 것이다. 조용한 내륙의 시골촌락에서 온 그들은 들어보지도 못한 해안으로 울면서 달려왔다. 그리고 지금 그들은 한

---

[38] Daniel Webster(1782~1852): 뉴햄프셔주와 매사추세츠주를 대표하던 미국 연방의회 의원, 정치가.

선원이 최근 모래언덕들 사이에 매장되었던 곳에서 망연히 서 있다.

바다와 오랫동안 잘 알고 지내왔던 사람들은, 평온한 상태에서 폭풍으로 바뀔 때 나는 요란한 소리와 바다새들의 지저귀는 소리들과 같은 어떤 징후에 의해 앞일을 예견할 수 있다고 일반적으로 추측되고 있다. 그러나 우리가 꿈꾸는 바와 같은 그러한 노 수부老水夫[39]는 아마 존재하지 않을 것이다. 그들은 더 나이 많은 선원들이 이러한 우리 모두가 출항한 인생이라는 항해에 대해 아는 것보다, 적어도, 더 알지 못한다. 그럼에도 불구하고 우리는 과학을 전혀 무시하고 또 과학에 의해서 무시되는, 나이든 선원들의 말과 자연현상에 관한 그들의 설명을 듣고 싶어 한다. 그리고 그들은 그렇게 오랫동안 헛되이 거널 뱃전[40]을 항상 살펴보지는 않았음직하다. 캄[41]은 필라델피아에서 자기에게 이들 바다와 정통한 한 노인과 함께 작은 요트를 타고 어느 날 서인도제도를 항해하던 어느 코크Cock씨가 말해준 이야기를 되풀이한다. "수심을 측정하던 노인이 항해사를 불러, 24시간 안에 강력한 허리케인이 있을 것이기 때문에, 가능한 한 빨리, 그들이 앞에 있는 섬에 다다를 수 있도록, 쿠크씨에게 보트들을

---

[39] ancient mariner: 새뮤얼 테일러 콜리지(Samuel Taylor Coleridge, 1772~1834)의 시 "노수부의 노래(A Rime of Ancient Mariner)"에 나오는 앞일을 예측한 나이 많은 선원에 빗댄 듯하다. 새뮤얼 콜리지는 윌리엄 워즈워드와 함께 영국의 낭만주의 문학운동을 일으킨 시인이며 비평가, 철학자로 그의 사상은 에머슨과 미국 초월주의에 큰 영향을 주었다.

[40] gunwale: 현측舷側의 꼭대기와 갑판이 접하는 부분.

[41] Per[Peher] Kalm(1716~1779): 스웨덴의 탐험가, 식물학자, 박물학자, 농업경제학자. 1746년 북아메리카를 두루 여행하고 1770년 쓴 책이 20세기에 영어로 번역되어 『피터 캄의 북아메리카 여행기』(Peter Kalm's Travels in North America: The English Version of 1770)(1937)로 출판됨.

즉시 출항시키고, 바람이 불지 않으니 요트를 끌어낼 수 있도록 충분한 사람들을 그 보트들에 투입하라고 전하게 했다. 코크씨는 그에게 어떤 이유로 그렇게 생각해야 하느냐고 묻자, 그 노인은 수심측량을 할 때 전에 그가 본 것보다 더 여러 패덤fathom의 거리에서 물속의 측연測鉛[42]을 보았으며, 그래서 물이 갑자기 맑아진 것은 바다에 허리케인이 임박했다는 확실한 징조로 그는 보고 있다는 대답을 했다." 이 이야기의 속편은, 운이 좋았고 또 노 젓기 덕택에 허리케인이 고조에 이르기 전에 항구에 피난할 수 있었다는 것이다. 그러나 허리케인은 마침내 너무나 강력하게 불어 닥쳐 많은 배가 유실되었을 뿐 아니라 집들은 지붕이 날아갔다. 그러나 항구에 있던 그들 자신의 선박조차도 해안으로 멀리 쓸려 올라와 몇 주가 지나서야 그것을 물에 띄울 수가 있었다.

그리스인들은 대양이 비록 밀을 생산하지 않는다고 할지라도, 그들이 대양을 현대과학의 입장에서 보았다면, $ἀτρύγετος$[43], 즉 '열매를 맺지 않는' 것이라고 부르지는 않았을 것이다. 왜냐하면 오늘날의 박물학자들은, 식물계에 대해서는 아닐지라도, "육지가 아닌, 바다가 생명의 주된 보금자리"라고 주장하기 때문이다. 다윈은 "우리의 가장 무성하게 우거진 삼림들도 대양의 같은 지역과 비교해볼 때, 거의 사막으로 보인다."고 인정했다. 아가시즈[44]와 고올드는 "바다는, 개화 식물의 극한을 훌쩍

---

[42] lead: 수심을 재는 납추.
[43] unfruitful.
[44] Louis Agassiz(1807~73): 스위스 태생의 미국 박물학자이며 교육자로 1843년부터 1873년까지 하버드대학교수로 재직했다. 소로는 그와 여러 해 동안 동식물 표본을 수집해 보내며 교류했다.

넘어서는, 거의 모든 계층의 동물들로 우글거린다."고 우리에게 말하고 있다. 그러나 그들은 "매우 깊은 바다에서 준설한 실험들은 대양의 심연이 거의 사막임을 또한 우리에게 가르쳐주었다"고 덧붙인다. "그래서 현대의 탐사는," 데소[45]의 말을 인용하면, "고대의 시인들과 철학자들이 어렴풋하게 예견했던, 대양이 모든 사물의 기원이라는, 위대한 사상을 단순히 확인시켜줄 뿐이다." 그렇지만 해양 동물과 식물들은 존재의 척도에서 육지 동물들과 식물들보다 낮은 지위를 갖고 있다. 데소는 "동물이, 육지에서 낮은 단계를 생활한 다음에, 완전한 상태로 수생동물이 되는 경우는 알려진 것이 없다."고 말한다. 그러나 올챙이의 경우에 있어서처럼, "진보는 불가피하게 마른 땅을 향하여 가리킨다." 간단히 말하면, 마른 땅은, 하늘을 향해가는 도중, 물을 통과하여 물 밖으로 나온 것이다. 왜냐하면, "지질학적인 시대를 거슬러 올라가보면, 우리는, 온갖 현상에 따라, 마른 땅이 존재하지 않았던 시기와 지구의 표면이 온통 물로 덮여있던 시기에 이르게 된다." 그래서 우리는 $\dot{\alpha}\tau\rho\acute{u}\gamma\varepsilon\tau o\varsigma$, 즉 '열매를 맺지 않는' 것으로서가 아니라, "대류들이 실험실"이라고 더우 사실적으로 불려온 것으로서, 다시 한번 더 바다를 바라보았다.

비록 우리가 최근 어느 정도 조용한 사색에 몰두했을지라도, 파도가 몰아치는 요란한 소리가 끊임없이 있었음을 독자들은 잊지 말아야 한다. 진실로, 독자가 큰 소라의 껍데기를 귀에 대고 읽는다면 좋을 것이다. 그러나 오늘은 매우 춥고 바람이 불었음에도 불구하고, 대기의 염분과

---

[45] Pierre Jean Édouard Desor(1811~1882): 독일계 스위스 사람으로 지질학자이며 박물학자.

대지의 건조함 덕택에, 그것에 노출된 사람이 감기가 들지는 않을 것이라고 생각할 정도였다. 그렇지만 옛날의 『웰플릿에 대한 기술』의 저자는 말하고 있다: "대기는 염분이 있는 미세물질들이 매우 많이 스며있었는데, 그것은, 아마도, 물고기를 굉장히 많이 사용하는 데다 사과술과 스프루스 비어[46] 사용을 소홀히 함으로써, 사람들이 다른 곳에서보다 더 입과 목이 아픈 이유일 것이다."

---

[46] spruce-beer: 가문비나무의 가지나 잎으로 만든 음료.

제7장 케이프 횡단
Across the Cape

 우리가 바닷가에서 돌아왔을 때, 바다를 응시하며 더 많은 시간을 보내지 않은 이유를 우리는 때때로 자문해 보곤 한다. 그러나 여행자는 조만간 바다보다는 하늘을 더 많이 바라보게 된다. 케이프의 내륙을 보면, 대양의 한가운데 융기한 모래땅에 어떤 내륙이 있다고 말할 수가 있다면, 경작하거나 경작할 수 있는 들판이 거의 안 보이는, 극도로 황량한 풍경이었다. 우리는 어떤 마을도 못 보았고, 집들은 주로 만 쪽에 있기 때문에 집도 좀체 보지 못했다. 그것은 지금 가을의 색깔을 입고 있는, 관목으로 덮인 언덕과 골짜기의 연속이었다. 주위의 왜소한 나무들과 베어베리들이 있는 지면의 특징 때문에 산등성이에 와있는 것으로 빈번히 생각할 것이다. 이스트햄의 유일한 숲은 웰플릿과 맞닿아 있었다. 리기다소나무는 보통 높이가 15피트나 18피트밖에 되지 않았다. 좀 더 큰 나무들은 이끼로 덮여있었고, - 종종 긴 회색의 *우스네아Usnea*속屬의 이끼가 매달려 있었다. 스트로브잣나무는[1] 케이프의 팔 안쪽에는 거의 없었다. 그래도 이스트햄 북서쪽의 야영지 근처에서, 우리는, 다음해 여름에, 케이프 사람들이 사용하는 아주 시골풍의, 수목이 우거지기까지 한 은거隱居들을 보았다. 바람에 부스럭거리는 참나무들과 아까시나무들 그리고 속삭이는 소나무들의 조그만 그루터기 숲이 완전히 편평한 땅에 있었는데, 작은 낙원을 만들었다. 심기도 하고 집주변에 자연적으로 나기도 한 아까시나무들은 다른 어떤 나무들보다 더 번성하게 자라는 듯했다. 웰플릿과 트루로에는 대서양으로부터 1마일이나 그 이상이 되는 엷은 수목 지대가 있었다. 그러나 대부분의 경우, 우리는 숲을 통해 지평선을 볼 수 있었다. 나무들은 넓게 퍼져있기는 하지만 크지 않았다. 참나무들과 소나무들은 둘 다 사과나무들과 똑같이 종종 납작하게 퍼진 모습이었다. 보통, 25년 된 참나무 숲이 9내지 10피트 높이의 앙상한 관목들에 지나지 않았다. 그리고 우리는 빈번히 그 나무들의 제일 꼭대기에 있는 잎에 닿을 수 있었다. "숲"이라고 불리는 대부분이 높이가 이보다 반 정도였다. 인동덩굴로 뒤덮인 일리시폴리아참나무, 베이베리, 비치플럼, 야생장미의 군락일 뿐이었다. 장미들이 개화할 때는, 모래 한가운데 있는 이들 군락이, 베이베리의 향기와 뒤섞이고, 꽃송이들이 온통 만발하여 어느 이태리나 다른 인공적인 장미 정원이 이에 필적할 수 없을 정도였다. 그것들은 완벽하게 지복至福의 낙원이었고, 내가 갖고 있는 사막의 오아시스라는 관념을 현실로 만들었다. 허클베리 관목들이 아주 많았는데, 다음해 여름에 보니 그것은 눈에 띄게 많은 허클베리 애플이

---

1 white - pine: 북미 원산인 5엽송으로, 학명은 '피누스 스트로부스'(*Pinus strobus*)이며, 잣나무와 같은 5엽송이라 '스트로부스잣나무'라고 불린다.

라 불리는 충영蟲癭 같은 것이 달려있어, 괴상하지만 아주 멋진 모양으로 꽃이 피어 있었다. 그러나 이 관목들은 나무진드기들, 때로는 아주 골치 아픈 기생충들로 들끓었는데, 그것을 깨뜨리기 위해서는 매우 뿔같이 단단한 손가락이 필요했음을 덧붙이지 않을 수 없다.

이들 마을의 주민들은 나무에 대해 대단한 존경심을 갖고 있다. 비록 그들의 나무에 대한 기준은 꼭 굵거나 높은 것은 아니지만, 그리고 그들이 전에 이곳에 자랐던 큰 나무에 대해 말해줄 때는, 그 나무가 절대적으로 큰 것은 아니고 지금 있는 세대와 비교해볼 때 큰 것이라는 점을 생각해야한다. 그들이 대단한 존경심을 갖고 말하고, 100피트 혹은 150피트 되는 원시림의 잔존물이라고 당신에게 지적해 줄, 그들이 아는 한 200년이 되었다고 하는 "용감한 오래된 참나무"는, 아뿔싸, 우스꽝스럽게도 왜소한 외모여서 바라보는 이에게 미소를 자아내게 한다. 그런 경우에 그들이 당신에게 보여줄 가장 크고 존경스러운 나무는 아마도 20피트나 25피트 남짓하다. 나는 트루로의 남쪽 편에서 오래된 난쟁이 참나무들을 보니 특히 재미있었다. 다른 나무들과의 비율만을 이해하는 미숙한 눈에게는 그것들은 임금님을 구해준 나무[2]처럼 엄청나게 보였을

---

[2] 영국의 왕 찰즈 1세를 지지하는 왕당파와 크롬웰이 이끄는 의회파의 내전 말기쯤인 1651년의 전투에서 패한 미래의 왕인 찰즈 2세가 의회군의 추격을 피해 아름다운 보스코벨 숲에 있던 큰 나무에 올라가 숨어 목숨을 구한 덕분에 1660년 왕정복고 시 왕으로 등극할 수 있었으므로, 왕의 참나무(Royal Oak)라 불리는 나무를 말한다. (학명은 *케르쿠스 로부르Quercus robur*로 북미원산의 루브라참나무*Quercus rubra*와는 다른 종이다. 원래의 참나무는 이곳을 방문한 여행객들이 너도나도 기념으로 가지를 꺾어가기 시작하는 바람에 크게 훼손되어 고사枯死했고, 지금은 그 자리에 300년 된 아들나무가 있으나 다시 주변에 3세대 후계목

지도 모르지만, 측정해보면 그 나무들은 아침에 사슴이 먹어버릴 지의류 地衣類들로 즉시 왜소화되어버렸다. 그래도 사람들은 커다란 범선들이 웰플릿에서 자란 목재로 전에 만들어졌다고 말할 것이다. 오래된 집들도 또한 케이프의 목재로 지어졌다. 그러나 원래 그 나무들이 한가운데 서 있던 삼림 대신에, 황량한 히스³들이, 더 황량한 포버티그라스와 함께 지금 사방에 펼쳐져 있다. 현대의 집들은, 조립할 수 있도록 되어있어 보통 다시 도끼로 다듬을 필요가 없는, 메인주에서 들여온, 소위 "맞춤 목재"로 지어진다. 그리고 모든 석탄은 물론, 땔감으로 사용하는 거의 대부분의 나무는 선박들이나 해류에 의해 입항된다. 북쪽 트루로에서 사용하는 목재의 상당 부분과 땔감의 4분의 1이 부유목일 것이라는 말을 들었다. 많은 사람들이 그들의 **모든** 연료를 모래 해변에서 얻는다.

매사추세츠주의 내륙지방에서 – 적어도 내가 사는 이웃에서 – 발견되지 않는 새들 중에서 나는 여름에, 덤불 숲 사이에서 검은 목 멧세 (*Fringilla Americana*) 의 소리를 들었다. 그리고 개간지에서는 물떼새 (*Totanus Bartramius*)의 떨리는 노래 소리가 이따금씩 또렷하고, 무언가 구슬픈, 그렇지만 매처럼 끼익하는 소리를 길게 질러댔는데, 아주 먼 거리에까지 울려 퍼졌다. 그 새는, 비록 1마일 떨어진 곳까지 소리가 났어도, 바로 이웃 들판에 있을지도 모른다.

오늘 우리는 약 1800명의 주민이 사는 마을인 트루로를 관통하며 걷고 있었다. 우리는 만 으로 흘러드는 파멧 리버Pamet River에 벌써 와 있었

들을 키우며, 우리의 속리산 정이품송正二品松처럼 유지·관리되고 있다.)
3   heaths: 에리카속 또는 진달래과 식물이나 이와 비슷한 관목의 총칭.

165

다. 이곳은 정착지를 찾아서 프로빈스타운에서 케이프 위쪽[4]으로 간 필그림들의 여정의 한계였다. 그 강은 대서양에서 몇 로드 이내에 있는 할로에서 발원한다. 그리고 그 수원水源 근처에 산다는 사람은 만조가 될 때 바닷물이 새어 들어오지만, 바람과 파도가 그들 사이의 방벽을 그대로 보존해준다고 우리에게 말해주었다. 그리고 이처럼 전체의 강은 꾸준히 – 샘물과 수로와 그리고 하구에 등대가 다 함께 있는 – 서쪽 끄트머리로 흘러나간다.

오후 일찍 우리는 하일랜드 등대에 도착했다. 우리가 지나오는 1~2마일 동안 그 등대의 하얀 탑이 우리 앞에 있는 모래언덕에서 솟아나오는 것을 보았다. 그것은 노셋 등대에서 14마일이고, 대서양에 인접해있는 거대한 진흙층인, 소위 '클레이 파운드Clay Pounds'라고 불리는 곳에 위치해 있다. 그리고 등대관리인이 말해준 대로, 케이프를 가로질러 퍼져있는 이 진흙층은 이곳에는 단지 폭이 2마일이다. 우리는 단번에 흙의 차이를 알아보았다. 왜냐하면 모래사막이 끊어져 있었고, 지난 이틀 동안 보지 못했던 뗏장이 발밑에 조금씩 나타났기 때문이었다.

등대에 숙소를 마련해놓은 후, 우리는 케이프를 가로질러, 둥그런 언덕들과 할로들로 이루어진, 특이하게 황량하고 불모로 보이는 땅을 넘어 다니며, 만 쪽으로 이리저리 걸어 다녀보았다. 지질학자들이 홍적층의 융기와 침하라고 부르는, 너무 갑작스러운 비약이라고 보일지 몰라도, 썰어놓은 바다에 비유되어온 그런 풍경이었다. 적어도 그 크기로 보면,

---

[4] 원주민들은 위도상 케이프의 북쪽을 통상 아래쪽이라 부르고 본토로 이어지는 남쪽을 위쪽이라고 부름.

홍적층의 융기 자체를 떠올리게 하는 책인, 히치코크의 『매사추세츠 지질보고서』에 바로 이 풍경에 대한 족보가 있다. 등대에서 남쪽 편으로 바라보면, 케이프는 대서양쪽에 있는 모래언덕의 가장자리로부터 만 쪽의 가장자리까지, 약간 아래로 기울지만, 매우 규칙적으로 경사를 이루는 해발 150피트 정도의 융기된 고원같이 보였다. 이것을 여행해보니 우리는 그것이 넓은 계곡과 도랑들에 의해 끊기는 것을 발견했는데, 바닷물이 그런 곳들에 밀려들었다가 쓸고 내려갈 때 모래언덕에는 할로들이 생기는 것이다. 그것들은 보통 해변과 마주하는 각도에 있다. 그리고 종종 케이프를 가로질러 확장된다. 그렇지만, 일부 계곡들은 어떤 출구가 없이 100피트 깊이로, 마치 케이프가 이 장소들에서 가라앉아버렸거나 모래가 빠져나간 것처럼, 원형을 이룬다. 우리가 지나간 몇 개의 산재한 집들은 바람을 막아주고 비옥한 할로 바닥에 위치해 있어 대부분은, 마치 대지에 전부다 삼켜져버렸던 것처럼, 완전히 가려져 있었다. 우리가 바로 뒤에 떠나온 교회당이 있는 마을조차, 교회 뾰족탑과 모든 건물이, 대지 속으로 가라앉았었다. 그래서 우리는 고지대의 표면과 양쪽으로 바다만을 보았다. 우리가 접근했을 때, 우리는 종탑을 평원의 여름용 집으로 잘못 알았었다. 우리는, 개미귀신 굴에 빠지는 것처럼, 우리가 미처 깨닫기 전에, 마을 속으로 굴러떨어질지 모르고, 그래서 헤어날 수 없이 모래 속으로 끌려들지 모른다고 생각하기 시작했다. 지상에서 가장 눈에 띄는 대상들은, 노출된 장소를 유일하게 차지하고 있을 수 있는, 멀리 있는 풍차나 홀로 서 있는 교회당이었다. 타운의 대부분은, 그렇지만, 황량한 히스로 덮인 평원이고, 삼분의 일 정도는 개인재산일지라도 공유지로 되어있다. 옛날 『트루로에 대한 기술』의 저자는 흙에 대해서 말하면서, "눈이, 흙 위에 편평하게 쌓이고 덮여 흙에 본질적인 도움을 주곤 하는 것인데, 날아가서 바다로 들어가 버린다."고 말하고 있다. 여기저기 덤불숲이 있는 이 특이한 들판은 남쪽에 있는 파멧 리버에서 부터 북쪽에 있는 하이헤드까지, 그리고 대양에서 만까지 장장 7마일이나 펼쳐져 있다. 그 위를 걷는 것은 이방인에게는 바다에 있는 것 같은 인상을 만들어준다. 그리고 그는 어느 날씨에도 거리를 짐작하기가 불가능하다는 것을 발견한다. 풍차라든가 소 떼가 멀리 지평선에 있는 것으로 보일 수도 있다. 그런데 몇 로드만 가보고 나면 그것들과 가까이 있는 것을 알게 된다. 그는 또한 다른 종류의 신기루에 의해 현혹될 수 있다. 그해 여름, 나는 한 가족이 1마일 떨어진 곳에서, 그들 무릎에도 못 미치는 왜소한 덤불 사이를 걸어 다니며, 블루베리를 따는 것을 보았을 때, 그들은 적어도 20피트나 큰 거인가족으로 내게 보였다.

    대서양 옆의 가장 높고 가장 모래가 많은 부분은 비치그라스와 인디고 잡초로 얇게 덮여있었다. 이것 옆으로 있는 고지대의 표면은 대체로, 기친 소금 같은, 하얀 모래와 자갈로 구성되어 있어서 거의 풀 하나 자라날 수 없었다. 풀이 있는 달인 다음해 6월에 내가 거기서 나이트 호크[5]의 알을 발견했다. 그리고 대충 어림잡아 근처에 거의 어떤 평방로드의 면적도 알을 낳을 만한 마땅한 장소라는 것을 언급한다면 조류 학자에게 그 황량함이 어느 정도인지 짐작하게 해줄 것이다. 비슷한 지역을 좋아하는 킬디어 물떼새는 또한 거기에 알을 낳아놓고, 시끄러운 소리로 그 위의 공중을 채운다. 이 고지대는 또한 *클라도니아*(Cladonia)이끼들, 포버

---

5   night-hawk: 아메리카 쏙독새의 일종.

티그라스, 잎에서 특이한 풍미가 나는 애스터[6](*Diplopappus linariifolius*), 마우스이어[7], 베어베리 등이 자랐다. 몇 개의 언덕 편에는 잎에서 특이한 풍미가 나는 애스터와 마우스이어들 만으로 매우 밀집한 풀밭을 이루었는데, 애스터가 개화할 때는 대단히 예쁘다고 들었다. 어떤 곳에서는, 더 좋은 이름도 있건만, 포버티그라스(*Hudsonia tomentosa and ericoides*)의 두 종種이, 죽은 나무에 산재한 이끼처럼, 작은 반구半球로 된 뗏장들과 작은 섬 모양의 것들로 된 여러 마일을 지배하고 있다. 그것들은 거기에서 7월 중순까지 꽃이 달려있다. 간혹 가다 모래 해변 가까이에 있는 이들 둥근 풀밭들은, 또한 바다 벼룩이자리(*Honkenya peploides*)의 것들과 같이, 맨 위 부분들이 1인치 이내의 모래로 채워져 있었는데, 주변 모래는 부드러운 반면에, 큰 개미언덕처럼 단단했다. 여름에 바람이 몰아치는 황량한 위치에서 바다를 향해 바라보는 할로의 머리 부분에서 포버티그라스가 자라나면, 북쪽이나 반쯤 노출된 뗏장들은 아궁이 빗자루처럼 때로는 전부 검게 죽어있었는데 반하여, 반대쪽 절반은 꽃들로 노랗다. 그래서 가난에 찌든 쪽과 번성하는 쪽에서 보면, 전체의 언덕배기는 극명한 대조를 이룬다. 이 식물은, 많은 장소들에서 장식으로 여겨지곤 하는데, 여기서는, 그것이 황량함을 연상시킨다는 것 때문에, 많은 사람들에 의해서 멸시 당한다. 그것은 반스테이블의 컴컴한 (*sableux*) 바탕의 문장紋章으로 채택되면 좋을 것이다. 나는 그것을 자랑스러워할 것이다. 여기저기에 바닷가 미역취와 갯완두와 뒤섞여 있는 비치

---

6 aster: 국화과 아스테르속의 각종 식물.
7 mouse-ear: 털이 난 쥐의 귀 모양의 잎을 가진 식물의 총칭, 물망초 등.

그라스의 작은 땅들이 있었는데, 그것은 우리에게 바다를 더욱더 강하게 생각나게 해주었다.

우리는 트루로에는 시냇물이 없다고 읽었다. 그래도 한때는 이곳에 사슴들이 있었고, 틀림없이 종종 헛되이 물을 찾아 숨을 헐떡거렸을 것이다. 그러나 얼마 뒤에 나는 파멧 리버로 흘러가는 조그만 민물이 있는 시내를 본 것이 확실하지만, 아쉽게도 그 물을 맛보지는 못했다. 어쨌든 근처에 있던 작은 소년은 자기가 그 물을 마셨다고 내게 말했다. 우리가 볼 수 있는 한 멀리까지 나무 한 그루 없었다. 그것은 어느 쪽이든 여러 마일이었다. 고지대의 일반적인 해발 높이는 사방이 다 같았다. 대서양 쪽에서조차도 우리는 만을 넘겨다보았다. 그리고 플리머스의 마노멧 포인트까지도 보였다. 그리고 그것이 가장 높은 곳이었기 때문에 그쪽으로는 더 잘 보였다. 풍경의 거의 보편적인 황량함과 매끈함은 더욱더 선박의 갑판처럼 만들어주어, 신기할 정도로 맘에 들었다. 우리는 선박들이 모두 후미에 바람을 품고, 한편으로는 남쪽 만 안으로 항해하고, 다른 한편으로는, 대서양 해안을 따라 항해하는 것을 보았다.

케이프를 종단하여 지나가는 단 하나의 도로는, 평원을 감아서 가다가, 역마차의 바퀴를 할퀴는 관목 사이를 달리기도 하는데, 모래를 가두는 담장도 하나 없는 보통 모래밭에 있는 단순한 마차길이다. 그리고 끊임없이 더 단단한 땅으로, 또는 때로는 밀물을 피하려고, 이쪽에서 저쪽으로 바뀐다. 그러나 주민들은 모래가 흘러나가 맨땅이 나타나는 좁은 보행 길을 이용해 필그림같이 손에 지팡이를 들고 황량한 지역 여기저기를 돌아다닌다. 우리는 그런 곳에서 생활하고 오후를 그런 불모지 위를 걸어가야 한다는 생각에 몸서리를 쳤다. 거기서 우리는 발걸음을 내딛기 전에 모든 발자국을 볼 수 있었고, 우리의 행선지를 감추고자 안개나 눈보라가 내리기를 빌어야 할 정도였다. 거기를 걷는 자는 이내 가슴을 졸일 수밖에 없다.

　타운의 북쪽 지역에는 여러 마일에 걸쳐 이쪽 해안에서 저쪽 해안까지 집이 한 채도 없다. 그리고 서부의 대평원이 그랬던 것처럼 외롭고 사납다. 진실로, 트루로의 모든 집을 본 사람은 주민들의 숫자를 듣고 놀랄 것이다. 그러나 아마도 이 작은 마을의 5백 명의 남자와 소년들은 그때 그들의 고기잡이 터에 나가 있었다. 단지 몇 사람만이 집에 머물러 모래를 갈아엎거나 지느러미 고래를 살펴보고 있다. 농부들은 어부 겸 농부들이고 땅보다는 바다를 쟁기질하는 법을 더 잘 알고 있다. 그들은 간혹 가다가 해변에서 썩고 있는 지느러미 고래는 말할 것도 없고, 강어귀에 많은 양의 해초가 있을지라도, 그들의 모래를 많이 건드리지 않는다. 호수와 동쪽 항구 마을 사이에는, 우리가 역마차에서 이미 본 적이 있는 것들과 같은, 20이나 30에이커에 걸친, 리기다소나무의 흥미 있는 식생지가 있었다. 근처에 사는 사람이 그 땅은 두 남자가 에이커당 1실링이나 25센트를 주고 산 것이라고 말해주었다. 어떤 곳은 매매증서를 쓸 가치가 없다고 생각된다. 이 흙이나 모래는 부분적으로 포버티그라스나 비치그라스, 괭이밥 등으로 덮여있었는데, 4피트 간격으로 기계로 골을 타고 씨를 떨어뜨렸다. 소나무들은 경탄스럽게도 싹이 올라와서 첫해에 3~4인치가 자랐다. 그리고 두 번째 해는 6인치 이상이나 컸다. 최근에 씨를 파종한 곳은, 깊은 할로들의 측면을 돌고 도는 끊임없는, 모래를 뒤집는 나선형 방식의 쟁기질로 하얀 모래가 새롭게 들어나 있어, 마치 크게 띠를 두른 방패의 뒤집은 쪽을 들여다보고 있는 것처럼, 매우 독특한 효과를 자아냈다. 케이프에 너무나 중요한 이 실험은 매우 성공적으로 보였다. 그리고 반스테이블 카운티의 이런 종류의 땅의 보다 큰 지역이, 프랑스의 일부 지역에서 행해진 바 있는 것처럼, 이와 같이 인공 조림한 소나무 숲으로 덮이게 될 때가 올 것이다. 1811년 프랑스에서는 바욘[8] 근처의 12,500에이커에 이르는 다운즈[9]를 이런 식으로 녹화綠化했다. 그것들은 *피냐다*[10]로 불리는데, 라우던에 의하면, "전에는 모래 날리는 사막이었던 곳에서, 주민들의 주요 소득원을 구성하고 있다." 그것은 심지어 옥수수보다도 재배하기에 더욱 고상한 종류의 곡물 같아 보였다.

 몇 해 전에 트루로는 케이프의 타운들 중에서도 그 안에 사육하는 양들의 숫자가 두드러졌었다. 그러나 지금은 단지 두 사람이 타운에서 양을 기르고 있다는 말을 나는 들었다. 그리고 1855년에[11], 10살 난 트루로의 소년이 자기는 한 마리도 본적이 전혀 없다고 내게 말했다. 전에는 양들을 담장을 치지 않은 땅이나 일반 들판에서 방목했으나, 지금은 땅 소유자들이 자기들의 권리를 주장하는데 더욱 유별났고, 담장을 치는데도 비용이 너무 많이 들었다. 울타리 난간은 메인주에서 온 삼나무이고, 두 쪽의 가로 난간을 대면 일반적인 목적에 부합될 것이다. 그러나 양들에게는 네 쪽의 난간이 요구되었다. 이것은 전에 양을 길렀던 사람이 더 이상 양을 기르지 못하게 만든 이유가 되었다. 나는 담장을 치는 재료가 너무나 비싼 관계로 난간 하나로만 만들어진 담장을 보았다. 그리고

---

8 Bayonne: 프랑스의 남단 피레네산맥 근처의 해안 마을.
9 downs: 흙이 거의 없고 나무가 없는 구불구불한 고산지대.
10 *pignadas*: '소나무 숲'이라는 뜻을 지님.
11 소로는 이 해에 케이프코드로 3번 째 여행을 했다.

매우 종종 떨어져나간 난간은 조심스럽게 줄로 동여매어 있었다. 마을중 하나에서 나는 다음해 여름에 한 마리의 암소가 6로드길이의 고삐 줄에 매여 있는 것을 보았다. 먹이가 짧고 성글은 것과 비례하여 고삐는 길었다. 60로드 밧줄도, 아니, 케이프의 모든 밧줄로도, 공정하다고 볼 수 없었을 것이다. 암소가 '아라비아 펠릭스'[12]에 들어 갈까봐 걱정이 되어 사막에서 밧줄로 묶어놓다니! 나는 건초다발을 이웃사람에게 팔고 있는 한 남자가 무게를 재는 것을 대저울의 흔들거리는 막대 한쪽 끝을 잡고 도와주었다. 그런데 이것은 그가 수확한 전체의 절반이었다. 간단히 말해서, 이 시골은 너무나 불모지로 보였기 때문에, 그들의 재산을 축낼까 두려운 마음에 나는 몇 번이나 주민들에게 끈이나 포장지를 하나 달라고 하는 것을 삼갔다. 왜냐하면 그들은 그저 이들 물건들을 난간과 마찬가지로 외지에서 들여와야 했기 때문이었다. 그리고 어떤 신문기자도 없는 곳이라, 나는 그들이 화장지로 무엇을 쓰고 있는지 궁금했다.

우리 주위의 물체들과 해안의 어부들이 쓰는 임시변통의 물건들은 종종 우리가 마치 단단한 땅 위에 서 있는 것처럼 아래를 내려다보게 만들었다. 사방의 우물들에는 물 타래박을 들어 올리는데, 권양기捲揚機 대신에, 한 개의 벽돌과 도르래가 사용되었다. 그리고 거의 모든 집에는, 난파선에서 수습해온, 마스트에 쓰는 둥근 재목이나 나사송곳 구멍들이 송송 나 있는 한두 개의 두꺼운 판자가 쌓여 있었다. 풍차들은 이것들로 일부가 지어졌다. 그리고 그것들은 공공의 교량들을 만드는데도 들어갔

---

[12] Arabia Felix: 옛 로마인들이 부와 풍요를 누리던 아라비아 반도의 예멘을 가리켜 부른 말. '혜택 받은 땅'이라는 뜻.

다. 등대의 관리인은, 그의 헛간 서까래를 올리고 있었는데, 하나의 돛대에서 그런 목적으로 3천 개의 좋은 서까래를 만든 적이 있었다고 지나가는 듯이 내게 말했다. 오래된 노가 난간으로 사용되는 것을 때때로 보곤 할 것이다. 빈번하게, 근처 해안에서 폭풍으로 선박에서 떨어져 나온, 좋은 날씨에나 적합한 화사한 옷들이 별채 벽의 못에 걸려 있었다. 나는 커다란 금박 글씨로 "앵글로 색슨"이라는 단어가 적혀있는 긴 새 현수막이, 마치 그 배가 잃어버려도 될 쓸모없는 부분인 것처럼, 아니면 선원들이 그것을 수로 안내인과 함께 배출시켰는지 모르지만, 등대 근처의 작은 헛간에 붙들어 매어져 있는 것을 보았다. 그러나 그것은 심플레가데스[13]를 통과하다 두 동강이 난 아르고[14]의 일부였던 것 인양 무언가 흥미가 있었다.

어부들에게, 케이프 그 자체는 보급품을 실은 일종의 군수 물자 수송선이다. 그것은 남자, 여자, 아이들, 노인들 그리고 병자들을 실어 나르는 더 안전하고 더 큰 선박이다. 그리고 사실 그곳에서는 선박의 갑판에서외 같이 바다에서 사용하는 말씨가 흔하다. 그래서 바다로 가는 사람들과 늘 함께한다. 옛 노르만인들은, 육지가 마치 뒤집힌 배인 것처럼, 자기 나라의 도프라필드 산맥[15]을 "용골龍骨 등성이"라고 말하곤 했다.

---

[13] Symplegades: 그리스 신화에 의하면, 이것은 '충돌하는 바위들'이라고도 하는데 보스포루스 해협에 있는 한 쌍의 바위로 멋대로 서로 충돌하여 지나가는 배를 박살냈다고 한다.
[14] Argo: 고대 그리스의 영웅 이아손(Jason)이 '황금의 양털'을 찾을 목적으로 타고 떠난 배 이름.
[15] Doffrafield Mountains: 노르웨이에 있는 고산지대.

나는 이곳에서 노르만인들이 빈번히 상기되었다. 케이프의 주민들은 종종 농부인 동시에 바다를 배회하는 자이다. 그들의 지배권의 범위는 또한 망망대해에 걸쳐있어서 그들은 바이킹이나 만의 왕들 이상이다. 웰플릿의 농부는, 내가 뒤에 그의 집에서 하룻밤을 묵었는데, 케이프에서는 큰 수확인, 전년도에 감자를 50부셸이나 재배했고, 넓은 염전을 갖고 있었다. 그는 부하와 소년을 데리고 버지니아의 곶들에까지 멀리 해안무역을 하러 때때로 타고 내려간 적이 있는, 시야에 들어온 자기 범선을 가리켰다. 이 배는 그의 시장마차였으며, 그가 고용한 사람은 그 배를 조향하는 법을 알았다. 이와 같이 그는 밭으로 두 필의 말을 몰았다.

'아침의 열리는 눈꺼풀 아래
파고 높은 *바다평원이* 나타나기 전에.'[16]

비록 아마도 그는 버지니아로 가는 도중에 많은 "회색 파리" 소리를 듣지 못하였겠지만.

케이프 주민들 상당수가 항상 이렇게 대양의 큰 도로 위로 마차와 소떼를 몰고 나간다. 그리고 그들의 일상적인 여행 중의 하나에 대한 역사도 아르고선의 탐험을 별것 아닌 것으로 만들 것이다. 나는 오래전에 실종된 것으로 포기했던 케이프의 한 선장에 대한 얘기를 들었다. 서인도제도에서 초겨울에 집에 돌아올 예정이었으나, 그가 케이프코드 등대에서 40마일 이내에 도착한 후에, 아홉 개의 계속되는 돌풍으로 플로리

---

[16] 밀턴의 시 "리시다스"("Lycidas") 중 잔디밭평원(lawns)을 바다평원(seas)으로 소로가 바꿈.

다와 쿠바 사이의 키웨스트까지 밀려났다가 다시 집으로 방향을 잡고 있다는 기쁜 소식을 마침내 그의 친척들이 듣게 되었다는 것이다. 그렇게 그는 그의 겨울을 보냈다. 고대에는 이들, 둘이나 세 명의 남자와 소년들인, 인간의 모험담이 신화의 토대로 만들어졌을 것이다. 그러나 지금은 그런 얘기들이 짧은 표지판으로 선적 뉴스에 있는 대수공식처럼 몰려든다. "세상에 걸쳐 어디서나," 폴프리[17]는 반스테이블에서 한 연설에서 말했다. "여러분은 성조기가 펄럭이는 것을 봅니다. 여러분은 그 깃발아래서 반스테이블이나 웰플릿이나 채텀 항구의 물깊이를 말해줄 수 있는 누군가를 발견할 것이라는 훌륭한 희망을 가질 수 있습니다."

나는, 어느 날 플리머스 해안가에서, 어떤 이의 (아니면 모든 이의) 집인 엉클 빌 호를 지나갔다. 그것은 갯벌에 반쯤 뒤집힌 종범선이었다. 우리는 정오에, 배주인의 조개 캐는 반바지를 빌리고 싶었기 때문에, 그가 승강구에 나타날 때까지 그의 선박 바닥을 세게 두드림으로써, 낮잠을 자는 그를 깨웠다. 다음 날 아침 나는, 그를 깨워줄 요량으로, 밖을 내다보았다. 그린데 이런! 그는 동쪽에서 불어오는 폭풍을 두려워해서, 전날 저녁에 "소나무 숲"으로 내달려 있었다. 1851년 봄에 그는 엄청난 돌풍을 무사히 뚫고, 플리머스 만에 홀로 내달려 들어왔다. 그는 현재 모자반속 해초를 실어 나르는 보다 가벼운 선박들을 따라다니고, 난파선을 구조한다. 나는, 밀물이 들어오기 전에는 떠나고 싶어도 떠날 수가

---

[17] John Gorham Palfrey(1796~1881): 미국의 목사이며 역사가로 하버드대학 신학대학 발전에 주도적인 역할을 했고, 매사추세츠 주의회 의원 및 연방의회 의원을 역임했다.

없는 장소인, 지평선에 있는 "소나무 숲" 옆의 갯벌에 누워 있는 그를 여전히 바라보았다. 그러나 그는 물이 들어올 때에는 그대로 누워있지 못할 것이다. 이렇게 밀물을 기다리는 것은 해안가 옆의 삶에 있는 특이한 모습이다. "그런데요! 두 시간 안에는 출발할 수 없어요."가 빈번한 대답이다. 그것은 육지인에게는 새로운 그 무엇이다. 그리고 처음에는 기다리기가 쉽지 않다. 역사는 "두 명의 트루로 남자가 고래를 좇아서 포클랜드 제도로 최초로 모험을 감행했다. 이 항해는, 영국해군의 몬테이규[18] 제독의 조언에 의하여, 1774년에 감행되었고 성공으로 보답을 받았다."고 말하고 있다.

호수 마을에서 우리는 뉴잉글랜드에서 통발로 고기를 잡는 모든 사람에게 충분한, 7피트 높이의, 부들로 가득한 8분의 3마일 길이의, 호수를 보았다.

서쪽 해안은 동쪽 해안과 같이 거의 모래였으나 바닷물은 훨씬 더 부드러웠다. 그리고 바닥은 부분적으로 가냘픈 풀 같은 해초(Zostera)로 덮여 있었는데, 대서양 쪽에서는 못 보았던 것이었다. 거기에는 또한 해변에서 물고기의 기름을 짜는 몇 개의 거칠게 만든 작은 헛간들이 있었는데, 그것은 바다를 덜 야생적으로 보이게 만들었다. 이쪽으로 있는 몇몇 습지에서 우리는 나중에 우리 내륙사람들에게는 생소한 샘파이어[19], 로즈마리와 다른 식물들을 보았다.

---

[18] John Montague(1719~1795): 영국 해군장교. 북미주둔해군사령관 및 뉴펀들랜드식민지 총독 역임.
[19] Sampire: 유럽산 미나릿과의 풀.

여름과 가을에는 때때로, 길이가 15피트나 그 이상 되는, 수백 마리의 지느러미 고래 (드 케이[20]가 말한 *글로비세팔루스 멜라스*(*Globicephalus melas*), 사회적 고래는 또한 검은 고래, 하울링 고래, 병 대가리 등등으로 불린다.)가 이곳으로 한 어군으로 해안에 몰려든다. 나는 1855년에 그런 한 장면을 목격했다. 등대에서 일하는 목수가 아침 일찍 도착해서는 일하러 오느라고 부지불식간에 50달러를 손해 보았다는 말을 하였다. 왜냐하면 그가 만 쪽을 따라서 올 때 그는 사람들이 지느러미 고래 한 무리를 해안 쪽으로 몰고 있는 것을 듣고 그는 일터로 가지 말고 그들에게 합류하여 자기 몫을 받을까 말까하고 혼자 갈등를 겪었으나, 일터로 오기로 결론을 내렸기 때문이었다. 아침을 먹은 후에 나는, 1마일 정도 떨어진 이 장소에 가보았다. 그리고 해변 근처에서 고래를 쫓던 일에서 돌아오는 몇몇 어부들을 만났다. 해안을 아래위로 바라본 후에, 나는 1마일쯤 남쪽으로 모래 위에 몇 개의 커다란 덩어리들을 볼 수 있었는데, 그것은 틀림없는 지느러미 고래였다. 내가 그것들을 향해 걸어가다가, 나는 이내 머리 부분이 없어지고 기름 덩어리는 몇 주 전에 잘라 떠간 거대한 시체에 이르렀다. 밀물이 막 그것을 움직이기 시작하고 있었다. 그리고 지독한 냄새는 길을 돌아가게 만들었다. 내가 그레이트 할로에 왔을 때 나는 한 어부와 몇 명의 소년들이 망을 보고 있는 것을 발견했다. 그리고 약 30마리의 지느러미 고래가, 막 도살되어, 창으로 찔린 많은 상처들로, 바닷물은 조만간 피로 물들었다. 그것들은 일부는 썰물일 때까지 꼬리 둘레가 밧줄에 묶여서 뭍에 있었고, 일부는 물속에 있었다.

---

[20] James Ellsworth De Kay(1792~1851): 미국의 동물학자.

한 척의 보트가 그중 한 마리의 꼬리에 약간 받혔다. 고래들은, 인디안 고무처럼, 매끄럽게 빛나고 검었다. 그리고 고래처럼 뭉툭하게 둥근 주둥이나 대가리, 그리고 그냥 뻣뻣하게 보이는 지느러미들을 가진, 살아 있는 동물치고는 놀랍게도 단순하고 덩어리 같은 형태였다. 가장 큰 것은 길이가 15피트 쯤 되었으나, 한두 마리는 겨우 5피트밖에 안 되었고 이빨도 아직 없었다. 어부는 지방층이 얼마나 두꺼운가를 내게 보여주려고 잭나이프로 약 3인치 정도를 찔러댔다. 그리고 내가 손가락을 그 베어낸 사이로 들이밀자 손가락이 기름으로 두껍게 덮였다. 지방층은 돼지고기처럼 보였다. 그리고 이 남자는 그들이 그것을 처리할 때 남자애들은 때로는 한손에 빵조각을 들고 주변에 와서 빵과 함께 먹으려고 다른 것에 있는 지방층 한 조각을 떼어 가는데, 돼지지방 찌꺼기보다 그것을 더 좋아한다고 말했다. 그도 또한 살 속 깊이 잘라냈는데, 그것은 단단하고 쇠고기처럼 붉었다. 그리고 그는 자기 딴에는 신선할 때는 쇠고기보다 그것을 더 좋아한다고 말했다. 1812년 지느러미 고래는 가난한 브르타뉴인들[21]에 의해 식용으로 사용되었다고 적혀있다. 그들은 썰물이 이 물고기들을 높이 띄우고 건조하게 만들기를 기다렸다. 그들은 지방층을 떼어내서 해변에 있는 처리공장으로 그들의 보트에 실어 옮긴다. 그들은 한 마리에서 보통 15에서 20달러 나가는 기름 1배럴을 얻는다. 그들은 보트 안에 많은 창과 작살이 있었는데 내가 예상했었던 것보다는 훨씬 가느다란 도구들이었다. 한 노인이 말 한 필이 끄는 마차를 끌고 해변을 따라 오며 어부들에게 저녁식사를 배달하고 있었다. 도시락은 그들의

---

[21] Bretagne: 프랑스의 서북쪽 해안 지방.

아낙들이 조그만 통과 항아리에 담아준 것을 그가 호수 마을에서 모아온 것이다. 그리고 그의 이런 봉사로 그는 자기 몫의 기름을 받는다고 나는 추측한다. 어떤 사람이 자기의 도시락통을 알아보지 못하면, 그는 그 사람이 다가간 첫 번째 것을 집어주었다.

내가 거기에 서 있을 때, 그들은 "또 다른 어군魚群이요"라고 외쳐댔다. 그래서 우리는, 지느러미 고래들이 말처럼 바다 위에서 뛰어오르며 갈 때, 그들의 검은 등과 물을 품어대는 것을 북쪽 1마일쯤에서 볼 수 있었다. 몇 척의 배들은 벌써 그곳으로 그들을 좇아가 해변 쪽으로 몰고 있었다. 다른 어부들과 소년들이 달려 나와 각각의 배들로 뛰어들기 시작했고 내가 서 있는 곳에서 배들을 밀어냈다. 그래서 내가 원했다면 나도 또한 갈 수 있었다. 곧이어 25척에서 30척의 배들이 추격을 했고, 큰 배들 몇 척은 돛을 폈다. 다른 배들은 전력을 다해 노를 저으며 어군의 외곽을 지켰다. 고래에 가장 가까운 사람들은 자기들 배의 옆구리를 두드리고 나팔을 불어대며 그 물고기들을 해변으로 몰아붙였다. 그것은 흥미진진한 경기였다. 그들이 고래들을 해안의 뭍으로 모는 데 성공한다면 각각의 배는 한몫을 받고 각각의 사람들도 제몫을 받는다. 그러나 그들이 고래들을 어쩔 수 없이 해안에서 벗어나게 두드려 댔다면 각각의 배 회사가 그들이 쳐댄 값을 받는다. 나는 해안을 따라 북쪽을 향해 재빨리 걸어갔다. 그동안 어부들은 자기 동료들과 합세하려고 더욱 더 신속하게 노를 젓고 있었다. 그리고 내 옆을 걷던 한 작은 소년은 자기 아버지 배가 다른 배를 따돌리고 있다고 스스로 자축하고 있었다. 우리가 만난 한 눈이 먼 어부가 "그들이 어디 있는지 나는 볼 수가 없다네. 고래들을 잡았는가?"하고 물었다. 그러는 동안에 물고기들은 방향을 돌려

프로빈스타운을 향해 북쪽으로 도망가고 있었다. 간혹가다 한 마리 검은 고래의 등만이 보일 뿐이었다. 그래서 가장 가까이 있던 선원들은 그것들을 때려잡아야 했다. 그리고 우리는 몇 척의 배들이 각각의 물고기를 좇아 이내 빨리 달려가, 4~5로드 앞에서 물고기는 경주마처럼 해변을 똑바로 향하여, 반쯤 물 밖으로 뛰어오르며 숨구멍으로 피와 물을 품어내고 뒤에 거품을 한 줄 남기면서 배를 끌고 있었다. 그러나 그 물고기들은 우리에게선 너무 멀리 떨어진 북쪽 해변으로 갔지만 우리는 어부들이 밖으로 뛰어나와 그것들을 모래 위에서 찔러대고 있는 것을 볼 수 있었다. 그것은 내가 본 적이 있는 고래잡이 사진과 꼭 같았다. 그리고 한 어부는 그것은 거의 위험하기까지 한 것이라고 내게 말해주었다. 그의 첫 번째 시도 때는 그는 대단히 흥분되었었는데, 서두르는 바람에 칼집을 씌운 채로 창을 사용했었으나, 그럼에도 불구하고 물고기를 정확하게 관통시켰다는 것이다.

나는 이보다 며칠 전에 180마리의 지느러미 고래가 약간 더 남쪽인 이스트햄에서 한 집단을 이루어 해안으로 밀려들어 왔다는 얘기를 들었다. 빌링스게이트 포인트의 등대지기는 어느 날 아침 매일 같은 시간에 나갔다가 밤에 해변으로 밀려들어 올라온 커다란 물고기 떼의 등마다 자기의 이름 첫 글자를 새겨놓고서, 프로빈스타운에 1천 달러를 받고 그것들에 대한 권리를 팔았는데, 모르긴 몰라도 프로빈스타운은 훨씬 더 많은 돈을 벌었다는 것이다. 또 다른 어부는 19년 전에 380마리의 고래가 그레이트 할로에서 한 어군으로 해안에 몰려왔다고 내게 말해주었다. 『박물학자의 라이브러리』에는 1809~10년 겨울에 1,110마리가 "아이슬란드의 흐발피오르 해안에 접근했다가 잡혔다"고 쓰여 있었다. 드 케이는 그 물고기들이 왜 해안으로 표류했는지 이유를 모른다고 말하고 있다. 그러나 한 어부는 그들이 오징어를 좇아 해안으로 내달렸고, 그들은 일반적으로 7월 말경 해안으로 온다고 나에게 분명히 밝혀주었다.

  일주일쯤 뒤에, 내가 이 해안으로 왔을 때, 내가 망원경으로 볼 수 있는 한 멀리까지, 지방층이 벗겨내 지고 머리가 잘려나간 지느러미 고래의 사체들이 해안에 널려있었는데, 머리가 잘린 것들이 더 높이 쌓여 있었다. 해변을 걷는 것은 악취 때문에 고려대상이 아니었다. 프로빈스타운과 트루로 사이에 그것들이 역마차가 다니는 바로 그 길에 놓여있었다. 그래도 폐해를 줄이려는 어떠한 조치도 취해지지 않았다. 그리고 사람들은 여느 때처럼 해안을 갓 벗어나 바다가재를 잡고 있었다. 나는 그들이 때로는 고래사체들을 끌고나가 가라앉힌다고 들었다. 그래도 나는 그들이 그 사체들을 가라앉힐 돌을 어디서 구하는지 궁금했다. 물론 그것들을 구아노[22] 같은 비료로 만들 수도 있었다. 그리고 케이프코드는 너무나 척박하여 주민들은 이런 거름이 없으면 - 그것들이 생기게 할 질병들은 논외로 하고 - 농사를 지을 수 없다. 내가 집에 돌아온 후에, 지느러미 고래에 대해 알려진 내용을 배워보고자, 나는 매사추세츠주의 동물학적 조사에 관한 보고서들을 찾아보았다. 나는 스토러[23]가 『물고기들에 관한 보고서』에서, 그것이 물고기가 아니므로, 그것을 당연하게 생

---

22 바다 새들의 똥.
23 David Humphreys Storer(1804~1891): 뉴잉글랜드 출신의 내과의사이며 동물학자.

략했다는 것을 발견했다. 그래서 나는 에몬스[24]의 『포유류 보고서』를 들여다보았으나, 그가 그것들을 관찰할 기회가 없었기 때문에, 물개와 고래가 그에 의해 생략된 것을 알고 놀랐다. 매사추세츠주가 어업으로 일어나고 번영한 것을 고려해 볼 때, - 『동물학적 조사』를 정당하다고 인정한 의회가 대구의 상징물 아래에 앉아 있는 것, - 낸터컷과 뉴베드퍼드가 우리 주 경계 안에 있는 것, - 일찍 일어나는 사람이 아침에 해안에서 1,000달러나 1,500달러가 나가는 지느러미 고래를 발견할지도 모르는 것, - 필그림들이 이스트햄의 해안에서 인디언들이 지느러미 고래를 잘라내는 것을 보았고, 그들이 플리머스에 도착하기 전에 발견한 수많은 지느러미 고래 때문에 그 해안의 일부를 "그램퍼스만"이라고 부른 것, - 그 당시로 부터 지금에 이르기까지 이들 지느러미 고래는 하나나 두 개의 카운티를 거의 해마다 계속 부유하게 해주고 있다는 것, - 그리고 그것들의 썩는 사체들은 30마일이 넘는 한 카운티의 공기를 현재 오염시키고 있다는 것 등을 고려해 볼 때, 나는 어떤 대중적인 이름이나 과학적인 이름이 포유류에 관한 우리의 한 보고서에서, 즉 우리의 육지와 바다 생산물의 **목록**에서, 발견되지 않는다는 것은 놀라운 일이라고 생각했다.

우리는 여기에서, 케이프를 전부 가로지를 때와 마찬가지로, 서쪽을 향해 바다 위로 멀리 5~6마일 떨어진, 관목이 우거진 모래언덕들 아래로, 현재는 교회의 첨탑과 뒤섞여 있는 돛대들이 있는 선박들로 가득한 항구가 있는, 프로빈스타운의 아름다운 풍경이 눈에 들어왔는데, 아주

---

[24] Ebenezer Emmons(1799~1863): 뉴잉글랜드 출신의 내과의사, 자연사학자.

큰 항구 도시 같은 모습이었다.

모든 케이프의 아래쪽에 있는 마을들의 주민들은 이처럼 두 바다의 전망을 즐긴다. 서쪽이나 좌현의 해안 위에 서서, 멀리 본토가 어렴풋이 보이는 곳까지 건너다보고 있을 때, 그들은 '이것이 매사추세츠만이다'라고 말할 수 있다. 그리고 나서, 한 시간 정도 어슬렁거리며 산책을 한 후에, 그들은 우현의 앞쪽에 서서, 어떤 육지도 어렴풋이 보이지 않는 저 너머로, '이것이 대서양이다'라고 말할 수 있을 것이다.

등대로 돌아오는 길에, 등대의 백화된 탑으로 우리는 선원들이 밤에 그 불빛으로 길을 찾아가듯이 안전하게 길을 나아갔는데, 우리는 분명히 점판암粘板岩 때문에 바람에 날아가지 않고 보존된 묘지를 지나갔다. 왜냐하면 그것들은 무성한 허클베리 관목들이 묘지 사이에 뿌리를 내릴 수 있게 했기 때문이었다. 우리는 바다에서 수많은 사람이 실종된 곳에 있는 묘지의 비문을 읽어보는 것도 좋을 것 같다는 생각을 했다. 그렇지만, 그들의 삶뿐만 아니라, 보통 그들의 육신도 실종되었거나 확인되지 않았기 때문에, 적지 않은 묘비가 있었지만, 우리가 기대한 것보다는 이런 비문 종류는 매우 적었다. 그들의 묘지는 대양이다. 동쪽 편 가까이서 우리는 할로에 있는 여우를 놀라게 했다. 내가 소금 습지에서 본 스컹크를 제외하면, 우리가 그동안 걷는 동안 본 (황적무늬거북이나 상자거북이가 네발짐승이라고 불리지 않을 수 있다면) 유일한 종류의 네발짐승이었다. 여우는 크고 살이 통통했고, 보통 꼬리 끝에 흰털이 있는 황색 개처럼, 털북숭이 녀석이었는데, 케이프에서 잘 지내는 것처럼 보였다. 그 녀석은 때마침 그곳에 자라고 있던 덤불 참나무와 베이베리 관목 숲으로 서서히 뛰어들어갔으나, 관목 숲은 그 놈을 감춰줄 만큼 전혀 충분히 크지 않았다. 나는 다음 해 여름에, 약간 북쪽으로 더 떨어진 곳에서, 비치 플럼 위로 작은 원호圓弧를 그리며 튀어 올라 (그렇지만 뛰는 것은 아니었다) 넘어가는 또 한 마리의 여우를 보았다. 나는 그 여우의 전체 궤적을 계산해보려고 애썼지만 허사였다. 참작해야 할 너무나 많은 알려지지 않은 매력들이 있었다. 나는 또한 모래 속으로 빠르게 가라앉고 있는 3분의 1만 남은 여우껍질을 보았고, 그 두개골을 내 수집품에 보탰다. 그래서 나는 근처에 틀림없이 여러 마리가 있을 거라는 결론을 내렸다. 그러나 여행자는, 시골을 가로질러 사람들이 덜 다니는 길을 택하기에 십상이므로, 주민보다는 더 많이 마주칠 수 있다. 사람들은 여우들이 어떤 해에는 일종의 광견병으로 상당히 많은 숫자가 죽어나갔다는 얘기를 나에게 했다. 그 병의 영향으로 마치 꼬리를 잡으려고 하는 듯이 돌고 돌며 소용돌이치는 것을 그들이 보았다고 했다. 크랜츠는 그린란드에 대한 설명에서 "그들 (여우들)이 새와 새알을 먹고 산다. 그리고 그런 것을 얻지 못할 때는 덩굴월귤, 홍합, 게와 바다에서 건져 올린 것을 먹고 산다"고 말하고 있다.

   등대에 도착하기 직전에, 우리는 해가 만에서 지는 것을 보았다. 그 좁다란 케이프에 서 있는 것은, 내가 얘기한 적이 있듯이, 선박의 갑판에 있는 것과 같았고, 아니면 차라리 바다에서 30마일 거리에 있는 전함의 돛대 꼭대기에 있는 것 같았기 때문이다. 비록 우리는 똑같은 순간에, 그쪽 방향에 있는 지평선 바로 아래에 있는, 우리 고향마을의 산들 너머로 해가 지고 있다는 것을 알았을지라도, 이 광경은 그 밖의 모든 것을 우리 머릿속에서 전부 쫓아내버렸다. 그리고 호머와 대양이 다시 밀려 들어왔고, -

Ἐν δ' ἔπεσ' Ὠκεανῷ λαμπρὸν φάος ἠελίοιο,[25]

태양이라는 빛나는 횃불이 대양 속으로 떨어졌다.

---

[25] 호메로스, 『일리아스』 제 8권 485행. "한편 찬란한 햇빛은 오케아노스로 잠기며."

제8장 하일랜드 등대
The Highland Light

선원들에게 케이프코드 등대 혹은 하일랜드 등대라고 알려진, 이 등대는 우리의 "주요 바닷가 등대들" 중의 하나이다. 그리고 대개 유럽에서 매사추세츠만 입구로 접근하는 이들에게 가장 먼저 보이는 것이다. 그것은 케이프 앤 등대로부터 43마일, 그리고 보스턴 등대로부터는 41마일 떨어져 있다. 그것은 모래 둑의 가장자리로부터 20로드쯤에 진흙으로 형성된 지점에 서 있다. 나는 근처에서 헛간 지붕의 널 작업을 하고 있던 목수에게서 평자와 직각자, 수평자와 분할자를 빌렸다. 그리고 돛대로 만들어진 널판중 하나를 사용하여 조잡한 상한의象限儀[1]를 고안하고 핀으로 가늠자와 회전축을 만들어 등대 맞은편 모래 둑의 융기 각도를 파악하고, 두 개의 대구 낚싯줄로 그것의 경사와 길이를 재서 그 진흙 둑의

---

[1] quadrant: 포의 사각을 장치하는 데에 쓰는, 각도를 계산하거나 측정하는 분도기와 수포가 달린 기계.

고도를 측정했다. 그것은 밑바닥에서부터 110피트 높이였고, 평균적인 낮은 해수면으로부터는 약 123피트였다. 그래험[2]은, 케이프의 끝부분을 주의 깊게 측량한 사람인데, 130피트로 적고 있다. 모래와 진흙이 뒤섞인 것이 지평선과 40도 각도에 놓여있었다. 거기서 나는 측정을 했는데, 진흙은 그러나 대체로 훨씬 가파랗다. 어떤 암소나 닭도 그곳을 내려가지 못한다. 둑의 남쪽으로 반 마일 떨어진 데는 15에서 20피트가 더 높다. 그리고 그것이 트루로에서 가장 높은 땅으로 보였다. 이 거대한 진흙 둑조차도 빨리 닳아 없어지고 있었다. 2~3로드 간격을 두고 그 위를 가늘게 흐르는 작은 시냇물 줄기들이 중간에 있는 진흙을 50피트 이상 높이의 가파른 고딕식 지붕들의 형태로 남겨놓았다. 등성이는 바위처럼 날카롭고도 우둘투둘하게 보였다. 그리고 한곳에서는 둑이 신기하게 커다란 반원형의 분화구의 형태로 침식되어있다.

등대 관리인의 말에 따르면, 케이프는 이곳에서 양쪽 면으로 소실되어 가고 있다고 한다. 비록 대부분이 동쪽 해안이긴 해도, 어떤 곳에서는 지난해에만 해도 여러 로드rod가 사라졌으며, 조만간, 등대를 옮겨야만 한다고 했다. 우리는 그의 자료를 근거삼아, 얼마나 빨리 케이프가 그 지점에서 닳아 없어져 버릴 것인가를 계산해보았다. "왜냐하면," 그가 말했다. "저는 뒤로 60년을 기억할 수 있어요." 우리는 이 마지막 언급에 훨씬 더 놀랐다. - 다시 말하면 우리는 그가 나이 40밖에 안 된다고 보았기 때문에, 케이프의 빠른 소실보다는, 우리의 정보제공자가 천천히 삶과 에너지를 쓰는 것에 놀랐다. 그리고 우리는 그가 등대보다 더 오래

---

2   James Duncan Graham(1799~1865): 미국의 지형학 전문가.

살 가능성이 충분히 있다고 생각했다.

이번 10월과 다음 해의 6월 사이에, 나는 등대 반대편에 있는, 한 장소에서 둑이 40피트 정도 사라진 것을 발견했다. 그리고 나중에 그것은 가장자리로부터 40피트보다 훨씬 더 멀리까지 무너졌는데, 해안은 최근에 몰려온 잡동사니들이 흩어져 있었다. 그러나 나는 일반적으로 그것은 여기에서 한 해에 6피트 이상의 비율로 닳아 없어지지 않는다고 판단했다. 몇 년 동안이나 한 세대 동안의 관찰로부터 이끌어낸 어떤 결론도 꼭 맞지 않을 수 있다. 그리고 케이프는 그것의 내구력으로 기대를 좌절시킬지도 모른다. 어떤 장소에서는 둑 아래로 난 레커의 보행 길조차도 몇 년이나 남아있었다. 한 나이 많은 주민이 우리에게 등대가 1798년에 새워질 때, 둑이 매년 담장 길이만큼 소실될 것을 허용하여, 그것이 45년을 견딜 것이라고 계산되었다고 말해주었다. "그러나," 그가 말했다. "저기 등대가 그대로 있잖아요." (그대로 있다고 하기보다는 둑의 가장자리로부터 20로드쯤에 있는, 같은 부지 옆에 있는 조금은 달라진 등대라고 해야 맞겠지만).[3]

---

[3] 1797년 워싱턴대통령의 명령으로 케이프코드에 최초로 세워진 등대인 하일랜드 등대를 소로는 실제로 그의 네 번의 여행 모두 방문했다. 이 책에 서술된 대로 1849년 10월 그는 등대관리인 숙소에서 하룻밤을 보냈고, 다음해 6월에는 프로빈스타운에서 걸어와 거기에서 이틀을 더 지냈다. 세 번째 방문시인 1855년 7월에는 등대에 붙은 호텔인 하일랜드하우스에서 열두 밤을 지냈다. 그리고 일기에만 기록된 그의 마지막 방문인 1857년에는 6월 18일과 19일 같은 호텔에서 이틀 밤을 지냈는데 이전의 등대 탑 구조물이 소로의 1857년 방문 기간에 현재의 새로운 구조로 대치되고 있는 중이었다. 그리고 소로의 예측대로 약 140년 후인 1996년 여름 북동쪽 제방이 등대의 기초 30m 이내까지 유실되어 위태롭게 되자 등대를 안전하게 내륙안쪽으로 135m 옮기는 고난도 작업이

바다는 케이프 모든 곳에서 육지를 침식하고 있지는 않았다. 왜냐하면 한 남자가 오래전에 프로빈스타운의 북쪽에서 난파된 선박의 "뼈대들" (이것은 그가 쓴 단어였다)이 아직도 현재 해안선 여러 로드 안에서 반쯤 모래에 묻혀있는 것이 보인다고 내게 말해주었기 때문이다. 어쩌면 그것들은 고래의 **늑골**들과 나란히 놓여있을 것이다. 주민들의 일반적인 진술은 케이프가 양쪽에서 소실되고 있으나, 채텀과 모노모이 해변들, 그리고 빌링스게이트, 롱 포인트와 레이스 포인트에서와 같이, 남쪽과 서쪽의 특정지점에서는 스스로 확대되고 있다는 것이다. 제임스 프리먼[4]은 그의 시대에 서술하기를 지난 50년 동안에 모노모이 해변에 약 3마일 이상 덧붙여졌다고 진술했는데, 여전히 빠른 속도로 확대되고 있다고 들었다. 『매사추세츠 매거진』의 한 필자는, 지난 세기에, 우리에게 말해주고 있다. "영국인들이 처음 케이프에 정착했을 때, 채텀 밖으로 3리그 거리에 웹 섬이라고 불리는, 20에이커 크기로 연필향나무나 사비나 향나무로 뒤덮인, 섬이 있었다. 낸터컷 주민들은 나무를 그곳에서 가져오곤 했다." 그러나 그는 그의 시대에는 커다란 바위 하나만이 그 지점을 표시했으며, 그곳의 물은 깊이가 6패덤이었다고 덧붙이고 있다. 전에 이스트햄에 있던, 노셋 하버로 들어가는 입구는, 지금은 남쪽으로 올리언스까지 이어졌다. 웰플릿 항구의 섬들은, 비록 지금은 작은 선박들이 그 사이를 지나다니지만, 전에 연속적인 해변을 형성했었다. 그리고 이 해

미국민들의 성금으로 이루어졌다.
[4] James Freeman(1759~1835): 보스턴의 킹스 채플 목사로 43년을 재직했다. 유니테리언 목사라고 스스로 부른 최초의 사람으로 미국독립전쟁 시에는 케이프 코드 남자들로 구성된 중대를 조직하기도 했다.

안의 다른 많은 부분도 그렇다.

아마도 대양이 케이프의 한쪽 편으로부터 가져가는 것을 다른 쪽 편에 갖다 주고 있는 것으로, - 피터에게서 빼앗아 폴에게 갚는 셈이다. 동쪽 편에서는 바다가 사방에서 육지를 침탈하고 있는 것으로 보인다. 육지가 바닥이 침식될 뿐만 아니라 무너진 것들은 조류로 인해 쓸려간다. 그러나 모래는 해변에서 150피트나 높은 가파른 둑 위로 곧바로 날아가서 거기에 있는 원래의 표면을 여러 피트로 두껍게 덮는다. 둑의 가장자리에 앉아보면, 곧 눈에 가득 달라붙는 이 알갱이들을 보게 될 것이다. 그렇게 둑은 닳아나가는 만큼 빨리 그 높이를 보존한다. 이 모래는 생존하고 있는 주민들의 기억 속에서 "100야드 이상이나" 서쪽으로 빠른 속도로 꾸준히 움직이고 있다고 한 저자가 말한다. 그래서 어떤 곳에서는 이탄泥炭 층이 모래 아래 깊게 파묻혀서 모래 속에서 이탄을 캐내고 한 장소에서는 큰 이탄층이 해안 쪽 둑에 여러 피트 깊이로 덮여있는 모습을 보였는데, 이탄을 거기서 캐내오고 있었다. 이것은 내가 파도칠 때 본 저 수많은 이탄 조각들을 설명해준다. 굴 따는 노인은 여러 해 전에 자기 집 동편의 대서양쪽 가까이 있는 습지에서 여자애가 수렁에 빠지는 바람에 "자식"을 잃었는데, 20년 전에 그는 습지 전체를 잃어버렸으나, 그 후로 모래 해변에 습지의 표시들이 나타나는 것을 보았다고 내게 말한 적이 있었다. 그는 또한 빌링스게이트 포인트 3마일 밖 만의 바다에서 쾌청한 날씨에 배 한쪽에 기대 있다가 "마차바퀴들만큼 큰"(!) 삼나무 그루터기를 보았고, 거기가 얼마 전에는 마른 땅이었다고 말했다. 다른 사람은 케이프에서 제일 좁은 곳인 트루로에 있는 이스트 하버의 만 쪽에 여러 해 전에 파묻힌 것으로 알려진 통나무 카누 하나가, 케이프가 그것을 추썩거려서, 결국은 대서양 쪽에 나타났다고 우리에게 말했다. 그리고 한 노파가 말했다, - "이제, 아시지요. 내가 말한 것이 사실이라는 것을, 케이프가 움직이고 있다고요."

해안을 따라 있는 모래톱들은 폭풍이 불 때마다 이동한다. 그리고 많은 장소에서는 때때로 전혀 움직임이 없다. 우리 스스로 높은 파도를 동반한 한 특이한 폭풍의 결과를 1855년 7월 밤에 관찰했다. 그것은 등대 맞은편 해변의 모래를, 우리가 남과 북으로 볼 수 있는 한 3로드 넓이에, 6피트 깊이까지 이동시켰다. 그리고 정확히 아무도 모르는 곳으로 어디론가 다 실어 가버려, 한 곳에서는 전에는 보이지 않던 5피트 높이의 큰 바위 하나가 드러나 있었는데, 그만큼 해변을 좁아지게 했다. 내가 말한 적이 있듯이, 보통 케이프의 등 쪽에서는 역류하는 파도 때문에 수영이 금지되어있다. 그러나 우리가 마지막으로 그곳에 있을 때, 바다는, 3개월 전에, 이 등대 근처에 2마일 길이에 10로드 넓이의 모래톱 하나를 밀어 올렸는데, 그 위로 파도는 넘어오지 않았고, 그것과 해안 사이에 4분의 1마일 길이의 좁다란 작은 만을 만들어 놓아, 아주 훌륭한 목욕장소가 되었다. 이 작은 만은 모래톱이 북쪽으로 이동함에 따라 때때로 닫히는 바람에, 어떤 경우는 4~5백 마리의 민어와 대구들이 오도 가도 못하고 거기서 죽었다. 그리고 물은 종종 맑았고 마침내는 모래에 자리를 내주었다. 이 모래톱은 전체가 다 없어질 수가 있고, 2~3일 지나면 거기에 6피트 깊이의 물이 있을지도 모른다고 주민들은 우리를 확신시켰다.

등대의 관리인은, 바람이 해안으로 강하게 불어올 때면 파도들이 모래 둑을 빠르게 침식하지만, 바람이 불어나가면 파도는 모래를 가져가지 못한다고 말했다. 전자의 경우에는 바람이 해변 옆으로 물을 밀어 올렸다가, 균형을 유지하려고, 강한 역류성 파도가 모래와 그 길에 있는 것은 무엇이든 즉시 바다로 끌고 나가기 때문인데, 그것은 또 해변을 계속 걷기 매우 힘들게 만들었다. 그러나 후자의 경우에는 수면 아래 역류가 생겨 모래를 같이 싣고 들어온다. 그래서 조난당한 사람들은 바람이 해안으로 불 때면, 육지에 도달하는 것이 특히 어려웠다. 그러나 바람이 불어나갈 때는 쉬웠다. 이런 역류는 모래톱에서 만들어진 다음번 위로 솟은 파도를 만나, 똑바른 벽에 부딪치는 것처럼, 파도가 부서지는 댐의 일부를 형성한다. 이와 같이 바다는 모래톱을 뱉어내기 전에 잠시 입에 물고, 고양이가 쥐를 갖고 장난하듯이, 육지와 장난을 한다. 그러나 치명타는 마지막으로 확실히 나온다. 바다는 육지를 강탈하려고 사나운 동풍을 보낸다. 그러나 바다가 그 먹이를 갖고 멀리 가기 전에, 육지는 자기의 정직한 서풍을 보내 자기 것을 회수한다. 그러나 데이비스 중위[5]에 따르면, 모래톱과 모래 둑의 형성과 범위와 분포는 바람과 파도가 아니라 주로 밀물과 썰물에 의해 결정된다고 한다.

우리가 묵은 숙소의 주인은 바람이 허리케인으로 변해 해변으로 직접 불어 올 때 우리가 해변에 있다면 놀랄 것이라고 말했다. 부유목재 하나 해안으로 밀려오지 않지만, 밀물 때에 그 방향으로 강하게 들어오는 연안류沿岸流에 의해, 사람이 걸을 수 있는 만큼 빨리 해안과 평행하여 곧장 북쪽으로 모든 것이 실려 가는 것을 본다면 말이다. 아무리 수영을 잘하는 사람도 물과 함께 쓸려가서, 결코 한 치도 해변으로 다가갈 수가 없

---

[5] Charles Henry Davis(1807~1877): 미국의 해군장교.

다. 심지어는 커다란 바위도 해변을 따라 반 마일이나 북쪽으로 이동되었다. 그는 케이프의 등 쪽에서 바다가 결코 가만히 있지 않으며, 사람 머리 높이만큼 보통 튀어 올라, 상당 기간 동안 우리가 거기서 배를 띄울 수 없고, 바다가 가장 조용한 계절에조차도, 그땐 비록 나무판자를 타고 나갈 수는 있을지라도, 파도는 해변으로 6~8피트 높이로 쳐 오른다고 우리에게 확신시켜 주었다. 샘플레인과 프와트린쿠르는 큰 파도(la houlle) 때문에 1606년에 이곳으로 상륙할 수가 없었다. 그러나 야만인들은 카누를 타고 그들에게 다가왔다. 라 보르드[6]가 쓴 『카리브해 이야기』에는, 내가 가진 책은 1711년 암스테르담에서 출판된 것인데, 530페이지에 다음과 같은 말이 나온다:

"카리브의 쿠루몽은 또한 별 [즉, 신]인데 바다에서 파도라는 칼날(lames a la mer)을 크게 만들어서, 카누를 뒤집는다. 바다에서 파도라는 칼날(lames a la mer)은 깨지지 않는(entrecoupées) 긴 물결이다. 그리고 사람이 보는 파도는 모두 한 덩어리로, 해변의 한 끝에서부터 다른 끝까지 상륙한다. 그래서 아무리 바람이 적게 불더라도, 작은 배나 카누는 뒤집히거나 물이 가득 차지 않고는 거의 상륙할 수 없었다(aborder terre)."

그러나 만 쪽에서는 바닷물은 가장자리에서도 호수에서처럼 종종 부드럽고 조용하다. 보통은 이 해변을 따라서 이용되는 배들이 없다. 하일랜드 등대에 속한 배가 하나 있었는데, 그 배는 다음번 등대관리인이 근무한 지 일 년이 지났는데도, 해안에서 낚시를 즐겼다고 그가 말했지

---

[6] Jean Baptiste, Sieur de La Borde: 『카리브해 이야기』(Relation des Caraibes)를 쓴 17세기 프랑스의 항해자.

만, 띄워본 적이 없었다. 일반적으로, 구명보트들은 필요할 때 사용되지 못한다. 파도가 매우 높이 일면, 아무리 솜씨 있게 배를 조종한다 하더라도, 배를 타고 나가는 게 불가능하다. 왜냐하면, 배는 아치형태의 다가오는 파도의 구부러지는 가장자리에 의해 종종 완전히 덮이고, 물로 가득 차거나, 뱃머리가 솟아올라 곧장 뒤로 뒤집어져 모든 내용물들이 쏟아져 나올 것이기 때문이다. 30피트 길이의 튼튼하고 둥근 나무기둥이 구명보트와 똑같은 용도로 사용된다.

나는 몇 해 전에, 두 척의 배로, 날씨가 좋을 때에, 웰플릿의 뒤쪽으로 고기잡이를 나간 일행에 대한 얘기를 들었다. 그들은 고기를 배에 싣고 다시 육지로 다가올 때에, 바람이 없는데도, 배에 부딪치는 큰 파도를 발견하고 그 속으로 들어가기가 두려웠다. 처음에 그들은 배를 프로빈스타운으로 끌고 가려고 생각했으나 밤이 오고 있었고 여러 마일 떨어져 있었다. 그들의 경우는 절망적인 것처럼 보였다. 그들이 해안으로 종종 다가갈 때마다 무서운 큰 파도들이 가로막는 것을 보자, 그들은 단념했다. 간단히 말해 그들은 사무치게 무서웠다. 결국 잡은 물고기들을 뱃전 밖으로 던져버린 후에, 한쪽 배에 탄 사람들은 괜찮은 기회를 선택해서, 숙련된 기술과 행운으로, 육지에 닿는 데 성공했다. 그러나 그들은 언제 들어와야 하는지를 다른 배의 사람들에게 말하는 책임을 기꺼이 지려고 하지 않았다. 그리고 다른 배의 조타수가 경험이 없었기 때문에, 그들의 배가 곧 물에 잠겼지만, 그들은 모두 스스로의 목숨을 구해냈다.

훨씬 더 작은 파도들은 곧장 배를 말 그대로 "못질" 해댄다. 오랫동안 강한 바람이 불고 나면 세 개의 큰 파도가 오곤 하는데, 각각의 파도는 앞의 것보다 연속적으로 더 컸다. 그러다 얼마 동안 큰 파도가 없어서,

그들이 배로 상륙하고 싶어 할 때, 마지막으로 가장 큰 파도가 왔다고 등대관리인은 말했다. 토마스 브라운경[7]은 (브랜드[8]가 쓴 『인기 있는 고대유물들』 372페이지에서 인용된 대로) "어떤 파도보다 더 크고 더 위험한" 10번째 파도의 주제에 대하여 오비디우스[9]를 다음과 같이 인용한 후에 -

"Qui venit hic fluctus, fluctus supereminet omnes
Posterior nono est, undecimo que prior," -

"그것은 그럼에도 불구하고, 명백히 거짓이다. 우리가 양면에서 부지런히 탐험해본 바, 또한 그것은 해안가 위에서 혹은 대양에서 관찰로 이해될 수 있는 것이 아니다. 그리고 확실히 우리는 바다에서의 파도나 파도의 특정한 움직임에 어떤 규칙성을, 그것의 일정한 원인과 상응하는 결과라는 일반적인 상호관련성을 기대하듯이, 헛되이 기대한다. 파도가 굽이치는 것은 단지 부차적인 움직임으로, 바람과 폭풍과 해안과 사주(沙洲)들 그리고 모든 중간에 개재하는 것들이 불규칙하게 조절한다."고 말하고 있다.

---

7   Sir Thomas Browne(1605~1682): 영국의 박학다식한 저자로 과학, 의학, 종교, 이국적인 풍물 등 다양한 주제의 책을 썼다. 그의 저서는 자연세계에 대한 깊은 호기심을 보여준다.
8   John Brand(1744~1806): 영국의 골동품 수집가이며 영국국교회 목사.
9   Ovid(BC.43~AD.17): 고대 로마의 시인. 인용문은 『애가』 제1권 제2장의 구절. "타고 넘어가는 커다란 파도가 오는구나, / 9번째 파도 다음으로 11번째에 앞서 오는 거대한 파도가."

클레이 파운드는 "선박들이 돌풍이 불어올 때 거기에 부딪쳐 강타당하는 불행을 겪은 적이 있었기 때문에" 그렇게 불렸다고 책에 쓰여 있는데, 우리는 그것이 의심스러운 기원이라고 간주한다. 점토층이 받쳐주는, 이전에는 진흙 구덩이들인 클레이 피트라고 불렸던, 작은 호수들이 있다. 아마도 이것 아니면 진흙 호수들인 클레이 폰드가 그 이름의 기원일 것이다. 물은 지표면 가까운 진흙층에서 발견된다. 그러나 우리는 가까운 곳의 모래에서 "대낮에 별을 볼 수 있을 때까지" 샘 하나를 파내려 갔으나 물 한 방울 발견하지 못한 남자의 얘기를 들었다. 이 나무 하나 없는 '하일랜드' 위로 바람은 모질게 불어댄다. 심지어는 7월에도 어린 칠면조의 머리 위로 양 날개를 불어올려 그것이 머리를 어디로 둘지 알지 못할 정도이다. 그리고 돌풍이 불 때면 문과 창문들이 안으로 날라든다. 그래서 대서양으로 날아가지 않으려면 등대를 꼭 붙들고 있어야만 한다. 겨울에 폭풍이 부는 해변에 단지 출입을 삼간 사람들은 때때로 '수난구조협회'의 보상을 받는다. 태풍의 엄청난 위력을 느껴보고 싶다면, 워싱턴 산[10]의 꼭대기에 머물러 보거나, 트루로에 있는 하일랜드 등대에 머물러 보라.

    1794년에, 반스테이블 카운티의 어느 다른 지역보다 트루로의 동쪽 해안에서 더욱 많은 선박이 표류되었다고 쓰여 있었다. 이 등대가 그 이후에 세워졌음에도 불구하고, 거의 모든 폭풍이 분 후에는 한 두 척의 선박이 이곳에서 좌초되었고 때로는 한 번에 12척 이상의 배들이 조난

---

[10] 뉴햄프셔주의 화이트산맥에 있는 미국에서 가장 강한 돌풍이 부는 뉴잉글랜드 최고봉의 산(시속 370km).

당한 것을 이 지점에서 볼 수 있다고 쓰여 있다. 주민들은 그들의 화덕 주변에 앉아 있을 때 배들이 부서지는 소리를 듣는다. 그리고 그들은 몇몇 기억에 남을 난파들이 일어난 날짜를 보통 알고 있다. 이 해변의 역사가 처음부터 끝까지 써질 수 있다면, 그것은 상업의 역사에 있어서 전율을 느끼게 하는 페이지가 될 것이다.

트루로는 1700년에 *데인저필드*[11]라는 정착촌이 되었다. 이것은 매우 적절한 이름이다. 왜냐하면 나는 그 후에 파멧 리버 근처에 있는 묘지의 기념물에서 다음과 같은 비문을 읽었기 때문이다.

1841년 10월 3일에
잊지 못할 돌풍으로
바다에서
7척의 배를 타고 실종된
트루로의 57명의 시민을
추모하는 성소

비석의 다른 쪽에는 그들의 가족별로 이름과 나이가 기록되어 있었다. 그들은 조지 뱅크에서 실종되었다고 한다. 선실에 갇혀 익사한 소년들이 탄 배 한 척만이 케이프의 등 쪽 해안에 표류했다고 들었다. 모든 사람의 집이 "반경 2마일 이내"였다고 한다. 데니스의 28명의 주민들도 같은 돌풍으로 실종되었다. 그리고 나는 "어느 날, 이 폭풍이 불어온 바로 다음에, 거의 100구에 이르는 시신들을 건져 올려 케이프에 매장했다"고

---

11 *Dangerfield* : 위험지대.

쓰인 것을 읽었다. 트루로 보험회사는 선장 노릇할 사람들이 부족하여 그 선박들을 떠안지 못했다. 그러나 생존한 주민들은 다음 해에 예년과 같이 고기잡이를 나갔다. 나는 거기에서 조난 얘기를 하는 것이 좋지 않다는 것을 발견했다. 왜냐하면 거의 모든 가정이 가족 중 일부를 바다에서 잃었기 때문이다. "누가 그 집에 살고 있는가요?" 하고 나는 물었다. "세 명의 과부요"라는 말이 대답이었다. 이방인과 주민들은 해안을 매우 다른 눈으로 바라본다. 농부라면 폭풍이 일 때 바다를 와서 보고 경탄해 마지 않을 것이다. 그러나 주민들은 자기의 가장 가까운 친척들이 조난당한 무대로서 그것을 바라본다. 마른 비치그라스로 만든 성냥으로 방금 불을 붙인 파이프담배를 피우며 모래언덕의 가장자리에 앉아있던, 눈이 잘 안 보이는 레커에게 그가 파도 소리를 듣기 좋아할 것이라 본다고 말을 걸었을 때, 그는 "아니오. 나는 파도소리를 듣기 싫어합니다."라고 대답했다. 그는 적어도 "그 잊지 못할 돌풍에서" 한 아들을 잃었으며, 그가 거기서 목격한 조난사고들의 많은 얘기를 할 수 있었다.

    1717년에 벨라미[12]라는 유명한 해적이 그가 사로잡은 스노우호 선장에게 자기를 프로빈스타운 항구로 데려가 준다면 배를 그에게 다시 돌려주겠다고 약속하여 그 선장에 의해 웰플릿 밖의 모래톱으로 인도되었다. 전하는 말에 의하면 선장은 밤에 불이 붙은 타르가 든 통을 던져서 해안 쪽으로 표류하는 것을 해적들이 따라오게 했다. 폭풍이 불어오자 그들의

---

[12] Samuel Bellamy(1689~1717): 영국의 해적선 선장으로 당시의 막강한 해적선 중의 하나였던 휘더(Whydah)호를 몰고 1716에서 1717년에 이르는 1년 남짓한 기간 동안 카리브해를 온통 공포에 몰아넣은 인물. 1984년에 그 해적선의 잔해와 보물이 케이프코드 해안 깊은 모래 속에서 발견되었다.

전 함대가 조난을 당했다. 100구 이상의 시신들이 해안을 따라 놓여졌다. 조난을 피해 탈출한 6명은 처형당했다. "때때로 오늘날까지"(1793년), 웰플릿의 역사가가 말하기로는, "윌리엄 왕과 메리 여왕의 동전과 경화硬貨라고 불린 은화조각을 주울 수 있다. 바다의 맹렬함은 모래를 바깥쪽 모래톱으로 이동시킨다. 그래서 때로는 썰물 때 [벨라미의] 배의 철제로 된 선내 조리실이 보인 적이 있다." 다른 역사가의 말로는 "이 조난사고 이후 여러 해 동안 매우 특이하고 무섭게 생긴 남자가 매년 봄과 가을에 케이프를 돌아다니는 것이 보이곤 했는데, 그는 벨라미의 부하의 하나라고 추측되었다. 그는 긴급 상황에 대비한 보급품을 사려고 해적들이 돈을 숨겨놓은 적이 있는 장소들을 찾아다녔다고 추정된다. 그가 죽었을 때, 그가 항상 착용하고 다녔던 허리띠에서 많은 금 부치가 발견되었다."

    내가 마지막 방문에서, 모래를 상당한 깊이로 이동시킨다고 언급한 폭풍이 분 바로 다음에, 이곳 해변을 걸어가며, 경화를 발견할지도 모른다는 생각을 하고, 조개껍데기나 조약돌을 찾아보고 있을 때, 나는 실세로, 모래 둑이 급격히 깎여 골이 생긴 바닥 바로 밑, 물이 밀려온 표시가 있는 근처의 아직 젖은 모래에서, 1달러 6센트 정도 나가는, 프랑스 은화를 하나 주웠다. 그것은 어두운 석판 색깔이었는데 평범한 조약돌처럼 보였으나 매우 분명한 루이 15세의 잘생긴 두상과, 반대쪽엔 흔한 명각銘刻인 *시트 노멘 도미니 베네딕툼*(Sit Nomen Domini Benedictum)(주의 이름에 축복 있으라)이 새겨있었다. 그리고 그 표면에 무엇이 찍혀 있든 간에, 해안가의 모래 위에서 읽기에는 기분 좋은 정서였고, 나는 1741년이라는 날짜를 알아냈다. 물론 처음에는 나는 그것이 내가 매우 여러 번 발견한 것과 같은 낡은 단추라고 생각했다. 그러나 나의 칼은 그것이 은이라는 것을 곧 보여주었다. 그 뒤에 썰물 때에 모래톱 위에서 어슬렁거릴 때, 나는 내 손가락 사이에 둥근 조개(*Scutellae*)를 집어 들고서 내 동반자를 속였다. 그러자 내 친구는 잽싸게 손을 내밀어 빼앗아 달아났다.

미국혁명 때에, 서머싯호라고 불리는 영국 군함이 클레이 파운드 근처에서 조난당했다. 그리고 승선한 몇백 명 모두 포로가 되었다. 나에게 이 정보를 준 사람은 역사책에서 이런 언급을 전혀 본 적이 없다고 말했다. 그러나 여하튼 그는 이들 포로 중의 한 사람이 우연히 거기에 두고 가 여전히 그 이야기를 말해 줄 은시계에 대해 알고 있다고 했다. 그러나 이 사건을 일부 저자들은 주목했다.

다음해 여름에 나는 바로 이 해안 밖에서 닻들과 체인들을 끌어올리는 채텀에서 온 중형 범선을 하나 보았다. 그 배는 다양한 뱃길들 주위를 왕복하면서, 보트들을 내려 현장에 투입했다. 그리고 어느 것이라도 발견되면, 다가가서 갑판 위로 감아올렸다. 그 작업에 사람들이 정규적으로 고용되고 그들의 근면에 대한 대가를 지불받는 독특한 일이었는데, 뱃사람들이 헛되이 믿었던 가라앉은 믿음과 희망인, 잃어버렸던 닻들을 오늘날 좋은 날씨에 사냥하는 것이었다. 어쩌면, 그것은 어떤 오래된 해적선이나, 200년 전에 여기서 닻줄이 분리된 노르만인 어부의 녹슨 닻이기도 하고, 장사를 하러 나갔던 캔턴이나 캘리포니아 선박 우현의 큰 닻이기도 하다. 정신적인 바다의 묘박지錨泊地를 이와 같이 끌어당겨 올릴 수 있다면, 기만당한 희망이라 할 어느 녹슨 닻의 혀와, 떨어져나간 믿음이라 할 쇠사슬 줄을 찾는 자의 용선을 가라앉힐 만큼 충분히 권양기捲揚機로 갑판에 다시 들어 올릴 수 있을진저! 아니면 새로운 함대를 세상이 끝날 때까지 고정시켜 놓아두자. 바다 밑은 닻들로 널려져 있다. 어떤 것은 더 깊게 있고 어떤 것은 더 얕게 있다. 모래로 덮인 것도 있고 안 덮인 것도 있다. 어쩌면 아직도 붙어있는 짤막한 쇠밧줄을 달고 있는데, - 그것의 다른 쪽 끝은 어디에 있는가? 수많은 끝나지 않은 이야기들이 다음번에 계속될 것이다. 그러므로 우리가 만약 정신적인 심해에 적합한 다이빙 벨을 가졌다면, 우리는 무언가 잡아보려고 모두 헛되이 꿈틀거리는, 식초 속에 들어 있는 뱀장어처럼, 굵은 쇠밧줄이 달린 닻을 보게 될 것이다. 그러나 다른 사람이 잃어버린 것은 우리에게 보물이 아니다. 소중한 것은 오히려 다른 어느 누구도 찾지 못했거나 찾을 수 없는 것을 우리가 추구하는 것이고, 닻이나 건져 올리는 채팀 사람들처럼 되지 않는 것이다.

이 게걸스러운 해변의 연대기들! 파선당한 선원이 아니라면, 누가 그것들을 쓸 수 있는가? 이 해안을 본 적이 있는 얼마나 많은 사람이 위험과 곤경의 한가운데서 죽어가는 눈으로 대지의 마지막 길고 가느다란 조각을 보았던가. 하나의 해인이 목격한 고난의 양을 생각해보라. 고대인들은 그것을 스킬라와 카리브디스[13]보다 더 무시무시한 턱을 딱 벌린 바다 괴물이라고 나타냈을 것이다. 트루로의 주민 한 사람은 세인트 존 호가 코하셋에서 조난당하고 2주 후에 클레이 파운드가 있는 해안에서 2구의 시신을 발견했다고 내게 말했다. 그것은 한 남자와 한 뚱뚱한 여자의 시체였다. 남자는 두터운 장화를 신고 있었고, 머리는 떨어져 있었

---

[13] Scylla and Charybdis: 그리스 신화에 나오는 좁은 해협의 한쪽 편에 사는 바다 괴물과 해협의 다른 쪽에 있는 소용돌이.

지만, "그것은 나란히 있었다." 발견한 사람이 그 광경을 눈에서 지우는 데 몇 주가 걸렸다. 아마도 그들은 부부였을 것이다. 그리고 신이 대양의 조류와 합세해 그들을 떨어져 있게 하지 않았다. 그래도 어떤 가벼운 우연들로 처음에 함께 표류하게 되었을 것이다. 이들 승객들의 일부 시신들은 먼 바깥 바다에서도 수습되어 상자에 넣어 바다에 가라앉혀졌다. 일부는 육지로 가져와 매장되었다. 보험업자가 주목하는 것보다 조난에는 더 많은 결과가 존재한다. 걸프 해류는 일부를 그들의 고향 해안들로 돌려보낼지도 모르고, 아니면 시간과 자연의 요소들이 그들의 뼈로 새로운 수수께끼를 쓸, 대양의 길에서 벗어난 동굴에 그들을 떨굴지도 모른다. - 그나저나 다시 육지로 돌아가자.

점토층위에 있는 이 모래 둑에서, 나는 여름에 6로드 길이의 공간 안에서 200개의 둑 제비집 구멍을 세었다. 그리고 적어도 1천 마리의 나이든 새들이 그 거리보다 3배의 공간 안에서 파도를 타고 지저귀고 있었다. 나는 전에는 그 새들과 해변을 마음속에서 연상시켜본 적이 결코 없었다. 새의 둥지를 뒤진 적이 있었던 한 작은 소년은 자기 몫으로 80개의 제비 알을 받았었다니! 수난구조협회에 말하지 말라. 아래 진흙에는 많은 어린 새들이 나뒹그러져 죽어있었다. 또한 많은 까마귀와 블랙버드가 건조한 들판에서 팔딱팔딱 뛰어다니고 있었다. 그리고 고지대 물떼새는 등대 근처 가까이에서 먹이를 먹고 있었다. 등대관리인은 전에 잔디를 깎다가 알을 품고 있는 새의 한 쪽 날개를 자른 적이 있었다. 이곳은 또한 가을에 포수들이 금빛 물떼새를 사냥하기 좋아하는 휴양지이다. 한 호숫가 주변을 따라 잠자리, 나비 등이 보였는데, 그런데 여기서, 놀랍게도, 같은 계절에 균형 잡히게 더 큰, 거의 내 손가락만큼이나 큰,

장수잠자리를 보았다. 끊임없이 둑의 가장자리를 아래위로 돌고 있었고, 나비들 또한 그 위를 선회하고 있었다. 그리고 나는 그렇게 많은 여러 종류의 곤충과 풍뎅이가 해변에 흩어져 있는 것을 결코 본 적이 없었다. 그것들은 분명히 야간에 둑을 넘어 날아 왔다가 다시 일어설 수가 없어, 일부는 아마도 바닷속으로 떨어졌다가 해변으로 쓸려왔을 것이다. 그것들은 일부분 등대의 램프 불에 끌려서 왔을 것이다.

　클레이 파운드는 보통의 땅보다 더욱 비옥한 토지이다. 우리는 여기서 일부 뿌리채소와 옥수수의 훌륭한 밭떼기들을 보았다. 케이프에서는 일반적인 것처럼, 식물들은 줄기나 잎이 작으나, 열매는 놀랍게도 잘 맺었다. 옥수수는 내륙지방에 있는 것에 비하면 반밖에 크지 않지만, 열매는 크고 실했다. 그리고 한 농부는 거름을 주지 않고도 1에이커에서 40부셸이 나오고, 거름을 주면 60부셸이 나온다고 내게 말했다. 귀리의 이삭이 눈에 띄게 또한 컸다. 채진목菜振木(*Amelanchier*), 비치플럼, 블루베리(*Vaccinium Pennsylvanicum*) 등은, 사과나무나 참나무같이, 모래 위로 퍼져 매우 왜소했으니 동시에 열매가 매우 실했다. 블루베리는 키가 겨우 1인치나 2인치였고, 열매는 종종 땅에 닿았다. 그래서 사람들은 저들 황량한 언덕들에서조차, 그 위로 발을 내딛기 전까지는, 덤불숲의 존재를 의심하지 않았다. 나는 이러한 풍성함이 틀림없이 대기에 습기가 많은 때문이라고 생각했다. 왜냐하면 거기에 있는 작은 풀들이 아침에 이슬을 놀랍게도 머금고 있는 것을 관찰했기 때문이다. 그리고 여름에는 밀도가 높은 갇힌 안개들이 대낮 때까지 계속되어 사람의 수염을 목 주변에서 젖은 손수건으로 변화시킨다. 그리고 가장 나이가 많은 주민은 자기 집과 지척 거리에서도 길을 잃을지도 모르고, 그렇잖으면 해변을 길 안내인 삼아 따라갈 수밖에 없다. 등대와 붙은 벽돌집은 그런 계절에는 극도로 눅눅했다. 그리고 편지지도 그 안에서는 빳빳함을 전부 잃었다. 목욕 하고 수건을 말리는 것이 불가능했고, 꽃들을 누르면 이슬방울이 흘러나올 정도였다. 언제나 입술에 소금 맛을 볼 수 있었을지라도, 공기가 너무나 습해서 우리는 물을 마시고 싶다는 생각이 거의 들지 않았다. 소금은 식탁에서 거의 사용되지 않았다. 그리고 숙소주인은 자기의 가축들이 소금을 주면 하나같이 그것을 거부한다고 우리에게 말했다. 가축들은 풀을 뜯어 먹을 때 그리고 호흡할 때마다 매우 많은 염분을 섭취했다. 그러나 그는 병든 말이나 시골에서 막 온 가축은 때로는 소금물을 왕성하게 들어 마시곤 하는데, 소금을 좋아하는 것으로 보였고 그 때문에 상태가 더 나아지는 것 같았다고 우리에게 말했다.

　7월 초에 모래 위에 서 있는, 바닷가 미역취의 윗 봉오리에 매우 많은 물을 포함하고 있는 것을 보는 것은, 그리고 또한 무와 비트와 당근 등이 모래만 있는 곳에서조차 잘 번성하는 것을 보는 것은 놀라운 일이었다. 우리보다 조금 먼저 그 근처의 해안을 따라 여행하고 있는 한 남자는, 물이 제일 높이 밀려온 표시가 있는, 모래만 있는 해변에서 자라고 있는 푸른 식물이 눈에 띄었고, 가까이 다가갔을 때, 그것이 어쩌면 프랭클린호에서 쓸려나온 씨에서 발아되었을지 모르는, 왕성하게 자라나는 비트 못자리를 발견했다. 또한 비트와 무는 케이프의 많은 지역에서 비료로 사용된 해초에서도 싹이 솟아나왔다. 이것은 얼마나 많은 다양한 식물들이 먼 내륙이나 대륙으로 세상에 흩어져 갈 수 있었는가를 암시하고 있다. 아마도 씨앗들을 필요로 하지 않을 특정한 항구를 향해 떠난, 씨앗을 화물로 실은 선박들은 황량한 섬들에 떠밀려져왔다. 그 선원들은 비록 사라졌을지라도, 일부 그들의 씨앗들은 보존되었다. 많은 종류 중에서도 몇 종류만이 자기들에 맞는 토양과 기후를 만날 것이고, - 귀화되어서 어쩌면 토착식물들을 마침내 밀어낼 것이고, 그렇게 해서 땅을 사람들이 살기에 적합하게 만들 것이다. 어느 누구에게도 도움이 안 되게 부는 바람은 좋지 않은 바람이다. 그리고 당분간 통탄스러운 조난사고는 이같이 대륙의 재고품목에 새로운 채소를 제공할지도 모른다. 그리고 그 주민들에게는 대체로 영속적인 축복임을 증명할 것이다. 아니면 바람과 조류가 인간의 간섭 없이 똑같은 효과를 줄 수 있을 것이다. 우리가 비록 씨앗들의 출처인 프랭클린 호를 모를지라도, 해변에 자라는 다양한 즙이 많은 식물들이란 이렇게 자라게 할 목적으로 물위에 뿌려졌을 씨에서 원래 싹터 나온 비트와 무의 못자리가 아니고 진실로 무엇이겠는가? 옛날에 벨 아무개 씨가 재배방법을 적은 라벨을 모두 멋지게 달아놓은 큰 장대와 솔장다리와 벼룩이자리, 비치그라스, 샘파이어, 베이베리, 포버티그라스 등의 씨앗들을 방주方舟에 싣고, 어딘가에 묘목장을 세우려는 목적으로, 이 길을 항해하고 있었는데, 그는 실패했다고 생각했겠지만, 묘목장은 결국 세워진 셈이 아니었던가?

 등대 주위에서 나는 여름에 가오리처럼 납작하게 땅에 퍼져있는 예쁜 애기풀속의 각종 초본(Polygala polygama), 흰 목초지 엉겅퀴(Cirsium pumilum), 그리고 관목들 가운데서 보통 그렇게 북쪽으로는 자라지 않는다고 하는 청미래 덩굴속의 각종 식물(Smilax glauca)을 관찰했다. 남쪽 편으로 반마일 정도에 있는 둑들의 가장자리 근처에는, 매사추세츠에서는 유일하게 플리머스에서만 자란다고 보통 거명되는 브룸 크로우베리(Corema conradii)가, 1피트 높이로 4~5피트 반경의 예쁜 녹색의 둔덕들을 형성하여, 나그네를 위한 부드럽고, 탄력 있는 잠자리가 되었다. 나는 나중에 그것을 프로빈스타운에서 보았다. 그러나 모든 주홍색 뚜껑별꽃(*Anagallis arevensis*) 중에서도 가장 예쁜 꽃들이 좋은 날씨에는 거의 모든 평방 야드의 모래땅에서 사람을 반기고 있다. 야머스Yarmouth에서부터, 때로는 크랜베리처럼 크지만, 먹을 수 없는, *크라이솝시스 팔카타*(*Chrysopsis falcata*)(금빛 꽃이 피는 애스터)와 *박시니움 스타미네움*(*Vaccinium stamineum*)(디어베리 또는 스쿼 허클베리)의 인사를 받아왔다(9월 7일).

우리가 묵고 있던, 하일랜드 등대[14]는 철제 모자지붕을 위에 얹고 하얀 페인트칠을 한 벽돌로 지어 견고하게 보이는 건물이다. 그것에 붙어있는 것은 정부가 지은 역시 벽돌로 된 단층의 관리인 숙소이다. 우리가 등대에서 하룻밤을 보낼 예정이었음으로 우리는 최대한 신기한 경험을 하고자 했다. 그래서 우리의 숙소주인에게 그가 등대 불을 밝히려고 올라갈 때 같이 가고 싶다고 말했다. 촛불을 켜기에는 좀 이른 시간이지만, 보통 때보다 더 역겹게 연기를 나게 하면서, 그는 작은 호롱불에 불을 붙이고, 우리에게 자기를 따라오라고 말했다. 그는 먼저 자기의 침실을 통해 갔는데 그것은 등대와 가장 가까운 곳에 자리 잡고 있었다. 그리고 나서 교도소 입구처럼 온통 하얀 벽들 사이로 있는 길고 좁은 지붕이 있는 통행로를 통해 등대의 아래 부분으로 갔는데, 거기에는 커다란 기름통들

---

14 {원주}: 등대는 그 뒤 다시 만들어졌고 프레넬(*Fresnel*) 불빛을 보여준다. [역자 주]: 프레넬 렌즈는 프랑스의 공학자이며 물리학자인 프레넬(Augustin - Jean Fresnel,1788~1827)이 등대용으로 개발한 것으로 여러 개의 렌즈가 복합적으로 연결되어 빛을 강하게 분사시켜주는 획기적인 제품으로 셀 수 없이 많은 배를 구했다고 한다.

이 주위에 많이 배열되어 있었다. 거기에서 우리는 감아 올라가는 노출형의 철제 계단을 기름과 램프의 그을음 냄새가 점점 더 심해지는 것을 느끼며 철제바닥에 있는 트랩 문으로 올라갔고 이를 통해 등燈이 있는 곳으로 들어갔다. 모든 것이 완벽하게 정리되어 있어서, 거기서는 기름이 부족해서 어느 것도 녹슬 위험이 없는 산뜻한 건물이었다. 등은 직경 21인치의 매끄러운 오목한 반사경 안에 놓여진 15개의 아르강 램프로 구성되어 있었는데, 케이프의 바로 아래를 제외하곤, 사방을 마주하는 아래위로 수평으로 두 개의 원을 그리도록 배열되었다. 이것들은 2 - 3피트 떨어진 커다란 평판 유리창들로 둘러싸이고, 철제 난간들과 철제 지붕이 씌워있어 폭풍을 막았다. 모든 철 구조물은 바닥을 제외하고는 흰색으로 칠해져 있었다. 그리고 이와 같이 등대는 완성되어 있었다. 우리는, 관리인이 램프들을 돌아가며 불을 붙이는 동안, 그와 얘기를 나누며, 많은 선원들이 심해에서 하일랜드 등대의 불 밝히는 모습을 목격하고 있을 같은 순간에, 천천히 그 좁다란 공간을 걸어 다녔다. 그의 임무는 램프들에 기름을 채우고 심지를 손질하고 불을 켜는 것이며, 반사경들을 맑게 유지하는 것이었다. 그는 램프들에 아침마다 기름을 채웠으며, 밤이 올 때 보통 한번 심지를 잘랐다. 그는 공급되는 기름의 품질에 대해 불평했다. 이 등대는 1년에 약 8백 갤런의 기름을 소모한다. 이 기름은 1갤런에 1달러도 안 나가는 것이다. 그러나 좀 더 좋은 기름이 제공된다면 아마도 몇 명의 생명들을 구할 수 있을 것이다. 또 다른 등대 관리인은 겨울동안 찌든 기름이 대부분의 북쪽에 있는 등대에 보낸 것과 같은 비율로 연방의 남쪽 끝에 있는 등대에 보내졌다고 말했다. 이전에 이 등대가 작고 얇은 유리창이 달렸을 때, 지독한 폭풍들이 때때로 유리를 깨뜨리곤 했다. 그럴 때는 그들은 등과 반사경을 보호하고자 서둘러 나무로 된 덧창을 댈 수밖에 없었다. 그래서 때로는 태풍 속에서, 선원들이 그들의 안내가 필요한 최고 경계태세에 있었을 때, 그들은 이렇게 거의 등대를, 보통 육지 쪽이나 바람이 불어가는 쪽에다, 겨우 약간의 희미한 불빛만을 발산하는, 어두운 등불로 변환시킨 적이 있었다. 그는 겨울에 춥고 폭풍이 부는 밤에 자기가 느꼈던 불안과 책임감에 대해 얘기했다. 많은 불쌍한 사람들이 자기에게 의존하고 있다는 것을 알았다. 그런데 기름이 얼어서 그의 램프가 흐릿하게 불타고 있었다. 때때로 그는 한밤중에 기름을 자기 집에 있는 주전자로 데워서 램프에 다시 채울 수밖에 없었다. - 왜냐하면 그는 등대에서 모닥불을 피울 수가 없었고, 그것은 창문에 많은 성애를 생기게 했기 때문이다. 그의 후임자는 그런 경우에 너무 뜨겁게 불을 유지할 수가 없다고 내게 말했다. 이 모두가 기름이 불량하기 때문이다. 정부가 비용을 아끼느라 추운 해안에 있는 등대에서 여름동안 찌든 기름으로 선원들에게 불을 밝히다니! 그것은 말할 것도 없이 여름에 찌든 자비였다.

이 등대관리 후임자는, 이듬해에 나를 반갑게 맞아주었는데, 다음과 같은 말을 했다. 어느 극도로 추운날 밤, 이 등대와 모든 이웃하는 등대들이 여름용 기름을 태우고 있었지만, 그는 겨울용을 응급 시에 쓰려고 비축해놓을 정도로 준비성이 있었다. 그러나 그는 불안한 마음으로 잠에서 깨어나서 기름이 응결된 것을 발견했는데, 그의 등대 불들이 거의 꺼져있었다. 그리고 여러 시간 노력을 한 후에야 그는 겨울용 기름으로 심지 끝의 용기들을 채우는데 성공했고 어렵게 불이 붙게 만들었다. 그는 밖을 내다보고 이웃에 있는 다른 등대의 불들이, 보통 육안으로 보였는데, 꺼진 것을 발견했다. 그리고 그는 나중에 파몟 강과 빌링스게이트 등대도 불이 꺼졌었다는 얘기를 들었다고 한다.

우리의 숙소주인은 유리창에 끼는 서리가 또한 그를 대단히 성가시게 했으며, 무더운 여름날 밤 나방이들이 유리창을 덮어 등불을 흐릿하게 만들었다고 말했다. 그리고 때로는 심지어 작은 새들이 두터운 판유리에 날아들어 부딪쳐서 아래 땅 바닥에 목이 부러진 것들이 아침에 발견되었다. 1855년 봄에 그는 19마리의 작은 노란 새들이, 아마 골드 핀치나 머틀 버드일 것인데, 이렇게 등대 주변에 죽어있는 것을 발견했다. 그리고 때로는 가을에 그는 금빛 물떼새가 밤중에 유리에 세게 부딪쳐서 깃털과 가슴살이 유리면에 붙어있는 것을 본적이 있었다.

이와 같이, 그는 모든 방법을 동원하여, 자기 등대가 사람들 앞을 밝게 비추도록 유지하려고 애썼다. 말할 것도 없이 그 등대관리인은 어려운 일은 아니지만 책임이 있는 직책을 가진 셈이다. 만약 그의 등대불이 나가면, 그 자신도 나가야 된다. 아니면, 기껏해야, 그런 경우에 단 한번만 용서된다.

나는 어떤 가난한 대학생이, 선원들에게서 빼앗은 것이 아닌 그 모든 불빛으로 이득을 보며, 그곳에서 생활하지 않는 것이 안타깝다고 생각했다. "그런데요," 그가 말했다. "나는 아래가 시끄럽지 않을 때는 이따금씩 여기에 올라와서 신문을 읽습니다." 15개의 아르강 램프로 신문을 읽는 것을 생각해보라! 기름은 정부가 대고! - 헌법을 읽기에도 충분할 빛일 것이다! 나는 그가 그 불빛으로 성경책 이상을 읽어야 한다고 생각했다. 내 생각으로는 대학교가 제공하는 것보다 더 많은 빛을 내는 등대의 램프들을 이용하여 대학공부를 해도 될 동급생을 나는 한사람 가지고 있었다.

  우리가 내려와서 등대로부터 12로드 정도 걸어 나왔을 때, 우리는 등대와 해안사이의 좁은 회랑에서 그 등대의 충분한 빛을 받을 수 없음을 발견했다. 너무 낮아 초점이 안 맞았다. 그래서 우리는 매우 많은 희미한 광선 없는 별들만을 보았다. 그러나 내륙으로 40로드에서는 비록 여전히 한 등불에만 신세를 졌지만 글을 읽을 수 있을 정도로 볼 수 있었다. 각각의 반사경은 빛을 따로따로 "부채질"해 내보냈다. 하나는 풍차를 비추었고, 하나는 할로를 비추었는데, 반면에 그사이 공간들에는 그림자가 있었다. 이 등대불은 해발 15피트 높이의 관찰자에게는 20해리 이상에서도 보인다고 한다. 우리는 케이프의 끝에 있는 9마일 거리에 있는 레이스 포인트의 회전하는 등대불과, 또한 프로빈스타운 항구의 입구에 있는 롱 포인트 등대, 그리고 지평선의 별처럼 거의 마지막 범위에 있는, 만을 건너 멀리 플리머스 항구의 등대 중의 하나를 볼 수 있었다. 다른 하나의 플리머스 등대는 롱 포인트 등대와 정확히 같은 시선 상에 있어 가려져있다고 등대관리인은 생각했다. 그는 밤중에 좌초하는 것을 두려워하는 선원들이 때로는 고등어 잡이 어부의 등불이나 심지어는 오두막의 빛을 해안에 있는 잘 알려진 등대로 오인하여 길을 잘못 들어서곤 하는데, 그들이 실수를 발견할 때는, 사려 깊은 어부나 깨어있는 오두막 주인에게 이유 없이 욕을 해대곤 한다고 우리에게 말했다.

  비록 하늘의 섭리가 여기에 이런 점토 뭉치를 의도적으로 놓아주어 하나의 등대를 세우도록 했다고 일찍이 선언되었지만, 등대관리인은, 등대가 해안이 굽기 시작하고 불빛이 노셋 등대와 동시에 보일 수 있으며 그것과 구별할 수 있는 곳인, 반마일 정도 더 남쪽으로 세워졌어야 한다고 말했다. 사람들은 요즘 그곳에 등대를 하나 세우는 얘기를 하고 있다. 케이프의 극단에 너무 가까운 현재의 것은, 다른 등대들이 그 이후 그쪽에 세워졌기 때문에, 이제 더욱 쓸모없게 되는 일이 생기고 있다.

여기 벽에 걸려있는 등대관리국의 많은 준수사항 중에서, 아마도 그것을 준수할 연대聯隊병력이 이곳에 주둔했다면 아주 훌륭할 것이지만, 등대관리인에게 낮 동안에 등대를 지나가는 선박들의 숫자를 적도록 하는 하나의 요구사항이 있었다. 그러나 한 번은 눈앞에 100척의 배들이 온갖 방향으로 가고 있고, 많은 배들이 수평선 가까이 있어서, 그는 아르고스[15]보다 많은 눈을 가져야했으며, 어느 배가 자기의 등대를 지나가는 지를 분간하려면, 시력이 아주 좋아야했다. 그것은 어느 면에서 이 해안을 위아래로 날아다니며 바다 위를 선회하는 갈매기의 습성에나 가장 잘 어울리는 직업이다.

후임으로 부임한 등대관리인에게서 들은 얘기로, 다음해인 6월 8일 특별하게 맑고 아름다운 아침에, 그는 해가 뜨기 전 30분전에 일어났는데, 그의 관습은 해가 뜰 때 등대 불을 끄는 것이었기 때문에, 시간여유가 좀 있어서, 뭐가 있는지 보려고 해안 쪽으로 걸어 내려갔다. 모래둔덕의 가장자리로 갔을 때 그가 고개를 들어 보니, 놀랍게도, 해가 벌써 반쯤 수평선위로 내밀며 떠오르고 있었다. 자기의 시계가 틀렸다고 생각하고 급히 돌아와서는, 비록 시계로도 너무 이른 시간이었지만, 등대램프를 껐다. 그가 그 일을 마치고 내려왔을 때, 창문을 내다보니, 더욱더 기가 찰 노릇은, 해가 수평선에 3분의 2쯤 걸려 전에 있던 위치에 그대로

---

[15] Argus: 그리스신화에 나오는 백 개의 눈을 가진 거인.

있는 것을 보았다. 그는 내게 햇빛이 방을 가로질러 벽에 비친 곳을 보여주었다. 그는 계속해서 불을 지폈고 일을 끝냈는데도 해는 여전히 같은 높이에 있었다. 그러자 자기 자신의 눈을 더 이상 믿을 수가 없어서 자기 아내를 불러 해를 보라고 했고, 그녀 또한 그것을 보았다. 바다에는 배들이 있었고 햇살이 그들에게 비추고 있음으로 그들 또한 그것을 보았음에 틀림없다고 그는 말했다. 시계를 보니 해는 그 상태로 약 15분이나 머물러 있다가 보통 때처럼 떠올랐다. 그리고 그날 그 어떤 특별한 일도 생기지 않았다. 해안에 익숙한 편이었지만, 그는 그런 현상을 전에는 결코 목격한 적도 들어본 적도 없었다. 나는 그에게 안 보이는 수평선에 태양과 함께 떠오른 구름이 있지 않았을까하고 말하며 그의 시계는 여느 때처럼 정확했을 것이라고 말해주었다. 그가 이것의 가능성을 부정하니까 그것은 아마도 슈피리어 호나 다른 곳에서 일어난다고 전해지는 태양의 불쑥 나타나기였을 것이다. 예를 들어, 존 프랭클린 경[16]은 그의 담화에서 그가 북극해의 해안가에 있을 때, 수평선의 반사가 어느 날 아침 너무나 다양하게 비쳐서 "태양이 마침내 떠오르기 전에, 태양의 위쪽 가장자리들이 수평선에 두 번이나 나타났다."고 말한다.

　수백만의 사람들에게 하늘이 아직 **어스름할 때**, 아니면 태양이 떠오른 뒤 한 시간이나 지난 뒤에 해를 보는 수백만의 사람들이 있을 때에, 태양이 불쑥 나타나는 것을 본 사람은 틀림없이 오로라[17]의 자식임에 틀림없다. 그러나 태양이 불쑥 나타남을 믿지 않고, 우리의 램프 심지를 다듬고

---

[16] Sir John Franklin(1786~1847): 영국의 해군 장교이며 극지 탐험가.
[17] Aurora: 로마신화의 새벽의 여신.

마지막까지 태우는 것은 오랜 경험자인 우리의 의무이다.

이 등대관리인은 불꽃의 한가운데가 정확히 맞은편 반사경의 중앙에 있어야 한다고 말했다. 그리고 그에 따라서 그는 아침에 심지를 내리는 것을 소홀히 한다면 태양이 건물의 남쪽 편에 있는 반사경에 쏟아져서 가장 추운 날에 불타는 유리처럼 불이 나게 할 것이라고 했다. 그리고 그는 정오에 올려다보고 모두 불이 켜져 있는 것을 보곤 했다! 램프가 불이 켜질 준비가 될 때, 그것은 불을 받을 준비가 가장 잘된 것이다. 그리고 태양이 불을 붙일 것이다. 그의 후임자는 그런 경우에 불이 붙는 것을 한 번도 본 적이 없고 단지 연기만 났다고 말했다.

나는 이곳이 신기한 장소라는 것을 알았다. 내가 다음해 여름에 거기 있는 동안 바다로 돌거나 옅은 안개 속에서, 머리 위쪽은 개었으므로, 20로드 거리의 모래언덕의 가장자리가 지평선에 있는 산의 초원처럼 보였다. 나는 그것으로 완전히 속았다. 나는 그래서 왜 선원들이 그런 경우에 해안으로 내달리는지 이해할 수 있었다. 특히 밤중에, 그것이 멀리 있는 것으로 추정하고, 그들이 비록 육지를 볼 수 있을지라도. 이런 일이 있고 나서 한번은 한밤중에 여기서 2~3백마일 떨어진 커다란 굴 잡는 배에 있을 때, 그때 육지와 바다에 엷은 안개의 베일이 깔려있을 때, 우리의 선장이 깨닫기 전에 우리가 육지로 너무 가까이 내닫고 있었기 때문에 첫 번째 경고는 내 팔꿈치 밑에서 파도의 소리를 내가 들은 것이었다. 나는 거의 육지로 뛰어내릴 수도 있을 정도였다. 그래서 우리는 서둘러 충돌을 막으려고 동분서주해야 했다. 5~6마일 정도 떨어진 등대라고 추정하고, 우리가 방향을 잡고 가는 먼 등대불은 6로드도 안 떨어진 어부의 2층 침상 갈라진 사이로 새어나오는 빛이었다.

등대관리인은 그의 고독한 작은 바닷가 집에서 단정하게 우리를 맞아주었다. 그는 출중한 인내와 지성을 지닌 남성이었고, 우리의 질문이 그에게 쏟아지자, 종소리처럼 분명하게 대답을 해주었다. 몇 피트 떨어진 등대의 램프는 내 방을 가득히 비추어 대낮처럼 밝게 만들어주었다. 그래서 나는 하일랜드 등대가 그 모든 밤을 어떻게 견디는지를 정확하게 알았다. 그래서 나는 조난을 당할 위험에 놓이지 않았다. 지난번 밤과는 달리 오늘 밤은 한여름 밤답게 조용했다. 내가 자다 깨다 하며 거기에 누워있을 때 창문을 통해 내 머리 위에 있는 등불들을 올려다보며, 저 멀리 대양의 해류에서 얼마나 많은 잠 못 이루는 눈들이 - 세계 여러 나라의 선원들이 다양한 야간 감시를 통해 모험담을 엮어가며 - 나의 침상을 향하고 있는가를 생각했다.

제9장 바다와 사막
The Sea and the Desert

비록 지금은 은빛 광채를 내고 있었지만, 내가 바다에서 나오는 태양을 보려고 일어났을 때, 등대의 램프들은 여전히 불타고 있었다. 태양이 아직 우리의 동쪽에서 떠올랐기 때문이었다. 그러나 나는 비록 태양이 물에서 나오는 것으로 보였을지라도, 태양이 저 물결 넘어 물기 없는 침상에서 나왔음이 틀림없다고 확신했다.

"아름답게 흐르는 깊은 바다로부터
하늘로 올라가면서,
태양은 한 번 더 들판을 어루만졌다."[1]

---

1   호메로스, 『일리아스』 제7권 421~423행. 소로가 영역해 인용한 이 부분은 천병희 씨의 번역에는 "조용히 흐르는 오케아노스의 깊은 흐름에서 드디어/ 태양이 하늘로 솟아오르며 들판 위에 새로운 빛을/ 비추기 시작했 . . . 다"라고 되어있다.

이제 우리는 깊은 바다 위에서 셀 수 없이 많은 고등어잡이 배들의 돛을 보았다. 북쪽의 한 선단은 케이프를 돌아 막 쏟아져 나가고, 다른 선단은 채텀을 향해 아래로 움직이고 있었다. 그리고 우리가 묵은 숙소 주인 아들은 아직 만을 떠나지 않은 첫 번째 선단의 뒤처진 집단에 합세하려고 나가버렸다.

우리가 등대를 떠나기 전에 우리는 구두에 동물 지방을 충실하게 발라야 했다. 염분의 물과 모래가 있는 해변을 걷는 것은 구두를 빨갛게 변하게 하고 부서지게 했기 때문이었다. 이것과는 대조적으로 해안은 진흙이 있을 때조차도 특이하게 깨끗하다고 내가 말한 적이 있다. 왜냐하면 물과 진흙이 튀고 조개가 물을 내품는데도 불구하고 배를 오가며 걸어 다니는 동안, 아주 멋진 검은 바지는, 시골을 걸어 다닐 때 많이 생기는 것과 같은 그런 얼룩이나 오물이 묻지 않았다.

이 일이 있고 난 뒤 며칠 후에, 프로빈스타운 은행이 강탈당했을 때, 프로빈스타운에서 긴급히 파견된 사람들이 이 등대에 묵은 우리와 관련하여 특별히 탐문을 하였다는 얘기를 들었다. 사실상, 그들은 케이프에서의 우리의 모든 행적을 추적했고 우리가 강도질을 벌였을 때 장물을 갖고 도망할 길을 알아내고자 사람들이 다니지 않는 뒤쪽 루트를 도보로 왔다고 결론지었다. 케이프는 매우 길고 좁다랗고, 가려줄 아무것도 없어서, 밤에 조난당한 것이 아니라면, 낯선 사람이 일반적으로 주민들 모르게 방문하기는 거의 불가능하다. 그래서 이런 강도 사건이 발생했을 때 그들의 모든 의심이 방금 케이프를 내려 지나간 우리 두 여행자에게 집중되는 것으로 보였다. 만약 우리가 조속히 케이프를 벗어나지 않았었더라면, 우리는 아마도 체포당했을 것이다. 진범들은 우스터 카운티에서 온 두 젊은이였는데, 송판을 뚫는 송곳을 가지고 다녔고, 도둑질을 아주 깔끔하게 해냈다고 한다. 그러나 우리가 눈독을 들인 유일한 은행은 저 위대한 케이프코드 샌드-뱅크였고[2], 우리는 그것에서 오래된 프랑스 은화 한 닢과 약간의 조개껍데기와 조약돌, 그리고 이 얘기의 소재들만을 탈취했다.

다시 우리는 (10월 13일) 또 하루 동안 모래 해변으로 나가 파도 소리 울리는 해안을 따라 걸으며, 바다를 우리의 가슴에 안으려고 했다. 우리는 바다와 사귀어서 그것이 시골사람에게 입혀주는 호수 같은 모습이 없어지길 바랐다. 우리는 바다 건너 쪽을 볼 수 있다고 여전히 생각했다. 바다의 표면은 전날보다 더욱더 물이 튀어 올랐다. 우리는 "바다 물결의 셀 수 없이 많은 미소를" 바라보았다. 비록 그것들 중 약간은 예쁘고 널따랗게 이를 드러내고 웃는 것이었지만, 여전히 바람이 불었고 파도가 해변을 따라 거품을 내며 부딪치고 있었다. 동쪽으로 바라보면 우리에게서 가장 가까운 바다 건너 쪽의 해변은 스페인에 있는 산티아고[3]가 주도(州都)인 갈리시아 해변이었다. 비록 옛 시인의 어림짐작에 의하면 그것은 아틀란티스나 헤스페리데스였어야 했을 것이지만, 그러나 천국은 지금 더욱 멀리 나간 서쪽에서 찾는다. 처음에 우리는 포르투갈의 *앙트레 두 로 에 미뇨*[4] 지구와 나란히 가고 있었다. 그 다음엔 갈리시아 그리고 폰

---

2   은행이라는 뜻과 둔덕이라는 뜻을 가진 동음이의어 뱅크(bank)를 사용하고 있다(pun).
3   Santiago: 스페인의 북서부의 대서양에 면한 갈리시아 지역에 있는 도시. 예수의 제자 야고보의 무덤이 있다고 알려진 산티아고로 가는 순례 길이 유명하다.
4   *entre Douro e Mino*: 대서양으로 흘러 들어가는 이베리아반도에서 가장 긴 강

테베드라⁵ 항구가 우리가 걸어감에 따라 우리에게 열렸다. 그러나 우리는 들어가지 못했다. 파도가 너무나 높이 일었다. 약간 북동쪽으로 피니스테르 곶의 윤곽이 뚜렷한 돌출부가 그다음에 우리를 향해, 허풍을 부리며, 튀어나와, 우리는 몸을 뒤로 뺐다. - "여기는 케이프코드다. - 우리나라 땅이 시작된 곳."⁶ 북쪽으로 약간 오목 들어간 곳이 - 공통의 신기루에 의해 육지가 우리의 상상 속에서 불쑥 나타났기 때문에 - 우리는 비스케이만⁷이라는 것을 알고서 노래를 불렀다.

"거기에서 우리는 누워있네, 다음날까지,
오! 비스케이만에서"

약간 동남쪽으로, 콜럼버스가 닻을 올렸던 곳인, 팔로스⁸가 있었다. 그리고 더 멀리는 헤라클레스가 세운 기둥들이 있었다.⁹ 그것에 관해서 우리는 목청을 힘껏 돋우어, 거기에 무엇이 쓰여 있느냐고, 물어보았다. - 우리는 아침 해를 얼굴에 받고 있어서 분명히 볼 수가 없었다. 주민들

인 두로 강과 미뇨강 사이에 있는 지역.
5   Pontevedra: 스페인 북서부의 도시.
6   미국의 순례선조들(Pilgrim Fathers)이 1620년 11월 11일 처음 상륙한 곳(Cape).
7   Bay of Biscay: 프랑스의 서쪽 해안과 스페인의 북쪽 해안으로 둘러싸인 만.
8   Palos: 스페인 남서부의 마을로 1492년 콜럼버스가 아메리카행의 닻을 올렸던 곳.
9   지중해 중심의 고대 그리스 - 로마세계(BC.8세기~AD.6세기)에서 지브롤터 해협 양쪽에 솟아오른 바위와 봉우리들은 세계의 가장자리를 표시하는 헤라클레스의 기둥들이라고 불렸다.

은 *네 플루스 울트라*(*Ne plus ultra*)(그 너머엔 더 이상 없다)라고 외쳤다.[10] 그러나 바람은 플루스 울트라(*plus ultra*)(그 너머에 더 있다)라는 진실만을 우리에게 실어다 주었다. 만을 건너 서쪽으로 울트라(*ultra*)(넘어서)가 울려 퍼졌다. 우리는 그들에게 파도를 통해서 태양이 **태평양**에서 불이 꺼지는 '서쪽 끝', 진짜 헤스페리아[11], ἔω πέρας, 즉 하루의 끝, '일몰의 이쪽'에 대해 말해주었다. 그리고 우리는 그들에게 말뚝을 뽑아서, 우리의 모든 백성이 달려간, 지금은 유일하게 그 너머엔 더 이상 없는, 캘리포니아의 해안에 그들의 기둥들을 꽂으라고 충고했다. 우리가 그들의 모든 돛에서 바람을 빼앗았기 때문에, 그로 인해 그들은 자기들이 서 있는 벼랑 위에서 풀이 죽어보였다.

우리는 그들의 잔류물 어느 것 하나라도 이곳으로 떠밀려왔는지를 인지할 수 없었다. 비록 우리가, 폰테베드라에서 잃어버렸을지 모를, 어린 아이 장난감인, 조그만 부서진 배를 하나 주워 올리긴 했지만.

우리가 트루로와 프로빈스타운 사이의 손목에 해당하는 곳에 접근함에 따라 케이프는 점점 더 좁아졌다. 그리고 해안은 서쪽으로 더욱 확실하게 기울었다. 이스트 하버 크리크의 머리 부분에서 대서양은 6로드 정도의 모래로 만(灣)의 바닷물과 분리되었을 뿐이다. 클레이 파운드로부터 레이스 포인트의 끝까지 마지막 10마일은 모래언덕이 편평히 이어진

---

10 헤라클레스의 기둥들에 각인되었다고 하는 *Ne plus ultra*(no more beyond)는 또한 『욥기』 38장 11절에 나오는 "여기까지는 와도 좋지만 그 이상은 넘어오지 말아라.(Hitherto shall thou come, but no further.)"를 우연하게 연상시킨다.
11 고대에 그리스가 이탈리아를, 그리고 로마가 스페인을 '서쪽 나라'를 뜻하는 헤스페리아(Hesperia)라고 불렀다.

다. 멀리 바다에서 볼 때 모양이 "섬들"이라고 불리는 가장 높은 지역들은 대서양 위로 여전히 70~80피트 높이였고, 시야를 가리기에 충분한 나무도 없고 산도 없기 때문에, 변함없는 만의 모습과 동시에 대서양을 잘 볼 수 있게 해주었다. 또한 모래가 육지를 더욱 더 침범하기 시작했다. 그래서 마침내 가장 좁다란 부분에서는 이쪽 바다에서 저쪽 바다까지 전체가 다 모래였다. 트루로와 프로빈스타운 사이의 3~4마일 가량의 양쪽 해안에는 주민들이 없었다. 그 두 배나 되는 거리를 가는 동안에도 서너 집밖에 보지 못했다.

마지막 파도가 적신 것을 모래가 재빨리 들이마시고 있는 바다의 가장자리 아니면 제방의 모래언덕 위로 우리가 터벅터벅 걸어가고 있을 때, 고등어잡이 선단이 우리 북쪽의 케이프를 돌아, 10~15마일 거리에서, 돛에 돛을 달고, 수도 없이, 계속 쏟아져 들어와, 바다 위에 도시를 만들었다. 너무나 밀집해 있어서 많은 배가 서로 뒤엉켜진 것으로 보였고, 이제 모든 배가 돛의 방향을 지그재그로 전환하고 있었다. 우리는 뉴잉글랜드사람들이 어업과 관련하여, 얼마나 열성적으로 몸을 던져 "이 물고기 잡는 경멸스러운 직업"을 수행하는지 1616년에 존 스미스 선장[12]이 의미심장하게 그 일을 일관되게 표현한 바를 아주 잘 따르고 있음을 보았다. "이러한 능력에 있어, 네덜란드 사람들은 매우 길들여져

---

[12] John Smith(1580~1631): 영국의 군인이며 탐험가로 매사추세츠의 플리머스 식민지보다 13년이 앞선 1607년 버지니아의 제임스타운 식민지 건설의 주역이다. 그의 저서 『뉴잉글랜드에 대한 기술』(*A Description of New England*, 1616)에서 많은 부분을 소로는 인용하고 있다. 그는 월트 디즈니 만화영화로도 나온 인디언추장의 딸인 '포카혼타스'와의 사랑이야기로도 유명하다.

있고, 물고기들의 이동통로를 확실히 잘 알고 있어서, 2~3,000척의 쌍돛 짐배들, 평저선들, 고물이 삐쭉한 범선들, 화물전용 배 등을 보유한 그들과 나란히 할 수 있는 국민들이 있을 것 같지 않을 정도로, 그 일에서 결코 벗어나지 않고, 서로에게 적합하게, 국민들을 선원으로, 수부로, 군인으로, 상인으로 양성한다"고 그가 말하고 있음에도 불구하고, 현재는 그가 영국인들에게 모방하라고 귀감으로 삼은 네덜란드 사람들과 막상막하였다. 우리가 본 수많은 기술을 서술하려면 모든 이름과 더 많은 용어가 필요할 것으로 생각했다. 심지어 그때는, 우리의 "유명한 조상님들"이 그들의 "견줄 데 없는 부인들"과 플리머스 록[13]에 발걸음을 내디디기 몇 해 전인데 그는 이렇게 썼다. "뉴펀들랜드는 해마다 멍청하고 가늘고 살이 별로 없는 푸어존[14]과 대구 같은 물고기를 8백 척에 이르는 돛배에 실어 운송한다." 그들의 모든 보급품은 해마다 유럽에서 운송되어야만 하는데도 말이다. 그렇다면 왜 여기에다 식민지를 만들어 이런 보급품을 현장에서 조달하지 않는가? "사람이 살지 않는, 내가 이제까지 가본 적이 있는 세계의 모든 네 지역 중에서," 그는 말한다. "시민지를 옮겨다 놓을 수단이 있다면, 나는 다른 어느 곳보다도 여기에서 살았을 것이다. 그리고 식민지가 스스로를 유지할 수 없다고 한다면, 우리가 한번만 아무렇지 않게 잘 적응한 것이라면, 굶어죽게 놔두어도 좋다." 그뒤에 "사람들은 문전에서 고기를 잡으며, 매일 밤 기분 좋게 불을 지피

---

[13] Plymouth Rock: 1620년 12월 필그림들이 플리머스 해안에 상륙할 때 맨 처음 발을 내디뎠다고 하는 바위.
[14] poor-john: 대구와 비슷하나 맛은 그만 못한 물고기.

거나, 기뻐하며 아내와 가족들과 함께, 조용히 해안가에서 잠을 잘 것이다." 이미 그는 "그들의 옛 시절을 기념하는 새로운 뉴잉글랜드의 마을들을" 예고하고 있다. - 그리고 "바로 극한의 상황까지 보며," 그 땅의 "심장과 내장에서" 무엇이 발견될지 누가 아는가, 등등.

이 모든 것이 성취되었고 또 더 많이 성취되었다. 그런데 네덜란드는 지금 어디 있는가? 틀림없이 네덜란드인들이 땅을 차지한 적이 있었다. 스미스의 제안과 버크[15]의 찬사 사이에는 긴 간격이 없었다.

아직도 꼬리에 꼬리를 물고 고등어잡이 돛배들이 시야에서 "온 바다길을 하얗게 만들며," 케이프의 돌출부를 돌아 선회한다. 그리고 우리는 딴생각을 할 겨를도 없이 각각의 배를 한동안 바라보았다. 그것은 아름다운 스포츠 같았다. 여기 시골에서는 비 오는 날 낚시를 가는 사람은 몇몇 게으른 소년들이나 부랑자들뿐이다. 그러나 저기에서는 만에서 모든 유능한 신체를 가진 남자와 조력하는 소년이 요트를 타고 오락 겸 소풍을 나간 것처럼 보였다. 그리고 모두가 마침내 상륙해서 케이프에서 차우더[16]를 먹을 것이다. 신문에서는 이들 마을의 얼마나 많은 남자와 소년들이 고래와 대구와 고등어잡이에 종사하는지를, 얼마나 많은 그들이 뉴펀들랜드의 언덕들로, 라브라도[17]의 해안들로, 벨 섬 해협이나 샬레

---

[15] Edmund Burke(1729~1797): 영국의 정치가이며 역사가, 사상가. 『숭고함과 미에 대한 우리의 관념의 기원에 대한 철학적 탐구』(*A Philosophical Enquiry into the Origin of Our ideas of the Sublime and Beauty*,1757)이라는 저서가 있다.
[16] chowder: 미국의 대표적인 가정요리의 하나로 조개와 생선에 감자 및 양파 등을 넣은 수프.
[17] Labrador: 캐나다의 허드슨만과 대서양 사이에 있는 반도

르(선원들은 샬로르라 부른다) 만으로 가는지, 마치 여름 동안에 농어, 강꼬치고기, 도미, 주걱메기, 청어를 잡는 콩코드 소년들 숫자를 – 이에 대해서는 아무런 통계가 없다 – 내가 헤아리기라도 해야 하는 것처럼, 엄숙하게 말해줄 것이다. 그래도 그 물고기를 잡는 일이 도덕적이고 지성적인 면에서 남자(또는 소년)에게 많이 이득을 주고, 신체적으로는 확실히 위험을 적게 주며 추구된다는 생각이 들긴 한다.

내 소꿉친구 한 사람은, 인쇄공 도제수업을 받고 있었는데, 무언가 좀 싱숭생숭하여 그의 스승에게 어느 날 오후 고기잡이를 나가도 되겠느냐고 물었고 그의 스승은 좋다고 허락했다. 그는 석 달을 나가 있었다. 그가 돌아왔을 때, 그는 그랜드 뱅크[18]를 다녀왔다고 말하고, 마치 한낱 오후만 지난 것처럼 다시 활자식자 작업을 했다.

나는 너무나 많은 사람이 하루 종일, 아니, 거의 평생을, 물고기 잡는 일을 하며 보낸다는 것을 알고 놀랐음을 고백하지 않을 수 없다. 너무나 진지한 사업가들이 그들의 저녁만찬을 얻으려고, 어디서나 변함없이 일에 열중하는 취미를 단순히 개미같이 일하는 산업에 의탁하고 있다니 놀랍다. 가마우지처럼 게걸스럽게 저녁만찬거리를 얻으려고 이같이 끝도 없이 고기를 잡느니보다는 저녁만찬을 먹지 않고 살아가는 것이 더 낫다고 나는 생각했다. 물론, 바닷가 해안의 관점에서 바라볼 때, 시골 땅에서의 우리의 부의 추구는 조금도 덜 천박하게 보이지 않았다.

나는 한때 직접 고등어 떼를 따라 3마일을 항해한 적이 있다. 그것은

---

[18] Grand Banks: 뉴펀들랜드 섬 남동부 해안에 넓게 퍼져 있는 해저의 융기된 지역으로 세계 최대의 대구어장이다.

천둥번개를 동반한 소낙비가 자주 내린 후에 날씨가 매우 따뜻한 어느 일요일 오후였다.[19] 나는 코하셋에서부터 덕스버리까지 해안을 따라 걸었다. 나는 마지막 장소에서 클라크섬[20]까지 건너가고 싶었다. 그러나 그런 썰물의 시점에는 배들이 진흙에 높이 얹혀 있어서 어떤 보트도 움직일 수 없다고 사람들이 말했다. 마침내 나는 여관주인 윈서 씨가 그날 저녁 7명의 남자들과 함께 고등어 잡이를 나갈 것인데, 나를 태워줄 수 있다는 것을 알았다. 출항 일정이 지연될 때, 우리는 한가한 몸짓으로 해안으로 서로가 뿔뿔이 걸어 내려갔다. 여전히 바닷물이 들기를 기다리는 듯이, 선원 각자는 한 아름의 나무를 안고, 한 사람은 옆에서 햇감자를 담은 바구니를 들고, 인도 고무로 만든 장화를 신거나 손에 각자의 신발을 들고 보트로 허우적거리며 갔다. 그런 다음에 각자 한 번씩 더 나무를 한 아름씩 가져와야 한다고 했는데, 그거면 충분할 것이었다. 그들은 이미 물이 한 배럴 있었고, 돛배에 몇 배럴 또 있었다. 우리는 보트가 물 위로 뜰 때까지 진흙 위로 12로드를 밀어낸 후에, 배까지 노를 저어가서 갑판으로 기어 올라가니, 우리는 고등어잡이 범선 위에 있었다. 43톤의 멋진 통통한 선박이었는데 그 배의 이름을 잊어버렸다. 미끼들이 낚싯바늘에 생생하게 매달려 있었다. 그들이 고등어를 갈아대는 방앗간도 있었고, 그것을 담는 홈통도 있었고, 위로 떠내는 긴 손잡이가 있는 국자가 있었다. 그리고 우리는 이미 항구에서 작은 고등어 떼인,

---

[19] 소로는 1851년 7월 25일 집을 떠나 기차로 보스턴을 간 후 남쪽으로 배를 타고 헐(Hull)까지 내려간 후에 플리머스까지 남쪽 해안을 따라 나들이를 다녀온 적이 있다.
[20] Clark's Island: 플리머스 해안에 있는 섬.

진짜 향 고등어(Scomber vernalis)로 물결이 이는 표면을 보았다. 선원들은 여유 있게 닻을 올리고 두 개의 돛을 펼쳤다. 바람 방향은 맞지만 매우 약한 바람이라서, 천둥소낙비가 지나간 후 해가 선명히 저물며 배 위에 빛나고 있었다. 나는 항해를 시작해보기에는 이보다 더 좋은 길조가 없다고 생각했다. 그들은 네 개의 평저 소형어선을 갖고 있었고 그것으로 보통 고기를 잡았다. 그렇지 않으면 낚싯줄이 이미 쳐진 곳에서는 한 사람당 두 개씩 그들은 오른쪽 뱃전에서 종종 물고기를 잡았다. 돛 아래 활대가 한두 번씩 꿈틀거렸다. 그리고 윈서 씨는 홈통에 남은 빗물과 섞인 더러운 고등어 같은 것을 갑판 너머로 던졌다. 그런 다음에 우리는 조타수 주위에 모여들어 얘기를 나누었다. 나침판이 주변에 있는 금속의 영향을 받아 약간씩 달라졌던 것을 기억한다. 우리 중에는 캘리포니아에서 방금 돌아온 사람이 하나 있었는데, 그는 지금 자기의 건강과 오락을 위해 승객으로서 타고가고 있는 중이었다. 그들은 다음날 아침에 고기잡이를 시작하여 보스턴으로 물고기를 나르는 1주일 정도 조업을 나가기를 예상했다. 나의 동반자들이 항해 중에 필요한 우유를 좀 사고 싶어했기 때문에, 그들은 나를, 필그림들이 상륙한 곳인, 클라크 섬에 상륙하게 해주었다. 그러나 나는 그 모든 것을 본 셈이었다. 나머지는 그저 바다로 가서 고등어를 잡으면 되는 것이었다. 더구나, 그들이 가져간 보급품의 양이 작은 것을 고려할 때, 내가 그들과 머물지 않은 것은 잘한 일이었다.

이제 나는 비록 처음에는 그걸 깨닫지 못했지만, 고등어잡이 선단을 그것이 조업하는 현장에서 본 셈이다. 그렇게 해서 나의 경험은 완성되었다.

오늘은 전날보다 훨씬 더 춥고 바람이 많이 불었다. 그래서 우리는 종종 기꺼이 모래언덕 뒤에 몸을 피했다. 어떤 자연의 요소도 휴식하지 않고 있다. 모래 해변은 폭풍 속에서도, 조용할 때도, 겨울과 여름에도, 밤낮으로 끝없는 행위가 항상 진행 중이었다. 심지어 앉아있는 사람도 여기서는 움직이는 것과 거의 동일한 넓은 전망을 맛본다. 날씨가 맑을 때는 가장 게으른 사람도 만을 가로질러 멀리 플리머스까지 한눈에 볼 수 있다. 아니면 눈꺼풀을 치켜 올리기만 해도 대서양 위로 시선이 닿는 곳까지 멀리 볼 수가 있고, 그가 만약 이 모든 것을 따라 볼 수 없을 정도로 너무나 게으르다 하더라도, 그는 파도가 끊임없이 밀려와 철썩거리는 소리를 **청취하지** 않을 수 없을 것이다. 쉬지 않는 바다는 어느 순간에는 고래나 난파한 선박을 그의 발밑에 밀어 던질 수 있다. 세상의 모든 기자들, 가장 재빠른 속기사들도 바다가 가져오는 뉴스를 보도할 수 없을 것이다. 어떤 생물도 온통 생명이 약동하는 곳에서 천천히 움직일 수 없다. 몇 명의 레커들이 오거나 가고 있었다. 배들과 도요새들, 그리고 끽끽 소리를 내는 갈매기들이 위에 날고 있었다. 해안 말고는 어느 것도 가만히 있지 않았다. 조그만 바닷새들이 물 가장자리 가까이에서 종종걸음으로 지나가거나 먹이를 삼키느라고 순간 멈추며 자연의 요소들과 시간을 맞추고 있었다. 나는 그 새들이 어떻게 바다에 익숙해서 그렇게 파도 가까이 모험을 하는지 궁금했다. 한 마리의 여우를 빼고는, 그 땅이 불러들인 그런 조그만 주민들! 그런데 저 높다란 모래언덕에서 대서양을 바라보면서 여우는 무슨 일을 할 수 있을까? 여우에게 바다는 무엇인가? 때때로 우리는 수레와 개를 가진 레커를 만났다. 그리고 그의 개가 우리 방랑자들을 보고 짖는 희미한 소리가, 파도의 포효하는 소리 때문에 우스꽝스러울 정도로 희미하게, 들렸다. 약간 떨고 있는 가냘픈 발을 가진 성질 나쁜 들개 한 마리가 해변의 가장자리에 서 있다가 대서양이 포효하는 와중에 해변의 새들을 보고 효과도 없이 짖어대는 걸 보다니! 어쩌면, 고래를 보고 짖어댄다는 야심이라도 품고 나와야지! 그런 소리는 농장마당에나 어울릴 것이다. 모든 개가, 맨몸으로 마치 그 거대함에 치를 떠는 것처럼, 거기 바닷가에는 있을 자리가 아닌 듯했다. 그런데 개들은 주인의 얼굴이 안 보였다면 그곳에 있지 않았을 것이라는 생각이 들었다. 그것보다는 드물겠지만 발걸음을 그런 식으로 구부리며 대서양에다 젖은 발을 터는 고양이를 생각해볼 수 있을 것이다. 그러나 이런 일이 종종 일어난다고 사람들은 내게 말한다. 여름에 나는 파도의 가장자리를 따라, 두 다리를 그저 움츠리고 떼로 달리며 가냘픈 삐악삐악 소리를 내는, 방금 부화한 병아리처럼 연약하고 어린 물떼새를 보았다. 나는 뉴욕만에 있는 스태튼섬[21]의 남쪽 해안에서 거기에 밀려올라온 사체들을 찾으며 외롭게 해변을 떠도는 반쯤 야생인 개의 무리를 본 적이 있었다. 그리고 한번은 내가 해안 습지의 갈대숲에서 맹렬하게 짖어 대는 소리를 오랫동안 들은 적이 있는 것을 기억한다. 여섯 마리쯤 되는 큰 개의 무리가, 보호를 받으려고 내게 똑바로 달려오는 조그만 개를 뒤좇으며, 해변에 대고 터질 듯이 짖어댔다. 그래서 나는 내 자신이 좀 위험함에도 돌을 몇 개 주워들었다. 그러나 그 조그만 개는 다음날 나를

---

[21] 뉴욕과 뉴저지사이에 있는 섬. 소로는 에머슨의 추천으로 뉴욕에 있는 문인들과 출판사들을 익힐 겸 이 섬에 사는 에머슨의 형님 집에서 가정교사로 1년 가까이 생활한 적이 있다.

보고 제일 먼저 짖어댔다. 이러한 상황에서 시인의 다음과 같은 말들을 기억하지 않을 수 없었다.

"불어라, 불어라, 너 겨울바람이여
　　그놈의 배은망덕만큼은
　　너는 몰인정하지 않다.
너의 이빨 그보다는 날카롭지 못하리,
　　너의 숨결 제아무리 거칠어도
　　너의 모습 눈에 띄지 않으니.

"얼어라, 얼어라, 너 혹독한 하늘아,
　너는 그렇게 가깝게 물지 못한다
　　　은혜를 잊은 자 만큼은,
　　비록 너는 물을 얼게 할지라도,
　　　네 침은 날카롭지 않다
은혜를 기억하지 못하는 친구만큼은."[22]

　때때로, 내가 거기 해변에 놓여있는 말이나 황소의 사체에 접근하고 있었을 때, 시야에는 어떤 살아있는 존재가 안 보였는데도, 개 한 마리가 그것으로부터 예기치 않게 튀어나와 입에 한입 가득 물고 몰래 도망치곤 했다.
　해변은 일종의 중립지대neutral ground로, 이 세상을 관조해볼 수 있는 가장 모험에 찬 지점이다.[23] 그것은 세 가지 길이 만나는 장소이기도 하다.

---

[22] 윌리엄 셰익스피어(William Shakespeare, 1564~1616)가 쓴 『뜻대로 하세요』 (*As You Like It*) 제2막 7장에 나오는 애미언즈의 노래.

육지로 끊임없이 밀려오는 파도는 너무나 멀리서 오고 길들일 수 없어 친근해질 수 없다. 끝없는 해변을 따라 기어가며, 눈부신 햇살과 물거품 가운데서, 우리도 또한 바다 진흙의 산물이라는 생각이 떠올랐다.

바다는 거칠고, 사나운 장소이다. 그리고 거기에는 어떤 아첨도 없다. 게와 참게와 맛조개 그리고 바닷물에 쓸려온 것은 무엇이나 널려져 있는 -거대한 *시체 공시장(屍體 公示場)*, 굶주린 개떼들이 돌아다니고, 까마귀들은 파도가 남겨놓는 쥐꼬리만 한 식량을 매일같이 주워 먹는 곳. 인간과 동물의 사체들이 함께, 바다의 선반 위에 위엄 있게 누워, 햇빛과 파도에 썩으며 백화(白化)되고, 파도가 밀려올 때마다 그것들을 침상에서 돌려놓고 그 밑에 깨끗한 모래를 밀어 올린다. 무자비하게 진지하고, 인간에 대한 생각을 전혀 하지 않는, 물보라 사이에서 갈매기 선회하는 해안 절벽을 물어뜯는 적나라한 대자연이 있다.

우리는 오늘 오후에 멀리서 아직도 가지가 남아있는 빛바랜 통나무 같은 것을 보았다. 그것은 바다에서 지방질은 다 뜯겨나가고 잘려나간 후에 **떠다니는** 고래 사체가 등날 **뼈** 중의 하나였는데, 몇 달 전에 뭍에 쓸려 밀려온 것이었다. 우연히도 이것은 이들 해안들이 *푸르두스트란다스(Furdustrandas)*로, 토르핀[24]의 동료인 토르할[25]이 1007년 빈랜드[26]로 탐험

---

23 허구虛構(fiction)를 싫어한 소로의 중립지대는 육지와 바다가 만나는 해변이라는 현실적이고 물리적인 장소이고, 호손의 『주홍글씨』(1850)의 서문격인 「세관」에 나오는 중립지대(neutral territory)는 달빛과 화롯불의 분위기로 대표되는 현실과 상상이 만나는 공상의 세계라는 점에서 전혀 다르다.
24 Thorfinn Karlsefne: AD.1010년경 활약한 아이슬란드의 탐험가로 북미 북동해안을 탐험했다.
25 Thorhall: 토르핀과 더불어 탐험을 했던 스칸디나비아 출신의 바이킹 전사로

을 하는 동안에 혐오스럽게 생각하며 지나간 곳이라고 코펜하겐의 골동품 연구가들이 주장하는 것을 증명해주는 우리가 마주친 가장 결정적인 증거였다. 그들이 케이프를 떠나 스트라움 피요르드Straum - Fiordr (버자드만!) 주위의 땅들을 탐험한 이후에, 거기에서 마실 포도주 하나 얻지 못한 것에 실망한 토르할이 빈랜드를 찾아 다시 북쪽으로의 항해를 결심한 것으로 보인다. 골동품 연구가들은 원래의 아이슬란드어로 된 것을 우리에게 준 적이 있지만, 나는 그것들의 번역을 인용하는 것이 더 마음에 든다. 왜냐하면 그 번역은 내가 알기로는 케이프코드를 겨냥한 라틴어로 된 유일한 것이기 때문이다.

"Cum parati erant, sublato
velo, cecinit Thorhallus:
Eò redeamus, ubi conterranei
sunt nostri! faciamus aliter,
expansi arenosi peritum,
lata navis explorare curricula:

아홉 명 남짓한 부하들을 이끌고, 푸르두스트란다스Furdustrandas, 즉 신기한 모래 해변(Wonder - Strands)을 지나 북쪽으로 항해한 다음 서쪽으로 항해하려다 폭풍을 만나 아일랜드(Ireland)의 해안으로 밀려가는 바람에 붙잡혀 노예가 되었다가 그곳에서 죽었다. 그의 이야기를 포함한 49개의 이야기를 5권으로 엮은 『아이슬란드 영웅담 전집』(The Complete Sagas of Icelanders)이 1997년 처음 영어로 출판되었다.

26　Vinland: AD. 1000년경에 스칸디나비아인이 도착하여 포도가 풍성하게 자라고 있는 것을 보고 명명한 북아메리카의 해안. 오늘날의 뉴잉글랜드와 캐나다의 라브라도, 뉴펀들랜드 등을 포함하는 북미 지역이라고 여겨진다. Vin이란 단어는 포도가 아니라 '풀'을 뜻하는 말이라는 주장이 있다.

dum procellam incitantes gladii
moræ impatientes, qui terram
collaudant, Furdustrandas
inhabitant et coquunt balænas."

다른 말로 하면, "그들이 준비가 되고 돛을 감아올렸을 때, 토르할은 노래를 불렀다: 이제 우리 동포들이 있는 곳으로 돌아가자. 배들이 지나가는 넓은 길을 탐험하여, 모래의 천국[27]을 통해 날아갈 숙련된 새[28]를 만들어보자. 그동안에 검[29]의 태풍을 재촉하는 전사들은, 대지를 찬양하고, '신기한 모래 해변'에 살면서, **고래를 요리해먹는다**." 그래서 그는, 고문서에 쓰여 있는 대로, 케이프를 지나서 북쪽으로 항해했다. "그리고 아이슬란드로 가다 난파를 당했다."는 내용이다.

한때 여기로 떠밀려온 고래가 더 많았을지라도, 나는 그것이 지금보다 더 야생은 아니었다고 생각한다. 우리는 고대라는 관념을 바다와 연관시키지 않는다. 또한 우리가 육지에 대해 그러는 것처럼 바다가 천 년 전에 어떻게 보였는지 궁금해하지도 않는다. 왜냐하면 바다는 언제나 그렇듯이 야생이고 항상 헤아릴 수 없기 때문이다. 인디언들은 바다의 표면에 아무런 흔적을 남기지 않았다. 그러나 그것은 문명인이나 야만인이나 마찬가지이다. 해안의 양상이 바뀌었을 뿐이다. 바다는 벵골의 정글보다 더 야생적이고 괴물들로 더욱 가득한, 바로 우리들 도시의 부두와 바닷

---

27 {원주} 천국처럼 모래바닥 위로 둥글게 굽은 바다.
28 {원주} 다시 말하면, 선박.
29 {원주} 전투.

가 주택들의 정원을 쓸어내는, 전 지구에 걸친 야생지이다. 독사와 곰과 하이에나와 호랑이들이 문명이 발전함에 따라 빠르게 사라지지만, 가장 인구가 많고 문명화된 도시는 그 부두들에서 멀리 있는 상어를 겁줄 수 없다. 그것은 이런 점에서 호랑이들이 있는 싱가포르보다 더 멀리 나아간 것이 아니다. 보스턴의 신문들에서 항구에 물개들이 있다는 얘기를 내가 본 적이 없다. 나는 항상 물개들을 에스키모와 다른 이국적인 사람들과 연관시켜 왔었다. 그러나 이곳 사람들은 해안을 따라 늘어선 거실의 창문에서 편평한 땅에서 놀고 있는 물개 가족들을 보곤 한다. 그것들은 내게는 수컷인어가 그럴 것처럼 역시 기묘한 마음이 들었다. 숲길을 결코 걷지 않는 숙녀들이 바다를 항해하기도 한다. 바다로 가다니! 아니, 어쩌면 - 홍수를 실감하려고, 노아의 경험을 해보는 것이다. 모든 선박은 하나의 방주이다.

우리는 모래 해변을 거닐며 아무런 울타리 목책들을 보지 못했다. 암소들이 바다에 빠져 허우적거리지 않도록 바다로 내밀어 설치한 너도밤나무로 만든, 가장 높은 난간인, 어떤 방책도, 인간이 해안의 소유자라는 것을 상기시켜주는 어느 것도, 보지 못했다. 그런데 트루로에 사는 한 남자의 말로는 그 마을의 동쪽 편에 있는 토지의 소유자들은 그들이 모래와 비치그라스의 침입으로부터 자기들을 방어하는 한, 그것을 관리할 수 있도록 모래 해변을 소유하는 것으로 간주된다고 했다. - 왜냐하면 이 모래라는 친구조차도 때로는 적으로 간주되기 때문이다. 그러나 만쪽에서는 사정이 다르다고 말했다. 또한 나도 보호막을 둘러친 만의 일부지역에서 얕은 바닷물까지 나가 있는, 나무기둥들로 턱을 만들거나 침목들을 옆으로 뉘여 만든 임시 목책들을 본 적이 있다.

우리가 여러 마일을 걷고 난 다음이었는데도, 고등어잡이 선단은 거의 같은 방향의 북쪽 수평선에서 여전히 돌아다니고 있었으나, 더 멀리서는 배가 선체는 보이지 않고 돛만 보였다. 배들의 돛이 펼쳐져 있었지만 결코 항해해가지 않았고, 닻을 내리지도 않았으나, 항구에 있는 선박들처럼 가까이 함께 다양한 무리를 이루고 있었다. 그리고 우리는, 부지불식간에, 그 배들이 동쪽을 향해 맞바람과 인내를 갖고 싸우고 있다고 생각했다. 그러나 그럴 때조차도 그들의 어장에 있다는 것과 중심 돛을 좁히거나 닻을 내리지 않고 고등어를 잡았다는 것을 우리는 나중에 알았다. "(거기서는 고등어 미풍이라고 불리는) 상큼한 미풍이," 누가 말하듯이, 이런 목적에는 "가장 좋다고 생각되고 있다." 우리는 하나의 작은 활처럼 굽은 수평선에서 고등어 잡는 배들의 돛을 세어보니 200개 정도 되었다. 그리고 거의 같은 수의 배들이 남쪽으로 사라졌다. 이처럼 그들은 촛불 주위의 나방들처럼, 케이프의 끝부분 주위를 돌아다닌다. 레이스 포인트와 롱 포인트에 있는 등대들이 그들에게는 밤에 밝은 촛불이 된다. 그리고 마치 아직 등대불로 날아가지 않았던 것처럼, 이 정도 거리에서 그 배들은 아름답고 하얗게 보였다. 그러나 그 뒤에 우리가 더 가까이 다가가 보니, 일부 배들은 이전에 그들의 날개와 몸체를 그슬린 적이 있는 것을 알았다.

한 마을은 이렇게 유능한 신체를 가진 남자들이 모두 함께 바다를 들판처럼 쟁기질하는 것 같다. 북쪽 트루로에서 부인들과 여자애들은 문간에 앉아서, 시골에서 농부의 아내들이 멀리 언덕 쪽 들판에서 일하는 남편들을 때때로 보는 것처럼, 그들의 남편들과 형제들이 15에서 20마일 밖 바다에서 수백 개의 하얀 수확용 마차를 갖고 고등어를 수확하는 것을 볼 수 있다. 그러나 저녁식사를 알리는 나팔소리가 아닌 다른 소리는 어부들의 귀에는 들리지 않는다.

  이 트루로 타운이 약 20마일이나 길게 해안에 걸쳐 있어서 여전히 트루로 땅에 있지만, 케이프의 가장 좁다란 손목 부분을 통과한 후에, 우리는 오후를 해발 100피트 되는 아라라트산[30]이라고 불리는 프로빈스타운에 있는 관목이 우거진 가장 가까운 모래언덕에서 보내기 위하여, 반 마일도 안 떨어진 만 쪽으로 가로질러 갔다. 그곳으로 가는 도중에 우리는 모래의 다양하게 아름다운 형태와 색상을 찬탄해 마지 않았다. 그리고 우리에게 흥미 있는 신기루가 나타났다. 나는 그 이후에 히치콕도 케이프의 모래들에서 이것을 관찰했다는 것을 발견했다. 우리는 사막의 얕은 계곡을 건너가고 있었다. 거기에는 부드럽고 흠결 없는 모래가 사방에서 지평선에 작은 각도로 위쪽으로 경사를 이루었다. 그리고 가장 낮은 부분에는 맑고도 얕은 물웅덩이들이 길게 이어져 있었다. 우리가 물을 마시려고 계곡을 가로질러 대각선 방향에서 이 물웅덩이들로 가까이 접근하고 있을 때, 그것들은 평범하게 그리고 넓게 서로 연결되어 있었는데도, 지평선으로 약간이지만 확실한 각도로 기울어져 보였다. 그리고 흐르는 물이라는 것을 보여주는 어떤 잔물결도 없었다. 그래서 우리가 물 마시기 편한 지점에 닿을 즈음에는 우리가 몇 피트를 올라온 것 같았다. 그것들은, 비스듬하게 놓인 거울처럼, 마술에 의해 계곡의

---

[30] Mount Ararat: 노아의 방주가 홍수가 끝난 후 처음으로 닻을 내려 정박했다고 하는 - 터키와 이란과 아르메니아 사이에 있는 - 아라라트산(5,165m)의 이름을 딴 모래언덕. (메이플라워호가 처음 닻을 내린 곳이라고 그런 과장된 이름을 붙였지만, 프로빈스타운 일대에서는 가장 높은 산이다.)

한쪽에 놓여있는 것으로 보였다. 프로빈스타운의 사막에는 매우 예쁜 신기루였다. 그러나 여기 기저 부분에 진짜 물이 있었으므로, 산스크리트어로 "가젤영양의 갈증"[31]이라 불리는 상태에 이르지 않고, 우리는 결국 갈증을 끌 수가 있었다.

코펜하겐의 라픈[32] 교수는, 프로빈스타운의 주민 한 사람에게 내가 그 얘기를 하니 그는 그런 것은 본 적도 들어본 적도 없다고 한, 내가 주목한 신기루가, "푸르두스트란다스", 즉 내가 이미 말한 것처럼, 토르핀이 1007년, 그가 상륙한 해안들의 일부인, 빈랜드로 탐험했다는 고대 아이슬란드 얘기에 나오는 '신기한 모래 해변'이라는 이름과 관련이 있다고 생각하고 있다. 그러나 이 모래들은 모든 사막에 공통인 신기루보다 그 길이가 더 눈에 띈다. 그리고 "그것들 때문에 항해하는 데 더 오랜 시간이 걸렸기 때문에" 노르만인들 스스로 부여한 이름에 대한 이유가 이 해안들에 충분하고 더 적용될 수 있다. 그렇지만, 만약 그린란드에서 버자드만까지 해안을 따라 줄곧 항해한다면, 많은 훌륭한 모래 해변들을 보게 될 것이다. 그러나 투르핀이 여기서 신기루를 보았건 못 보았건, 같은 가문의 일원인 '토르 - 오우'Thor - eau[33]는 보았다. '토로우'가 태어나

---

[31] 사막에서 여행하는 사람들에게 자주 생기는 이상한 환영의 하나. 이를 산스크리크어로 가젤양의 갈증(the thirst of the gazelle)이라고 하는데, 이는 마음이 가장 갈구하는 대상을 자기가 보고 있다고 상상하는 것으로 실제로는 상상 속에만 존재하는 것인데, 그렇게 보는 사람에게 그것이 실제가 아님을 설득하는 것도 불가능하다고 한다.
[32] Carl Christian Rafn(1795~1864): 덴마크의 역사학자이며 번역가, 골동품 연구가.
[33] 스스로 토르 집안의 후손이라고 넉살을 떨고 있는 '소로' 자신을 가리킨다. 실

그것을 보게 된 것은, 어쩌면, '레이프 더 럭키'[34]가, 이전의 항해에서 토르 집안 사람들과 그의 국민을 바다 한가운데 있는 바위에서 데려간 때문일 것이다.[35]

이것은 내가 케이프에서 본 유일한 신기루는 아니었다. 다른 경사면들은 바닷물을 향해 내려간 반면, 모래 제방 옆의 모래 해변의 절반은 보통 편평하거나 거의 그랬다. 내가 해가 진 뒤 웰플릿에서 모래 제방의 가장자리를 걷고 있을 때, 모래 해변의 안쪽 반은 다른 쪽 경사를 만나기 위해 바다를 향해 위로 경사를 이뤄, 10에서 12피트 높이로 해안 전체에 걸쳐 길게 턱을 형성한 것으로 내게 보였다. 그러나 내가 서 있는 곳의 맞은편이 항상 더 높았다. 그리고 비록 반쯤 **내려간** 분명히 아래로 향한

제로 그의 고모와 나사니엘 호손, 브론슨 올컷, 그리고 에드워드 에머슨 등은 소로(Thoreau)의 이름에서 후음喉音 *h*를 발음하여 '토로우'라고 부르곤 했다. 원래 Thor[영어발음Θɔːr]는 북유럽신화의 우뢰雷와 비, 농업의 신神이지만, 사람들의 이름이나 지명에도 쓰였다. 로마신화의 주피터와 같이, 영어로 목요일을 뜻하는 단어인 Thursday는 바로 이 신의 이름에서 비롯했다(<Thor's day).

34 Leif the Lucky: 노르만 바이킹인 레이프 에릭슨(Leif Erikson, 970?~1020?)의 닉네임. 그는 1000년경 부하들과 함께 북아메리카에 처음 발을 내디딘 유럽인이라고 알려진 인물이다. 980년경 그린란드에 최초의 바이킹 정착촌을 건설한 에릭 더 레드의 아들로 레드의 사후에 그린란드의 족장이 되고 다시 그의 아들 토르켈(Thorkel)이 1025년경 그를 계승했다.

35 소로의 조부인 장 소로(Jean Thoreau, 1754-1801)는 원래 프랑스 생말로만에 있는 저지섬의 세인트 헬리어 출신으로 사략선(privateer)의 선원 노릇을 하다 19살 때 대서양에서 배가 난파되었다 구조된 이후에 이름을 존(John)으로 바꾸고 미국의 보스턴 항구에 들어와 정착하여 결혼한 후 장사를 하다 1800년에 가족과 콩코드로 이사 와서 살다 죽었다. 이런 사실을 은근히 암시한 것으로 보이는데, 그의 아들인 소로의 부친도 존이고 소로의 형도 존으로 같은 이름을 3대에 내리 쓴 것이 흥미롭다.

경사면 말고 이전의 조수의 파도로 남겨진 그늘진 윤곽들이 나를 더 잘 가르쳐주었을지 모르지만, 내가 모래 제방을 내려갈 때까지 그 반대임을 확신하지 못했다. 이방인은, 낯선 것이 그의 영역이기 때문에, 가장 오래 산 주민에 비해 이상한 것을 쉽사리 감지할 수가 있다. 굴 따는 노인은, 갈매기를 쏘아 잡는 것을 얘기하면서, 모래 제방 아래로 사격할 때는 밑을 조준해야만 한다고 말한 적이 있었다.

한 이웃사람이 말한바, 8월 어느 날 노션[36]에서 망원경을 통해 마사스 비니어드 가까이 항해하고 있는 몇 척의 선박들을 보고 있었는데, 그들 주위의 바닷물이 완전히 잔잔하게 보여서, 그 배들이 물 위에 반사되었다. 그런데 그 배들의 완전히 펼친 돛들은 바닷물이 물결이 일고 있음이 틀림없음을 증명했고, 그와 함께 있던 사람들은 그것이 신기루, 즉 연무 煙霧에서 나온 반사라고 생각했다는 것이다.

위에서 언급한 모래 산에서 우리는 프로빈스타운과 지금은 선박들이 없는 항구, 그리고 또한 넓게 펼쳐진 대양을 굽어보았다. 날씨가 춥고 바람이 세있지만, 우리는 밤이 되어서야 프로빈스타운에 들어가고 싶었기 때문에, 사막들을 가로질러 대서양 쪽으로 다시 나와, 여전히 바다의 영향을 듬뿍 받으려고, 다시 모래 해변을 따라 거의 레이스 포인트까지 걸었다. 그러는 내내, 독자가 추측할지 모르는 것만큼 평온하진 않았다. 날씨는 바람이 불고, 또 불고, 또 다시 불었고, - 철썩, 철썩, 철썩, - 철거덕, 철거덕, 철거덕, - 중단하는 법이 없었다. 해안은 이제 거의 동과 서

---

[36] Naushon: 케이프코드 남동쪽에 남서로 길게 늘어진 엘리자베스제도 중 가장 큰 섬.

로 방향을 잡았다.

　해가 지기 전에, 고등어잡이 선단이 만으로 귀항하는 것을 이미 보았으므로, 우리는 프로빈스타운의 북쪽 해안을 떠나, 그 마을의 동쪽 끝자락으로 사막을 가로질러 갔다. 사막의 가장자리에 있는 꼭대기가 비치그라스와 관목들로 덮여있는 첫 번째 가장 높은 모래언덕에서, 우리는 북쪽으로 프로빈스타운을 둘러싸고 어떤 면에서는 모래의 침입으로부터 마을을 보호하고 있는 관목 숲과 습지를 내려다보았다. 온통 황무지와 사막의 연접에도 불구하고, 나는 이보다 더 가을의 정취가 더 아름답게 묻어나는 곳을 본 적이 없다. 그것은 편평하지 않은 표면에 펼쳐진 상상할 수 있는 가장 호화로운 융단 같았다. 어떤 다마스크의 능직[37]이나 벨벳도, 어떤 타이리안 퍼플[38] 염료나 물질도, 어떤 직조기의 작품도 그것에 필적할 수 없었다. 믿을 수 없이 밝게 빨간 허클베리와 적갈색인 베이베리가 작은 리기다 소나무들의 밝게 살아있는 녹색과 섞여 있었다. 그리고 또한 베이베리, 박스베리[39]와 비치플럼의 좀 더 어두운 녹색과, 일리시폴리아참나무들의 연녹색, 자작나무와 단풍나무와 사시나무의 다양한 금빛의 노랗고 엷은 황갈색 색상 – 모두가 자태를 뽐내고 있었고, 가운데에서, 언덕들 옆에 나 있는 몇 개의 노란 모래 경사면들이 융단의 틈새 사이로 보이는 하얀 바닥같이 보였다. 시골 출신이고, 많은 가을의 숲들을 보아온 나이지만, 이것은 아마도 내가 케이프에서 본 가장 신기

---

[37] 담홍색 린넨류.
[38] Tyrian puple: 짙고 선명한 적색.
[39] Boxberry: 바위앵도류의 관목.

하고 놀라운 광경이었다. 색상이 밝은 것은 아마도 이 지역을 둘러싼 모래와 대조를 이루어 강화되었을 것이다. 이것은 케이프코드의 가구의 일부였다. 우리는 며칠 동안 케이프의 대서양 쪽을 따라 이어진 길고 황량한 광장을 걸어왔다. 그다음에 케이프의 복도의 모래로 된 바닥을 넘어 이제 우리는 케이프의 내실로 안내되고 있다. 채색된 산을 넘어 전면을 보았을 때, 롱 포인트를 돌아 프로빈스타운 항구로 들어가는 수백 개의 하얀 돛들이 마치 벽난로 위에 놓인 장난감 배같이 보였다.

이러한 가을 풍경의 특별함은 관목 숲의 색상이 밝음과 마찬가지로 낮고 무성함에 있었다. 그것은 소모사梳毛絲나 양모의 두터운 물질 같았고, 마치 거인이 그것을 가장자리나, 아니면 차라리 모래위로 늘여 뜨려진 술을 단 장식을 잡고 집어 올려서, 그것이 흔들려질 필요는 없겠지만, 흔들 수 있는 것처럼 보였다. 그러나 그 아래 적지 않은 것들이 쌓여져 왔기 때문에, 그런 경우에 먼지가 날릴 것이 틀림없다. 우리의 색상이 찬란한 융단과 양탄자들을 만들게 한 것은 이와 같은 가을의 경치가 아니었던가? 이제부터 내기 보통보다 더 호화로운 융단을 바라볼 때는, 허클베리 언덕과 박스베리와 블루베리가 더욱 밀집한 습지를 생각할 것이고, 일리시폴리아참나무 군락과 베이베리들을 생각할 것이고, 단풍나무들과 자작나무들과 소나무들을 떠올릴 것이다. 이것들과 어떤 다른 염료들을 비교할 수 있겠는가? 내가 뉴잉글랜드 연안과 관련시킨 적이 있는 그 어떤 것보다 더 따뜻한 색깔들이었다.

조난당한 사람들이 밤에 실종될 위험이 있을지도 모를, 길이 없는 박스베리가 가득한 습지를 밟고 지나가며, 참나무 덤불로 뒤덮인 몇 개의 언덕을 올라간 후에, 우리는 프로빈스타운의 전체 거리에 보도로 깔아놓은 네 쪽의 두꺼운 판자가 있는 동쪽 끝에 당도했다. 이 타운은, 케이프에 있는 마지막 마을인데, 남동쪽을 바라보는 굽어진 모래 해변을 따라 주로 하나의 거리에 놓여있다. 모래언덕들은, 관목으로 덥혀있고, 습지와 연못들이 잇달아 있는데, 반마일에서 1마일까지, 가운데가 더 넓은 초승달 모양으로 마을 바로 뒤로 솟아있으며, 이것 너머로는 이 타운의 대부분의 영토인, 동쪽과 서쪽과 북쪽에서 바다에 이르기까지 펼쳐진 사막이 있다. 마을은 좁다란 공간에, 항구와 모래언덕 사이에 10에서 15 로드 길이로, 옹기종기 건설되어 있다. 그 당시의 주민은 약 2600명이었다. 주택들은, 더 현대적이고 있어 보이는 스타일로 어부들의 오두막 위에 군림하였는데, 거리의 안쪽이나 두꺼운 판자가 깔린 쪽에 서 있다. 그리고 생선을 말리고 저장하는 집들이 바다 쪽에 있는 염전들의 그림같이 보이는 풍차들과 함께 있었다. 거리를 형성하는 18피트 정도 되는 좁은 모래 해변 사이 길은, 마차가 그 마을에 한 대 이상 있다면, 마차가 서로 지나갈 수 있는 유일한 거리였는데, 다른 모래 해변이나 우리가 걸어온 사막보다는, 만조滿潮의 범위를 벗어나 있고 여행자가 간혹 가다 지나다님으로 해서 모래가 흐트러져 훨씬 "더 걷기 힘들어" 보였다. 우리가 걷고 있는 네 개의 두꺼운 판자들이 잉여세입剩餘歲入의 이 마을 몫으로 구입한 것이며, 그 돈의 사용에 대해 주민들 사이에 아주 의견이 분분했었는데, 이처럼 발밑에 깔기로 현명하게 결정을 보았다는 것을 알았다. 그래도 몇몇은 그 돈의 자기들 몫을 받지 못했기 때문에 매우 도발적이 되어 그들은 보도가 판자로 건설된 이후에도 오랫동안 모래 위를 걸어 다니길 고집했다고 한다. 이것은 내가 잉여세입이 어느 마을에 축복이 된 것으로 우연히 알게 된 유일한 사례이다. 바다에서 나오는 모래라는 잉여세입의 더 큰 악의 흐름을 저지하는 국고에서 나오는 달러화라는 잉여세입. 주민들은 이 나무판자들이 닳아빠질 즈음에는 단단한 도로를 만들기를 기대했다. 정말로, 우리가 그곳을 다녀온 이후로 그들은 이미 그렇게 했고, 그들은 모래 세례를 거의 잊고 있었다.

　우리가 지나갈 때 주민들이 집으로 가져와서 문간 앞의 모래 해변에 펼쳐놓은 생선이나 마치 바다에서 긁어모은 것처럼 아주 노랗게 보이는 거친 해초를 말려 보존하는 일에 종사하는 것을 관찰했다. 모래 해변 쪽으로 울타리를 친 앞마당은 마치 때때로 조수에 의해서 덮이는 것처럼 그 안에 비치그라스가 자라고 있는 듯했다. 거기서 아직도 조개껍데기나 조약돌을 주울 수 있을 것이다. 주택들 가운데는 나무가 몇 그루 있었는데, 특히 은빛 백양나무와 버드나무, 길르앗 발삼나무였다. 한 남자는 어린 참나무를 내게 보여주었는데, 그것은 사과나무로 잘못 생각하고 마을 뒤에서 옮겨다 심은 것이었다. 그러나 모든 사람이 자기 일에 열중했다. 삼림학 지식은 거의 없지만 그는 날씨를 잘 알아서 우리에게 한 정보를 제공했다. 즉, 만조 때 천둥구름이 몰려왔을 때는 비가 오지 않는다는 것을 관찰했다. 이 마을은 우리가 가본 가장 완전하게 해안에 접한 마을이다. 그것은 단단하진 않으나 건조한 땅으로 둘러싸인 그저 하나의 좋은 항구이다. 뒤에 오지奧地 하나 없는 해변에서 어부들은 생선을 소금으로 말려 저장한다. 해안에 상륙하면 주민들은 아직도 판자 위를 걷는다. 습지에서 각각 보통 6평방 로드 넓이의, 작은 토지들을 매립했었다. 우리는 한 토지를 보았는데 네 개의 긴 난간으로 울타리를 친 것이었다. 또한 한 울타리는 전적으로 큰 통을 부순 것들로 만들어져 있었다. 프로빈스타운에서는 이런저런 땅들이 다 경작되었고 경작할 수 있었다. 전부

합하면 30이나 40에이커가 된다고 우리는 들었다. 그러나 우리는 고작 4분의 1밖에 발견하지 못했다. 그리고 그나마 모래가 듬뿍 들어있었다. 그래서 마치 사막이 다시 내놓으라고 주장하는 것처럼 보였다. 그들은 이제 습지의 일부를 상당히 큰 규모로 크랜베리 초원으로 바꾸고 있었다.

그런데 길에서 벗어나기는커녕, 프로빈스타운은 항해자들이 다니는 길에 직접적으로 놓여있었다. 그리고 어둠 속에서 그것에 충돌하지 않는 사람은 행운이다. 그것은 상업적인 교역로 중의 하나에 위치해 있다. 그리고 지구의 모든 지역에서 오는 사람들이 연중 그곳을 거친다.

토요일 밤이었으므로, 고등어 선단이, 아침에 채텀을 향해 아래쪽으로 있었던 분함대分艦隊를 제외하고, 우리보다 앞서 들어와 정박했다. 그리고 만에서 해가 지는 것을 보러 올라간 산언덕에서 항구에 200척의 멋져 보이는 범선들이 해안에서 다양한 거리로 항구에 닻을 내린 것을 세었다. 그리고 더 많은 배가 케이프를 돌아 들어오고 있었다. 정박하려고 왔기 때문에, 배는 돛을 좁혔고 바람에 펄럭거렸는데, 보트를 내렸다. 그 배들은 주로 웰플릿과 트루로 그리고 케이프 앤 소속이었다. 이것은 우리가 수평선에서 선체는 보이지 않을 만큼 멀리 있던 것을 보았던 그 천막의 도시였다. 가까이서 그리고 돛대들만 있는 것을 보니 그 배들은 예상치 못한 검게 보이는 선박들이었다. $\mu \acute{\epsilon} \lambda a\iota \nu a\iota\ \nu \hat{\eta} \epsilon \varsigma.$[40] 한 어부가

---

40   black-looking vessels: 검게 보이는 선박들. (호메로스의 『일리아스』 제2권에 보면, 바다에 있는 수백 척의 아가멤논 연합함대는 오뒷세우스의 배를 포함해 대다수가 '검은 배'였다. 또한 제13권 268행의 "....검은 배 안에 트로이아인들의 전리품이 많이 있다"는 표현처럼, 고등어를 잡아 가득 실은 검은 배들이

말하기를 고등어 선단에는 1500척의 선박들이 있으며, 그는 프로빈스타운 항구에서 한 번에 350척을 세어 본 적이 있다고 했다. 수심이 얕아서 해안에서 상당한 거리에 정박해야 했기 때문에, 그 배들은 대도시의 부두들에 있는 선박들보다 더 큰 선단이라는 인상을 주었다. 우리가 북쪽을 향해 대서양을 따라 걷고 있는 동안, 그 배들은 하루종일 밖에 나가 우리가 보기 즐겁게 조업을 하고 있었던 것처럼, 이제 마치 우리를 만나고 가까이서 자신들을 보여주려고 하는 것처럼, 우리가 도착하는 것에 맞춰, 지금은 프로빈스타운 항구로 몰려드는 것을 발견했다. 다양한 속도로 레이스 포인트와 롱 포인트 옆에 떠 있는 모습이 꼭 새들이 횃대에 앉으려고 집으로 오는 것을 떠올리게 했다.

이 배들은 진짜 뉴잉글랜드의 선박들이다. 연대기 작가[41]의 형인 모즈스 프린스가 글로스터[42]를 방문했던 1721년의 어느 날 그의 일기에 서술되기로는, 스쿠너[43] 급의 최초의 선박은 글로스터에서 약 8년 전에 앤드류 로빈슨에 의해 건조되었다고 한다. 그리고 같은 18세기의 후반에 코

항구로 들어오는 것을 말하는 듯하나, 이 단어 앞의 "예상치 못한"이란 표현은 어쩌면 그리스의 영웅 테세우스가 크레타의 괴물을 처치하고 귀환할 때, 성공하면 하얀 돛을 달겠다고 아버지에게 말했으나, 모험에 지쳐 흰 돛으로 바꿔 다는 것을 깜빡 잊고 죽음을 상징하는 검은 돛을 단 채로 귀환했다는 고사를 또한 연상시킨다.)

41 Thomas Prince(1678~1758): 미국의 목사이며 역사학자. 그의 『뉴잉글랜드 연대기』(*A Chronological History of New England, in the Form of Annals*,1736)는 과학적 역사기술의 선구로 꼽힌다.
42 Gloucester: 매사추세츠주 보스턴 북동쪽 에섹스 카운티에 있는 케이프 앤의 도시.
43 schooner: 보통 쌍돛대나 그 이상의 돛이 달린 종범선을 가리킨다.

튼 터프츠 집안의 한 사람이 같은 장소를 방문해서 배운 세부적인 전통을 우리에게 전해주고 있다. 그에 의하면, 로빈슨은 그가 특이한 방식으로 돛대를 박고 돛을 단 하나의 선박을 건조했는데, 배가 선대(船臺)를 떠날 때 옆에서 보던 사람이 "와, 되게 멋지게 치고 나아간다!"[44]라고 외쳤다. 그러자 로빈슨은 "스쿠너라고 부르게 하자!"고 대답했다. "그때부터", 터프츠가 말한다. "이같이 돛대를 박고 돛을 단 선박들은 스쿠너라는 이름으로 나가게 되었다." 그 전에는, 이렇게 기술되는 선박들은 유럽이나 아메리카에 알려지지 않았다. (『매사추세츠 역사학회 선집』 제9권 첫째 시리즈와 제1권 넷째시리즈를 볼 것.) 그렇지만 나는 이것을 거의 믿을 수가 없다. 왜냐하면 스쿠너는 내게는 항상 - 그냥 전형적인 선박으로 보였기 때문이다.

뉴햄프셔의 맨체스터에 사는 C.E.포터[45]에 의하면, 스쿠너라는 단어는, 물이 밀려든 장소인 *스쿠트*(scoot)와 *아우케*(auke)에서 나온 스쿠딕 Schoodic처럼, 인디언 말로 내달린다는 *스쿤*(schoon) 혹은 *스쿠트*(scoot)에서 온 것으로 뉴잉글랜드가 기원이라고 한다. 주목하시라. 보스턴 신문에 의하면, 1859년 3월 3일 보스턴에 있는 족보학회에서 어떤 글로스터 사람이 이 문제에 관하여 논문을 발표할 예정이었다.

밖에 나온 거의 모든 사람은 내가 언급한 네 개의 나무판자 위를 걸을

---

[44] "*O, how she scoons!*": 스쿤(scoon)이라는 단어는 물 표면을 스치며 나아가는 것을 뜻하는 스코틀랜드어 *scone*과 비슷한 말 - OED. 네덜란드어 "schoon(e)"은 '멋진, 깔끔한, 좋아 보이는'이라는 뜻.

[45] Chandler Eastman Porter(1807~1868): 뉴햄프셔의 법률가, 교사. 신문『맨체스터 디모크랫』(*Manchester Democrat*)의 편집자였다.

수밖에 없어서, 낮에 밖에 나온 모든 프로빈스타운 주민들을, 길만 비켜 준다면, 누구라도 틀림없이 만나리라고 확신한다. 이날 저녁은 길바닥의 나무판자들이 고등어 어부들로 붐볐다. 우리는 벽으로 붙어 걸으며 그들에게 바다에 깔린 나무판자를 내주고 우리의 호텔로 돌아왔다. 이 호텔은 재단사가 운영했는데, 한쪽 문은 양복점용이었고, 다른 쪽 문은 호텔용이었다. 그리고 그의 하루는 고기를 써는 일과 폭이 넓은 천을 자르는 일로 양분되는 것처럼 보였다.

다음 날[46] 아침, 날씨는 비록 전날 보다 더 춥고 바람이 거세게 몰아치고 있었지만, 우리는 여러 날을 전적으로 야외에서, 햇빛이 날 때는 햇빛을 받으며, 그리고 끊이지 않는 바람 속에서 지냈기 때문에, 사막으로 다시 나갔다. 마을의 남서쪽 끝에 있는, 이름이 매우 표현적이라 처음에 우리 눈에는 그 주인이 자연스럽게 그것에 중요성을 부여하려는 것으로 이해된, 섕크-페인터 습지대 서쪽으로, 관목이 우거진 산언덕을 밟고 지나간 후에 3마일 떨어진 레이스 포인트 남쪽 해안까지 모래밭을 가로질리갔다. 그리고 거기에서 우리가 전날 저녁에 그리로 가려고 바다를 떠났던 사막을 통해 동쪽으로 배회했다. 우리가 그곳으로 나간 후에 곡선을 이룬 5~6마일을 여행했다. 그리고 불룩하게 솟아올라 양쪽에서 모래 위쪽으로 경사를 이루어 산등성이를 형성한 멀리 비치그라스의 엷은 들판을 빼고는, 풀 한포기 볼 수 없던 가운데로부터, 순수한 모래로만 된 광활한 대형접시를 지나, 9~10마일을 갔을 것이다. 그러는 동안 내내 1월 같은 살을 에는 바람을 맞았다. 진실로, 우리는 이렇게 추운 날씨를

---

[46] 1849년 10월 14일 일요일.

그 후 두 달 동안 겪어본 적이 없었다. 이 사막은 케이프의 말단에서부터 프로빈스타운을 지나 트루로에까지 뻗쳐 있다. 그리고 여러 번 우리가 지나가는 동안, 추위에도 불구하고, 아라비아의 모래에 갇힌 얘기를 담은 『라일리의 설화』[47]가 떠올랐다. 우리의 눈들은 비치그라스 군락지를 지평선에 있는 옥수수 밭인 양 확대했다. 그리고 신기루 때문에 우리는 산등성이의 높이를 과장했을 것이다. 나는 나중에 캄이 쓴 『북아메리카 여행』에서 저지대 세인트로렌스에 사는 주민들이 이 풀(*Calamagrostis arenaria*)과 또한 해마 풀(*Elymus arenarius*)을 세이글 데 메르seigle de mer 라고 부른다는 것을 알고 기뻤다. 그는 덧붙이길, "이 식물들이 뉴펀들랜드와 북아메리카 해안에 대단히 많이 자라고 있음을 확신해왔다. 그것으로 덮인 장소는 멀리서 보면 옥수수 밭 같이 보인다. 그것은 아주 훌륭한 포도주가 있는 땅[*Vinland det goda*의 번역]에 관한 우리의 북쪽 지방 이야기에 [그는 1749년에 썼다] 있는 구절들을 설명해 줄 것이다. 그 이야기에는 들판에 온통 야생 밀이 자라고 있는 것을 그들이 발견했다고 언급하고 있다."

비치그라스는 "2~3피트 높이의 담녹색 풀"이고, 세계에 널리 퍼져 있다고 한다. 헤브리디스에서는 그것은 안장의 매트, 가방, 모자 등을 만드

---

[47] 제임스 라일리(James Reily,1777~1840)가 1815년 사하라 서부해안에서 좌초하여 사하라 사막을 가로질러가다 겪은 고난의 얘기를 담은 비망록. 이 책의 원제인 『제임스 라일리 선장의 미국상선 코머스호 상실 실화』(*Authentic Narrative of the Loss of the American Brig 'Commerce' by the "Late Master and Supercargo" James Riley*,1817)는 나중에 『아프리카에서 겪은 고난들』(*Sufferings in Africa*)이란 제목으로 다시 출판되었다.

는데 사용되고, 매사추세츠의 도체스터에서는 그것으로 종이를 제조해왔다. 그리고 잎이 연약할 때는 가축이 먹는다. 그것은 어찌 보면 호밀 같은 이삭이 있는데 길이가 6인치에서 1피트 된다. 그것은 뿌리와 씨앗으로 번식이 된다. 그것이 모래를 좋아하는 것을 표현하려고 어떤 식물학자들은 그것을 그리스어로 '모래'를 뜻하는 말과, 라틴어로 '모래의'라는 수식어를 써서 모래의 모래라는 말인 *삼마 아레나리아*(Psamma arenaria)라고 불렀다. 그것이 뿌리로 단단히 고정해도, 바람에 의해 주변에 흩날리기 때문에, 그것은 모래에 마치 컴퍼스로 그린 것처럼 정확하게 여러 가지 원을 그려낸다.

그것은 상상할 수 있는 가장 황량한 풍경이었다. 그 당시에 우리가 모래에서 본 유일한 동물은 거미들이었는데, 그것은 눈 위에서건 살얼음 물과 모래 위에서건 거의 어디서나 발견할 수 있었다. 독이 있어 보이는 수많은 다리를 가진 길고 가느다란 벌레도 있었다. 우리는 석축처럼 단단한 가장자리가 있는 흐르는 모래에 있는 거미 굴들을 보고 놀랐다.

6월에, 이 모래는 밖에 나온 크고 작은 거북이들이 습지를 오가며 만든 길로 줄이 그어졌다. 나는 사막의 가장자리에 "농장"을 가지고 있고 프로빈스타운의 소문을 잘 아는 한 *테레 필리우스*[48]에게서 지난봄 거기에서 한 남자가 25마리의 늑대거북을 잡았다고 들었다. 거북이를 잡는 그만의 독특한 방법은 고등어 낚싯바늘에다 두꺼비를 꿰어 연못 속에 던져 넣고 줄을 물가 그루터기나 말뚝에 묶는 것이었다. 열이면 열 미끼를 문 거북이는 줄을 따라 그루터기로 올라왔고, 아무리 나중에라도, 거

---

48   *terrae filius:* 고어古語로 촌부村夫를 뜻하는 말.

기에서 기다리는 포획자에게 발견되었다. 그는 또한 말하기를 밍크, 사향쥐, 여우, 너구리, 야생 쥐가 거기에서 발견되는 데 다람쥐는 없다고 했다. 우리는 모래 해변과 이스트 하버습지에서 맥주 통처럼 큰 바다거북이 발견된다고 들었다. 그러나 그것들이 기기 토종인지 아니면 어떤 선박에서 밖으로 잃어버린 것인지는 분명치 않았다. 어쩌면 그것들은 이같이 북단에서 발견되는 솔트 워터 테라핀Salt - water Terrapin아니면 스므스 테라핀Smooth Terrapin이었을 것이다. 많은 두꺼비들을 모래와 비치그라스 밖에 없는 곳에서 마주쳤다. 트루로에서 나는 사방에서 건조한 모래 사장위로 뛰어오르는 밝은 모래 색깔의 수많은 두꺼비들을 보고 놀랐던 적이 있었다. 이들 순수한 모래 해변에는 뱀도 또한 흔하다. 그리고 나는 그런저런 지역들에서 겪은 것처럼 모기로 크게 고통을 받지는 않았다. 같은 계절에 그곳 사막의 가장자리에 있는 비치그라스로 둘러싸인 작은 분지에서 딸기가 풍부하게 자랐다. 그리고 원주민들이 조시 배Josh pears (어떤 사람들은 '즙이 많은'juicy에서 나왔다고 생각한다)라고 부르는 채진목菜振木[49], 즉 *아멜랑쉬에*(Amelanchier)의 열매가 언덕들에 매우 풍부하게 있다. 딸기를 따 먹을 수 있는 가장 좋은 장소를 기꺼이 안내해준 친절을 베푼 한 남자를 만났다. 그는 내가 이방인이고 다음해 그를 또 만날 일이 없다는 것을 알아보지 않았다면 그 장소를 보여주지 않았을 것이라고 내게 말했다. 그리고 그 때문에 나는 그 장소를 발설하지 않는 것이 명예롭겠다는 생각이 든다. 우리가 연못에 왔을 때, 그는 원주민이라 황

---

[49] shadbush: 장미과에 속한 나무 이름.(*Amelanchier*는 학명인 동시에 프랑스 남부 프로방스 지방에서 부르는 이름임)

송하게도 나를 신드바드⁵⁰처럼 업어서 건너다주었다. 오는 것이 있으면 가는 것이 있는 법, 그가 혹여 우리 동네에 온다면 나도 그를 위해 그렇게 하려고 한다.

한 장소에서 우리는 그나마 없으면 끊이지 않고 사막밖에 안 보일 곳에서 죽은 윗부분을 내밀고 있는 수많은 나무를 보았다. 그곳에는 3~40년 전만 해도 숲이 울창했었는데, 해마다 나무들이 헐벗게 되자, 지금은 주민들이 땔감으로 쓰려고 윗대가리를 잘라냈다는 것을 나중에 들었다.

우리는 그 날 마을 밖에서 아무도 보지 못했다. 전에 케이프의 등 쪽에서처럼, 많은 사람이 전혀 그쪽을 보지 않으려 하고, 모험을 하려고 나오지 않는, 그렇게 너무나 을씨년스러운 날이었다. 그리고 우리는 어느 누가 이 사막을 가로질러 갔는지 나타내주는 길 자국 하나 거의 볼 수 없었다. 그런데 나는 어떤 사람들이 혹독한 날씨에 밤낮으로 등 쪽에 항상 나가 있다는 얘기를 들었다. 조난선박들을 찾으며, 화물을 내릴 작업을 하는 일을 맡기 위해, - 그래서 이같이 조난당한 사람들은 구조된다. 그러나 일반적으로 밀해서, 주민들은 이 모래사장들을 거의 방문하지 않는다. 프로빈스타운에서 30년을 살았다는 한 주민은 그 시절 동안에 북쪽 편으로 끝까지 나가 본 적이 없다고 내게 말했다. 때때로 원주민들도 마을 뒤쪽의 눈보라 속에서 길을 잃고 거의 다 실종될 뻔한 적이 있었다.

---

50 Sindbad: '아라비안 나이트'로 더 알려진 『천일야화』에서 동방으로 불가사의한 항해를 일곱 번 하는 바그다드의 뱃사람. 다섯 번째 항해에서 노인을 어깨에 메고 강을 건네주는 이야기가 나온다.

바람은, 우리가 사막과 연관 짓는 것처럼, 시로코[51]나 시문[52]이 아니었다. 그러나 뉴잉글랜드 북동풍이었다. 그리고 우리는 모래언덕 밑에 몸을 피했으나 소용없었다. 왜냐면 바람이 주변의 모든 것을 날려버려, 둥글게 원추형으로 만들어서, 우리가 어느 쪽에 앉아있건 우리를 때렸다. 때때로 우리는 몸을 엎드려, 연못이나 습지에서 스며들었을 것인, 모래 속에 있는 작은 웅덩이들에 고인 깨끗하고 신선한 물을 마셨다. 대기는 눈 같은 먼지로 가득 찼고, 살을 에는 모래들이 얼굴을 따끔거리게 했다. 그래서 우리는 더욱 건조하고, 가능하면, 바람이 더욱 강한 날씨에 모래바람을 쏘이는 것이 - 옷을 집어 올렸다가 벗어던지는, 공중에서 이동하는 모래톱을 마주한다는 것이 - 아홉 개의 꼬리가 달린 고양이[53]가 아니라 각각 꼬챙이가 달린 헤아릴 수 없이 많은 꼬리로 채찍을 맞는다는 것이 - 어떤지를 확실히 알았다. 웰플릿의 전 목사인 휘트먼은 내륙에 있는 자기 친구들에게 모래바람이 유리창을 긁어놓아서, 밖을 내다보려면, 매주 새 유리창으로 갈아 끼워야 했다고 편지를 쓰곤 했다.

관목 숲의 가장자리에서 모래는 관목 숲을 압도하고 있는 홍수의 모습을 띠었는데, 관목들이 서 있는 표면보다 여러 피트 더 높이 갑작스럽게 솟아오른 둑에서 끝났고, 바깥쪽 나무들을 부분적으로 파묻히게 했

---

[51] Sirocco: 북아프리카에서 남유럽으로 부는 열풍.
[52] Simoon: 사하라를 넘어오는 열풍. ← Simoom(아랍어): 아라비아 등의 사막에서 부는 모래 섞인 뜨거운 바람.
[53] cat - o' - nine - tails: 영국 해적소설 등에서 고문이나 체벌 도구로 가끔 등장하는 여러 갈래로 줄기가 갈라져 있으면서 그 끝부분에 하나씩 납덩어리가 달려 있는 채찍을 일컫는 말.

다. 이들과 비교되어온, 듄즈 또는 다운즈라고 불리는 영국의 움직이는 모래언덕들은 바다에 의해 밀려온 모래로 형성되거나 바람에 의해 맨 먼저 땅에서 떨어져 나와 더욱 멀리 내륙으로 날라진 모래들로 형성된다. 그것은 여기에서 파도와 바람에 의해 촉발된 모래의 파도로, 천천히 바다에서 마을을 향하여 흐른다. 북동풍이 가장 강하다고 말해지나, 대부분의 모래를 움직이게 하는 것은 가장 건조한 북서풍이다. 비스케이 만의 해안에서 이런 식으로 전에 많은 마을이 파괴되었다. 우리가 본 일부 산등성이의 비치그라스는 여러해 전에 정부가 프로빈스타운 항구와 케이프의 말단을 보존하려고 식재한 것이다. 나는 그 식재행사에 고용되었던 몇몇 사람들과 얘기를 나누었다. 내가 이미 언급한 적이 있는 「동부 연안에 대한 기술」에는 이렇게 쓰여 있다: "비치그라스는 봄과 여름에 2피트 반 정도 자란다. 나무 한 그루 없는 모래 해변으로 둘러싸이면, 가을과 겨울의 폭풍이 사방에서 모래를 쌓아올려 그 식물의 거의 꼭대기까지 솟아오르게 한다. 잇따르는 봄에 그 풀은 새로 싹이 올라오고 겨울에는 다시 모래로 덮인다. 그리고 이렇게 해서 언덕이나 산등성이가 그것을 지탱해줄 충분한 토대가 있는 한 계속해서 올라간다. 주변을 둘러싼 모래가 비치그라스로 덮이고 더 이상 바람의 힘에 굴복하지 않을 때까지 계속해서 올라간다." 이런 방식으로 형성된 모래언덕들은 때로는 100피트 높이로 형태도 아주 다양하고, 바람에 휘몰아쳐 쌓인 눈이나 아랍의 텐트들처럼, 끊임없이 이동하고 있다. 비치그라스는 매우 단단하게 뿌리를 내린다. 내가 그것을 어렵게 잡아당겨 보니, 전 해에 표면이었던 땅속 거의 10인치나 1피트에서 끊어졌다. 거기에서 자라난 수많은 잔뿌리들로 보아 그것은 똑바르고 단단한 둥근 싹이었는데, 그 길이로 보아 전 해에 얼마나 많은 모래가 축적되었는가를 보여준다. 그리고 때로는 지난 계절의 죽은 줄기토막은 더욱더 깊은 모래 속에서 더 썩은 가지가 붙은 채로 함께 뽑혔다. - 그래서 모래언덕의 나이와 몇 년 동안 그 증가속도는 이렇게 아주 정확히 기록된다.

영국의 초본草本학자인 올드 게라드[54]는 1250페이지에서 말하고 있다. "스토우[55] 연대기의 1555년을 보면, 그 당시에 가난한 사람들이 커다란 기근이 있었기 때문에, 기적적으로 도움을 받은 어떤 콩류와 완두콩의 언급을 발견한다. 그는 이같이 언급한다. (그가 말하길) 8월에, 옥스퍼드와 앨드버로우 타운 사이에 놓여있는, 서포크의 바닷가에는, 어떤 풀도 자라지 않고 흙도 없어 바위시렁이라고 불린, 온통 단단한 돌과 자갈밖에 없는 지역들이었는데, 우연히 이 불모의 땅에서 상당히 풍부한 완두콩이 경작이나 파종 없이도 갑자기 솟아나왔다. (남자들이 판단한바) 그것을 가난한 사람들이 100쿼터 넘게 따서 모았다. 그래도 전과 마찬가지로 일부는 익고 일부는 꽃이 핀 채로 많이 남아있었다. 그곳으로 노리치 주교와 윌러비 경이 많은 수의 다른 사람들과 함께 말을 타고 왔다. 그들은 3야드의 공간에서 이들 완두콩의 뿌리 밑에서 단단한 바위 같은 돌밖에 발견하지 못했다. 그 뿌리들은 크고 길었으며 매우 달콤했다." 그는 수천 명에게 주어도 충분할 양이 거기에 있다는 것을 캐져스 박사[56]

---

[54] John Gerad(1545~1616): 영국의 식물학자. 삽화로 그려진 1,484페이지에 달하는 『본초학本草學』(Herball, or Generall Historie of Plantes)(1597)이라는 저서가 있다.

[55] John Stowe(1525~1605): 영국의 역사가이며 골동품 연구가. 『잉글랜드 연대기』(Annals of England)(1565 -)를 썼다.

로부터 게스너[57]가 들어 알았다고 또한 우리에게 말한다. 그는 계속해서 말한다. "그것들은 틀림없이 여러 해 전부터 거기에서 자랐으나, 배고픔이 그것들을 주목하게 만들 때까지 관찰되지 않았다. 그리고 재빨리 말을 지어낸 것인데, 특히 이런 성질의 식량을 발견함에 있어서, 보통 우리 국민이 보기에는 매우 싱거운 얘기이다. 내 존경하는 친구인 아젠트 박사는 내게 여러 해 전에 그가 이곳에 있었고 사람을 시켜 손으로 해변을 파내어 사람 키만 한 긴 뿌리를 따라가게 했는데도, 그 끝을 찾을 수가 없었다고 말한 적이 있다." 게라드는 그것들을 결코 보지 못했고, 그것이 어떤 종류인지도 확신하지 못한다.

드와이트[58]의 『뉴잉글랜드 여행』에는 이전에 트루로의 주민들은, 다른 곳에서는 국도를 보수하라는 경고를 받는 것처럼, 해마다 4월에 당국으로부터 비치그라스를 심으라는 통고를 규칙적으로 받았다고 서술되어 있다. 그들은 다발로 된 비치그라스를 파낸 다음, 더 작은 덩어리들로 나뉘어, 3피트 간격으로 줄을 맞추어, 마디를 분질러서 바람의 통과를 방해하도록 배열해 심었다 그것은 빠른 속도로 번졌고, 익었을 때 씨앗의 무게는 풀을 휘게 하여 바로 옆에 떨어져서 싹이 났다. 이런 식으로, 예를 들면, 그 풀들은 지난 세기에 바다가 침식해 들어온 트루로와 프로빈스타운 사이의 케이프의 그 부분을 다시 건설했다. 거기 가까이에 지금은 일반도로가 있는데, 뿌리가 가득한 뗏장을 뒤집어 바짝 붙여 모래

---

56   John Cajus(1510~1573): 영국의 의사이며 고전학자.
57   Konrad von Gesner(1516~1565): 스위스의 의사이며 박물학자, 문헌학자.
58   Timothy Dwight(1752~1817): 미국의 신학자, 교육자. 예일 대학교 8대 총장(1795~1817)을 역임했다.

위에 깔아놓고서, 한가운데는 이중으로 깔은 다음 양쪽에 6피트 크기로 모래 위에 고르게 관목을 잘라 펴놓고, 위에서 기술한 대로, 비치그라스를 간격이 고르게 모래제방에 심어, 관목 울타리로 모래골짜기를 막아서게 붙여놓아 만들었다.

30년 전에 정부는 모래의 유입이 케이프코드 항구에 가하는 위험성에 먼저 주목했다. 매사추세츠주는 그 지역을 조사하라고 감독관들을 임명했다. 1825년 그들은 "나무와 관목들이 잘려나가고 항구의 반대쪽인 케이프의 해변 쪽에서 비치그라스가 파괴되었기" 때문에 - 지난 14년 동안 - "반마일의 폭과 4마일 반의 길이"에 걸쳐 - 원래의 지표면이 항구 쪽으로 바람에 의해 부서지고 제거되었으며, "몇 년 전까지 나무와 관목들로 덮인 케이프에서 가장 높은 땅의 일부였던 공간이 물결처럼 움직이는 광범위하고 황량한 모래벌판임"을 보여주고 있다고 - 그리고 지난 12달 동안 모래는 "항구를 4마일 반에 걸쳐 평균 50로드 거리로 접근해왔다!" 그래서 그 진행을 막을 어떤 조치가 취해지지 않는다면, 모래는 몇 년 안에 항구와 마을 둘 다를 파괴할 것이라고 보고했다. 그들은 그러므로 비치그라스를 10로드의 폭과 4마일 반의 길이로 부지 외곽에 곡선으로 심고, 소떼와 말들과 양들이 밖에 돌아다니지 못하게 하고 주민들이 관목들을 베는 것을 금지하기를 추천했다.

전부 약 3천 달러가 이러한 목적을 위해 집행되었다고 들었다. 공금이란 것이 그러하듯이, 비록 상당 액수가 어리석게 사용되었다는 불만이 있었지만. 정부가 항구를 보호하려고 마을 뒤쪽에 비치그라스를 심고 있는 동안, 주민들은 집안마당을 넓히려고 손수레에 모래를 실어 항구로 나르고 있었다고 어떤 이들은 말한다. 특허청은 이 풀의 씨앗을 네덜란드로부터 최근에 수입하여 전국에 배포했으나, 우리는 아마도 네덜란드인들만큼 많이 가지고 있을 것이다.

이같이 케이프코드는 사실상 비치그라스라는 수많은 작은 케이블에 의하여 천국에 닻을 내리고 있다. 그리고 만약 그것들이 실패한다면 완전히 조난당해 조만간 바닥으로 가라앉을 것이다. 이전에는, 젖소들이 멋대로 돌아다니도록 허용되었다. 그런데 젖소들은, 황소가 밧줄로 정박되어 있는 보트를 그렇게 한 것처럼, 케이프를 정박시켜주는 많은 케이블 가닥들을 먹어버렸다. 그리고 그것을 뜨게 했다. 그러나 지금은 젖소들이 돌아다니지 못한다.

상당한 세금을 매길 수 있는 자산이 있는 트루로의 일부가 최근에 프로빈스타운에 더해진 적이 있었다. 트루로 마을 사람들이 의회에 몇 마일에 이르는 그들과 이웃한 영토를 프로빈스타운에 편입해달라고 청원하고 있다는 말을 나는 한 트루로 사람한테서 들었다. 왜냐하면 그것의 전체 가치는 글자 그대로 케이프를 함께 유지하는 것이기 때문에, 프로빈스타운이 살찐 것과 더불어 여윈 것의 몫을 가지고, 그 땅을 지나는 도로를 관리하도록 하기 위해서였다. 그런데 이마저도 그것은 항상 실행되지는 않았다. 프로빈스타운은 완강하게 그 선물을 수락하지 않고 있다.

바람이 북동쪽에서 너무나 심하게 부는 바람에, 춥기도 하고 그래서 우리는 대서양 쪽에서 파도를 보기로 작정했다. 바다의 시끄러운 소리를 우리가 아침 내내 들었다. 그래서 우리는 모래사막을 통하여 동쪽으로 계속 가서, 다시 프로빈스타운의 북동쪽 해안을 만나, 살을 에는 강풍의 최대 풍속에 맞닥뜨렸다. 바닷물이 큰 힘으로 부서지는 넓게 펼쳐진 모래톱이 거기에 있었다. 해안으로부터 반마일동안은 그것은 하나의 커다란 덩어리로 된 하얀 파도였다. 그것은 바람과 함께 우리가 말하는 것이 거의 들리지 않을 정도로 그러한 소음을 만들었다. 연안해역의 이 부분에 대해서 다음 같은 말이 있다: "북동쪽에서 불어오는 폭풍은, 선원들에게는 가장 맹렬하고 치명적인 바람인데, 그것은 빈번히 눈을 동반하여 육지에 직접 불어 닥친다. 강한 조수가 해안을 따라 형성되어 그러한 폭풍이 불어대는 동안에 만으로 들어가려고 북쪽을 향해 애써 나아가는 배들과 만난다. 레이스 포인트를 뚫고 나아가지 못한다면, 바람은 그들을 해안으로 몰아가고, 난파는 불가피하다. 따라서 바닷가는 어디서나 선박들의 조각들로 덮여있다." 그러나 하일랜드 등대가 세워지고 난 후에는 연안해역의 이 부분은 덜 위험하다. 그리고 전에는 거의 알려지지 않은 그 등대의 남쪽에서 더 많은 조난이 발생한다고 한다.

이것은 우리가 목격한 가장 강한 폭풍이 부는 바다였다. - 내 동반자가 인정하듯, 나이아가라의 급류보다, 그리고 물론, 훨씬 더 큰 규모로, 더욱 **떠들썩한** 바다였다. 돌풍이 부는 바다였다. 맑고 추운 날, 시야엔 돛배 하나 만이, 마치 항구를 조바심하여 찾고 있는 것처럼, 매우 애를 쓰고 있었다. 우리가 해안에 도달한 때는 만조 때였다. 그리고 한 장소에서는 상당한 거리에서 파도가 너무나 높이 밀려와 파도와 모래 둑 사이를 지나가기가 어려웠다. 남쪽으로 더 멀리 모래 둑이 더욱 높은 곳은 그 사이를 지나가는 것은 위험했을 것이다. 케이프의 한 원주민은 내게 이런 얘기를 해주었다. 여러 해 전에, 3명의 남자애들과 그들의 친구들이 난파선을 가보려고 웰플릿에서 이 모래 해변을 간 적이 있었는데, 바닷물이 빠졌을 때 난파선에 달려 내려갔다가, 바닷물이 들어올 때 물보다 먼저 모래 둑으로 달려갔으나, 바닷물이 그들의 발꿈치를 빠르게 쫓아와 둑을 무너지게 해서 그들을 산 채로 매장했다는 것이다.

그것은 포효하는 바다였다. θάλασσα ἠχήεσσα, –

ἀμφὶ δὲ τ᾽ ἄκραι
Ἠϊόνες βοόωσιν, ἐρευγομένης ἁλὸς ἔξω[59]

그리고 모래 둑의 꼭대기들 주변으로
바다가 토해내는 소리가 울려 퍼졌다.[60]

이 장면을 바라보며 서 있을 때, 우리는 여기에서 고기를 잡는 것과 호수에서 고기를 잡는 것은, 어느 면에서도, 같지 않다고, 그리고 좋은 날씨와 잔잔한 바다를 기다리는 사람은 고등어의 매끄러운 피부를 결코 보지 못할 것이라고, 그리고 주州의 청사에 있는 나무로 된 상징물 말고는 대구에게 더욱 가까이 다가가지 못할 것이라고 점점 확신하게 되었다.

우리는 바람에 거의 얼어 죽을 지경이 되어, '자선의 집'에서 몸을 쉴 준비가 되었을 때까지 해안을 서성거렸기 때문에, 이제 케이프를 두 번 이상 가로지른 셈이라, 날씨에 엉망이 된 얼굴을 돌려 우리는 프로빈스타운과 만으로 다시 향했다.

---

[59] 호메로스, 『일리아스』 제17권 264~265행. "거대한 파도가 불어난 강물과 부딪쳐 천둥소리를 내고/ 짠 바닷물이 부서질 때마다 해안의 절벽이 울부짖을 때와 같이."

[60] (소로의 영역).

제10장 프로빈스타운
Provincetown

다음 날 아침 일찍 나는 호텔 근처에 있는 생선창고로 걸어들어 갔다. 서너 명의 남자들이 간물에 절인 생선들을 수레로 실어 날라서 건조시키려고 널고 있었다. 그들은 배 한 척이 44,000마리의 대구를 싣고 늦게 뱅크스Banks에서 들어왔다고 말했다. 티모시 드와이트는 프로빈스타운에 그가 도착하기 직전에, "종범선이 한 번의 항해에서 56,000마리의 생선, 약 1,500개의 퀸탈[1]을 싣고 그레이트 뱅크에서 돌아왔을 때 보니 파도가 없는데도 주갑판이 8인치가 물에 잠겨있었다"고 말하고 있다. 간물에서 방금 나온 이 생선창고에 있는 대구는 몇 피트 두께로 포장되어 놓여있었다. 그리고 서너 명의 남자들이 소가죽으로 만든 장화를 신고 그 위에 서서 쇠꼬챙이 같은 도구로 그것들을 수레에 떠 옮기고 있었다. 한 청년이, 담배를 씹고 있었는데, 반복해서 생선 위에다 침을 뱉었

---

[1] 1 퀸탈(qintal)은 100kg.

다. 더 나이 많은 남자도 그가 하는 짓을 보고 있으니, '여보게 그러면 쓰나' 하고 한마디 할 것이라고 나는 생각했다. 그러나 나는 이내 나이가 더 많은 남자도 똑같은 짓을 하는 것을 보았다. 그것은 내게 스미르나 무화과를 생각나게 했다[2]. "얼마나 오랫동안 이 생선들을 건조시키는가요?"하고 나는 물어보았다.

"날 좋을 때 이틀간인뎁쇼"라는 대답이었다.

나는 거리를 가로질러 걸어가 다시 호텔로 가서 아침을 먹었다. 그리고 호텔주인은 "저민 생선이나 아니면 콩"을 먹겠느냐고 물었다. 나는 비록 내가 좋아하는 음식은 결코 아니었지만 콩을 택했다. 다음 해 여름에도 이것은 여기에서 제안하는 여전히 유일한 식단임을 발견했다. 호텔주인은 이들 두 단어에 변화만 여전히 주고 있었다. 이전의 접시에는 생선이 눈에 띄게 큰 비율을 차지했다. 내륙지방을 여행하다 보면 감자가 주로 상에 올라온다. 나는 케이프에서 어떤 종류의 신선한 생선도 맛볼 기회가 없었다. 여기 사람들은 내륙에 있는 사람들처럼 생선을 다양하게 사용하지 않는다는 확신을 받았다. 거기는 그것들이 말려지는 곳이고, 때로는, 여행자가 그것들을 먹는 것도 말려지는 곳이다.[3] 프로빈스타운에서는 어떤 가축도 도살되지 않았으나 요식업소 등에서 사용되는 소량은 증기선을 통해 보스턴에서 들여왔다.

이곳의 대부분의 집들은 생선을 널어 말리는 덕장들로 사방이 가깝게

---

[2] 스미르나(Smyrna)는 터키의 지명인 이즈미르의 그리스식 이름으로, 스미르나 무화과는 카프리 무화과 말벌이 침(타액)으로 수분受粉을 시켜준다고 한다.
[3] '말려지는'(be cured)이라는 동사구의 동음이의어(pun)를 쓰고 있다. (보존처리하다, 건조시키다 / 교정하다, ~하지 않게 막다.).

둘러싸여 있었다. 앞문 쪽으로만 2~3피트 넓이의 좁은 통로가 있었다. 그래서 화단이나 잔디밭이 보이는 대신에 배를 갈라 뒤집어 놓은 대구를 널은 여러 평방 로드가 밖으로 보였다. 이 화단은 한여름에 잘 건조되는 날에는 전혀 꽃밭 같지 않다고 했다. 온갖 해묵고 모양이 각각인 턱이 있었다. 어떤 것들은 너무 녹이 슬고 이끼가 달라붙어서 마치 이곳 어업의 창시자들이 썼던 것으로 보일 정도였다. 어떤 것은 잇따라서 수확물을 매달아 무게 때문에 부러지기도 했었다. 이 당시에 주민들의 주된 작업일은 아침에 물고기를 매달아 널어 펼쳐놓았다가 밤에 거두어들이는 일이었다. 나는 많은 할 일 없는 사람들이 가능한 아침 일찍 밖에 나와서, 날 좋을 때 전부 건조시키려고 조바심하는 이웃사람의 물고기를 실어내는 일감을 얻는 것을 보았다. 그때서야 나는 소금에 절인 생선이 어디서 잡히는가를 알았다. 그것들은 어디서나 등을 대고 누워있었다. 그것들의 목뼈는 수병水兵의 재킷처럼 나와 있었다. 가슴을 드러내고 온갖 것이 와서 쉬라는 듯이 벌리고 있었다. 그런데 몇 가지를 제외하고는 온갖 것들이 그 초대에 응했다.[4] 조그만 남자아이 둘레를 염장된 생선으로 감는다면, 그 애는 소집에 응하려고 많은 사람이 입고 있는 것과 같은 그런 패션의 코트를 입고 있는 것으로 보일 것이다. 염장생선은 부두들 위에 수북이 쌓여있었는데, 껍질이 붙은 단풍나무와 노란 자작나무 골판재처럼 보였다. 나는 처음에 이렇게 그것들을 오인했다. 그리고 어느 의미에선 그것들이 그레이트 뱅크Great Banks에 자라는 동쪽 지방의 나무로 우리의 생명 불을 유지해주는 연료였다. 그것들은 꼬리를 바깥쪽으로

---

[4] 날파리 등 날벌레가 잔뜩 달라붙은 것을 가리킨다.

하고 조그만 원을 이루며 놓여져, 거대한 화분의 형태로 쌓여 있었다. 각각의 원이 먼젓번 원보다 연속적으로 컸다. 생선기둥이 3~4피트 높이가 되면 확 줄어들어 원추 모양의 지붕이 되었다. 뉴브런즈웍[5]의 해안에서는 이것을 자작나무로 덮고 돌을 위에 올려놓았다. 그리고 빗물이 침투하지 않게 하고, 수출하려고 포장하기 전에는 바람을 쐬게 놔둔다.

가을에 여기의 암소들은 때때로 대구의 머리를 먹는다는 소문이 돌았다! 인간의 머리처럼, 진기하고 신기하게 만들어지고, 그래봤자 두뇌의 양만 적을 뿐인, 대구의 신성한 부분을 암소들이 깨물어 먹게 하다니! 나는 공감한 나머지 나의 두개골이 깨지는 듯 느꼈다. 인간들의 머리가 잘려져서 하늘의 섬들에 사는 초월적인 존재의 암소들에게 먹힌다면 어쩔 셈인가? 사상과 본능의 집인 훌륭한 두뇌가 반추동물의 되새김질 거리를 채우러 사라지다니! 그렇지만 한 주민은 자기들은 대구머리를 암소들 먹이로 주는 일 같은 짓은 하지 않았다고 누누이 내게 설명했다. 어쩌다가 암소들이 그것들을 그냥 먹는 일이 있곤 할 것이다. 그러나 내가 아무리 여러 날을 그곳에 산다 한들 그런 일은 결코 보지 못할 것이다. 염분이 부족한 암소는 덕장에 있는 대구의 연약한 부분들을 때때로 핥아 먹기도 할 것이다. 이런 일이 그런 얘기가 나돌게 된 진원震源이라고 내가 믿기를 그는 바랐다.

이런저런 나라가 그들의 가축이나 말이나 양에게 생선을 먹였다는 얘기를, 일리안[6]과 플리니[7]에서 보이는 것처럼, 로마인들과 그리스인들이

---

[5] New Brunswick: 미국의 메인주와 캐나다의 퀘벡주 노바스코샤 사이에 위치하는 지역. 현재 영어와 프랑스어가 똑같이 공용어로 사용되는 유일한 곳임.

반복을 해놓아서, 수천 년 동안 끊임없는 여행자의 얘기와 중상中傷같은 것이 지금껏 있어왔다. 알렉산더의 제독으로 인더스에서 유프라테스까지 기원전 326년에 항해했던 니어커스의 『일기』[8]에는, 그가 생선 먹는 자라는 뜻의 '익티오파기'[9]라고 부른, 일부 중간해역의 주민들이 생선을 날로 먹었을 뿐만 아니라 생선을 말리고 절구 대신에 고래 등날 뼈로 두드려 반죽으로 만들었고, 해안에 풀이 없었기 때문에 가축들에게 주었다고 기록되어 있다. 현대의 여행자들인 바르보사[10], 니버[11], 그리고 다른 사람들도 같은 보고를 하고 있다. 그러므로 증거로 균형을 맞추어 볼 때, 나는 프로빈스타운의 암소들에 관해서 여전히 의심스럽다. 다른 가

---

6   Aelian [Claudius Aelianus](170~235): 로마의 작가이며 그리스어에 능통했던 수사학 교사. (영어원문에서 소로가 사용한 인명의 철자가 실제 철자 발음과 다른 경우는 원문의 것을 우선했고, 각주에는 실제 이름을 삽입 괄호[ ]에 병기했음.)
7   Pliny [Caius Plinius Secundus](23~79),: 로마의 작가이며 박물학자, 자연철학자. 초기 로마제국의 육해군사령관을 역임했으며, 그가 쓴 백과전서적인 『자연사』는 백과사전 편집의 모델이 되었다.
8   알렉산더의 인도 공략(B.C.326 - 324년)을 따라 인더스 강에서 페르시아 만까지 항해했다고 알려져 있는 인물인 네아르쿠스(Nearchus, B.C.360~300)가 쓴 일기. 윌리엄 빈센트가 영어로 편집·번역한 『니어커스의 항해』(The Voyage of Nearchus)라는 책이 있다.
9   Icthyophagi: 고대의 지리학자들이 세계 다른 지역의 일부 해안주민들에게 붙인 이름으로, 고대 그리스어 Ἰχθυοφάγοι에 해당하며, '물고기 먹는 자들'(Fish - Eaters)이라는 뜻이다.
10 Duarte Barbosa(1480~1521): 포르투갈의 작가. 아프리카와 인도를 여행하고 포르투갈령 인도의 관리(1500~1516)를 했으며 마젤란의 항해에 동행했다가 필리핀에서 전사했다.
11 Karsten Niebur(1733~1815): 독일의 수학자, 지도제작자로 덴마크왕의 지시로 아라비아를 여행한 사람.

축에 관해서는, 킹 선장[12]이 1779년의 쿡 선장[13]의 일기를 계속 이어 쓰며, 캄차카반도의 개들에 대해 말하고 있다. "겨울에 그 개들의 먹이는 전적으로 연어의 머리와 내장과 등뼈로 이루어진다. 그렇게 쓸 목적으로 그것들을 따로 떼어놓아 말린다. 그리고 이런 식단으로 먹이를 주되 아껴서 개들에게 먹인다."(『쿡의 일기』, 제7권 315페이지)

우리가 생선 문제들을 다루고 있는 중이지만, "알렉산더 대왕의 함대 사령관들은 아라비스 강가에 살고 있는 게드로시족[14]이 그들의 집의 문을 물고기 턱뼈로 만들고 지붕을 물고기 뼈로 엮는 습성이 있다는 얘기를 했다"는 플리니의 말을 삽입해도 되겠다. 스트라보[15]도 익티오파기들에 대해서 똑같은 소리를 하고 있다. "하르뒨[16]은 말하기를, 그 당시의 바스크인들[17]은 밭의 울타리를 고래 갈비뼈로 두르는 습성이 있었는데, 그것은 때로는 길이가 20피트가 넘었다고 하며, 그리고 퀴비에[18]는 현재 시대에도 고래의 턱뼈는 노르웨이에서 건물의 기둥이나 대들보를 만드

12 쿡 선장 밑에서 일한 영국의 해군 장교(Captain James King, 1750~1784).
13 영국의 탐험가, 항해자, 지도제작자로 영국해군의 선장(Captain James Cook, 1728~1779).
14 Gedrosi: 알렉산더의 전기에 나오는 게드로시아(Gedrosia)는 인더스강의 서쪽 지역인 오늘날 파키스탄의 발루키스탄 남쪽지방으로 이곳에 살던 사람들을 일컬음.
15 Strabo(63B.C.~A.D.24): 그리스의 지리학자이며 역사학자.
16 Jean Hardouin(1646~1729): 프랑스의 고전학자.
17 Basques: 스페인과 프랑스에 걸친 피레네산맥 서쪽기슭과 비스케이(Biscay)만에 걸쳐 살고 있는 종족.
18 Georges Cuvier(1769~1832): 프랑스의 박물학자이며 동물학자로, 고생물학과 비교해부학의 아버지로 불린다.

는 데 사용된다고 말하고 있다."(본[19]이 편찬하여 번역한 『플리니』, 제2권 361페이지). 헤로도투스[20]는 트라키아의 프라시아스 호수에서 (기둥들 위에 지은 집에 살고 있는) 주민들은 "생선을 짐을 싣는 말과 짐승들의 여물로 준다"고 말하고 있다.

프로빈스타운은 분명히 소위 번성하는 마을이었다. 주민 중 몇몇은 내게 그들이 일반적으로 잘사는 것으로 생각되지 않느냐고 물었다. 나는 그렇다고 대답하고 구빈원에는 얼마나 많은 사람이 있느냐고 되물었다. "아, 불구자이거나 숙맥 한두 사람밖에 없어요."라고 그들이 대답했다. 주택들과 상점들의 외적인 모습은 그것들의 내부의 안락과 풍요함과 일치하지 않는 가난을 종종 암시했다. 안식일 아침에 곱게 치장한 숙녀가 교회에서 나와, 그녀를 맞아줄 적절한 집이 없어 보이는 모래언덕들을 허우적거리며 가는 모습을 마주칠지도 모르지만, 틀림없이 그 집의 내부는 그녀의 외양에 부응했다. 주민들의 내면에 관해서는 나는 여전히 깜깜소식이다. 나는 거리에서 만난 사람들과 별로 사귀지 못했다. 그리고 거칠고 발전가능성이 없는 징표라고 여길 지능을 발견하고 종종 이해는 하면서도 실망했다. 아니, 나는 다음 여름에 특별초대를 받고 한 시민의 집으로 방문을 감행했다. 그 안식일 저녁에 나를 들어오도록 준비해놓고 앞 문간 쪽에 앉아있는 그를 발견했다. 그러나 불행히도 그가 집을 개방한다는 명성에 걸맞지 않게 그 집 문간에는 둥글게 커다란 거미줄이 그

---

[19] Henry George Bohn(1796~1884): 영국의 출판인으로, 『플리니의 자연사』(*The Natutal History of Pliny*, 1~6권)를 1855년에서 1857에 걸쳐 발행했다.
[20] Herodotus(484~425B.C.): 고대 그리스의 역사가로 "역사학의 아버지"로 불린다.

대로 펼쳐져 있었다. 이것이 너무나 불길해서 나는 실제로는 발길을 되돌려 뒷길로 해서 들어갔다.

오늘 월요일 아침은 육지와 바다가 둘 다 아름답게 온화하고 조용했다. 만으로 가는 우리의 길이 순탄할 것이라는 전망을 주었다. 그런데 어부들은 이렇게 건조한 날은 앞선 춥고 바람센 날과 마찬가지로 매우 좋지 않을 거라고 두려워했다. 이보다 더 큰 대조는 거의 없을 것이었다. 비록 아침 늦은 시간에 마을 뒤 모래밭에 있는 우물들이 밤에 생긴 얼음으로 여전히 덮여있는 것을 보았을지라도, 오늘은 인디언 섬머[21]의 첫째 날이었다. 바람에 마르고 햇볕에 타서 나의 제일 돌출한 얼굴 부분이 적잖이 허물이 벗겨졌다. 그러나 내가 돌아다니는 병을 고치려면 맑은 날 이틀은 족히 걸릴 것이다. 섕크 페인터 습지 근처에 있는 언덕들을 산책하고, 그 언저리에서 약간의 채집 작업을 한 후에, 우리는 가장 높은 모래언덕 위에 자리를 잡고 마을을 내려다보았다.[22] 해가 중천인데, 두 모래 둔덕들 사이에 가로 펼쳐 놓인 긴 나무판자 위에서는 몇 명의 아이들이 연을 날리려고 헛되이 애를 쓰고 있었다. 그리고 그날 오후의 나머지 시간을 산 위에 머무르며 평온한 항구를 내다보고 있었는데, 웰플릿

---

[21] Indian summer: 북미에서 가을에 나타나는 건조하고 무척 더운 날씨.
[22] 이 모래-언덕은 현재 프로빈스타운 중심부에 있는 하이폴언덕(High Pole Hill)을 말한다. (지금은 프로빈스타운박물관이 있으며, 언덕 위에는 '케이프코드필그림기념협회'에 의해 필그림의 케이프코드 최초 상륙(1620)을 기념하는 필그림 기념탑(Pilgrim Monument)이 1907년 시어도어 루즈벨트 대통령의 주관하에 착공되어, 1910년 태프트 대통령의 참석 하에 준공되었다. 뉴잉글랜드 6개 주에서 가져온 화강암으로만 축조된 기념탑의 해발 353피트 꼭대기 전망대에서 내려다보는 프로빈스타운과 케이프코드 주변의 풍경은 일품이다.)

에서 온 증기선이 처음 모습을 나타내는 것을 지켜보고 있다가, 롱 포인트를 지나는 고동소리를 들었을 때 승선할 채비를 했다.

그러는 동안에 우리는 소년들한테서 가능한 정보를 얻었다. 프로빈스타운의 소년들은 당연히 모두가 선원이고 선원의 눈을 지니고 있다. 지난여름 프로빈스타운 항구에서 7~8마일 떨어진 하일랜드 등대에 있을 때인 어느 일요일 아침 그 유명한 요트인 올라타Olata호를 우리가 타고 되돌아 갈 수 있도록 보스턴으로부터 오는지 알고 싶어 물어보았을 때, 우연히 같은 식탁에 앉은 10살 정도 된 프로빈스타운 소년은 그 배가 보스턴에서 온다고 했다. 나는 어떻게 아느냐고 그에게 물었더니 그는 "내가 방금 그 배가 들어오는 것을 봤어요."라고 말했다. 그가 그 배와 다른 선박을 그 정도로까지 구별할 줄 안다고 놀라움을 표시하자, 그는 주위에 그런 스쿠너는 많이 없지만 그 배를 구별할 줄 안다고 말했다. 팰프리[23]는 반스테이블에서 행한 연설에서 이렇게 말했다. "오리도 반스테이블 소년보다 더 확실한 본능으로 물을 몸으로 느끼지 못합니다. [그는 케이프코드 소년도 마찬가지라고 했을 것이다.] 그는 리딩 스트링[24]에서 슈라우드[25]로 도약합니다. 그것은 단지 어머니의 무릎에서 돛대 꼭대기로 펄쩍 뛰는 것입니다. 그는 유아의 혼잣말로 나침판을 읽습니다. 그가 연을 날릴 때쯤 되면, 뱃일을 도와 돛을 단축하고 조종할 수 있습니다."

---

[23] John Gorham Palfrey(1796~1881): 미국의 목사이며 역사가.
[24] leading-strings: 아기가 보행 연습할 때 이끌어주는 끈.
[25] shroud: 요트의 돛대 꼭대기에서 양쪽 뱃전에 매어 돛대를 꼿꼿이 서게 하는 강철 밧줄.

오늘은 바다와 육지가 내려다보이는 산 위에 올라앉아서 명상에 잠기고 싶어 할 바로 그런 날이었다. 고등어잡이 선단의 돛배들이 잇달아 케이프를 돌아 빠르게 떠나고 있었는데, 마치 새들이 아침에 횃대를 떠나 먼 들판으로 퍼지는 것 같았다. 염전의 거북이 같은 헛간들이 마을 바로 뒤에 있는 언덕구비마다 들어차 있고, 지금은 한가한 풍차들은 해안을 따라 줄지어있었다. 태양빛이라는 거칠고도 단순한 화학작용에 의해 거의 생활필수품이 된 소금이 얻어지는 것을 보는 것은 여행자에게도, 그리고 커다란 시설에서 허드렛일을 하는 견습생에게도 의미가 있었다. 그것은 멀리서 볼 때 닮았다고 내가 상상하는 금이나 금강석 세척보다 더 흥미 있는 햇빛 쨍쨍한 계절에 행하는 일종의 열대의 작업이었다. 생활필수품을 생산하는데 있어 대자연은 인간을 도울 채비를 늘 하고 있다. 내가 헐Hull에서 본 다시마과 해초의 줄기를 태우고 재를 끓이는 가성칼리 제조 작업도 마찬가지였다. 6명의 거친 아일랜드인들이 제조소에 있을 때는 진실로 화학이란 머리카락을 쪼개는 일 같은 정밀한 것이 아니다. 모래언덕에서 햇빛이 반사되고, 항구로 흘러드는 어떤 민물이 전혀 없기 때문에 같은 수치의 면적에서 다른 어느 지역보다도 더 많은 소금을 생산한다고 들었다. 대기를 깨끗하게 하고 빨리 좋은 소금을 만들려면 약간의 비가 필요하다고 한다. 왜냐하면 복伏날같이 무더운 날씨에는, 페인트가 마르지 않는 것처럼, 수분이 증발하지 않기 때문이다. 그러나 케이프의 다른 곳과 마찬가지로, 그들은 이제 제염소를 해체해서 목재로 팔고 있었다.

융기된 언덕배기에서 우리는 마치 지붕들을 다 벗긴 것처럼 거의 완벽하게 주민들의 활동을 내려다볼 수 있었다. 그들은 바쁘게 그들의 집

주변에서 고리버들로 만든 선반들 위에 염장한 생선들을 얹고 있었다. 그리고 우리는 이제 그들의 뒷마당도 앞마당처럼 그런 목적을 위해 잘 마련되어 있음을 보았다. 앞집 사람의 생선이 끝나는 곳에서 뒷집 사람의 생선이 시작되었다. 우리는 거의 모든 마당에서 몇 채의 조그만 건물을 감지했는데 그 건물로 이 귀중한 생선들을 던져 날라 체계적으로 펼쳐놓고 있었다. 그리고 우리는 생선을 너는 데도 요령뿐만 아니라 기술이 있다는 것과 노동 분업이 유익하게 실행되는 것을 보았다. 한 남자가 여물통 위로 목을 내민 이웃집 암소의 콧등에서 몇 인치 밖으로 자기의 생선들을 뒤로 물리고 있었다. 그것은, 빨래를 말리는 것처럼, 가사家事에 종사하는 것으로 보였는데, 사실 이 지방의 어떤 지역에서는 여자들이 그 일에 참여한다.

나는 케이프의 몇몇 장소에서 일종의 빨래 - 선반들을 눈여겨보았다. 그들은 모래가 묻지 않게 하려고, 땔나무가지들을 바닥에 펼쳐놓고 둥글게 담을 친 다음 그 위에 옷가지를 널었다. 이것이 케이프코드 옷 - 마당이다.

모래는 여기서 커다란 적이다. 일부 언덕들의 꼭대기는 울타리가 둘러지고, 사람들이 밟아 모래를 휘저어서 그것이 바람에 나르게 하거나 밀려 내리지 않도록 울타리 안으로 아무도 들어가지 못하게 나무판자가 세워져 있었다. 마을 사람들은 생선 걸대, 콩 넝쿨 올리는 막대, 완두콩 받치는 관목 등 마을 뒤의 숲에서 나무를 베려면 당국의 허가를 받아야 했다. 비록 들은 이야기지만 나무를 마을의 한쪽에서 다른 쪽으로 옮겨 심는 것은 허가 없이도 가능했다. 모래는 눈처럼 떠다녔다. 그리고 때로는 주택의 낮은 층은 담으로 막아놓아도 모래에 묻히기도 한다. 집들은 전에는 밀려오는 모래가 밑으로 빠지게끔 기둥들 위에 지어졌다. 우리는 여기서 아직도 기둥에 의지하는 몇 개의 옛날 집들을 보았다. 그러나 지금은 새로 지은 이웃집들이 막아주어 판자를 대어 놓았다. 우리가 앉아 있던 언덕 바로 밑에는, 책상 위까지 모래가 들이찬 학교건물이 있었는데, 물론 교사와 생도들은 대피한 후였다. 아마도 어느 날 누군가 조심성이 없이 창문들을 열어놓았었거나, 깨진 유리창을 수리하는 것을 소홀히 했었을 것이다. 그런데도, 한 장소에는 "여기서 고운 모래 팝니다."라는 광고가 있었다. - 나는 내 눈을 의심하지 않을 수 없었다. - 아마도 체질을 해놓은 길거리 모래의 일부였을 것이다. - 가장 쓸모없는 것에 자신을 혼합함으로써 가치를 부여한다는 사실의 좋은 예로, 그 법칙에 따라 우리는 케이프코드의 등 쪽 전체에 가치를 부여했음이 틀림없다. - 그러나 나는 그들이 만약 "기름진 흙"이나 "고운 모래 제거해드림" 아니면 "여기서 구두 털어드림"이라고 광고했었더라면 더 그럴 듯했을 것이라고 생각했다. 내가 마을을 내려다보고 있자니, 한 남자가 판자를 깐 길 외곽에 사는 것 같은데, 일종의 눈신발 같은 것을 신고 판자 깐 길을 찾아 몸의 방향을 가누며 바람을 안고 가고 있는 것 같다는 생각이 들었으나, 내가 잘못 본 것일 수도 있었다. 프로빈스타운의 그림 중에는 주민들의 신체를 발목 아래로는 모래에 파묻혔다고 생각하고 그려 넣지 않는다. 그럼에도 불구하고, 프로빈스타운 토박이들은 길 한가운데를 슬리퍼를 신고도 문제없이 걸을 수 있다고 나를 확신시켜주었는데, 그들은 신발에 모래가 들어오지 않게 발을 내디디고 들어 올리는 법을 배웠기 때문이었다. 한 남자는 밤에 자기의 펌프스[26]에 6개의 모래알이 있는 것을 발견한다면 놀랄 일이라고 말했다. 그리고 더구나 젊은 숙녀들은 발을 내디딜 때마다 신발에서 모래를 비우는 솜씨 좋은 방법을 지녔는데, 그것을 이방인이 보고 배우는 데는 오랜 시간이 걸릴 것이라고 진술했다. 역마차의 바퀴들은 폭이 약 5인치쯤 되는데, 모래가 다른 데보다 1~2인치 더 깊기 때문에 케이프의 짐마차들의 바퀴는 폭이 1~2인치 더 넓다. 나는 유모차가 지표면에 가깝게 유지하려고 6인치 폭의 바퀴를 단 것을 보았다. 바퀴가 더 넓은 타이어를 쓸수록, 말은 덜 피곤하다.[27] 그렇지만 우리가 프로빈스타운에 있는 동안 이틀 낮과 밤 내내 우리는 겨우 한 마리의 말과 마차를 보았다. 그리고 그것은 시체를 실어 나르고 있었다. 그들은 보통의 경우엔 거기에서 그런 실험을 시도하지 않았다. 다음해 여름, 나는 증기선을 탈 수 있게 나를 항구로 태워다 준 두 바퀴 달린 마차만을 보았을 뿐이다. 그런데 우리는 말 두 필과 황소 두 마리가 끄는 마차가 1791년에 여기 있었다고 읽었다. 그리고 우리가 거기 있을 때 역마차를 끄는 말들 말고도 몇 마리가 더 있다고 들었다. 바버[28]의 『역사 선집』에는 "그곳에서는 달구지를 거의 본 적이 없으므로 그 마을의 젊은 층에게는 어느 정도 호기심을 유발하는 문제이다. 육지 여행보다 훨씬 더 잘 바다를 항해하는 법을 이해하는 청년은, 거리에서 마차를 모는 남자를 보고, 방향타의 도움 없이도 그렇게 똑바로 마차를 몰 수 있는 능력에 놀라움을 표시했다."고 쓰여 있다. 마차의 덜컥거리는 소리가 없었고, 혹여 마차가 있었다 하더라도 덜커덕거리는 소리가 나지 않았을

---

[26] pumps: 끈·걸쇠 등이 없는 구두.
[27] "The more tired the wheels, the less tired the horses."(타이어를 끼우다/지치다의 pun)
[28] John Barber(1798~1885): 미국의 판화가이며 역사가.

것이다. 저녁에 호텔 앞을 지나간 안장 없은 말들은 작가가 종이를 두툼하게 문질러대듯이 사각거리는 소리로 모래를 날리게 만들었을 뿐, 그들의 발자국 소리는 없었다. 물론 현재에는 거기에 더 많은 말과 마차가 있다. 눈이 오면 모래에 흡수되거나 바람에 날아가 버리기 때문에, 썰매는 결코 보이지도 않거니와, 적어도 케이프에서는 대단히 신기한 물건이다.

그러함에도 불구하고, 케이프의 주민들은 대체로 그들의 "토양"을 불평하지 않고, 그들이 생선 널어 말리기에는 충분히 좋다고 말할 것이다.

이 모든 모래에도 불구하고, 비록 일부는 지표면의 단단한 부지를 보존하려고 바짝 붙여 세운 판자로 담이 둘러쳐져 있었지만, 이 거리에는 세 개의 교회당과 네 개의 비교적 큰 학교 건물이 있었다. 비슷한 담장들이, 심지어 많은 집들의 1피트 이내로 붙은 담들까지, 생각보다 마을을 덜 활기 있고 덜 호의적인 모습으로 보이게 만들었다. 암소를 마음대로 돌아다니지 못하게 하고 모래 파도를 막으려는 온갖 수단을 강구한 탓에, 선반석으로, 지난 10년 동안 모래는 더 들어오지 않았다고 그들은 우리에게 말했다.

1727년에 프로빈스타운은 경기부양책 때문에 "특별한 혜택을 받고 투자"되었다. 한 번인가 두 번 그 장려책은 거의 방기放棄되어 있었다. 그러나 지금 시가지 구획 부지들은 높은 가격에 팔린다. 처음에 그 땅의 권리는 소유나 활용에 의해서 획득되었다. 그리고 행정구역상 읍은 주의 소유자산이므로 그것은 아직도 단순히 권리포기증서로 이전된다. 그러나 시가지 구획 부지가 매우 가치가 나갈지라도, 사람이 점유하거나 개선을 해서 토지나 모래 부지를 획득할 수 있는 곳은 많은 장소에서 돌을 던져놓을 수 있을 정도로 지척에 붙어 있다.

  돌은 케이프에 매우 드물다. 나는 걷는 동안 한두 장소에서 도로포장이나 제방을 쌓는 데 사용되는 매우 작은 돌을 보았다. 그러나 돌이 너무나 귀해서 선박들이 균형추로 쓸 돌을 해변에서 채취하지 못하게 했다고 들었다. 그래서 선원들은 밤에 상륙해 몰래 돌을 훔쳐가곤 했다는 것이다. 나는 올리언스 아래쪽으로는 1로드 길이의 제대로 된 돌담 얘기를 듣지 못했다. 그런데 나는 이스트햄에서 한 남자가 그가 "바위들"이라고 부른 몇 개의 돌들로 새로 짓는 집의 기초를 놓는 것을 보았는데, 그는 그 돌들이 이웃사람이 여러 해에 걸쳐 크게 애를 써서 모아 놓았다가 마침내 그에게 양도한 것이라고 말했다. 이것은 거의 캘리포니아 "바위들을" 양도한 것만큼이나 똑같이 기록할 만한 가치가 있는 선물이라고 나는 생각했다. 그를 도와주고 있던 다른 남자는 자연의 예리한 관찰자 같았는데 그 근방에 있는 "둘레가 42보폭에 높이가 15피트"인 바위의 위치를 나에게 넌지시 알려주었다.[29] 그는 내가 이방인이고 아마도 그것을 가져가지 않을 것을 알았기 때문이었다. 그러나 나는 케이프의 팔뚝에[30] 있는 몇 개 안 되는 큰 바위의 위치는 주민들에게 일반적으로 잘 알려져 있다고 추측했다. 나는 암석학을 수박 겉핥기식으로 알고 있는 한 남자를 만나기까지 했다. 그러나 나는 그가 어디서 그것을 주워들었는지 알 길이 없었다. 나는 그가 예를 들어 코하셋이나 마블헤드[31] 같은

---

29 이스트햄에 있는 도안 바위(Doane Rock)라고 불리는 커다란 암석을 가리키는 것으로 보이며, 이 바위는 실제 높이가 18피트에 이른다.
30 이스트햄에서 트루로까지를 말함.
31 Marblehead: 매사추세츠주 에섹스 카운티에 있는 마을.

본토를 방문한다면, 그가 상대하기 어려운 어떤 흥미 있는 지질학의 고수를 만날 것으로 생각했다.

하일랜드 등대에 있는 우물용 돌은 힝햄[32]에서 가져왔다. 그러나 케이프의 우물들이나 지하실은 일반적으로 벽돌로 만드는데 그것도 또한 외부에서 들여온 것이다. 우물들과 마찬가지로 지하실들은 벽에 가해지는 모래의 압력에서 보호하려고 원형으로 만든다. 지하실은 직경이 겨우 9에서 12피트 정도라, 벽돌 한 겹이면 좀 더 큰 지하실의 경우도 충분할 것이므로 매우 싸게 먹힌다고 한다. 물론, 여러분이 모래땅에 산다면, 무우를 담아둘 큰 지하실이 필요가 없을 것이다. 프로빈스타운에서 모래가 지하실의 모든 흔적을 없애면서 집들 밑으로 흘러들어오는 고난을 이전에 사람들이 당했을 때, 그들은 지하실에 넣을 채소를 재배하지 않았다. 감자를 50부셸이나 재배했던 웰플릿의 한 농부는 그의 집 한쪽 구석 아래에 있는 지하실을 나에게 보여주었다. 지경이 9피트도 안 되었는데, 물탱크같이 보였으나 그는 그의 헛간 밑에 같은 크기의 지하실을 또 하나 가지고 있었다.

케이프의 해안 가까이에서는 거의 어디서나 몇 피트만 파면 담수淡水를 찾을 수 있다. 그러나 주민들은 그것을 소금물과 비교하는지 물이 좋다고 부르지만, 우리가 맛을 본 물들은 하나같이 형편없었다. 트루로에 대한 설명에는, "해안 가까이 판 샘물들은 바닷물 수위가 낮거나 아니면 간조干潮라고 불리는 때는 말라버리고, 밀물이 들어오면 보충이 된다."고 쓰여 있다. 모래에 가장 낮게 있는 염수는 분명히 담수를 밀어

---

[32] Hingham: 매사추세츠주 플리머스 카운티에 있는 마을.

올리는 것이다. 갈수기에 모래 해변에 있는 채소밭들의 녹색을 보고 놀라움을 표시하면, 그들은 파도가 습기를 밀어 올려준다고 때때로 말할 것이다. 바다 한가운데 있는 낮은 모래톱들이, 심지어는 썰물 때나 드러나는 모래톱들까지도, 목마른 선원들이 목을 축일 수 있는 담수의 저장소라는 것은 흥미로운 사실이다. 그것들은, 거대한 스펀지처럼, 그 위에 떨어지는 빗물과 이슬을 머금고, 모세관 현상으로 주변의 염수와 섞이는 것을 막고 있는 것으로 보인다.

우리가 있던 자리에서 내려다본, 만灣의 대부분의 지역과 넓게 퍼진 바다와 더불어, 프로빈스타운 항구는 당연히 유명할 만하다. 그것은 남쪽으로 열려있고, 바위들이 없으며, 결빙된 적도 없다. 항구에서 보이는 유일한 얼음은 가끔 반스테이블이나 플리머스에서 떠밀려온 것이다. 드와이트는 "미국의 해안에서 지배적인 폭풍은 일반적으로 동쪽에서 불어온다. 그리고 바람이 불어오는 200마일 이내의 해안에는 어떤 항구도 없다."고 말한다. J. D. 그래험[33]은, 이 항구와 이웃한 바다들에 대한 상세하고도 철저한 조사를 한 적이 있는데, "그것의 수용능력, 수심, 빼어난 정박시설, 그리고 온갖 바람을 막아주는 완벽한 피난처가 결합되어 우리 해안에서 가장 귀중한 항만의 하나로 만들어주고 있다."고 진술한다. 그것은 바로 케이프의 항구이며 일반적으로 매사추세츠 어부들의 항구이다. 그것은 플리머스 정착 이전 적어도 몇 년 전에 항해자에게 알려졌다.

---

[33] James Duncan Graham(1799~1865): 미국의 지형공학자(topographical engineer). 『케이프 말단부의 군사 및 수리 지형도에 관한 보고서』(*A Report upon the Military and Hydrographical Chart of the Extremity of Cape Cod*)에서 인용되었다.

존 스미스 선장의 1614년 뉴잉글랜드 지도에는 그것은 밀포드 헤이븐 Milford Haven이라는 이름을 달고 있다. 그리고 매사추세츠만은 스튜어드 만Stuard's Bay이라고 쓰여 있다. 찰즈 왕이 케이프코드의 이름을 케이프 제임스Cape James로 바꾸었으나, 왕들조차도 하나의 이름을 더 나쁘게 바꾸는 권한을 항상 지닌 것은 아니다. 그리고 코튼 매더[34]가 말한 것처럼, 케이프는 코드는 "그것의 가장 높은 산들에서 대구 떼가 헤엄치는 것이 보이는 한 결코 그 이름을 잃지 않을 것이라고 내가 생각하는 이름이다."

많은 초기의 항해자들은 예기치 않게 이 갈고리[35]에 걸려서, 만灣 안에 들어온 자신을 발견했다. 잇달아 나온 지도들에는 케이프코드가 뉴프랑스, 뉴홀랜드, 그리고 뉴잉글랜드의 일부가 되었으므로 불어, 네덜란드어, 그리고 영어 이름으로 점철되어 있다. 한 지도에는 프로빈스타운 항구는 "퓌익Fuic(보우넷bownet?)만," 반스테이블만은 "스태튼만Staten Bay," 그리고 그 북쪽바다는 "마르 델 노오르트 Mare del Noort," 또는 북해로 불리고 있다. 다른 지도에는 케이프의 끝을 "스타텐 호우크Staten Hoeck," 또

---

[34] Cotton Mather(1663~1728): 미국의 목사이며 작가로 뉴잉글랜드 청교도들의 지도자였다.
[35] hook: 낚싯바늘이나 갈고리 형상의 케이프코드를 가리킨다. (역설적인 말이긴 하지만, 여기서부터는 독자들도 케이프 발견 및 탐험 역사에 대한 저자의 천착 穿鑿에 걸려(?) 잠시 주춤할지 모르겠다. 306페이지쯤에 가서 필그림들이 도착하는 날에는 풀리겠지만, 하버드대학 도서관의 수많은 역사책과 자료를 열람하고 정리하여 말년에 가까운 시기까지 보충해 써넣은 저자의 세심하고도 끈질긴 절차탁마切磋琢磨 정신에 경의를 표하면서 읽어나간다면 조금은 덜 지루할 것이다.)

는 스테이츠 후크States Hook로 불리고 있다. 영[36]의 다른 지도에는 이것은 노오르드 제Noord Zee, 스태튼 호우크 혹은 위트 호우크Wit Hoeck라 되어 있으나, 케임브리지[37]에 있는 복사본에는 날짜가 없다. 케이프 전체가 (허드슨[38] 뒤로) "니유홀란트Niew Hollant"로 불린다. 그리고 다른 지도에는 여전히 레이스 포인트Race Pont와 우드 엔드Wood End 사이의 해안을 "베베키에르Bevechier"로 불리는 것으로 나타난다. 샘플레인의 존경할 만한 뉴프랑스 지도에는, 내가 알고 있는 가장 오래된 지금의 뉴잉글랜드 해변이라고 알아볼 수 있는 지도를 포함하여, 케이프코드는 그것의 모래 색깔로부터 나온 *캅 블랑*(Cap Blanc)(즉 케이프 화이트)으로 그리고 매사추세츠만은 *바예 블랑쉬*(Baye Blanche)로 불리고 있다. 그것은 1605년에 드몽[39]과 샘플레인에 의해 방문되었다. 그리고 그다음 해에 프와트린쿠르와 샘플레인이 더 멀리 탐험을 했다. 샘플레인은 그의 『항해기』에서 - 프랑스인들이 지금 *캅 바튀리에*(Cap Baturier)라고 부르는 것에 해당하는 이름인 *말르 바르*(Malle Barre),[40] 즉 '나쁜 모래톱'(노셋하버?), - 그리고 채텀 항

---

[36] Alexander Young(1800~1854): 매사추세츠의 골동품 연구가이며 목사. 『1602년부터 1625년까지의 순례선조 연대기』(Chronicle of Pilgrim Fathers from 1602~25)(1841)의 저자로 유명하다.

[37] Cambridge: 보스턴 서북쪽에 위치한 대학도시로 1636년 설립된 하버드대학교와 매사추세츠 공과대학(MIT)이 있다. 하버드대학은 소로의 글에는 종종 'Cambridge College'로 불리고 있어, 이 경우 케임브리지는 하버드대학을 가리킨다.

[38] Henry Hudson(1565~1611): 영국의 탐험가이자 선장으로 홀랜드를 위해 일하고 북미대륙을 탐사하여 그의 이름을 딴 만, 해협, 강이 있다.

[39] Pierre du Guast, Sieur de Monts(1558~1628): 프랑스의 상인이며 탐험가, 북미의 프랑스식민지 건설자.

구가 명백한 _포트 포츈_(Port Fortune)이라는 두 개의 항구에 대한 별도의 지도들과 수심 측량과 함께 이들 항해에 대한 세세한 설명을 했다. 이들 두 개의 이름이 전부 오길비의 『아메리카』에 있는 "노비 벨기Novi Belgii" 지도에 복사되어 있다. 그는 또한 야만인들의 풍속과 습관을 상세하게 기술하고, 야만인들이 프랑스인들을 놀라게 하고 대여섯 명을 죽이는 것을 판화로 재현하고 있다. 프랑스인들은 나중에 원주민 중 일부를 살해했으며, 복수의 방법으로 그들을 싣고 가서 포트로얄에 있는 맷돌에 갈아버렸다.

비록 프랑스인들이 세인트 오거스틴St. Augustine[41] 북쪽에 북아메리카대륙 최초의 유럽인 영구 정착촌을 그 당시 건설했다는 것이 인정될지라도, 지금 뉴잉글랜드라고 하는 지역의 1604년에서 1608년 사이 프랑스인들의 탐험에 대한 적절하고 올바른 어떤 영어로 된 설명이 없는 것은 특이하다. 만약에 용사들이 화가들이었다면 얘기가 달라졌을 것이다. 이러한 생략은 아마도 샘플레인의 『항해기』 초기 판본이 이러한 목적을 염두에 두지 않았다는 것으로 부분적으로 설명될 것이다. 이 책은 여태까지 가장 특수하고, 내 생각엔, 뉴잉글랜드의 필그림 이전의 역사라고 부를 수 있는 4절판 160페이지에 걸치는 가장 흥미 있는 챕터를 포함하고 있다. 그러나 플리머스록Plymouth Rock에 관해서는 역사가와 웅변가들에게는 똑같이 알려지지 않았다. 밴크로프트[42]는 드몽의 탐험에 도움

---

40 위험한 모래톱이라는 뜻의 프랑스어에서 나온 말이지만, Malle Barre, Malabarre, Malebarre 등 다양한 철자로 표기되고 있다. (p.17 주석8 참조).
41 플로리다주 북부의 도시.
42 George Bancroft(1800~1891): 미국의 역사가 정치가로 1854에서부터 1878년에

된 권위자 중에 샘플레인을 전혀 언급하지 않는다. 또한 그는 뉴잉글랜드의 해안을 방문한 적이 있다고 말하지도 않는다. 비록 그가 드몽의 선장이라는 칭호를 지녔음에도, 그는 다른 의미에서는, 그 탐험대의 역사가일 뿐 아니라 지도적인 인물이었다. 홈즈[43], 힐드렛[44], 그리고 배리[45], 그리고 샘플레인을 언급하는 모든 우리의 역사가들은 분명히 1632년판을 언급하고 있다. 그 책속에는 우리 항구들에 관한 모든 별개의 지도와 설명의 약 절반이 빠지고 잇는데, 그 이유는 작자가 그 이후에 너무나 많은 땅을 탐험해서 그가 탐험했던 지역의 일부를 잊어버릴 수 있었기 때문이다. 힐드렛은 드몽의 탐험을 말하면서 "그는 [1605년에], 프링[46]이 2년 전에 발견했던, 페놉스콧Penobscot을 들어가 보았다"고 할 뿐, 1604년 드몽을 위한 샘플레인의 폭넓은 탐험에 관해서는 일언반구가 없다(홈즈는 1608년이라 말하고, 퍼차스[47]를 언급한다), 또한 그는 해안을 따라서 "그가 '말라바르'Malabarre라고 부른 케이프코드까지" 프링의 길을 따라갔다는 것을 말하고 있다. (핼리버튼[48]은 그 사람보다 앞서 1829년에 같

걸쳐 10권으로 된 『미국의 역사』(History of the United States, from the Discovery of the American Continent)를 썼다.

[43] Abiel Holmes(1763~1837): 미국의 목사이며 역사가.
[44] Richard Hildreth(1807~1865): 미국의 언론인, 작가, 역사가.
[45] John Stetson Barry(1819~1872): 미국의 역사가, 저술가. 『매사추세츠의 역사』를 씀.
[46] Martin Pring(1580~1626): 영국의 탐험가로 23세 때인 1603년 선장에 임명되어 북미탐험을 했다.
[47] Samuel Purchas(1577~1626): 영국의 목사이며 여행가로 여러 권의 여행기를 펴냈다.
[48] Thomas Chandler Haliburton(1796~1865): 캐나다의 노바스코샤 판사 출신의

은 진술을 했다. 그는 그것을 캅 블랑이라고 불렀다. '말르 바르'Malle Barre(나쁜 모래톱)는 케이프의 동쪽 편에 있는 항구에 붙여진 이름이었다.) 프링은 그곳의 강에 대해서는 한마디도 없다. 벨크납[49]은 위머스[50]가 1605년에 그것을 발견했다고 말하고 있다. 고지스경[51]은 1658년 그의 이야기(『메인 역사 선집』, 2권 19페이지)에서 1606년 프링은 "모든 강과 항구를 완벽하게 발견했다"고 말한다. 이것이 내가 찾을 수 있는 전부이다. 밴크로프트는 샘플레인이 메인주에서 더욱 서쪽에 있는 강들을 발견한 것으로 얘기하나, 페놉스콧 강은 거명하지 않는다. 그렇지만, 그는 이 강의 거리를 발견한 자임에 틀림없다(벨크납의 책 147페이지를 볼 것). 프링은 약 6개월간 정도만 영국을 떠나있었고, 사사프라스 나무가 나지 않았기 때문에 케이프코드의 이 지역(말르바르Malebarre)은 지나쳐 항해했다. 반면에 프랑스인들은, 아마도 프링에 대해서 들어보지 못했을 것인데, 인내심을 가지고 정착할 만한 곳을 찾아, 수심을 재고 항구를 조사하면서, 수년 동안 해안을 탐사하고 있었다.

1614~1615년의 관찰로부터 나온 1616년 간행된 존 스미스의 지도는 많은 이들에 의해 뉴잉글랜드의 가장 오래된 지도라고 간주된다. 그것은 이 지역이 뉴잉글랜드라고 불린 이후에 처음 만들어진 것이다. 왜냐하면

정치가이며 저술가.
[49] Jeremy Belknap(1744~1798): 미국의 목사이며 역사가.
[50] George Weymouth(1585~1612): 오늘날 메인주의 지역들을 탐험한 영국의 탐험가.
[51] Sir Ferdinando Gorges(1565~1647): 영국의 군인이며 북미 정착지와 무역하고 1622년 메인주를 창설함으로써 그로 하여금 "북미 영국식민사업의 아버지"로 불렸으나, 그 자신은 신세계에 발을 디딘 적이 없었다.

존 스미스가 그것을 뉴잉글랜드라고 불렀기 때문이다. 그러나 1613년 판 샘플레인의 『항해기』에는, (그리고 레스카르보[52]는 1612년에 그의 훨씬 이전의 항해를 인용한다.) 이 지역이 기독교 세계에 뉴프랑스로 알려졌을 때 만들어진 것으로, *바다의 왕인 국왕을 위해 생통의 선장인 샹플랭이 제작한 뉴프랑스의 지도 - 1612년 제작*(Carte Géographique de la Nouvelle Franse faictte par le Sieur de Champlain Saint Tongois Cappitaine ordinaire pour le roi en la Marine, -faict l'en 1612)이라 불린, 1604년부터 1607년 사이에 행한 그의 관찰로부터 만들어진 지도가 있다. 라브라도에서 케이프코드까지 그리고 서쪽으로는 오대호까지 이르는 지도로 지리적, 인종적, 동물학적, 그리고 식물학적인 정보가 빼곡 들어있다. 그는 많은 해안 지역들에서 그 날짜에 자기 혼자 관찰한 대로 나침판의 방위각에 변화를 주기까지도 한다. 이러한 점을, *퀴니베키*(Qui ni be quy)(케네벡), *수와크와 강*(Chouacoit R.)(사코 강), *르 보 포르*(Le Beau port), *포르 상 루이*(Port St. Louis)(케이프 앤 근처), 그리고 우리 해안의 다른 곳들을 포함한, 1632년 판에는 없는, 큰 축척으로 잰 항구와 수심을 그린 많은 **개별 지도들**과 함께 고려해볼 때, 이 지도를 거의 반세기 이후에 만들어진 지도보다도 뉴잉글랜드와 연접한 북부해안에 대한 보다 더 완전한 지도로 만들고 있다. 이렇게 말하는 것이 허용된다면 또 다른 프랑스인인 데 바레[53]가 우리를 위해 지도를 만들었는데,

---

[52] Marc Lescarbot(1570~1642): 프랑스의 작가, 법률가이며 시인. 그의 1606~1607년 아카디아 탐험에 바탕을 둔 책인 『뉴프랑스의 역사』(1609)로 가장 잘 알려져 있다.

[53] Joseph F, W. Des Barres(1722~1824): 스위스 태생의 군사공학자이며 지도제작자.

우리의 최근 해안 탐사만이 그 지도를 넘어선다. 이 해안들에 대한 대부분의 지도는 오랜 세월이 지나 만들어졌고, 샘플레인에게 그들이 신세졌음을 보여준다. 그는 수완이 좋은 항해자로, 프랑스 왕의 과학자이며 지리학자였다. 그는 대서양을 스무 번 정도나 횡단했는데, 그것을 대단치 않게 여겼다. 그는 오늘날 거의 아무도 타고 바다로 나가지 않을 작은 선박으로 종종 바다를 건넜다. 그리고 한 번은 타두아삭Tadouasac[54]에서 세인트 말로St. Malo까지 18일 동안 항해를 하기도 했다. 그는 1604년 5월부터 1607년 9월까지, 다시 말하면 약 3년 반 동안을 이 근방에서, 즉 아나폴리스, 노바스코샤, 케이프코드에서 땅과 주민들을 관찰하고, 해안의 지도를 작성하면서 있었다. 그리고 그는 자기의 항구 탐사 방법을 상세하게 기술했다. 그 자신의 설명으로 그의 지도 일부가 1604년(?) 판화로 새겨졌다. 퐁그라베[55]와 다른 사람들이 1606년 프랑스로 돌아왔을 때, 그는 "신의 도움을 받아," 그의 말대로, "내가 탐험을 시작했던 해안들의 지도를 완성하려고," 포트로얄에 프와트린쿠르와 머물렀다. 그리고 다시 손 스미스가 이 지역을 방문하기 전에 인쇄된 그의 책에서 그는 말하고 있다: "내가 본 것은 무엇이나 내 지도에 써넣는 것과 특별하게 발견된 적도 기술된 적이 없는 지식을 전에 내가 한 것과 같이 사람들에게 전해주는 것을 잊지 않았다고 한다면, 나는 할 수 있는 한 나의 의무를 다한 것으로 보인다. 비록 어떤 다른 사람이 그에 대해서 이제까지 썼을 수도 있겠지만, 그러나 지난 10년 동안에 우리가 발견한 것에 비하면

---

54 캐나다의 퀘벡에 있는 마을.
55 Pont‐Gravé [François Du Pont](1554~1629): 프랑스의 항해자이며 해군 선장.

그것은 매우 작은 일이다."

필그림 선조들이 추억에 남을 첫 겨울을 신세계에서 보내고 있었을 때 그들은 포트로얄(아나폴리스, 노바스코샤) 보다 더 멀리 떨어지지 않은 300마일 거리(프린스는 약 500마일로 보는 것 같다)의 프랑스 식민지에, 많은 변천에도 불구하고 15년 동안이나 존재했었던, 이웃이 있었다는 것이, 알려지긴 했어도, 필그림의 후손들에 의해서 일반적으로 기억되지 않고 있다. 그들은 일찍이 1606년 그곳에 제분소를 지었고, 개울가에서 벽돌과 테레빈유를 만들었다. 프로테스턴트였던 드몽이 1606년에 종교적인 주제로 가톨릭 신부에게 일격을 가할 목사를 데려왔다고 윌리엄슨[56]은 말하고 있다. 비록 이들 이상향의 창설자들은 필그림들 만큼이나 고난을 견뎌내고, 거의 같은 비율로 - 79명에서 35명이 (윌리엄슨의 『메인의 역사』는 70명 중에서 36명이라고 말한다) 16년 전인 1604~5년 첫 겨울에 세인트 크르와 St. Croix[57]에서 죽었을지라도, 내가 알기론 어떤 웅변가도 그들의 모험을 찬양한 적이 없는 반면에 (윌리엄슨의 『메인의 역사』는 꽤 많이 찬양하고 있다), 그들의 후계자들과 후손들이 영국인들의 손아귀에서 고난을 겪은 시련들은 역사가와 시인의 작품 소재가 되었다. (뱅크로프트의 『역사』와 롱펠로우의 『에반젤린』을 보라.) 세인트 크르와에 있는 그들의 요새 유적은 지난 세기말에 발견되어 우리의 경계인 진짜 세인트 크르와가 어디였는가를 결정하는 데 도움을 주었다.

이들 프랑스인의 묘석들은 엘리자베스 제도[58] 북쪽의 뉴잉글랜드나

---

[56] William D. Williamson(1779~1846): 미국의 정치가, 법률가.
[57] 메인주와 캐나다의 접경지역을 흐르는 강과 정착지 이름.

아마 여느 뉴잉글랜드에 있는 가장 오래된 영국인들의 기념비보다 더 오래되었을 것이다. 왜냐하면 만약에 고스놀드가 지은 창고의 흔적이 조금이나마 남아있다 하더라도, 그의 튼튼한 작품들은 사라지고 없기 때문이다. 밴크로프트는, 숙고한 끝에, 1834년에는 "요새의 유적을 분간하는 데는 신앙심 있는 눈이 요구된다."고 말하고, 1837년에는 어떤 요새의 유적도 없었다고 말하고 있다. 찰스 T. 잭슨[59]박사는 1827년 지질학적인 조사를 하는 과정에서 어두운 빛깔의 화성암 석판의 묘석을 노바 스코샤의 아나폴리스(포트로얄) 반대편인 고트 아일랜드에서 발견했다고 내게 말해주고 있다. 프리메이슨[60]의 문장紋章과 1606년이라는 날짜를 담고 있었는데, 그것은 필그림이 상륙한 것보다 14년이나 빠른 것이다. 이것은 노바 스코샤의 핼리버튼 판사의 소유로 남아 있었다.

 그 후 뉴잉글랜드라고 불려온 지역에는, 예수회 신부들이 1611년 포트로얄에 건너온 후 마운트 디저트[61]와 그다음에는 세인트 세이비어St. Savior에서 1613년 야만인들을 개종시키고 있었다. 비록 필그림들이 그들 자신의 종교를 누리기 위해 이곳으로 오기 여러 해 전이었지만, 그들은 영국인들에 의해서 거의 곧이어 제지당했다. 이 내용은 샘플레인에 의한 것이다. 샤를르브와[62]도 같은 말을 하고 있다. 그들은 1611년 프랑스로부

---

58 케이프코드 남서쪽에 있는 16개의 작은 섬으로 이루어짐.
59 Charles T. Jackson(1805~1880): 미국의 의사이며 화학자, 지질학자. 소로의 멘토였던 초월주의 철학자 랠프 월도 에머슨의 처남이기도 하다.
60 Freemason: 자유석공조합. 14세기 말부터 석공의 자격 및 행동강령 등을 규제한 비밀결사체.
61 Moutn Desert: 메인주 남동부의 섬 이름.
62 Pierre Francois Xavier de Charlevoix(1682~1761): 프랑스의 예수회 신부로 여

터 온 이후에 해안을 따라 포트로얄에서 서쪽으로 갔고, 1612년에는 케네벡까지 멀리 그리고 그다음에 포트로얄에서 마운트 디저트까지 옮겨 갔다.

진실로, 영국인들의 뉴 잉글랜드 역사는 뉴 프랑스가 끝나는 시점에서만 시작한다. 비록 캐벗[63]이 북아메리카 대륙을 최초로 발견했을지라도, 영국인들이 한동안 퀘벡과 포트로얄을 수중에 넣은 후인 1632년에 인쇄된 『항해기』판본에서 샘플레인은 정의롭지 않다고 불평하고 있다. "전 유럽의 공통적인 동의는, 스페인, 이탈리아, 네덜란드, 플랜더스, 독일, 그리고 영국의 세계지도에 나타나는 것처럼, 아카디아Acadie, 에치민스Etchemins(메인과 브런스윅), 알무치크와Almouchicois(매사추세츠?)와 거대한 강 세인트로렌스가 있는 뉴프랑스의 해안들을 영국인들이 스스로 소유할 때까지는, 뉴프랑스가 적어도 북위 35도와 36도에 걸쳐 있다는 것으로 나타내는 것이다. 그들의 상상력에 따라 뉴잉글랜드, 스코틀랜드 등등과 같은 이름들을 갖다 붙였으나, 모든 기독교 사회에 알려진 것에 대한 기억을 지우기는 쉽지 않다."

캐벗이 사람이 살 수 없는 라브라도 해안에 단지 상륙만 했다는 것은 영국인들에게, 파타고니아[64]만큼이나, 뉴잉글랜드나 일반적으로 미국에

행가이며 역사가.
[63] John Cabot(1450~1498): 이태리의 베니스에서 영국으로 이주한 인물로 영국왕의 후원으로 영국탐험대를 이끌고, 콜럼버스가 카리브해의 섬을 발견한 5년 후인, 1497년 노바스코샤에서 뉴펀들랜드에 이르는 해안을 탐사했다. 그의 아들 세바스찬 캐벗(SebastianCabot, 1476~1557)도 영국과 스페인 왕실의 후원으로 각각 북미와 남미지역을 탐험했다.
[64] Patagonia: 남미의 칠레와 아르헨티나 남부의 고원지대.

대하여 정당한 권리를 부여하지 못했다. 그의 주의 깊은 전기 작가(비들[65])는 어떤 항해에서 그가 미국 해안을, 보고된 대로, 내려갔는지 확신하지 못한다. 그리고 어느 누구도 그가 무엇을 보았는지 말해주지 못한다. 『뉴욕 역사학회 선집』 1권 23페이지)에서 밀러[66]는 그가 어느 곳이든 상륙한 것으로 보이지 않는다고 말하고 있다. 베라자니[67]가 뉴잉글랜드 해안의 한 장소에서 15일간이나 머물며 내륙으로 빈번히 탐사한 것과는 대조적으로, 프랜시스 1세[68]에게 1524년에 보낸 후자의 편지가 "미국의 대서양 연안에 관한 가장 최초의 설명"을 담고 있을 가능성이 크다. 그리고 그때부터 심지어 그것의 북쪽 지역은 *라 테라 프란체세*(*La Terra Francese*), 즉 '프랑스 영토'라고 불리기 시작했다. 그 일부가 뉴잉글랜드로 불리기 전에는 뉴홀랜드로 불렸다. 영국인들은 그들이 마주친 적이 있었던 대륙을 탐험하고 정착하는 데 매우 후진적이었다. 프랑스인들은 북아메리카 대륙을 식민지화하는 시도와 (1562~4년 캐롤라이나와 플로리다), 최초의 영구 정착지 (1605년 포트로얄) 건설 둘 다에 있어서 영국인들을 앞시갔다. 그리고 그에 대한 소유권은 영국이 주로 헨리 7세[69] 때부터 스페인, 포르투갈 그리고 또한 프랑스의 경우에 당연하게 존중해

---

65 Richard Biddle(1796~1847): 미국의 작가이며 정치가. 『세바스찬 캐벗 비망록』 (*A Memoir of Sebastian Cabot, with a Review of the History of Maritime Discovery*(London, 1831)을 썼다.
66 Samuel Miller(1769~1850): 미국의 신학자, 역사가.
67 Verrazzani [Giovanni da Verrazzano](1485?~1527): 북미를 탐험한 이태리의 탐험가. 프랑스의 왕 프랑스와 1세에 봉사했다.
68 Francis 1(1494~1547): 프랑스의 왕 프랑스와(François) 1세 (재위1515~1547).
69 Henry VII(1457~1509): 영국의 왕 (재위 1485~1509).

주고 인정해온 것이었다.

프랑스인들의 탐험은 이들 해안들에 대한 최초의 가치 있는 지도들을 세상에 보여주었다. 옹플뢰르의 데니[70]는 1506년에 세인트로렌스만의 지도를 만들었다. 1535년에 카르티에[71]가 세인트로렌스를 탐험하자 그의 동포들에 의해서 멀리는 몬트리올까지 이르는 그 강의 놀랍게도 정확한 지도들이 출판되기 시작했다. 비록 (프랑스인들의 후원 하에 이루어진) 베라자니의 엉성한 항로도는 해클루트[72]에 의해서, 그의 항해(1524년)가 50년 이상이 지난 후에도, 가장 정확한 우리 해안의 표현으로 간주될지라도, 뒤에 한 세대 이상의 기간 동안 사람들이 지도에서 인식한 것은 플로리다 북쪽의 거의 모든 대륙이다. 프랑스인들이 가는 길은 분명하다. 그들은 측량하고 수심을 재며 갔다. 그리고 그들이 고국에 돌아갔을 때 그들의 항해와 탐험에 대해 보여줄 그 무엇을 갖고 있었다. 캐벗이 그랬던 것처럼 그들은 지도를 잃어버릴 위험이 없었다.

그 당시의 가장 뛰어난 항해자들은 이탈리아 사람들이거나 이탈리아 사람 후손들과 포르투갈 사람들이었다. 프랑스인들과 스페인 사람들은, 앞서의 국민들보다 항해술이 덜 발전했을지라도, 영국인들보다는 모험에 대한 더 많은 상상력과 기상을 지녔다. 그리고 1751년에 이르기까지

---

[70] Jean Denys of Honfleur(1450~?): 노르만디 옹플뢰르 출신의 프랑스 선장. 1506년 북미 해안에서 조업을 했다.
[71] Jacques Cartier(1491~1557): 프랑스의 탐험가로 최초로 캐나다라는 지명 이름을 쓴 사람이다.
[72] Richard Hackluyt(1552?~1616): 영국의 작가로 『아메리카에 닿는 다양한 항해』(1582) 등의 책을 씀으로써 북미식민지화사업을 증진시켰다고 함.

도 신대륙의 탐험가들이 되는 데 더 적합했다.

이러한 정신이 프랑스인들로 하여금 북쪽으로 오대호와 미시시피까지 그렇게 일찍 가게 했고 스페인 사람들을 남쪽에 있는 같은 강으로 가게 만들었다. 그것은 우리의 개척자들이 서부에 정착하기 오래전의 일이었다. 그리고 *봐야죄르*나 *꾸뢰르드브와*는[73] 아직도 거기에서 우리의 안내자이다. 시에라Sierra가 스페인 말인 것처럼 프레리Prairie는 프랑스 말이다. 플로리다의 오거스틴과 뉴멕시코의 샌타페이Santa Fe[1582]는, 둘 다 스페인 사람들에 의해 건설되었는데, 미국에서 가장 오래된 마을들로 간주되고 있다. 가장 나이 많은 노인의 기억 안에서, 영국계 미국인들은 "200마일 넓이도 안 되는 공간인" 애팔래치아 산맥과 바다 사이에 한정되었다. 반면에 미시시피는 조약에 의해서 뉴프랑스의 동쪽 경계였다. (존 바트람[74]씨의 여행과 밀접한 관계가 있는 오하이오 문제해결에 관한 팸플릿을 볼 것, 런던 1763.) 내륙지방의 발견에 관한 한, 영국인들의 모험정신은 하루 동안만 상륙했던 선원들의 그것과 같았고 그들의 사업이긴 장시꾼의 일이었다. 캐벗은 영국인이었으므로, 어느 누가 보도하듯이, 미국대륙의 발견과 관련하여, 인도로 가는 중이었던 그에게 그것이 북쪽을 향해 흐르는 것을 발견했을 때, 그것은 대단한 실망이었다고, 그가 말했다면, 영국인처럼 말한 셈이다. 그러나 우리는 그렇게 위대한 발

---

73 *Voyageur* or *Coureur de bois*: *봐야죄르*는 '여행자'라는 뜻의 프랑스계 캐나다인을 말하고, *꾸뢰르 드 브와*는 '숲을 달리는 자'라는 뜻의 독립적으로 장사를 하는 프랑스계 캐나다 상인을 말한다.
74 John Batram(1699~1777): 미국의 식물학자, 원예학자, 탐험가로 『펜실베니아에서 캐나다까지의 여행에서 나온 관찰』(1751)이란 책을 씀.

견자의 명성을 삭감하기보다는 오히려 보태야 할 것이다.

새뮤얼 펜핼로우[75]는 "포트로얄과 노바스코샤"에 대해 말하고 있는 그의 책 『역사』(보스턴, 1726) 51페이지에서, 노바스코샤에 대해 그것의 "첫 번째 점령은, 헨리 7세 치세에, 영국 왕을 위해 세바스챤 코벳[76]경에 의해서였다. 그러나 1621년까지 휴면상태에 놓여있었다."고 말하고 있다. 그해 윌리엄 알렉산더[77]경이 그것의 사용 면허를 얻어 수년간 소유했고, 나중에 데이비드 커크[78]경이 그것을 차지했으나, 오래지 않아 "모든 생각 있는 사람들을 놀라게 할 일인, 프랑스에 양도되었다."

1633년에 이르러서까지도 우리는 매사추세츠 식민지의 첫 번째 총독으로 정보를 잘못 전달받을 가능성이 가장 적은 사람이었으며, 더구나 적어도 와추셋 산[79]을 (40마일 내륙에 있음을 식별하고) 발견했다는 **명성**을 갖고 있는 윈스롭[80]이 근처에서 코네티컷 강과 "파토맥Patomac"강이 발원한 거대한 호수Great Lake와 "그 주변의 지독한 습지"를 얘기하고 있

---

75 Samuel Penhallow(1665~1726): 영국의 식민주의자이며 역사가로 『동부 인디언들과 뉴잉글랜드의 전쟁 역사』(1726)라는 책을 씀.
76 코벳(Cobbet)은 캐벗(Cabot)과 같은 인물.
77 Sir William Alexander(1567~1640): 영국의 시인, 궁정인.
78 Sir David Kirk(1597~1654): 영국의 모험가, 식민주의자. 1629년 뉴프랑스를 차지하고 뉴펀들랜드의 총독이 되었다.
79 Wachusett Mountain: 매사추세츠주 우스터 카운티에 있는 산.(이 산을 1841년 나흘 동안 걸어서 다녀온 경험을 얘기한 「A Walk to Wachusett」(1843)이라는 소로의 글이 있다.)
80 John Winthrop(1588~1649): 영국의 청교도 법률가이며 매사추세츠베이식민지의 총독. 『기독교 자비의 모델』(1630)과 『뉴잉글랜드 역사: 1630~1649』 등의 책을 씀.

는 것을 발견한다. 1642년의 기억에 남을 사건 중에서, 그는 아일랜드인 다비 필드[81]의 "화이트 산"[82] 탐험 연대기를 쓰고 있는데, 그 산꼭대기에서 동쪽으로 그는 "캐나다만(灣)이라고 판단한" 것을 보았고, 서쪽으로는 "캐나다 강이 흘러나오는 거대한 호수라고 판단한" 것을 보았다. 그리고 거기에서 많은 "무스코바이 글래스[83]"를 발견했고 "40피트 길이에 7~8피트 넓이의 조각들을 뜯어낼 수 있었다." 정작 뉴잉글랜드의 주민들은 100마일 내륙의 나라에 대해 그것은 그들에게 *미지의 땅*(terra incognita)이고 아주 태고적보다 더 먼 나라라고 동화 같은 상상을 하고 있었던 반면에, - 캐나다의 초대 총독인 샘플레인은, 이전 세기의 카르티에[84], 로베르 발[85] 등의 내륙 발견들과 그 자신의 초기 항해는 언급하지 않더라도, 필그림이 뉴잉글랜드에 대한 소문을 들었던 시기 이전에 그들의 숲속 요새

---

[81] Darby Field(1610~1649): 1636년 미국으로 이민을 온 아일랜드계 영국인으로 뉴햄프셔의 워싱턴 산을 처음 등정한 유럽인.

[82] White hill: 뉴햄프셔주와 메인주에 걸쳐있는 화이트산맥. (소로는 1839년 여름에는 형인 존과 그리고 1858년 여름에는 친구인 호어와 이 산맥의 최고봉인 워싱턴 산(1,917m)을 등정한 적이 있다.)

[83] Muscovy Glass: 유리 대용으로 쓰이던 운모(雲母)를 부르는 말.

[84] {원주}: 고스놀드가 케이프코드를 보기 67년 전인 1535년, 몬트리올 산에서, 카르티에가 처음으로 뉴잉글랜드의 일부를 본 것이, 그것의 유일한 지역은 아닐지언정, 버몬트였다는 것은 주목할 만하다 (그는 또한 뉴욕주의 산들을 보았다). 만약 보는 것이 발견하는 것이라면, -그리고 그것이 캐벗이 미국의 해변을 알았다고 하는 전부라고 한다면 - 그렇다면, 뉴잉글랜드의 발견자는 흔히 그렇게 알려진 고스놀드라기보다는 (베라자니와 고메즈를 제외하면) 카르티에였다.

[85] Sir de Jean - Francois de La Rocque Roberval(1500~1560?): 프랑스 귀족이며 탐험가로 프랑스와 1세와의 우정 덕택에 뉴프랑스의 군사령관을 3년간 역임했다.

에서 이로쾨이족[86]과 이미 전쟁에 돌입하여, 오대호Great Lakes 지역으로 침투해 들어갔고 거기서 겨울을 난 적이 있었다. 1613년 인쇄된 샘플레인의 『항해기』에는 플리머스 정착보다 11년이 앞서는 1609년 7월 샘플레인 호수[87] 남쪽 끝 가까이에서, 이로쾨이족과 싸우는 캐나다 인디언을 그가 도와주는 전투를 재현하는 판화가 있다. 밴크로프트는 뉴욕의 북서쪽에서 이로쾨이 5개 부족과 맞선 전투에서 알곤퀸족[88]들과 합세했다고 말하고 있다. 이것이, 오랜 시간이 지난 뒤에, 영국인들이 프랑스인들로부터 "라코니아Laconia라고 부르는 상상적인 지역"에 위치한다는 소문을 듣고, "1630년경에 발견하려는 헛된 시도를 하느라 몇 년을 소비한" 저 "거대한 호수"이다. (페르디난도 고지스경, 『메인 역사 선집』, 2권 68페이지). 토마스 모톤[89]은 이 "거대한 호수"에 대한 한 챕터를 갖고 있다. 1632년도 판 샘플레인의 지도에는 나이아가라 폭포가 나온다. 메르 두스(Mer Douce) (휴런 호수) 북서쪽의 큰 호수 안에는 한 섬이 나타나는데 그 위에는 "*Isle ou il y á une mine de cuivre*," - "구리광산이 있는 섬"이라고 쓰여 있다. 이것은 우리 총독의 "무스코바이 글래스"에 필적할

---

[86] Iroqois: 오늘날 뉴욕주 일대에 살던 북미원주민 부족.
[87] 뉴욕주와 버몬트주의 접경지역에 위치한 남북으로 길다란 큰 호수.
[88] Algonquins: 북아메리카의 원주민으로 캐나다에서 버지니아에 이르는 동부지역에 살던 민족.
[89] Thomas Morton(1575~1646): 영국 출신의 북아메리카 초기 식민개척자, 작가, 사회개혁가. 3권으로 된 『뉴 잉글리시 가나안』(1637)을 썼는데, 이 책에서 청교도의 관습과 권력구조 및 인디안 정책 등을 비판하여 미국역사상 첫 번째 금서 목록에 올랐다. 그는 나사니엘 호손이나 필립 로스 등 후대 작가의 작품들에서 언급되는 메리마운트(Merrymount)식민지를 창설한 것으로 유명하다.

것이다. 이 모든 모험과 발견에 관하여 우리는, 한낱 우화나 여행자의 이야기가 결코 아닌, 지도와 측정뿐만 아니라 사실과 날짜를 제시하는, 모두가 과학적이고 프랑스인다운, 상세하고 충실한 기록을 가지고 있다.

아마도 케이프코드는 17세기 훨씬 이전에 유럽인들에 의해 방문되었을 것이다. 캐벗은 몸소 그것을 보았을 것이다. 1524년 베라자니는, 그 자신의 기록에 의하면, 우리 해안가에서 북위 41도 40분에서 15일간을 보냈다. (혹자는 뉴포트 항구라 추정한다.) 그리고 거기서 5 내지 6리그 내륙으로 종종 들어가기도 했다. 그리고 그는 거기로부터 한 번에 150리그를 북동쪽으로 항상 해안이 보이는 데서 항해했다고 말하고 있다. 해클루트가 정확하다고 칭찬한 베라자니의 항로도에 따라 만든 해클루트의 『다양한 항해』에 지도 하나가 있다. 그러나 나는 비록 블록 아일랜드[90]라고 생각되는 "클라우디아Claudia" 서쪽으로 10도이지만, 그것이 올바른 위도에 있는 "케이프 아레나스C. Arenas"가 아니라고 한다면, 그 지도상에서 케이프코드를 분간할 수가 없다.

『만국전기요람』[91]은 우리에게 "1529년 스페인 사람으로 우주 현상지現狀誌 학자인 디에고 리베이로[92]가 그린 오래된 필사본 지도가 고메즈[찰즈 5세[93]가 파견한 포르투갈인]의 항해에 대한 기억을 보존해주었음을 알려주고 있다. 그 지도에는 뉴욕, 코네티컷, 로드아일랜드 주들이 차지

---

90 Block Island: 네덜란드 사략선 선장 Adriaen Block(1567~1627)의 이름을 딴 로드아일랜드주 남쪽의 섬.
91 *Biographie Universelle*: 1852년부터 프랑스어로 편찬된 세계 전기 사전.
92 Diego Ribeiro(?~1532): 포르투갈 태생의 지도제작자이며 탐험가.
93 Charles the Fifth: 독일황제 칼(Karl) 5세 (재위기간 1519~1556).

한 장소 아래에(*au dessous*) *Terre d'Etienne Gomez, qu'il découvrit en 1525* (에티엔 고메즈[94]의 땅, 그가 1525년에 발견했다) 라고 쓰여 있다." 이 지도는, 비망록과 함께, 지난 세기 바이마르에서 출판되었다.

1542년 캐나다에서 로베르발의 항해사로 그 시대에 가장 유능한 항법사의 한사람이며, 세인트로렌스를 거슬러 항해하는데 대해 놀랍게도 자세하고 정확한 지시를 내리며 자기가 말하고 있는 것을 알고 있음을 보여주는 장 알퐁스[95]는 그의 "항로도표(*Routier*)"(그것은 해클루트의 책에 있다)에서 다음같이 말하고 있다: "나는 노림베그Norimbegue[페넵스콧?]와 플로리다 사이에서, 북위 42도까지 멀리 한 만灣에 가보았다. 그러나 나는 그 바닥을 탐험해보지는 못했다. 그리고 나는 그것이 한 대륙에서 다른 대륙으로 지나가는지도 알지 못한다." 즉, 아시아까지 말이다. ("J'ai été a une Baye jusques par les 42e degres entre la Norimbegue et la Floride; mais je n'en ai pas cherché le fond, et ne sçais pas si elle passe d'une terre à l'autre.") 이것은 약간 더 남쪽으로 해안의 서쪽 경사를 가리키는 것이 아니라면, 매사추세츠만을 가리키는 것 같다. 그가 "나는 노림베그가 캐나다의 강으로 들어간다고 확신한다"고 말하고 있을 때, 그는 아마도 세인트로렌스강으로부터, 세인트존 혹은 페놉스콧, 아니면 아마도 허드슨강에 의해서, 대서양에 이르는 루트에 관하여 인디언들이 해준 얘기들을 그렇게 해석하고 있을 것이다.

---

[94] Etienne[Estéban] Gomez(1483~1538): 뉴잉글랜드를 발견한 포르투갈의 항해자.
[95] Jean Fonteneau Alphonse(1484~1544): 포르투갈의 항해사이며 탐험가로 후에 프랑스 왕을 위해 일했다.

우리는 여러 방면에서 이 "노룸베가Norumbega"라는 나라와 그것의 위대한 도시들에 대한 소문들을 듣는다. 라무시오[96] 3권(1556~65)에 있는 한 위대한 프랑스 선장의 이야기에서 이것은 그곳의 주민들이 자기들 땅에 붙인 이름이라고 얘기된다. 그리고 베라자니가 그 땅의 발견자라고 불린다. 1607년에 다른 이는 원주민이 그 땅이나 강을 아군시아Aguncia로 부른다고 하고 있다. 그것은 책에 붙어있는 지도에는 섬으로 표시되어있다. 그것은 빈번히 나이 많은 작가들에 의해 캐나다와 플로리다 사이에 끝도 없이 펼쳐지는 나라로 말해진다. 그리고 그것은 베라자니의 항로도 航路圖에 따라 해클루트의 『다양한 항해』에 케이프 브레톤Cape Breton과 함께 동쪽 끝에 있는 커다란 섬으로 나타난다. 이들 지도와 소문들이 초기에 정착한 자들 사이에서 흔히 있었던 뉴잉글랜드가 섬이라는 생각의 근원이 되었을지도 모른다. 노룸베가라는 나라와 도시는 오르텔리우스[97] (『세계 전도』(Theatrum Orbis Terrarum), 안트워프, 1570)에 있는 지도에 현재의 메인주가 있는 곳 근방에 나타난다. 그리고 페놉스콧이나 세인트존이 있어야 할 곳에 "그란데강"이 그려져 있다.

1604년 드몽 경에 의해 노룸베그Norumbegue에 해안을 탐험하라고 보내진 샘플레인은 페넵스콧을 거슬러 "오트섬Isle Haute"로부터 22~23리그를 폭포에 의해 막힐 때까지 항해하였다. 그는 "나는 이 강이 많은 항해사들과 역사가들이 노렘베그Norembegue라고 부르는 것으로 생각한다. 그리고 대부분 수많은 섬이 있어, 크고 넓은 공간으로 기술되었다. 그리고

---

[96] Giovanni Batista Ramusio(1485~1557): 이탈리아의 지리학자이며 여행가.
[97] Abraham Ortelius(1527~1598): 화란의 지도 작성자.

강 하구는 북위 43도나 43.5도, 다른 이들에 따르면, 44도 내외에 있다."고 말하고 있다. 그는 큰 도시에 대해 말한 사람들의 "대부분은" 결코 그것을 본 적이 없고 단지 소문을 반복한 것이지만, 그는 일부가 그들의 서술에 부응하는 그 강의 하구를 보았다고 생각하고 있다.

1607년이라는 날짜로 샘플레인은 "프와트린쿠르 곶의 북쪽 3-4리그에서 [노바스코샤의 펀디만灣 돌출부 근처] 우리는 하나의 십자가를 발견했다. 그것은 매우 오래되었고, 이끼로 덮여 기의 전부 썩어 있었는데, 전에 기독교인들이 그곳에 있었음을 증거하는 표시였다."라고 적고 있다.

또한 레스카르보의 다음과 같은 구절은 유럽인들이 16세기에 이웃하는 해안들을 얼마나 많이 들락거렸는가를 보여줄 것이다. 1607년 포트 로얄에서 프랑스로 귀환한 것을 얘기하며 그는 말한다. "마침내, 캉소[캔소 해협] 4리그 이내에서, 우리는 [노바스코샤에 있는] 항구에 도착했다. 거기에서 생장드뤼즈[98]에서 온 사발레 선장이라는 이름의 한 점잖은 노신사가 고기를 잡고 있었다. 그는 우리를 깍듯이 맞이했다. 그리고 작지만 매우 훌륭한 이 항구가 이름이 없기 때문에, 나는 내 지도상에 사발레라는 이름을 부여했다. [그 이름은 또한 샘플레인의 지도에도 그렇게 나온다.] 이 훌륭한 남자는 이번 항해가 이 지역으로 행한 42번째인데, 뉴펀들랜드인들[Terre neuviers][99]은 일 년에 단 한 번 항해를 한다고 내게 말했다. 그는 자기의 고기잡이를 신기하게도 만족해했고, 자기는 하

---

[98] St. John de Lus[Luz]: 프랑스의 남서부 대서양에 면한 바스크 지방의 한 지역.
[99] 새로 발견된 땅에 사는 사람들(New-found-landers).

루에 50크라운[100] 이 나가는 대구를 잡는데, 그의 항해는 일만 프랑이나 값이 나갈 것이라고 우리에게 알려주었다. 그는 사람 16명을 부렸고, 그의 선박은 80톤으로, 10만 마리의 건조된 대구를 실어 나를 수 있었다." (『뉴 프랑스의 역사』, 1612) 그들은 그들의 생선을 해안에 있는 바위 위에서 말렸다.

"이졸라 델라 레나Isola della Rena"(세이블 섬Sable Island?)는 "누바 프란치아Nouva Francia"와 노룸베가 지도에, 라무시오의 세 번째 권인 1556~65년 판에 있는 위에서 언급한 '이야기'를 수반하여 나타난다. 샘플레인은 1604년에 세이블섬[101]에 가보았다고 그곳에 대해 "60년도 더 이전에 포르투갈인들이 그곳으로 가져간 황소들(bœufs)과 암소들이 방목되었다"고 말하고 있는데, 다시 말하면 1613년보다 60년 전이다. 나중에 나온 책에서 그는 케이프 브레톤의 섬에 정박하려고 애를 쓰다가 실종된 한 스페인 선박에서 나온 소들이라고 말하고 있다. 그리고 그는 드 라 로쉬의 부하들은, 1598년부터 이 섬에 7년간 남겨져 있었는데, 그들이 "*다량으로(en quantite)*" 발견한 이들 가축의 고기를 먹고 살았으며, 그곳에는 나무나 돌이 없었기 때문에, 그 섬 (아마 길버트섬) 으로 온 난파한 선박의 잔해들로 집을 지었다고 그는 진술한다. 레스카르보는 그들이 "물고기를 잡아먹고 드 르리와 생쥐스트 남작[102]에 의해서 약 80년 전에 거기에 남겨진 암소들의 젖으로 연명했다고" 말하고 있다. 샤를르브와는 그들

---

[100] crown: 5실링 상당의 옛 화폐.
[101] 노바스코샤 남동 쪽에 있는 섬.
[102] Baron de Leri[Lery] and Saint Just: 16세기 프랑스의 북아메리카 탐험가.

이 가축들을 다 잡아먹은 후에는 물고기로 연명했다고 말하고 있다. 핼리버튼은 거기에 가축이 남아있었다는 것은 소문이라고 말하고 있다. 샤를르브와를 언급하고 있는 뱅크로프트에 따르면 드 르리와 생쥐스트는 세이블섬을 일찍이 1518년(1508년?) 식민지화할 계획을 제시했었다. 이것은 내가 인용할 만한 사례의 몇 개에 지나지 않는다.

케이프코드는 보통 1602년에 발견되었다고 얘기된다. 우리는 역사가 분명히 밝히고 있는 최초의 영국인들이 뉴잉글랜드 해안을 어떤 상황하에서 어떤 관찰과 기대를 갖고 접근했는가를 상세히 살펴볼 것이다. 아처[103]와 브레레톤[104] (둘다 고스놀드를 동행했다)에 의하면, 옛 달력으로 1602년 3월 26일, 바솔로뮤 고스놀드 선장은 영국의 팰머스Falmouth를 출항하여 콩코드라고 부르는 조그만 돛단배를 타고 버지니아의 북쪽 지역으로 향했다. 한 얘기로는 그들은 전부 "32명으로, 그 중에서 8명은 수부와 선원들로, 12명은 땅을 발견한 후에 그 배와 함께 영국으로 돌아갈 목적이고, 나머지는 그곳에 주민으로 남았다"고 말한다. 이것은 "뉴잉글랜드의 경계 안에서 정착촌을 만들려고 한 영국인들의 첫 번째 시도"로 간주된다. 카나리아 제도를 지나는 예전의 항로보다 새롭고 더 짧은 길을 추구하여 "이어서 4월 14일" 그들은 "아조레스Azores 군도의

---

[103] Gabriel Archer(1575~1609): 영국의 선장으로 제임스타운의 초기 지도자이며, 뉴잉글랜드 해안을 탐사한 인물. 『매사추세츠주 역사학회 선집』에 실린 그의 글 「고스놀드 선장의 항해에 관한 이야기」에서 인용되고 있다.
[104] John Brereton(1572~1619?): 영국의 모험가이며 연대기 작가로 케이프코드와 주변을 처음으로 기록했다. 『매사추세츠주 역사학회 선집』에 실린 그의 글 「버지니아 북부[뉴잉글랜드]의 발견에 관한 간략하고 정확한 이야기」에서 인용되고 있다.

한 섬인 세인트 메리Saint Mary 섬을 보았다." 그들의 선원들이 몇 사람 안 되고 (그들 자신의 표현으로) "능력이 별로였고," 그들이 "미지의 해안으로 가고 있었으므로," 그들은 "날씨가 탁 트일 때 말고는 해안에 머물러 있을 정도로 담대하지 못했다." 그래서 그들은 납으로 된 추를 사용하여 육지를 처음 발견했다. 4월 23일 바닷물이 노랗게 나타났는데, 통으로 물을 떠본 결과, "푸른 바다색과 그 색깔과 맛이 다르지 않았다." 5월 7일 그들은 이름을 모르는 다양한 새들과 그들의 "영어로 이름이 없는" 많은 다른 것들을 보았다. 5월 8일 "바닷물은 황록색으로 변했고, 70패덤이 되는 곳에 바닥이 있었다." 9일째에 그들은 "납추lead에 많은 반짝이는 돌들이" – "바닥에 어떤 광물질을 약속할지 모르는 것"이 묻어 나왔다. 10일째 그들은 세인트 존 섬의 서쪽 끝 근처라고 그들이 생각한 둑에 올라 물고기 떼를 보았다. 12일째에 그들은 "우리 옆을 끊임없이 북동쪽으로 움직이는 것 같이 보이는 바다 광맥이 지나갔다."고 말한다. 13일째에 그들은 "커다란 해초 층과 많은 목재와 다양한 것들이 옆에 떠다니는 것을" 관찰했다. 그리고 "스페인의 남부 곶과 안달루시아 해안과 같은 냄새가 났다." 금요일인, 14일 아침 일찍 그들은 북위 43도에서 분명히 메인의 해안의 일부였을 북쪽에 육지가 있다고 소리쳤다. 윌리엄슨은 그것은 분명 모래톱 중앙 섬의 남쪽일 수가 없었다고 말한다(『메인의 역사』). 벨크납은 그것이 케이프 앤의 남쪽 편이라는 생각에 기운다. 그날 12시경에 해안을 따라 서 있다가, 정박하게 되었는데 "돛과 노가 있는 비스케이 작은 배로 그들을 따라온" – "쇠갈고리와 구리주전자를 가진" 8명의 야만인들의 방문을 받았다. 이들을 처음에 그들은 "곤경에 빠진 기독교인들"이라고 오인했다. 그들 중 하나는 우리의 바다 패션을 따라 만들어진 "검은 능직 조끼와 반바지 차림이었고, 양말과 구두를 발에 신었다. 나머지 모두는 (푸른 천으로 된 반바지를 입은 한 사람만 빼고) 옷을 입지 않았다." 그들은 "바스크인들이나 생장드뤼즈 사람들과 거래를 한 듯 해 보였"고 "우리가, 언어가 딸려서, 이해할 수 있는 것보다 더 많이 이해하는" 것처럼 보였다고 그 영국인은 말한다. 그러나 그들은 곧 "서쪽으로 항해하여 그들과 해안을 떠났다." (이것은 발견자들에게는 놀라운 발견이었다.)

"15일째 날," 가브리엘 아처는 적고 있다. "우리는 그것과 본토사이에 서쪽으로 보인 큰 해협 때문에 우리가 섬이라고 생각한 앞에 있는 육지의 모습이 다시 눈에 들어왔다. 거기에서 서쪽 끝으로 가는 동안 우리는 큰 입구를 감지했기 때문에, 우리는 그것을 희망의 사주沙柱, Shoal Hope라고 불렀다. 이 케이프의 근처에 15패덤에서 돛을 내렸고 수많은 대구를 잡았다. 그래서 우리는 그것의 이름을 바꾸어 '케이프코드Cape Cod'라고 불렀다. 여기서 우리는 청어, 고등어, 그리고 다른 작은 물고기 떼들이 굉장히 풍부한 것을 보았다. 이 얕은 모래톱은 위험하지 않아서 우리는 다시 16패덤에서 북위 42도 선에 있는 육지 바로 옆에 닻을 내렸다. 이 케이프는 넓이가 1마일 족히 되고, 동북동 방향으로 놓여있었다. 선장은 여기서 상륙을 했고, 땅에 온통 완두콩, 딸기, 블루베리 등등 그땐 익지 않은 것들로 덮여있음을 발견했다. 모래는 또한 해안가로는 약간 깊었다. 우리가 거기서 수중에 넣은 땔나무는 편백나무, 자작나무, 조록나무, 그리고 너도밤나무였다. 여기에서 활과 화살로 무장하고 일종의 구리판 귀걸이를 한 젊은 인디언 한 사람이 선장에게 다가왔다. 그는 우리가 처한 상황에서 기꺼이 도와주겠다는 표시를 했다."

"16일째 되던 날 우리는 해안 남쪽으로 향했는데, 온통 평원으로 풀이 무성했으나 섬들은 수목이 좀 우거져 있었다."

또는, 존 브레레톤의 얘기에 의하면, 그들이 처음 원주민과 의사소통을 한 곳인 "이곳에서 좋은 항구도 없이 날씨도 모르고 같은 날 오후 3시에 배를 달리는 것을 우리는 신중히 고려했다. 그리고 그날 나머지 낮과 뒤따르는 밤을 남쪽 바다로 가서 머물러 있다가, 아침에 신선한 돌풍이 불 때, 우리는 거대한 돌출부에 들어왔다는 것을 발견했다. 그러나 같은 날 9시경에 해안에서 1리그 거리 안에 닻을 내리고, 우리의 작은 보트들 절반을 감아 내렸다. 그리고 선장 바솔로뮤 고스놀드와 나 그리고 다른 세 사람이 흰 모래로 된 매우 가파른 해안에 상륙했다. 그날 오후 내내 총을 목에 걸고 우리가 본 가장 높은 산으로 (날씨가 매우 무더워) 직행했다. 마침내 우리는 이 돌출부가 본토의 한 부분이라는 것을 감지했다. 매우 다양한 섬들이 그 주변을 거의 둘러 있었다. 그래서 저녁때가 되어 (그때쯤 다른 일행이 해안에 상륙해서 합세했기 때문에) 우리가 작은 보트로 돌아가고 있을 때, 우리는 적당한 키의 호감을 주는 한 젊은 인디언을 몰래 발견하고, 그와 얼마간 친근해진 다음에 우리는 그를 바닷가에 남겨놓고 우리의 배로 귀환했다. 우리가 배를 비운 5~6시간 동안 우리는 수많은 대구로 배가 몸살을 앓게 만들었다. 그래서 우리는 많은 대구를 뱃전 너머로 다시 던져버렸다. 확실히 나는 3월과 4월과 5월에 이 해안에서, 뉴펀들랜드에서처럼, 더 좋은 고기를 굉장히 많이 잡을 수 있다고 확신하고 있다. 우리가 매일 해안을 오가면서 본 고등어, 청어, 대구, 그리고 다른 물고기 떼들은 대단했기 때문이었다."

"이 장소로부터 우리는 이 돌출부 주위를 돌아 나침판의 거의 모든 방향으로 항해했다. 해안은 매우 깎아지른 듯했다. 그러나 어떤 해안도 위험이 없지 아니한데, 이 해안은 어느 다른 해안처럼 위험하지 않다고 확신했다. 육지는 낮았고 좋은 나무들로 가득했으나 어떤 장소들은 평원이었다."

그들이 어느 쪽 케이프로 상륙했는지는 전혀 확실하지 않다. 그것이 안쪽이라면, "이 장소로부터 우리는 이 돌출부 주위를 돌아 나침판의 거의 모든 방향을 항해했다"는 브레레톤의 말에 나타나는 것처럼, 그것은 트루로나 웰플릿의 서쪽 해안이었음에 틀림없었다. 남쪽으로 케이프를 따라 반스테이블로 들어가는 항해를 하는 사람에게, 나타나는 유일한 "하얀 모래로 된 매우 가파른 해안"은 비록 동쪽 편만큼 그쪽 모래 둑은 높지 않지만, 이들 마을에 있다. 4 - 5마일거리에서 그곳 모래 절벽들은 노란 사암砂巖으로 된 기다란 요새 - 바다의 침입을 스스로 막는 육지의 요새 같이 보였고, 특히 웰플릿에서 매우 높이가 일정하고 다듬어져 있다. 그것들은 여기저기에 칠을 한 듯 붉은 모래가 층을 이루었다. 남쪽으로 해안은 더 편평하고 **부지불식간에** 홀연히 모래 뭍이다. 그리고 습지에는 여기저기에 약간의 녹색 빛깔이 항해자들에게 희귀한 에메랄드처럼 보인다. 그러나 이듬해 프링의 항해 일지에는 (그리고 샐턴[105]은 프링과 같이 있었는데 고스놀드를 동행한 적이 있었다) "여기서 [즉, 새비지 록 Savage Rocke으로부터] 출발하여 우리는 전년도에 고스놀드 선장이 지나쳤던 커다란 만灣의 안으로 들어갔다."고 쓰여 있다.[106]

---

[105] Robert Salterne(): 영국 브리스톨 출신으로 1602~1603년경 뉴잉글랜드 탐험에 가담한 인물.

그렇게 그들은 케이프를 돌아, 남동쪽 끝을 "포인트 케어Point Care"라고 부르며, 항해했다. 마침내 그들은 마사스 비니어드Martha's Vineyard라고 그들이 이름을 붙인 섬과 (지금은 노맨스랜드No Man's Land라고 불리는) 다른 섬에 도달했다. 그들이 얼마 동안 거주했던 그 섬을 여왕 이름을 따서 엘리자베스 섬이라고 이름을 붙이고 한 그룹은 그 후 그렇게 불렀으나, 지금은 인디언 지명인 커티헝크Cuttyhunk로 알려져 있다. 거기에다 그들은 뉴잉글랜드에서 영국인에 의해 건설된 최초의 집인 작은 저장소를 지었는데 해변에서 가져온 돌로 일부 지어진 그 집의 지하실을 근래에 여전히 볼 수 있다. 벤크로프트는 (1837년 판에서) 그 요새의 유적은 더 이상 찾아볼 수 없다고 말하고 있다. 남아 있어야 했던 사람들은 불만이 고조되어 사사프라스[107]와 다른 물품들을 싣고 다음해 6월 18일 모두 함께 영국을 향해 돛을 올렸다.

이듬해에 마틴 프링이 사사프라스를 찾으러 왔다. 사사프라스가 그 명성을 잃은 후 오랜 뒤로도 그들은 많이 그리고 서둘러 왔다.

이 얘기들은, 이미 케이프고드가, 일부 사람들이 가정하는 것처럼, "키알-아르-네스Kial-ar-nes", 즉 키일 케이프Keel-Cape와 같은 것이 아니

---

[106] {원주}: "새비지 록"은 케이프 앤Cape Ann의 록포트Rockport에서 약 2마일 떨어진 암붕岩棚ledge인, 샐비지Salvages에서 이름이 나왔다고 일부가 추정하고 있는데, 아마도 메인주의 요크York항 동쪽 편에 있는, 해안 근처의 크고 높은 바위인, 너블Nubble 이었을 것이다. 고스놀드가 발견한 최초의 육지는 경험 있는 항해자들에 의해, 같은 해안에 있는, 케이프 엘리자베스Cape Elizabeth라고 추측된다. (베입슨Babson의 『매사추세츠 글로스터의 역사』History of Gloucester, Massachusettes를 보라.)

[107] Sassafras: 미국산 녹나무과의 나무. 수피로 향을 만듦.

라고 한다면, 우리가 케이프코드에 관해 갖고 있는 가장 오래된 것들이다. 옛 아이슬란드어 필사본에 따르면, 에릭 더 레드[108]의 아들인 토르발드Thorwald가 1004년에 그린란드에서 남서쪽으로 여러 날을 항해한 후에 자기 배의 용골keel을 부러뜨렸다는 곳이 키일 케이프이다. 어느 면에서 덜 믿음이 가는 다른 필사본에 의하면, 토르핀 칼세프네("즉, 능력이 있거나 위대한 인물이 될 사람, 그는 뉴잉글랜드에서 난 아들이 있었고, 그의 후손이 조각가 토르발드센[109]이라고 전해진다")는 1007년에 그의 아내 구드리다, 스노레 토르브란드손, 비아르네 그리몰프손, 그리고 토르할 감라손, 노르만 귀족들과 함께 3척의 배에 "160명과 온갖 가축을"(아마도 그중에는 최초의 노르웨이 쥐들도) 싣고 항해하며 지나가다 그들의 "오른쪽 편으로" 육지를 보고 "해변으로 노를 저어가," "*외르 애피 ŏr-æfi*"(인적미답의 사막)와 "*스트란드 - 이르 랑그 - 아르 오크 산드 - 아르*"(길고 좁은 해변들과 모래언덕들)을 발견하고, 그들의 항해가 길게 보였기 때문에 "그 해안을 *푸르두 - 스트란드 - 이르*(신기한 해변들)이라고 불렀다.

아이슬란드어 필사본에 의하면, **토르발드**가 그 당시 최초 발견자였다. 아마도 986년에 여행을 하려는 엄청난 욕망에 사로잡혔던 비아르네 헤리울프손(즉, 헤리울프의 아들)이 아니라면 말이다. 그는 그린란드로 옮겨간 자기 아버지와 합세하려고 아이슬란드에서 그린란드로 항해하고

---

[108] Eric the Red [Thorvalson]: 10세기 그린란드를 발견한 아이슬란드의 항해자.
[109] Bertel Thorwaldsen[Thorvaldsen](1770~1844): 덴마크 사람으로 국제적인 명성을 날린 조각가.

있었다. 왜냐하면 그 필사본에 의하면 "그는 여태까지의 지난해들과 마찬가지로 자기 아버지와 겨울을 보내기로" 결심을 했기 때문이었다. 그러다 폭풍에 의해 남서쪽으로 멀리 밀려갔다 폭풍이 잠잠해지자 멀리서 희미하게 어렴풋이 보이는 케이프코드의 낮은 육지를 보았다. 그러나 이것은 그가 들은 그린란드의 모습과 맞지 않았다. 그는 자기의 선박의 방향을 바꾸어 해안을 따라 북쪽으로 항해하여 마침내 그린란드에 당도하여 자기 아버지를 만났다. 여하튼 그는 미국 대륙의 발견자라고 간주될 강력한 주장을 내놓을지도 모른다.

이들 노르만인들은 거친 종족이었다. 그들의 젊은 자식들은 바다를 상속받았고 지도나 나침판이 없이 여행을 했다. 그리고 그들은 "바람으로 항해하는 기술을 배운 최초의 사람들"이었다고 전해져온다. 더구나 그들은 그들의 문설주를 뱃전 밖으로 던져서 그들이 상륙하는 곳은 어디에나 정착하는 습관이 있었다. 그러나 비아르네, 토르발드, 토르핀은 위도와 경도를 분명하게 언급하지 않았으므로, 우리가 비록 그들의 항해기술과 모험성을 그게 존경을 한다 하더라도, 현재로서는 그들이 어떤 케이프를 보았는가에 대해서 의문의 여지가 있을 수밖에 없다. 우리는 그들이 상당히 더 북쪽에 있었다고 생각한다.

시간과 공간이 허용된다면 나는 믿을 만한 가치가 있는 몇 명의 다른 사람들의 주장을 제시할 수 있다. 1609년에 레스카르보는 프랑스 선원들이 아주 오랜 시절부터 "그들이 거의 전 유럽을 먹이고 모든 바다로 가는 선박들을 채운 대구를 찾아서" 뉴펀들랜드 뱅크스에 빈번히 다니고 있었으며, 따라서 "가장 가까운 섬들의 언어는 절반이 바스크어이다."라고 주장하고 있다. 그리고 바스크인들, 브르타뉴인들, 노르만인들이 그레이트 뱅크와 근처의 섬들을 발견했다고 전해진 해보다 겨우 6년 후인, 1510년에 태어난 프랑스의 학식있고 잘난체하는 작가인 포스텔[110]이 우리가 본 적이 없는 그의 『지도』(Charte Géographique)에서 한 다음의 말을 레스카르보는 인용하고 있다: "Terra haec ob lucrosissimam piscationis utilitatem summa litterarum memoria a Gallis adiri solita, et ante mille sexcentos annos frequentari solita est; sed eo quod sit urbibus inculta et vasta, spreta est." "이 땅은, 그것의 매우 돈이 되는 어업 때문에, 아득한 옛날부터 고올인들Gauls이 찾아오곤 했다. 그리고 무려 1,600년 전에 다녀가고는 했다. 그러나 그것은, 도시들로 꾸며지지 않고 버려졌기 때문에, 멸시되었다."

그것은 옛날 얘기이다. 밥 스미스가 광산을 발견했다. 그러나 나는 그것을 발견해 세상에 알려놓았다. 그런데 지금 밥 스미스는 그것을 자기가 발견했다는 주장을 내세우고 있다.

그러나 포스텔과 그의 식견을 비웃지 않도록 하자. 그는 우리보다 더 잘 홍보되었을 것이다. 그리고 만약 그가 터무니없는 허풍을 떠는 것 같이 보인다면, 그것은 그가 - 대서양을 확 가로질러 - 길게 쏘아대야 했기 때문일 것이다. 만약 미국이 발견되었다가 다시 한 번 잃어버렸다면, 우리 대부분이 믿는 것처럼, 특히 더 이른 시기의 발견에 대한 기록이 거의 없을 것 같은 판에, 왜 두 번은 안 되는가? 역사가 무엇으로 만들어지는지를 고려해보라 - 대부분 그것은 단지 후세인들에 의해 의견이 일치된 이야기일 뿐이다. 심지어 전날, 체르나야 전투[111]에 얼마나 많은 러

---

[110] Guillaume Postel(1510~1581): 프랑스의 동양학자이며 철학자.

시아군이 가담했는지를 누가 우리에게 말해줄 것인가? 그렇지만 틀림없이 역사가인 글쟁이 스크리블레루스Scriblerus 씨가 학생들로 하여금 그들의 뛰어난 기억에 담도록 명확한 숫자를 정해줄 것이다. 그렇다면 살라미스[112]에서 페르시아군의 숫자는 어떤가? 내가 읽은 역사가는, 구체적인 사실들이 도착하기 전에 일간 신문에 최근의 전투에 대한 기사를 쓴 사람들처럼, 마지막 언급된 사건에서 각 진영들의 입장과 그들의 전술을 많이 알고 있었다. 만약 내가 『만국의 역사』 책을 수중에 들고서, 인류의 삶을 몸소 다시 되풀이해서 살아간다면, (나는 그렇게 하도록 고용되지 않을 것이다), 나는 무엇이 진실인지 말할 수 없을 것이라고 믿는다.

여하튼 포스텔이 가리키는 날짜보다 더 일찍이, 케이프코드는 문명세계에 완전히 암흑으로 놓여있었다. 비록 그때도 태양은 매일 바다 밖으로 나와 동쪽에서 떠서 케이프 위를 넘어 서쪽 만灣으로 내려갔을지라도. 그것은 그때도 케이프요 만이었다. - 아니, 대구(Codfish)의 곶串이고 매사추세츠의 만灣이었을 것이다.

살 알려져 있듯이, 그에 비해 아주 최근인, 옛날 달력으로 1620년 11월 11일에, 메이플라워호를 타고 온 필그림들이 케이프코드 항구에 들어와 정박했다. 그들은 9월 6일 영국의 플리머스 항에서 바다로 해방되어, 『모트의 이야기』에 나오는 말로 "휘몰아치는 폭풍 속에서 수많은

---

[111] Battle of the Chernaya: 크리미아 전쟁시 1855년 8월 16일 프랑스 - 터키 연합군과 러시아군의 전투.
[112] Salamis: 그리스의 사이프러스 섬에 있던 고대도시. 기원전 480년 본토와 살라미스 사이의 해협에서 페르시아 제국의 해군이 그리스 연합함대에 격파 당했다.

어려움을 이기고 마침내 하느님의 섭리로 11월 9일 육지를 탐지했다. 그것을 우리는 케이프코드라고 생각했는데, 나중에 그것이 증명되었다. 11월 11일 우리는 훌륭한 항구이자 기분 좋은 만에 닻을 내렸다. 육지사이의 거리가 4마일쯤 되는 입구를 빼고는 둥글었는데, 바로 바다까지 참나무, 소나무, 향나무, 사사프라스와 다른 향기로운 나무들로 둘러싸여 있었다. 그것은 1,000척의 돛배가 안전하게 들어갈 수 있는 항구이다. 그곳에서 우리는 목재와 물을 공급받아 우리 국민들이 원기를 회복하게 했다. 그동안에 우리의 작은 보트는 적합한 주거지를 찾아서 만의 해안을 따라 나아갔다." 거기에서 우리는[113] 필그림하우스가 우리 주머니사정엔 너무 비쌀 것 같아 지나치고, 풀러 호텔에 묵었다 (우리는 나중에 그렇게까지 할 필요가 없었다는 것을 알았다). 그리고 우리는 (취하게 하지 않는) 그냥 주는 음료수를 들이 킨 것 외에, 저민 생선과 콩으로 요기를 했다. 그동안에 우리의 다리는 등 쪽 해안을 훑어 걸어보려고 다시 재정비되었다. 계속해서 필그림들은 다음과 같이 말한다. "우리는 4분의 3마일 차이로 해안에 가까이 다가갈 수 없었다. 얕은 물 때문이었는데, 그것은 우리에게 커다란 혐오감을 주었다. 왜냐하면 해안으로 가던 우리 국민들이 육지에 닿으려면 활의 한두 사정거리[114]를 물위를 허우적거리며 걸어야 했기 때문이다. 날씨가 얼어붙듯 지독하게 추웠기 때문에 그것은 많은 사람들을 감기에 걸려 기침을 하게 했다." 그들은 그 뒤에 얘기한다. "그것은 우리들 몸을 매우 허약하게 만들었다." 그리고

---

[113] 소로 일행.
[114] 약 300m에서 600m.

의심 없이 그것은 플리머스에서 일부사람들을 죽음으로 내몰았다.

프로빈스타운 항구는 해안 가까이는, 특히 필그림들이 상륙한 머리 부분은, 매우 얕다. 다음해 여름에 내가 이곳을 떠났을 때, 증기선은 부두까지 들어오지 못했다. 그러나 얕은 물 30로드 거리를 우리는 바퀴달린 마차에 실려 큰 보트로 옮겨졌고, 일련의 어린 소년들이 물속을 걸으며 우리들을 옆에서 동행했다. 그런 다음 우리는 밧줄로 증기선에 끌어 올려졌다. 항구가 이처럼 해안이 얕고 모래로 되어있어 연안 무역선들은, 썰물 때가 되면 배가 높이 들려있고 물기가 말랐으므로, 그들의 선박에 페인트를 칠하려고 들어오곤 했다.

우리가 거기가 있던 일요일 아침에 우연히 나는 부두 한쪽에서 판자더미에 늘어지게 걸터앉아 담배를 피우고 있던 남자들의 일행에 합세했다. (*nihil humanum a me, &c.*)[115] 그때 일종의 십일조를 내는 사람인 우리의 호텔 주인이 선박에 페인트칠하는 일에 종사하고 있던 선원들을 제지하러 나왔다. 우리 일행은 때때로 다른 시민들로 늘어났다. 그들은 방금 삼사리에서 일어난 사람처럼 눈을 비비면서 왔다. 그리고 한 노인은 일요일은 쉬는 날이기 때문에 매우 늦게까지 침대에 누워있는 게 그곳의 관습이라고 내게 말했다. 나는, 내가 생각한대로, 그들이 페인트를

---

115 "인간적인 것은 어느 것도 나와 무관하지 않다." 이것은 기원전 2세기 로마의 극작가 테렌티우스(195~159 B.C.)의 유명한 말로, 그의 극 『스스로 고문하는 자』에 나오는 원래의 문장은 "*호모 숨 후마니 니힐 아 메 알리에눔 푸토*(*Homo sum, humani nihil a me alienum puto.*)"인데, "나는 인간이다. 그리고 나는 인간적인 것은 어느 것도 나에게서 멀리 있지 않다고 생각한다."(I am human, and I think nothing human is alien to me.)"라는 의미이다.

칠하게 선원을 내버려 둬야 하는 것 아니냐고 우리 모두에게 발언을 했다. 그것은 시끄러운 일도 아니고, 우리의 예배를 방해하지도 않을 것이다. 그러나 일행의 한 젊은 남자가 담배파이프를 입에서 빼내고 성경을 인용하여 그것은 신의 율법에 명백히 배치되는 것이라고 하며, 그런 제한을 두지 않는다면, 선박들은 거기로 들어와 타르를 칠하고 삭구를 고치고 페인트를 칠할 것이고, 그러면 그들은 안식일을 전혀 가질 수가 없을 것이라고 말했다. 이것은 그가 종교의 이름으로 하지 않았다면 충분히 말이 되는 훌륭한 주장이다. 다음 해 여름 무더운 어느 일요일 오후 그곳의 산 위에 앉아 있었을 때, 교회당의 창문들이 열리자 나의 명상은 목사의 시끄러운 소리로 방해를 받았다. 그는 갑판장처럼 외쳐대며 조용한 분위기를 신성모독하고 있었다. 그리고 그는 틀림없이 양복을 벗고 있었을 것이라는 생각이 들었다. 이보다 더 혐오스럽고 마음 아프게 하는 것이 있을 것 같지 않았다. 나는 십일조를 내는 그 남자가 그 목사를 제지했으면 했다.

필그림들은 말한다: "우리가 여태 본 가장 많은 새들이 있었다."

우리는 거기서 다양한 종류의 갈매기들을 제외하곤 어떤 새도 보지 못했다. 그러나 우리가 여태 본 가장 많은 수의 새들은 항구의 동쪽 켠 물이 약간 들어찬 편평한 곳에 있었다. 그리고 보트로 그곳에 상륙한 한 남자가 그 새들을 총으로 잡으려고 해안을 따라 기어오고 있는 것을 관찰했다. 그러나 새들은 다 날아올라, 저녁 감을 못 잡은 그에 비해, 저녁먹이를 분명히 먹은 후라 사방으로 흩어져서 도망가 버렸다.

필그림들(아니면 그들의 기록자)이 케이프의 이 지역을 숲이 우거졌을 뿐만 아니라 심도가 깊고 훌륭한 흙이 있다며 모래는 거의 언급하지 않고 기술하고 있는 점은 놀랍다. 지금 여행자를 사로잡는 것은 육지의 불모성과 황폐함이다. 그들은[116] "땅이나 흙 모래언덕들은 홀랜드의 낮은 초지성 구릉과 아주 흡사하지만, 흙의 표면이 훨씬 더 좋다. 흙구덩이는 아주 좋은 검은 흙"임을 발견했다. 우리는 흙이 그런 적이 있었다면, 그 표토表土는 다 사라져 버렸고, 흙이라고 말할 수 있는 것이 없음을 발견했다. 우리는 프로빈스타운에서 화분을 채울 충분히 검은 흙을 습지에서 말고는 보지 못했다. 그들은 프로빈스타운이 "참나무, 소나무, 사사프라스, 향나무, 자작나무, 감탕나무, 포도넝쿨, 물푸레나무, 호두나무로 우거지고, 나무들은 대부분 임관이 열려있고 잡목이 없어 걸어 들어가거나 말을 타고 가기가 적합했음"을 발견했다. 우리는 마을의 동쪽 끝에 관목 숲과 마을의 마당들에 있는 몇 그루의 장식용 나무들을 빼고는, 나무라고 부를 수 있는 충분히 큰 것은 거의 아무것도 보지 못했다. 단지 위에서 말한 나무들의 일부 몇몇 작은 표본들만이 뒤쪽에 있는 모래언덕에 있었다. 그러나 언덕은 온통 덤불숲으로 덮여 있고 그 위로 어떤 큰 나무도 없어 걸어 들어가거나 말을 타고 가기에는 매우 적합지 않았다. 대부분의 지역이, 파도처럼 바람에 잔물결이 이는, 노란 모래로 된 완전한 사막으로 약간의 비치그라스가 여기저기 자라고 있을 뿐이었다. 이스트하버 크리크의 머리 부분을 지나간 후 바로 그들의 "갑옷을 조각조각" 나뭇가지와 덤불이 "찢었다"고 말하고 있다. (우리가 호기심으로 관목사이로 나갔을 때, 똑같은 일이 우리가 입은 갑옷 닮은 옷에도 일어났다.) 혹은 그들은 "싸리나무, 우드게일, 억새풀로 가득 찬" 깊은 계곡으로 갔

---

[116] 필그림들(Pilgrims)

고 "생수가 나오는 샘들을 발견했다."

　대부분의 경우 우리는 옷을 찢을 만한 관목의 어떤 나뭇가지나 덤불을 보지 못했다. 양은 거기에서 털을 자라게 할 충분한 초본류를 발견할지라도, 털 하나 빠지지 않을 것이다. 우리는 대신에 표면을 채색할 뿐인 담적갈색 비치그라스와 포버티그라스를 보았다. 그래서 나는 그들이 우드게일이라고 부른 것은 베이베리를 뜻하는 것으로 추정한다.

　케이프의 이 지역이 한 세기 전에는 **비교적으로** 숲이 잘 가꾸어져 있었다고 모든 얘기가 일치한다. 그러나 이러한 숲에 일어난 커다란 변화를 감안하더라도, 우리는 이러한 문제들에 있어서 필그림들로 하여금 푸르다고 보게끔 만든 그들의 풋내기 기질을 어느 정도 인정할 수밖에 없다는 생각이 든다. 여기에 큰 나무가 있었다든가 토양이 비옥했다는 것을 우리는 믿지 않는다. 그들의 얘기는 각론은 맞을지 모르나 총론은 틀렸다. 그들은 케이프의 한쪽 면만을 글자그대로 보았을 뿐만 아니라 비유적으로도 보았다. 그들은 마음조리는 항해 끝에 어떤 육지에든 도착한 것이 기뻤기 때문에, 자연스럽게 그 땅의 아름다움과 매력을 과장했다. 모든 것이 그들에게는 장밋빛으로 보였고, 향나무와 사사프라스의 향기가 났다. 6년 전에 이 해안에 있었던 존 스미스 선장의 개략적이고 즉석에서 쓴 기록은 이와는 매우 다르다. 그는 많은 세상을 두루 섭렵했거나 한 지역에 오래 살아서 과장할 수가 없는 나이 많은 여행자, 항해자, 군인처럼 말한다. 1616년에 인쇄된 그의 『뉴잉글랜드에 관한 기술』에서 나중에 플리머스라고 불린 아코맥에 관해 말한 후, "케이프코드 그 자체가 다음가는 선물들이다. 그것은 높은 모래언덕으로 된 돌출부이다. 키 작은 소나무들과 허트 [즉, 훠트 또는 훠틀베리[117]] 와 별 쓸모없는 것들이 무성하나, 어떤 날씨에도 좋은 항구이다. 이 케이프는 낫의 형태로 한 쪽은 대양에 면하고 다른 한 쪽은 큰 만에 면하고 있다."고 그는 말한다. 샘플레인은 이미 "우리가 *캅 블랑*(케이프 화이트)이라고 이름붙인 것은 그것이 모래와 사구(sables et dunes)로 하얗게 보였기 때문이다"라고 썼었다.

필그림들이 플리머스에 당도하자 그들의 기록자는 "대지의 표토는 한 삽 깊이이며" - 표토에 대한 그들의 처방이라고 보일 - "일부 장소에서는 아주 훌륭한 기름진 검은 흙"이라고 다시 말한다. 그렇지만, 『모트의 이야기』의 일부를 썼다고 사람들이 생각하는 브래드포드 자신의 말에 의하면, 다음해에 한 재산을 잡으려고 건너온 사람들은 "케이프코드 항구로 들어와서 헐벗고 불모의 장소라는 것을 알고는" 경악했다. 그들은 이내 플리머스의 흙이 좋다는 점과 관련해서도 그들이 실수했음을 발견해냈다. 그래서 마침내, 몇 년 후에, 그들이 선택했던 장소가 형편없다는 것을 충분히 납득했을 때, "대다수는 노셋Nausett이라 불리는 장소로 이동하기를 동의했다"고 브래드포드는 말한다. 그들은 모두 함께 현재의 이스트햄인 노셋으로 이동하기로 찬동을 했는데, 그것은 프라이팬에서 나와 불속으로 뛰어 들어간 셈이었다. 그리고 플리머스의 주민들 중에서 가장 존경할 만한 사람들도 그에 따라 실제로 그리로 옮겨갔다.

필그림들은 현대적인 선구자의 자질들을 거의 갖지 않았음을 고백하지 않을 수 없다. 그들은 미국의 오지산골 사람들의 자질을 거의 갖고 있지 않았다. 그들은 도끼를 들고 곧바로 숲으로 들어가지 않았다. 그들

---

[117] whortleberries: 블루베리의 일종.

은 한 가족이고 교회였으며, 신세계를 탐험하고 식민지로 만들려고 하기보단, 비록 모래 위에서 일지언정 서로 같이 있으려고 더 안달했다. 위에서 언급한 일행들이 이스트햄으로 옮겨갔을 때, 플리머스의 교회는, 브래드포드의 표현을 빌리면, "늙어서 자식들에게 버림받은 고대의 어머니처럼" 남겨졌다. 그들이 (옛날 달력으로) 12월 9일 플리머스 항구에 있는 클라크 섬Clark's Island에 상륙했고, 16일에 배에 탄 모든 일손들이 플리머스에 왔고, 18일에 그들은 본토 주변을 서성거렸으며, 19일에는 그곳에 정착하기로 결심했을지라도, 지금 "빌링턴 바다Billington Sea"라고 불리는 거대한 연못 혹은 호수를, 프랜시스 빌링턴[118]이 약 2마일 떨어진 나무 꼭대기에서 발견하고 큰 바다라고 착각하여, 선장의 부하들과 함께 와서 본 것은 1월 8일이었다. 그리고 3월 7일 "카버 대장[119]이 다른 5명과 함께 빼어난 낚시 장소로 보이는 거대한 연못들로 갔다." 제아무리 야생의 땅이라 하지만 두 군데가 다 일상적인 오후 산책의 범위 안에 있는 지점들이었다. 그들이 처음에는 건물을 짓느라 바빴고 나쁜 날씨로 많은 지장을 받았다는 것은 사실이다. 그러나 오리건이나 캘리포니아로 이민 간 일행들도 그에 못지않은 일을 했고 - 더 적대적인 인디언들을 만났으며 - 첫 번째 오후를 탐험하는 데 대부분 보냈을 것이다. 그리고 빌링턴이 나무에 오르기 이전에 샘플레인은 야만인들과 인터뷰를 했을 것이고, 코네티컷까지 멀리 나라를 조사해서 지도를 만들었을 것이다. 아니면

---

[118] Francis Billington(1606~1684): 14살 때 부모와 함께 메이플라워호를 타고 온 인물.
[119] John Carver(1576~1621): 1620년 메이플라워호를 타고 온 청교도 지도자로 플리머스 식민지의 초대 총독.

1603년에 펀디만 근방에서 인디언 안내인들과 함께 작은 시내를 따라 올라가며 구리를 찾던 프랑스인들과 그들을 대조해보자. 그럼에도 불구하고 필그림들은 훨씬 더 큰 진취적인 사업에 있어 선구자들이었고 선구자들의 조상이었다.[120]

이때쯤 우리는 작은 증기선인 노숀Naushon호가 항구로 들어오는 것을 보았고 뱃고동이 울리는 것을 들었다. 그리고 산에서 내려와 부두에서 배를 탔다. 그렇게 우리는 케이프코드와 그 주민들과 작별했다. 우리는 그들을 많이 만난 것은 아니지만 그들의 태도를 대단히 좋아했다. 그들은 특히 솔직했고 성격이 좋았다. 나이 많은 사람들은, 마치 소금기 많은 대기 탓인 것처럼, 놀랍게도 잘 보존된 것으로 보였다. 전에 실수를 한 적이 있은 후에도, 우리가 할아버지뻘 되는 사람과 말을 하고 있는지, 아니면 우리 나이또래와 얘기하는 것인지를 우리는 전혀 확실히 알 수가 없었다. 그들은 미국의 다른 어느 지역 주민들보다 더 순수한 필그림들의 후손들이라고 한다. "때때로, 반스테이블에 순회재판소가 오면, 판사들은 심판할 단 한 사람의 죄인도 없고, 감방은 닫혀있다"는 말을 우리는 들었다. 우리가 거기 있을 대 그것은 "빈방 있음"이었다. 아주 최근까지 올리언스 아래로는 정식 법률가가 없었다. 그렇다면 등 쪽 해안을 따라 출몰하는 몇 마리의 단골 식인상어에 대해 누가 고소를 제기할 것인가?

---

[120] 메이플라워호와 필그림들의 케이프 도착 이전과 이후의 역사적 행적에 관한 훌륭한 근래의 책으로는 너새니얼 필브릭(Nathaniel Philbrick)이 쓴 *Mayflower: A Story of Courage, Community, and War*(2006) 『메이플라워』(황정아역, 2009)가 있으니 관심있는 독자들은 읽어보길 권한다.

트루로의 목사 중의 한 사람은, 내가 어부들이 겨울에 무엇을 하느냐고 물어보았을 때, 그들은, 비록 여름에는 열심히 일을 했을지라도, 아무 일도 하지 않고 이웃집에 놀러 다니거나, 둘러앉아서 얘기들을 한다고 대답했다. 그렇지만 그들이 갖는 것은 긴 휴가가 아니다. 나는 겨울에 거기에 가서 그들이 짓는 얘기들을 들어보지 못한 것이 안타깝다. 일부 우두머리들은 대자연이 그들에게 기꺼이 겪게 하는 모든 노력을 부정하는 *알파 프리바티브*[121]의 힘을 지니고 있기 때문이다. 비록 모든 남자는 아니지만, 거의 모든 케이프의 남자는 이런저런 배의 선장이고, 적어도 자신의 일에서 선두에 있는 사람이다. 대다수의 인간들은 단지 몸통에 지나지 않는다. 이웃사람들이 선장이라고 말을 거는 사람과 얘기를 나눠보는 것은 보람 있는 일이다. 비록 그의 배는 오래전에 침몰되었을지 모르고, 지금은 비유적인 의미로 산산이 부서진 돛대조각만을 이빨로 물고 있고, 얼근하게 취해 있을지라도 말이다.

대부분의 경우 우리는 마을의 뒤쪽만을 보았으나 우리의 얘기는 말하는 대로 다 사실이다. 우리가 만 쪽을 더 많이 보았는지는 모르나, 대서양 쪽도 눈을 크게 뜨고 보려고 했다. 우리는 본토보다 열등하거나 그저 비슷한 것이 아닌, 특별하거나 더 우수한 케이프의 모습들만을 보고 싶었다. 우리는 케이프의 마을들을 만나보러 간 사람에게 그 마을들이 앞에서 어떻게 보이는지 알 수가 없다. 우리는 그 마을들 뒤에 있는 대양을 보러 갔다. 그 마을들은 단지 우리가 위에 서 있는 뗏목일 뿐이었다. 우리는 그 뗏목에 달라붙은 따개비와 그 위에 새겨진 글들을 주목했다.

---

[121] *Alpha Privative:* 부정을 나타내는 접두사 a -.

우리가 부두를 떠나기 전에 호텔에서 본 적이 있는 한 승객과 친분을 쌓았다. 그가 어느 길로 프로빈스타운에 왔느냐고 질문을 하니 그는 세인트 존호가 난파당한 같은 폭풍 속에서 토요일 밤에 우드 엔드[122]에서 해안으로 떠밀려 왔다고 대답했다. 그는 메인주에서 목수로 일하고 있었는데 목재를 실은 스쿠너를 타고 보스턴으로 향하고 있었다. 폭풍이 불어왔을 때, 그들은 프로빈스타운 항구로 들어가려고 애를 썼다. "날이 어둡고 안개가 끼었었어요," 그는 말했다. "우리가 롱 포인트[123] 등대를 향해 배를 돌리고 있을 때 갑자기 우리 곁에 육지를 보았습니다. - 우리의 나침판이 고장이 났었기 때문에 - 몇 도가 벗어나 있었어요. [뱃사람들은 항상 나침판에 책임을 전가한다] - 그러나 해안에 안개가 자욱했기 때문에 우리는 그것이 실제보다 더 멀리 떨어져 있다고 생각했습니다. 그래서 그냥 있었는데, 이내 모래톱에 부딪히고 말았지요. 선장이 '완전히 길을 잃었다'고 말해서, 내가 선장에게 '자 이제 배가 다시 이런 식으로 부딪히지 않게 합시다. 계속 똑바로 나아가게 하세요.' 하고 말했어요. 선장이 한순간 생각하더니, 배를 계속 몰았어요. 바다는 우리 배를 완전히 물로 쓸었고 숨도 못 쉴 지경이었습니다. 나는 고정 안 된 밧줄을 움켜쥐었으나 다음번에는 고정 밧줄을 움켜쥐어야 한다는 것을 알았습니다." "그럼 익사한 사람은 없나요?" 하고 내가 물었다. "없어요. 우리는 모두 몸은 젖고 반쯤 얼어 죽을 상태로 한밤중에 우드 엔드에 있는

---

[122] Wood End: 프로빈스타운 서남단 지역.
[123] Long Point: 프로빈스타운 서남단에서 동쪽으로 길게 항구를 감싸는 곶. 1827년 등대가 설치되었다.

한 집에 다행히 도착했어요." 그는 호텔에서 체커게임을 하며 그 이후로 분명하게 소일하고 있었다. 그리고 그 게임에서 키가 큰 동료 하숙인을 이긴 것을 스스로 축하하고 있었다. "선박은 오늘 경매에서 팔릴 예정입니다."라고 그가 말을 덧붙였다. (우리는 경매를 홍보하는 광고장이의 종소리를 들었었다.) "선장은 그로 인해 의기소침해 있어요. 그러나 나는 그에게 힘내라고 말하지요. 그는 곧 다른 선박을 갖게 될 겁니다."

그 순간에 그 선장이 부두에서 그를 불러냈다. 우드척[124] 가죽으로 만든 모자를 쓴 그는 막 시골에서 온 사람 같이 보였다. 그의 얘기를 일부 들었는지라 그는 특히나 쓸쓸해보였다. - 큰 외투만 걸친 아무런 선박도 없는 선장이라! 그 외투도 빌려 입은 것일 터이니! 그의 직함만이 그에게 붙어 있을 뿐, 개 한 마리도 그를 따라다니지 않았다. 나는 또한 그의 선원들 중 한 사람을 보았다. 그들은 모두 같은 모양의 모자를 쓰고 있었다. 그들의 자연스런 매부리코 모습에 더해, 마치 "빗질하는 기계"같은 파도가 그들을 쓸고 나간 듯이, 주눅이 든 모습이었다. 우리가 우드 엔드를 지나갈 때, 그들의 선박이 싣고 가던 목재더미가 해안에 널려있는 것을 보았다.

여름에 롱 포인트 주변에서는 사람들이 해안에서 조금 벗어나 작은 보트들을 타고, 뉴욕 사장에 내다 팔려고 가재를 잡는 것을 흔히 볼 수 있다. 아니면 가재가 미끼가 놓인 그물에 자청해서 달라붙기 때문에 스스로 붙잡혀 끌려나오는 것인지도 모른다. 그들은 한 마리에 2센트를 받고 판다. 인간은 가재를 덫으로 잡기 위해서는 가재만큼도 알 필요가

---

[124] Woodchuck: 북미산의 다람쥐과의 설치동물.

없다. 고등어 잡이 선단은 한밤중 이후로 하나씩 둘씩 바다로 나가 있었고, 우리가 케이프를 떠나갈 때 우리는 돛을 단 많은 그 배들의 곁을 지나갔다. 그래서 전보다 더 가까이서 그들을 볼 수 있었다. 6명의 빨간 셔츠를 입은 남자와 소년들이 난간에 기대어 우리를 바라보고 있었다. 우리가 어획량을 묻자 작은 배의 선장이 그가 여러 배럴을 잡았다고 받아 소리쳤다. 모든 선원이 증기선을 보느라 멈춰 서서, 반갑다거나 아니면 조롱하는 소리를 질렀다. 한 배에는 큰 뉴펀들랜드 개 한 마리가 난간에 앞발을 올려놓고 선원들만큼 높이 서서 그럴듯하게 바라보았는데 제법 영리해보였다. 그러나 개보다 더 잘하지 못한다고 보이기 싫었던 선장은 개 코를 두드려 밑으로 보냈다. 그런 것이 인간의 정의이다! 나는 개가 그 아래에서 인간의 정의에서 신의 정의로 효과적인 항소를 제기하는 소리가 들릴 것이라는 생각을 했다. 둘 중에서 그 개가 훨씬 더 깨끗한 가슴을 가졌음에 틀림없었다.

여전히 만灣을 가로질러 여러 마일 뒤로 우리는 케이프코드를 휘감아 도는 고등어 선단의 하얀 돛을 보았다. 그리고 그들이 모두 선체는 보이지 않을 만큼 멀리 있을 때, 그리고 케이프의 낮은 맨 끝이 또한 수면 아래로 내려갈 때, 케이프코드 항구의 희귀한 특성들을 선언하고 있는, 바다위의 도시처럼, 그 땅이 가라앉은 주위에서, 그들의 하얀 돛은 케이프의 양쪽에서 여전히 보였다. 그러나 케이프의 끝부분이 완전히 수면 아래로 내려가기 전에, 그것은 바다 위에 편평히 누워있는 무른 은빛 육지같이 보였다. 그리고 나중에도 여전히 위로 아지랑이가 이는 모래톱의 단순한 반사가 있었다. 그 이름은 소박한 진실을 암시한다. 그러나 보는 사람에게 그것이 준 인상을 기술하면 더욱 시적詩的일 것이다. 어떤 곶岬, Cape들은 특이하게 암시적인 이름을 갖고 있다. 예를 들어, 스코틀랜드 북쪽 끝에는 케이프 랫스[125]도 있는데, 낮게 드리워진 하늘 아래 멀리 어두운 물 위에 놓여있는 곶岬의 이름치고는 얼마나 멋진 이름인가!

오늘 아침 날씨는 온화했지만, 바람은 차갑게 물 위를 찔러대고 있었다. 육지에서 가장 더운 7월의 하루일지라도, 항해는 4시간이나 걸리고, 가장 두꺼운 옷을 입어야 할 것이다. 왜냐하면 빙산이 녹은 얼음물 위에 떠 있기 때문이다. 내가 다음해 6월 25일에 증기선을 타고 보스턴을 떠났을 때는, 해안가가 꽤 더웠다. 승객들은 가장 얇은 옷을 입고 있었고, 처음에는 양산을 쓰고 앉아있었다. 그러나 우리가 상당히 만灣 밖으로 나왔을 때, 얇은 겉옷만 입은 사람들은 추워서 고생을 하고 있었고, 조타실과 따뜻한 굴뚝으로 피신을 했다. 그러나 우리가 프로빈스타운 항구로 접근했을 때, 넓이가 겨우 1~2마일밖에 안 되는, 그 낮고 좁다란 모래띠가 주변 여러 마일의 대기 온도에 주는 영향을 인지하고 놀랐다. 우리는 우리의 얇은 겉옷이 다시 한번 유행이 된 무더운 분위기 속으로 침투해 들어갔고, 주민들이 땀을 흘리는 것을 발견했다.

연무가 끼어 한두 시간 동안 육지가 보이지 않다가, 멀리 플리머스의 마노멧 포인트Manomet Point 한 켠과 시츄에이트 해안을 떠나면서, 우리는 미넛렛지[126]에 있는 코하셋 바위에 다시 가까이 가며, 시츄에이트 가장자리에서 산형화과의 식물처럼, 주변의 숲 위로 높이 돔처럼 둥그렇게 올

---

[125] Cape Wrath: 분노忿怒 곶.
[126] Minot's Ledge: 렛지Ledge는 절벽이나 물위에 옆으로 튀어나온 바위 단층을 말함.

라가 바다와 육지 위로 여러 마일에 걸쳐 눈에 띄는, 거대한 미국 니사나무Tupelatree를 보았다. 이곳에 새로운 철제 등대가 있었다. 그때는 빨간색을 칠한 달걀 껍데기 모양인 미완성의 상태로, 마치 바다에 떠다니는 바다 괴물의 알처럼 철제 기둥들 위에 높이 - 발광發光하도록 운명 지워진 채 올려져 있었다. 반조半潮 시에 우리가 그 옆을 지날 때 우리는 물방울이 거의 그 껍데기까지 튀어 오르는 것을 보았다. 사람이 밤낮으로 해안에서 1마일이나 떨어진 그 달걀 껍데기 안에서 생활할 예정이었다. 다음해 여름 내가 그것을 지날 때 보니 그것은 완성되어 있었고 두 사람이 그 안에서 살고 있었다. 그리고 등대지기는 최근에 일어난 돌풍으로 그 안의 식탁 쟁반이 떨어질 정도로 흔들렸다는 말을 그들에게서 들었다고 말했다. 이같이 파도 마루 위에 잠자리를 마련한다고 생각해보라! 굶주린 늑대 떼처럼, 밤낮으로, 항상 너를 노려보고, 시시때때로 튀어올라, 마침내는 거의 필시 널 먹어버리고 말 파도를 갖는다는 것을 말이다. 그리고 항행하는 이들 모두에게 전부 다 도움을 줄 수는 없다. - 그러나 저 늑대물이 꺼지면, 또한 생명의 불빛도 꺼졌다는 신호일 것이다. 파도소리들로 작곡을 하기에는 안성맞춤인 곳! 이 등대는 모든 눈들의 이목을 끄는 대상이었다. 모든 승객들은 그것을 최소한 반 시간 동안이나 바라보았다. 그런데 자기 구역에서 나와 몇 번이나 과장된 몸짓을 해가며 배 옆으로 접시를 비우던, 이 배에 소속된 유색인 요리사는 우리가 앞에 40로드도 안 떨어진 이 등대를 모두 응시하고 있을 바로 그 때 우연히 밖으로 나와 팔을 들어 올렸을 때 그 광경을 보고 놀라서 "저게 뭐야요?" 하고 소리쳤다. 그는 이 배에서 일 년 동안 일을 해왔고 매주 평일에 이 등대를 지나다녔다. 그러나 한 번도 그 지점에서 우연히 접시를 비워본 적이 결코 없었기 때문에, 그것을 전에는 결코 본 적이 없었다. 등대를 보는 것은 선장의 할 일이었다. 그는 주방의 불이나 신경을 썼다. 그것은 세상을 두루 항해한 일부 사람들이 얼마나 보는 일에 소홀할 수 있는가를 암시해주었다. 해를 제때에 보러 나올 기회를 아직도 거의 갖지 못하는 사람들이 있다는 것을 거의 쉽게 믿을 수 있을 것이다. 사람이 언덕 바로 밑에서만 평생을 보낸다면, 언덕 꼭대기에 등불을 놓아둔들 무슨 소용이 있을 것인가? 그것은 등잔 밑이 어두운 것과 같을 것이다. 이 등대 집은 그리고 그 안의 두 사람도, 잘 알려져 있듯이, 1851년 4월의 어느 날 폭풍으로 쓸려나갔다. 그리고 그 다음 날 아침에는 그 어떤 흔적도 해안에서 보이지 않았다.

헐Hull에 사는 사람은 몇 년 전 미넛렛지에다 백참나무[127] 기둥 세우는 일을 도왔다고 내게 말했다. 그것은 반경이 15인치였고 높이가 41피트였는데 바위에 4피트가 묻혔다. 네 사람이 매달려도 끄떡없었으나, 일 년밖에 서 있질 못했다. 같은 장소 근처에 거미줄 모양으로 쌓아올린 돌은 8년을 버텼다.

내가 7월에 멜로즈호[128]를 타고 만을 횡단할 때, 우리는 바람의 이점을 살리기 위해 시츄에이트Scituate 해안을 가능한 오래 품고 있었다. 만으로 (이 해안을 벗어나) 멀리 나가다 우리는 근방에서 부화한, 검은 오리였던 것 같은데, 한배의 오리새끼들을 놀라게 했다. 정기선인 이 배는 다닐

---

[127] White Oak: 북아메리카 동부 원산의 수피가 회백색인 참나무(학명 *Quercus alba*).
[128] Melrose: 소로가 세 번째 케이프코드 여행 시에 탄 배 이름.

때마다 빈번히 오리의 여행을 방해했었다. 처음 항해하는 한 도시인은 조타수의 후미 근처로 천천히 걸어 돌아다녔다. 그 때 우리는 만의 한가운데 있어 바다를 내다보고 있었는데, 거기에 앉기 전에 그는 차용한 표현을 사용하는 사람에게 있을 수 있는 독창성이 깃든 말을 했다. "이 나라는 위대한 나라입니다." 그는 목재 상인이었다. 그리고 나는 나중에 그가 중앙 돛대를 지팡이를 써서 직경을 재고 높이를 평가하는 것을 보았다. 나는 같은 케이프를 다녀오는 짧은 여행에서 매우 멋지고 빠르게 달리는 올라타Olata호를 타고 돌아왔다. 그 배는 프로빈스타운에서 다른 두 배인 멜로즈호, 프롤릭Frolic호와 함께 출발했다. 처음에는 거의 바람기가 없었다. 그래서 우리는 롱 포인트 주위에서 다 같이 한 시간 동안을 배회하고 있었다. - 커다란 모래 고리들과 15피트 깊이의 잔잔한 바닷물 밑에 있는 물고기들을 난간 위로 머리를 내밀고 바라보았다. 그러나 케이프를 벗어난 후에 우리는 평돛을 펴서 올렸고, 선장이 예언했었던 대로, 곧 우리의 동행 선박들이 우리의 뒤꿈치에 보였다. 케이프 근처 6~8마일 북쪽으로 대형 선박을 보스턴으로 예인하고 있는 증기선 한 척이 있었다. 그 배의 연기가 바다 위에 완전히 수평으로 수 마일을 뻗쳐 있었는데, 갑자기 방향을 바꿈으로써 우리가 느끼기 전에 바람 방향의 변화를 우리에게 경고했다. 증기선은 그 배로부터 매우 멀어 보였다. 그리고 일부 젊은이들은 선장의 망원경을 빈번히 사용했으나, 그 선박들이 서로 연결되어 있음을 의심하지 못하고 그 배들이 그렇게 여러 시간 동안 같은 거리로 유지한다고 놀라움을 표시했다. 그에 대해 선장은 그 배들이 아마 바짝 붙어 있을 거라고 무뚝뚝하게 언급했다. 바람이 붙들어주는 한 우리는 증기선과 보조를 맞추었다. 그러나 결국 그것은 거의 완전히 시야에서 사라져 버렸다. 그리고 평돛이 모든 작업을 맡아했다. 우리가 미녓렛지에 있는 등대보트를 지날 때, 멜로즈호와 프롤릭호는 그저 10마일 밖 후방으로 보였다.

온갖 성인聖人의 이름들을 달고, 밤송이나 성게(echinidae) 같은 요새들이 있는 부산한 섬들을 생각해보라. 그래도 경찰은 개인적으로 한 쌍의 아일랜드인에게 정부 독점인 권투시합을 그 요새들의 하나에서 허용하지 않을 것이다. 모든 큰 항구는 권투를 하는 자세로 있다.[129] 그리고 항구의 따뜻한 가슴을 느끼게 되려면 돌로 쌓은 두 개의 주먹 열列 사이를 조심해 항해해야 한다.

버뮤다 제도[130]는 그 섬에 좌초한 같은 이름의 스페인 선박에 의해 발견되었다고 전해진다. "그때까지 그 섬들은 6천 년 동안 이름이 없었다."고 스미스 선장은 말한다. 영국인들은 버지니아로 가는 그들의 첫 항해에서 그것들에 걸려 넘어지지 않았다. 그리고 그곳에 있던 첫 번째 영국인은 1593년에 그 섬들 위에 좌초되었다. "알려진 어떤 장소보다도 훌륭한 담들과 보다 넓은 도랑이 있었다."고 스미스는 말하고 있다. 그러나 1612년 60명이나 되는 사람들로 그것을 최초로 식민지화할 시기에, 초대 총독은, 같은 해, "8~9개의 요새를 만들고 기초를 닦았다." 다음번에 그 섬에 좌초될 첫 번째 배의 동료들을 맞을 준비를 했다고 혹자는 말하

---

[129] 항구 앞의 방파제가 배가 드나드는 가운데만 띄어놓고 양옆으로 길게 축조된 것이 꼭 권투선수가 글러브를 끼고 앞으로 손을 둥글게 내밀고 있는 모습과 비슷하다고 비유한 표현이다.
[130] Bermudas: 미국 노스캐롤라이나주 동쪽에 위치한 대서양상의 영국령 섬들로 휴양지이며 군사요충지.

고 싶을 것이다. 수많은 "자선의 집"을 세웠다면 더 분별이 있었을 것이다. 이들은 초조한 버뮤다인들이다.

우리의 커다란 돛들은 있는 모든 공기를 붙잡았다. 그리고 우리의 낮고 좁은 선체는 가능한 최소의 마찰을 야기했다. 물길을 거슬러 항구로 들어가며 우리는 모든 것을 휩쓸었다. 고기잡이 여행에서 돌아오는 몇몇 젊은이들은, 우리가 이처럼 꾸준하게 그들을 따라잡아 가능한 최선으로 우아하게 나가는 동안, 그들의 스맥[131] 옆으로 와서 우리를 관찰하고, 가벼운 인사를 하면서 "우린 포기합니다."라고 했다. 그래도 우리는 때때로 거의 멈춘 듯이 가고 있었다. 선원들은 우리가 나아가는지 뒤로 가는지 확인하려고 해안의 (두) 물체를 눈여겨보았다. 항구에서는 공휴일 저녁 같았다. 이스턴 회사 증기선은, 수중고혼이 될지도 모르는 때에, 무도회라도 열고 있는 것처럼, 음악과 환호성을 지르며 우리를 지나갔다.

우리가 그 지점을 지날 때, 나는 한 소년이 닉스라는 선원 얘기를 몇몇 여자들에게 하고 있는 것을 들었다. 그것은 그 섬에서 교수형 당한 선원의 이름이었는데, 그는 말했다 – "내가 유죄면 이 섬은 남아있을 것이오, 내가 무죄면 섬은 쓸려가 버릴 것이다." 그런데 지금 그것은 다 쓸려가 버렸다!

다음번에는(?) 조지 섬에 있는 요새가 나왔다. 이들은 어설픈 고안품들이었다. 우리의 **포르테**[132]가 아니라 우리의 **포이블**[133]이었다. 울프[134]는

---

131 smack: 어업이나 연안 무역용 종범선縱帆船.
132 *fortes*: 강점 – 칼자루에서 중앙까지의 칼의 가장 강한 부분.
133 *foibles*: 약점 – 칼날의 중앙부부터 끝까지의 낭창낭창한 부분.
134 Wolfe, James(1727~1759): 미국의 군인. 프랑스군의 요새를 야습하여 격파했으

어둠 속에서 북아메리카에 있는 가장 강력한 요새 옆을 항해하여 그것을 빼앗았다.

나는 선박이 마침내 롱 워프[135]에 있는 선창에 들어가 자리를 잡는 기술에 감탄했다. 촛불이 켜있었다. 그리고 나의 두 눈은 부두가 우리 쪽으로 향해 튀어나온 것을 분간할 수 없었다. 그러나 그것은 정박한 배들로 빼곡한 반듯한 해안선같이 보였다. 롱 워프의 4분의 1마일 이내라고 어림짐작도 할 수 없었다. 그럼에도 불구하고, 우리는 곧바로 미로 속으로 기수를 돌리며 그것들 사이를 비집고 들어갔다. 주 돛이 내려오고, 맨 앞 삼각형 돛만이 우리를 이끌고 나아간다. 이제 우리는 몇 척의 외부 선박들을 피해간 후, 정박지 4로드 지점 안에 있으나, 여전히 둥근 돛대들과 삭구와 선체의 미로일 뿐이다 – 틈 하나 보이지 않는다. 지브가 내려오지만, 우리는 여전히 전진한다. 선장은 한 손에 키의 손잡이를 잡고 고물 쪽에 서 있고, 다른 손에는 야간용 망원경을 들고 있다. – 그의 아들은 바우스프릿[136]에서 긴장된 눈으로 서 있다. – 승객들은 충돌할까봐 심장이 그들의 입까지 거의 올 정도로 뛰는 것을 느낀다. "거기 좀 여유가 있는 게 보이는가?" 선장이 조용히 묻는다. 그는 5초 안에 결정을 해야만 한다. 그렇지 않으면 그 선박의 바우스프릿이 쓸려가버리거나, 아니면 그 자신의 배를 잃을 것이다. "예, 보입니다. 여기 우리가 댈 곳이 하나 있어요." 그리고 3분 이내에 두 척의 더 큰 선박 사이의 작은 틈새

나 부상으로 전사함.
[135] Long Wharf: 보스턴 항구의 큰 부두.
[136] bowsprit: 선수 사장船首斜檣, 돛단배의 이물에 돌출한 돛대 모양의 원재圓材.

로 우리는 부두에 달라붙어 있다.

그래서 이제 우리는 보스턴에 도착했다. 롱 워프의 끝에까지 가보고, 퀸시 마켓[137]을 걸어 지나가 본 사람은 보스턴을 본 사람이다.

보스턴, 뉴욕, 필라델피아, 찰스턴, 뉴올리언스 등은 (상점들과 상인들의 주택들로 둘러싸인) 바다로 돌출한 부두들의 이름들이다. (다른 나라의 산물이 상륙하고 우리 자신의 수출품들을 선적하는) 화물을 들이고 풀기에 좋은 장소들이다. 나는 굉장히 많은 통과 원통형 드럼통들을 본다 - 우산대 만들 나뭇더미 - 화강암과 얼음 블록들 - 물품을 쌓아놓은 커다란 더미들, 그것들을 포장하고 운반하는 재료들, - 많은 포장 종이들과 노끈들 - 많은 선적용 튼튼한 나무 박스와 큰 통과 손수레들 - 그런데 이것이 보스턴이다. 통이 많으면 많을수록 더욱더 보스턴답다. 박물관과 과학협회들과 도서관들은 부수적인 것이다. 사람들은 짐마차를 구하려고 통 주변에 몰려든다. 통들 사이에서 한몫 잡으려는 부두의 쥐들과 세관의 관리들, 그리고 영락한 시인들. 그들의 그저 그런 시민강좌들과 설교들과 가짜 박식함 이런 것들 역시 부수적이다. 광장의 시장들은 항상 사람들로 북적인다. 내가 보스턴을 갈 때, 나는 뒤쪽 회랑에는 내 사촌들이 없으므로, 자연히 (광장의 시장을 가는 길로 택해) 도시를 관통해, 롱 워프 끝으로 가서 보게 된다. - 거기에서 나는 메인과 펜실베이니아에서 온 많은 시골사람들이 모두가 해안을 따라 바닷물 가까이에서, 일부 외국인들도 옆에 있는데, 소매를 걷어 올리고, 시골의 시장에서 하는 것처럼, 물건을 싣고 내리고 가축 떼를 모는 것을 본다.

---

[137] Quincy Market: 보스턴의 가장 오래된 재래시장.

우리가 그해 10월 보스턴에 당도했을 때, 나는 프로빈스타운의 모래 한 줌을 내 신발 안에 갖고 있었다. 그래서 콩코드에서 여러 날 동안 내 책갈피를 문지를 모래가 충분히 남아있었다. 그리고 나는 그 후로도 일주일 동안이나 마치 조개껍데기 속에 사는 것처럼 바다가 포효하는 소리를 듣는 듯했다. 내가 묘사한 장소들이 나의 고향사람들에게는 생소하고 먼 나라같이 보일 수도 있겠다. - 사실 보스턴에서 프로빈스타운은 영국에서 프랑스로 가는 것보다 두 배나 멀다. 그래도 역마차에 몸을 싣고 6시간이면 저 길바닥에 깔아놓은 네 개의 나무판자들 위에 서서 고스놀드가 발견했다고 하는 케이프를 볼 수가 있다. 그런데 나는 그것을 너무 빈약하게 기술했다. 내가 처음에 조언했을 때 여러분이 출발했다면, 노셋Nauset등대들로부터 레이스 포인트Race Point까지 약 30마일을 줄곧 거닐며, 모래 위에 있는 아직 선명한 우리가 밟고 다닌 길을 볼 수 있었을 것이다. 왜냐하면 걷는 발자국마다, 우리는 인지하지 못했을지라도 그리고 우리의 이야기가 여러분들의 마음속에 아무 인상을 남기지 못했을지라도, 우리는 케이프에 자국을 남겼기 때문이다. 그러나 우리의 이야기는 무엇인가? 그 속에는 파도의 포효소리도, 해변의 새들도, 아마亞麻천 타래도 없다.

우리는 종종 해변에 사는 사람들의 현재 삶을 생각하길 좋아한다. - 적어도 한 여름에 날씨가 청아할 때, 비치그라스와 베이베리들 가운데서, 모래 위에서의 그들의 햇빛 찬란한 삶을, 그들의 친구인 암소 한 마리와, 그들의 재산인 표류목 한 개와 몇 개의 비치플럼, 그리고 그들의 음악인 파도와 바닷새들의 지저귀는 소리를.

우리는 대양을 보러 갔다. 그리고 그것은 아마도 가봐야 할 해안 중에서도 가장 최고의 장소일 것이다. 배를 타고 바다로 간다면, 이들 해안을 떠나고 접근하는 것이 어떤지 경험할 것이고, 바다 위를 내달리는, $\theta\alpha\lambda\alpha\sigma\sigma o\delta\rho o\mu\alpha$[138], 바다제비를 도중에 볼 것이다. 그리고 날씨가 구름이 좀 끼어 있다면 항로 중간쯤에서 육지의 모습이 안 보일 것이다. 나는 미국의 대서양 연안의 주州들 가운데, 본토에 붙어있고 그렇게 길며 동시에 똑바르고, 냇물이나 작은 만이나 강어귀나 해안습지로 완전히 끊어지지 않는 다른 해변이 있는지 알지 못한다. 비록 지도에는 그러한 장소들이 있는 것으로 나올지라도, 그것들은 냇물이나 습지를 횡단하는 도보여행자들에 의해서나 어쩌면 발견될 수 있을 것이다. 확실히 내가 기술한 대로 해변과 모래 둑이 동시에 육지와 바다를 보여주고 얼마 동안 두 바다를 보여주는 이중의 길이 있는 곳은 어느 데도 없다. 롱아일랜드의 그레이트 사우스 비치Great South Beach는 내가 그 후 가서 본 적이 있는데, 물의 입구가 없이 더욱 더 길다. 그러나 그것은 섬으로부터 몇 마일 떨어져 노출된 글자 그대로 단순한 모래톱이다. 그리고 바다의 공격에 소진되는 대륙의 가장자리가 아니었다. 깎아지른 듯한 제방 둑이 결여되어, 거칠고 황량할지라도, 내 눈에는 그것은 케이프코드의 장려함을 반 밖에 갖고 있지 않고, 또한 그것의 남쪽 모습은 상상력도 만족시켜주지 못한다. 우리의 대서양 해안에 있는 거대한 길이의 유일한 다른 해변은, 선원들이 얘기하는 것을 들어 본 바, 뉴저지 해안의 바니갓Barnegat 해변과 버지니아와 노스캐롤라이나 사이의 커리터크Currituck 해변이다. 그러나 이들은 전의 것과 마찬가지로 해안에서 떨어져 있고 본토에서 환초環礁

---

[138] Thalassidroma: 바다제비(Storm Petrel).

들로 분리되어 있는, 낮고 좁은 모래톱들이다. 그 외에도 남쪽으로 멀리 갈수록 파도는 약해지고, 해안에 다양함과 수려함을 보태길 멈춘다. 미국의 태평양 쪽 해안에는 또한 의심할 바 없이 훌륭한 걷기 장소를 발견할 수 있다. 최근에 글을 쓴 그곳의 거주자는 우리에게 "케이프 디새포인트멘트Cape Disappointment (또는 컬럼비아강)에서 (환드퓨카Juan de Fuca 해협에 있는) 케이프 플래터리Cape Flattery까지의 해안[139]은 거의 남북으로 있으며," 두 개의 만과 너덧 개의 강과 바다로 튀어나온 몇 군데를 제외하고, "거의 그 전체 길이를 아름다운 모래 해변 위로 걸어 다녀볼 수 있다."고 말하고 있다. 거기에서 발견되는 흔한 조개는 종종, 케이프코드의 것과 동일종이 아니면, 상응하는 형태의 것으로 보인다. 그렇지만 내가 기술한 이 해변은 마차들이 다닐 만큼 땅이 단단하지 못해, 도보로 탐사해야만 한다. 마차 한 대가 해변을 따라 지나갔을 때, 뒤따르는 마차는 그 바퀴자국으로 더욱 깊이 빠진다. 그것은 현재로서는 유명세 이상의 어떤 이름도 없다. 노셋 하버Nauset Harbor의 남쪽 부분은 보통 채텀 비치Chatham Beach라고 불린다. 이스트햄의 부분은 노셋 비치Nauset Beach라고 불린다. 그리고 웰플릿과 트루로 부분은 백사이드[140], 혹은 간혹 가다가 케이프코드 비치Cape Cod Beach로 불린다. 나는 노셋 하버에서 레이스 포인트Race Point까지 끊이지 않고 이어진 부분이 케이프코드 비치라고 불려야 한다고 생각하고 그것을 그렇게 부르고 있다.

---

[139] 케이프 디새포인트멘트(실망)와 케이프 플래터리(아첨) 이 두 곳은 각각 태평양 연안의 워싱턴주 남단과 북단에 위치해 있다.
[140] Backside: (팔의) 등 쪽, 즉 웰플릿에서부터 트루로에 걸치는 대서양쪽 해안을 말함.

방문객들에게 가장 매력적인 지점 중의 하나는 웰플릿의 북동지역에 있다. 거기에서는 숙박을 (어느 정도 건강과 습관이 받쳐줄 남녀들에게 해당함을 염두에 두면) 해안의 반 마일 이내에서 해결할 수 있다. 그것은 시골과 바닷가를 최고로 결합한다. 비록 대양은 보이지 않지만, 바다의 아주 미약한 파도 소리도 들을 수 있다. 그리고 언덕에 올라가 벼랑에 있는 자신을 발견할 수 있다. 헤링 호수들의 유리처럼 반짝이는 표면에서 커다란 대서양 호수로 한 발자국만 나서면 파도가 끊임없이 몰려와 부딪친다. 아니면 트루로에 있는 하일랜드 등대는 이 장소와 경쟁할 것이다. 왜냐하면 거기에는 더욱 탁 트인 대양과 만譽의 풍경이 보이기 때문이다. 그리고 여름에는 그곳 둑의 가장자리에는 늘 바람이 살랑인다. 그래서 주민들은 더운 날씨가 무엇인 줄을 모른다. 경치에 대해서 말하면, 등대관리인은 가족 한 사람이나 그 이상과 식사를 한 후에는 언제나 밖을 내다보려고, 마치 거기에서 여러 날을 생활하지 않았던 것처럼, 둑의 가장자리로 걸어나간다. 간단히 말해서, 그 둑들은 오래 잘 유지될 것이다. 그리고 집안의 벽에 그 어떤 그림으로 그 풍경을 대치할 터인가? 그러나 숙녀들은 현재로서는 도르래와 밧줄의 도움 없이는 그곳 둑을 내려갈 수 없다.

대부분의 사람들은 바닷가를 더운 날씨에 찾아간다. 그럴 때는 안개가 빈번하고 대기는 구름이 잔뜩 끼기에 십상이라 바다의 매력은 상당 부분 상실된다. 그러나 나는 가을이 가장 좋은 계절이라고 생각한다. 왜냐하면, 그때는 대기가 더욱 투명하기 때문이다. 그리고 바다 위로 내다보는 것은 커다란 기쁨이다. 맑고 기운을 돋우는 공기, 가을의 폭풍과 겨울에도 부는 폭풍은, 바다가 만들 예정인 인상을 얻을 수 있도록 하는 데 필요하다. 10월에 날씨가 견딜 수 없을 정도로는 차지 않고, 경치가 케이프코드 풍경만이 띄고 있을 그러한 가을의 색상을 띄고 있을 때가, 특히 체재하는 동안 폭풍을 맞는다면, 이 해안을 방문할 최적기라고 나는 확신한다. 가을에는, 심지어 8월에도, 사색에 잠기는 나날들이 시작한다. 그리고 우리는 유익하게 어디든 걸을 수 있다. 그 외에도, 외부의 추위와 삭막함은, 밤에 피난처를 찾는 것이 필요하게 만드는데, 산책에 모험심을 부여한다.

 이 해안이 바닷가를 진실로 방문하고 싶은 뉴잉글랜드 사람들에게 휴양의 장소가 될 날이 반드시 온다. 현재로는 그것은 유행하는 세계에 전혀 알려지지 않고 있고, 아마도 그들에게 전혀 마음에 들지 않을 것이다. 방문자가 추구하는 그것이 단순히 볼링장 골목, 아니면 순환철도, 아니면 박하 술이 있는 바다라고 한다면 - 내 생각에 뉴포트[141]에서 일부 사람들이 그러는 것처럼, 소금물보다 와인을[142] 더 생각한다면 - 오랫동안 방문자는 여기에서 실망할 것이라고 나는 믿는다. 그러나 이 해안은 지금 그런 것보다 더욱 매력적일 수밖에 없게 될 것이다. 현재 유행하는 그런 해변들은, 여기에서는 모래를 움직이는 바다에 의해, 하루에 만들어지고 해체된다는 말을 나는 할 수가 있다. 린[143]과 낸태스컷[144]! 그들이 너무나 아늑하게 누워있는 만灣을 만드는 것은 이 맨살의 굽은 팔이다.

---

[141] Newport: 로드아일랜드주의 아름다운 해안도시.
[142] brine(소금물)과 wine(포도주)의 운韻을 맞추고 있다.
[143] Lynn: 대서양에 면한 매사추세츠주의 에섹스 카운티의 마을.
[144] Nantasket: 대서양에 면한 매사추세츠주의 헐 타운에 있는 지명으로, 왐파노아그Wampanoag 원주민어로 '해협에 있는'이라는 의미를 가진다.

샘물들과 폭포들은 어떤가? 여기에는 샘 중의 샘이 있고, 폭포 중의 폭포가 있다. 가을이나 겨울에 폭풍이 불 때가 그곳을 찾아갈 때이다. 등대나 어부의 움막은 호텔이나 진배없다. 거기에 서 있는 사람은 모든 미국을 자기 뒤로 둘 수 있다.

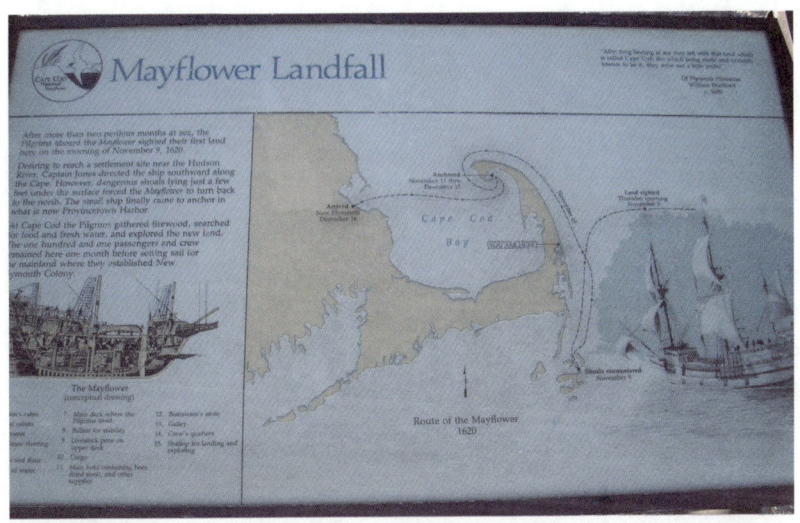

1620년 필그림의 케이프코드 도착(11.11.)과 플리머스 상륙(12.16.)을 보여주는 안내판
(Courtesy of Cape Cod National Seashore)

필그림들이 플리머스 상륙시 발을 처음 디딘 '플리머스 록'의 썰물 때 모습
(필그림들은 케이프에서 35일을 머문 후 본토인 플리머스에 상륙해 정착했다.)

바다전망데크에서 바라본 트루로의 하일랜드 등대.
(소로는 케이프 여행 기간의 절반 이상을 이곳에서 머물며 자연관찰을 했다.)

하일랜드 등대 주변 해안 모래언덕의 침식작용을 보여주는 안내판(Courtesy of CCNS)

필그림 언덕(노스 트루로)에서 보이는 해안 모래사구와 습지

필그림들의 케이프코드 탐사를 보여주는 안내판(CCNS)

필그림 기념탑(77m) 위에서 동쪽으로 내려다본 프로빈스타운 전경

프로빈스타운의 모래 방책

■ 역자 후기

"우리의 삶이란 매일 이별을 하면서 죽음을 찾아 출발하는 여정이다."
― 앙드레 지드 『지상의 양식』

전혀 예기치 못한 코로나-19로 인해 뒤로 미뤄놓았던 이 책의 출판을 만 3년이 훌쩍 지난 지금에서야 하게 된 것은 만시지탄의 감이 없지 않지만, 역자가 케이프코드에 관심을 두게 된 것은 사실은 소로가 쓴 『케이프코드』라는 여행기를 읽기 훨씬 전부터였다. 왜냐하면 케이프코드는 1620년 9월 6일 종교적 자유를 찾아 신대륙을 향해 메이플라워호를 타고 영국의 플리머스항을 떠난 102명의 필그림들 Pilgrim Fathers이 장장 65일의 항해 끝에 11월 11일 최초로 도착한 곳#이기 때문이었다. 그들은 12월 16일 만을 건너 본토에 상륙해 정착하여 플리머스 식민지를 건설하기 시작했고, 이후 1630년대에는 영국에서 수많은 청교도들이 북쪽의 보스턴 항구로 들어와 다시 매사추세츠 식민지를 건설함으로써 재작년에 400주년을 맞이한 미국의 역사가 시작되었다. 이 곳에 대한 역사적이고 지리적인 관심으로 역자는 회수로만 따져보면 소로보다 한 번이 더 많은 다섯 번을 다녀온 셈이다.

소로가 케이프코드를 방문하게 된 동기는 이 책의 서두에서 얘기하고 있는 것처럼 바다라는 보다 큰 야생의 세계를 이해하고 싶어서라고 말하고 있지만, 곳곳에서 특히 10장에서 필그림들을 길게 인용하고 언급하고 있는 것처럼, 필그림 선조들이 상륙한 곳이라는 역사적 사실 또한 그가 이곳을 여행하게 만든 동인動因 중의 하나로 작용하지 않았을까 하는 생각이 든다. 이 책의 마지막 구절에서 한 인간은 거기에서 모든 미국을 뒤로 놓을 수 있다고 한 것은, 그곳이 바로 미국이 처음 시작된 장소이며 최초의 변경이었음을 말하는 다른 표현에 지나지 않을 것이기 때문이다.

종교적 자유를 찾아 402년 전 이 케이프코드에 메이플라워호를 타고 처음 도착했던 필그림들의 모험 의지처럼, 소로의 책을 들고 케이프코드를 직접 찾아 소로의 발자국을 떠올리고 "해변이라는 중립지대Neutral Ground"를 걸으면서 삶을 관조觀照해 보는 것도 좋을 것이다. 이 책은 케이프코드에 관해 이제까지 쓰여진 모든 책의 모델로서 가장 여실하게 케이프코드의 이모저모를 담았다는 찬사와 명성을 유지하고 있다. 19세기 중엽에 쓴 것이지만, 이 여행기는 이 지역에 대한 학술적인 가이드북으로 사용하기에도 여전히 적합하다. 소로의 환경보존 사상에 영향을 받은 케네디J.F.K. 대통령이 1961년 케이프코드를 미국 최초의 해양국립공원 Cape Cod National Seashore으로 지정하여 바깥쪽 케이프Outer Cape 전 지역이 일체의 개발과 훼손이 금지된 덕분에, 이전보다 나무가 더 무성하고 집들이 조금 더 현대화된 것과 포장도로와 자동차가 있다는 것 말고는 예나 지금이나 크게 달라진 것이 없는 곳이기 때문이다. 매년 500만 명 이상이 다녀가고 그중 절반 이상이 여름 휴가철에 집중하는 이 케이프코드는 미국 역사의 산실産室이랄 수 있는 보스턴에서 자동차로 그리 멀지 않은 거리에 위치해 있어—미리 숙소예약을 해두었다면—아주 마음 편하고도 흡족하게 다녀올 수 있는 오늘날 뉴잉글랜드 최고의 자연 생태 휴양지가 되었으니, 책의 후미에서 말한 소로의 예언이 적중한 셈이다. 소로 일행이 대부분의 여정을 걸어 다닌 것처럼, 걷기에 최적화된 이 지역을, 지금은 타운마다 설치된 방문자 안내센터에서 필요하면 간단한 안내책자를 받아들고서, 주로 생태적이고도 역사지리적인 포인트를 중심으로 걸어서 혹은 자전거를 타고 돌아다녀 보아도 좋을 것이다.

케이프코드 여행담이라는 천연재료로 만든 맛깔 있는 건강 밥상을 차려놓고 그 앞에서 괜한 긴 사설을 늘어놓는다면 읽는 이의 식욕은 물론 밥맛도 줄이기 십상이라 책머리의 〈작품안내〉도 가능한 간략하게 했다. 무엇보다 독자들이 곧바로 소로의 언어와 세계를 직접 맛보고 즐기기를 권한다. 때문에 진정으로 케이프코드의 바다와 자연생태에 관심을 갖는 독자라면 책을 펴고 첫 페이지에서부터 천천히 산책하듯이 읽어나가면 좋을 것이다. 그리하여 누구라도 그저 소로와 함께 여행을 떠나 그의 혜안을 통해 새로운 자연을 관찰하고 모험을 즐기다가, 차안此岸의 세계에서 언젠가는 지금까지 살아온 인생 전체를 돌아보고 피안彼岸을 향하며 자기를 발견하는 깨달음이라는 축복을 얻을 수만 있다면, 단단한 압축파일 같은 소로의 문장들을 최대한 꼼꼼하게 풀어내어 우리말로 옮기고 주석을 다느라 애쓴 역자의 그간의 노력은 헛수고가 아닌 보람일 것이다.

인생의 본질적인 사실만을 직면하고 하루하루를 심사숙고하여 살고자 했었던 헨리 D. 소로의 서거 160주기를 맞이하여 그를 마음속 깊이 추모하면서, 그가 케이프코드를 다녀온 직후에 지은 것으로, 첫 작품인 『콩코드강과 메리맥강에서 보낸 일주일』의 "수요일" 장에도 들어 있고 시선집(詩選集)*Thalata: A Book for the Sea-Side*(1853)에 수록되어 출판된 시 한 편을 소개하는 것으로 마무리한다.

내 인생은 해변에서 산책하는 것과 같네,
바다의 가장자리 최대한 가까이서;
내 느릿한 발걸음은 때로는 파도를 비껴가고,
이따금 나는 물결이 넘쳐들게 머물러 있네.

나의 유일한 사업, 진실한 관심은
내가 주운 것들을 파도 물이 닿지 않게 두는 일;
매끈한 조약돌과 희귀한 조개를
바다가 살짝 내 손에 쥐여주는 것들을.

해변엔 나와 몇 사람이 있을 뿐,
바다를 항해하는 사람들은 해변을 얕보지만;
나는 종종 생각한다네, 그들이 항해한 바다를
해변에 있는 내가 너욱 깊이 알고 있다고.

그 바다 한가운덴 심홍색 해초 하나 품고 있지 않고
그 깊은 파도들은 진주 하나 보이게 던져주지 않네;
해변을 따라가며 내젓는 나의 손은 바다의 맥박을 느끼고,
그리고 나는 난파당한 수많은 선원들과 대화를 나눈다네.

2022년 5월 양청재陽靑齋에서 유인호劉仁鎬

■ 찾아보기

ㄱ

가을의 색깔 ················ 83, 162
갈매기 ······ 50, 94, 95, 96, 98, 114,
　　　132, 212, 227, 230, 238, 309
갯완두 ························ 140, 170
게라드 ························ 253, 254
게스너 ······························· 254
고메즈 ················ 290, 292, 293
고스놀드 ········· 17, 54, 284, 290,
　　　297, 300, 301, 302, 327
고양이들 ···························· 101
고올드 ······························· 159
고지스 ······················ 280, 291
골든 로드 ··························· 140
구드리다 ···························· 303
구킨 ································· 68
그래험 ······················ 188, 275
그램퍼스 바위 ······················ 25
그램퍼스만 ························· 183
그레이트 사우스 비치 ········· 328
그레이트 할로 ······· 109, 178, 181
그리네 ······························· 156
그린란드 ·········· 58, 81, 82, 153,
　　　159, 185, 236, 237, 263, 292,
　　　303, 304, 331
글로스터 ······················ 244, 245
길버트 ······························· 155
길버트섬 ···························· 296

길핀 ································ 149
까마귀 ············· 56, 87, 203, 230
깝작도요 ···························· 142

ㄴ

나이아가라 ················ 257, 291
낸터컷 ······················ 183, 190
너블 ································ 302
노룸베가 ···················· 294, 296
노르만인 ·· 174, 175, 201, 236, 304
노맨스랜드 ························ 302
노셋 등대 · 59, 76, 78, 84, 166, 211
노셋 비치 ··························· 329
노셋 여인 ··························· 67
노셋 평원 ············· 60, 70, 75, 76
노셋 하버 ············ 48, 86, 190, 329
뉴베드퍼드 ················ 111, 183
뉴브런스윅 ························ 108
뉴콤 할로 ··························· 132
뉴펀들랜드 ··········· 115, 116, 222,
　　　223, 224, 231, 247, 285, 289,
　　　300, 304, 318
니버 ································ 263

ㄷ

달라거 ······························· 81
대구 ········· 66, 145, 148, 183, 192,
　　　222, 223, 258, 259

341

대폭설 ································ 72
덕스버리 ···························· 225
데 바레 ······························ 281
데니스 ················ 15, 38, 39, 41, 42,
　　　　44, 75, 198
데몬섬 ······························ 155
데소 ·································· 160
데이비스 ···························· 193
데인저필드 ························ 198
덴튼 저널 ·························· 146
도안 ···················· 63, 64, 73, 118
도체스터 ···························· 248
동반자 ············ 8, 59, 102, 106, 201
드 케이 ······················ 178, 182
드와이트 ···················· 254, 259, 275
디어베리 ···························· 207

ㄹ

라 보르드 ·························· 194
라무시오 ····················· 294, 296
라브라도 ···················· 223, 231
라블레 ······························ 117
라일리 ······························ 247
라폰 ·································· 236
레스카르보 ············ 281, 295, 296,
　　　　304, 305
레이스포인트 ···················· 333
레이프 에릭슨 ·················· 237
로베르발 ···················· 290, 293
로빈슨 ······················ 244, 245
록포트 ······························ 302
롱아일랜드 ············ 108, 113, 328
루테난트 안소니 ················· 62

리기다소나무 ···················· 162

ㅁ

마블헤드 ···························· 273
마운트 디저트 ············· 284, 285
매더 ·································· 276
매사추세츠 역사학회 선집 ······ 245
매사추세츠만 ············ 16, 85, 156,
　　　　184, 187, 276, 277, 293
멜로즈호 ·············· 321, 322, 323
모노모이 해변 ···················· 190
모래 둑 ··············· 82, 83, 84, 134,
　　　　140, 187, 192, 193, 200, 203,
　　　　257, 258, 301, 328
모래 언덕 ············ 80, 83, 87, 96,
　　　　129, 132, 148
모톤 ····················· 111, 121, 291
몬트리올 ···················· 287, 290
무화과 ······························ 260
불떼새 ··············· 94, 165, 168, 203,
　　　　210, 228
물수리 ······························ 128
미국 대륙 ·························· 304
밀러 ·································· 286
밀레니엄 숲 ······················· 68
밀턴 ···························· 100, 175

ㅂ

바니갓 해변 ······················· 328
바다벼룩 ···························· 142
바르보사 ···························· 263
바버 ·································· 271
바욘 ·································· 172

바이블 ·························· 122, 127
바이킹 ················ 30, 175, 230, 237
바트람 ································ 288
박스베리 ······················ 239, 240
반스테이블 ············ 15, 36, 38, 44,
　　　84, 115, 169, 172, 176, 197,
　　　267, 275, 276, 301, 314
반스테이블 카운티 ············· 98
발틱해 ································ 156
배리 ···································· 279
백사이드 ···························· 329
백참나무 ···························· 321
밴크로프트 ············ 278, 280, 283,
　　　284, 291, 297
버넷 ······································ 70
버뮤다 제도 ······················ 323
버자드만 ················ 17, 231, 236
버지니아 ············ 17, 31, 129, 175,
　　　221, 291, 297, 323, 328
버크 ···································· 223
버클랜드 ···························· 109
베어베리 ···············77, 162, 169
벨라미 ····················· 121, 199, 200
벨크납 ························ 280, 298
보스턴 ············· 7, 16, 18, 19, 27, 29,
　　　36, 39, 40, 45, 68, 71, 74, 85, 93,
　　　105, 107, 111, 118, 133, 144,
　　　148, 187, 190, 225, 226, 233,
　　　237, 244, 245, 260, 267, 277,
　　　289, 316, 319, 322, 325, 326,
　　　327, 337, 338
본 ··· 15
부유목 ··············· 82, 84, 96, 165

브라운 ·························· 13, 14, 196
브래드포드 ············· 121, 312, 313
브러쉬 할로 ······················ 132
브러쉬섬 ····························· 20
브레레톤 ················ 297, 300, 301
브루스터 ·············· 15, 38, 45
브리지워터 ················ 7, 35, 66
블랙버드 ···············56, 57, 203
블록 아일랜드 ··················· 292
블루베리 ·· 168, 204, 240, 299, 312
비니어드 해협 ·················· 148
비들 ···································· 286
비벌리 ························· 31, 129
비스케이 만 ······················ 252
비치그라스 ············ 77, 84, 96, 99,
　　　140, 148, 168, 170, 171, 199,
　　　206, 233, 239, 242, 246, 247,
　　　249, 252, 254, 255, 256, 310,
　　　311, 327
비치플럼 ····· 77, 163, 204, 239, 327
빈랜드 ······················ 230, 231, 236
빌링스게이트 ··········· 61, 107, 115,
　　　156, 181, 190, 191, 209
빌링턴 ································ 313

ㅅ

사과나무 ······· 50, 51, 163, 204, 242
사구 ·························· 49, 312
사막 ················· 37, 83, 84, 86, 87,
　　　134, 159, 160, 163, 166, 172,
　　　173, 235, 236, 238, 239, 241,
　　　243, 246, 247, 248, 249, 250,
　　　251, 303, 310

343

상업 ……………… 30, 157, 198, 243
샌드위치 ………… 7, 15, 35, 36, 37,
    38, 44, 68
샌타페이 ……………………… 288
샐턴 …………………………… 301
샘물 ………… 31, 152, 166, 274, 332
생선창고 ……………………… 259
샤를르브와 ……………… 284, 296
샘플레인 ………… 49, 55, 56, 110,
    194, 277, 278, 279, 280, 281,
    282, 284, 285, 290, 291, 294,
    295, 296, 312, 313
섕크 페인터 습지 ……………… 266
서인도제도 ……………… 158, 176
세이블섬 ………………… 296, 297
세인트로렌스강 ………………… 293
세인트로렌스만 ………………… 287
세인트존 ………………… 293, 294
셰익스피어 ……………… 65, 229
셰익스피어 클리프 …………… 156
소금 ………… 40, 41, 44, 45, 52
수난구조협회 ……… 85, 197, 203
수엣 …………………………… 44
슈피리어 호 …………………… 213
스노우 ………………………… 64
스미스 선장 …… 221, 276, 311, 323
스카고 언덕 …………………… 44
스토러 ………………………… 182
스토우 ………………………… 253
스트라보 ……………………… 264
습지 ………………… 55, 77, 99
시어즈 선장 …………………… 44
시츄에이트 ……………… 319, 321

식단 ……………………… 260, 264
신세계 ‥ 27, 47, 152, 280, 283, 313
실레누스 ……………………… 117

ㅇ

아가시즈 ……………………… 159
아라라트산 …………………… 235
아르강 램프 …………… 208, 210
아르고 ………………………… 174
아일랜드인 ……… 7, 268, 290, 323
아젠트 박사 …………………… 254
아처 ……………………… 297, 299
아킬레스 ……………………… 64
아틀란티스 …………………… 218
안개 …………… 35, 41, 43, 46, 49,
    60, 72, 171, 204, 214
안슨 …………………………… 153
알렉산더 대왕 ………………… 264
야머스 ……………… 15, 38, 39, 207
야영집회 ……………………… 89
어업 ………… 45, 183, 221, 261, 305
엉클 빌 ……………………… 176
에레라 ………………………… 152
엘리자베스 섬 ………………… 302
엘리자베스 제도 ……………… 283
여우 …………… 184, 185, 227, 249
염전 ………… 39, 52, 175, 241, 268
예루살렘 마을 ………………… 32
오길비 …………………… 110, 278
오대호 …………… 281, 288, 291
오스본 ………………………… 73
옥스퍼드 ……………………… 253

올리언스 ·················· 7, 15, 18, 38, 46, 48, 49, 51, 52, 53, 55, 67, 75, 115, 190, 273, 314, 326
요세푸스 ································· 122
우체국 ···································· 41
워싱턴 ·············· 18, 31, 118, 189, 197, 290, 329
월든 호수 ·························· 16, 156
웰플릿 ················ 8, 15, 46, 65, 83, 95, 103, 107, 115, 161, 162, 163, 165, 175, 176, 195, 199, 200, 237, 243, 251, 257, 274, 301, 329, 330
웰플릿 항구 ············ 107, 109, 190
웹 섬 ···································· 190
웹스터 ·································· 157
윈스롭 ·································· 289
윌리엄슨 ······················ 283, 298
이스트 하버 ····· 109, 191, 220, 310
이스트햄 ·············· 15, 16, 18, 49, 53, 55, 56, 57, 59, 61, 62, 63, 64, 66, 67, 68, 76, 83, 89, 98, 99, 115, 140, 162, 163, 181, 183, 190, 273, 312, 313, 329, 333
인디언 ············· 56, 61, 62, 68, 69, 72, 76, 95, 96, 97, 109, 139, 183, 221, 232, 245, 266, 289, 291, 293, 299, 300, 302, 313, 314
인정의 집 · 84, 85, 86, 99, 100, 101
일리시폴리아참나무 ······· 77, 163, 239, 240
일리안 ································· 262

ㅈ

자선의 집 · 84, 85, 97, 99, 258, 324
자작나무 ··········· 87, 239, 240, 261, 262, 299, 310
잭슨 ···································· 284
조개껍데기 ············ 53, 58, 68, 97, 112, 138, 200, 218, 242, 327
조슬린 ·································· 125
조지 3세 ························ 113, 120
조지 뱅크 ······················ 155, 198
조지 섬 ································· 324
지느러미 고래 ········ 51, 178, 179, 180, 181, 182, 183
지옥 ························· 69, 70, 71
지진 ······························ 114, 126

ㅊ

참나무 ············· 68, 77, 129, 163, 164, 240, 242, 307, 321
채텀 ········ 15, 43, 52, 54, 76, 115, 176, 190, 201, 202, 217, 243
채텀 비치 ······························ 329
채텀 항구 ······························ 278
천국 ············ 27, 52, 75, 100, 134, 155, 218, 232, 256
청새치 ·································· 157
체르나야 전투 ······················ 305
침식 ························ 30, 36, 188, 254

ㅋ

카르티에 ······················ 287, 290
카우퍼 ··································· 81
칼데아인들 ······························ 74

345

캄 ·································· 158, 247
캄차카반도 ······················· 264
캐벗 ·· 285, 287, 288, 289, 290, 292
캠브리아호 ························ 120
커크 ································ 81, 289
커티헝크 ··························· 302
케이프 말르바르 ···················· 17
케이프 앤 ········· 18, 243, 244, 281, 298, 302
케이프 앤 등대 ··················· 187
케임브리지 ····················· 45, 277
케임브리지포트 ················ 45, 46
코하셋 ········· 7, 19, 20, 23, 25, 29, 32, 33, 34, 202, 225, 273
코하셋 바위 ······················· 319
콜럼버스 ········· 8, 26, 27, 28, 152, 219, 285
콩코드 ············ 6, 7, 8, 9, 11, 16, 18, 19, 71, 105, 129, 224, 237, 297, 327
쿡 선장 ······························ 264
퀘벡 ························· 8, 55, 282
퀸시 마켓 ··························· 326
크랜츠 ··························· 81, 185
크로우베리 ························ 206
클라크 섬 ····················· 226, 313
클레오파트라 ····················· 122
키드 선장 ····························· 21
킹 선장 ······························· 264

ㅌ

티프츠 ································ 245
테이블랜드 ·························· 83

토로우 ························· 236, 237
토르발드 ····················· 303, 304
토르발드센 ························ 303
토르핀 칼세프네 ················ 303
토르할 ········· 230, 231, 232, 303
토양 ··················· 206, 272, 311
트루로 ········· 15, 16, 17, 36, 46, 51, 53, 65, 99, 103, 109, 132, 140, 163, 164, 165, 168, 170, 171, 172, 177, 182, 188, 191, 197, 198, 202, 220, 221, 233, 234, 235, 243, 247, 249, 254, 256, 273, 274, 301, 315, 329, 330, 334
트루로 보험회사 ················ 198
트리에스테 ························ 156

ㅍ

퍼차스 ······························· 279
펀디 만 ······················ 295, 314
펀디만 ······························· 314
포르투갈 ········· 218, 263, 286, 287, 292, 293
포버티그라스 ······ 39, 41, 42, 165, 169, 171, 206, 311
포스텔 ························ 305, 306
포터 ·································· 245
포트로얄 ············ 278, 282, 283, 284, 285, 286, 289, 295
폴프리 ······························· 176
풀러 호텔 ··························· 307
프랭클린호 ······ 96, 118, 143, 145
프레넬 ······························· 207

프로빈스타운 7, 15, 16, 18, 19, 47, 48, 60, 78, 112, 166, 181, 182, 183, 189, 190, 195, 199, 207, 217, 220, 221, 235, 236, 238, 239, 240, 242, 243, 246, 247, 248, 250, 254, 256, 258, 259, 260, 263, 265, 266, 267, 270, 271, 272, 274, 310, 316, 322, 327, 336
프로빈스타운 항구 27, 121, 211, 240, 244, 252, 267, 275, 276, 308, 316, 319
프롤릭호 323
프리먼 73, 190
프링 279, 280, 301, 302
프와트린쿠르 110, 194, 277, 282, 295
플레즌트 코브 33
플로리다 176, 278, 286, 287, 288, 293, 294
플리니 262, 264, 265
플리머스 18, 29, 35, 37, 56, 61, 62, 63, 64, 170, 176, 183, 206, 222, 225, 227, 274, 275, 308, 311, 312, 313, 319
플리머스 록 222
플리머스 식민지 62, 121, 221, 313, 337
필그림 56, 61, 64, 80, 121, 166, 170, 183, 222, 226,

266, 276, 278, 283, 284, 290, 314, 333, 335, 336
필그림하우스 307
필드 290
필라델피아 158, 326

ㅎ

하르뒨 264
하비 90
하이헤드 168
할로 85, 103, 125, 132, 166, 167, 169, 171, 184, 211
해변의 새 81, 142, 228, 327
해안 탐사 282
해적선 145, 199, 201
해클루트 287, 292, 293, 294
핼리버튼 279, 284, 297
허드슨 277
허드슨강 293
헐 29, 30, 31, 225, 268, 321
헤라클레스의 기둥들 219, 220
헤로도투스 265
헤스페리데스 218
헤스페리아 220
호그섬 30
호머 88, 185
홈즈 279
화이트 80
히긴즈 주막 46
히치콕 235
힐드렛 279

347

케이프코드

1판 1쇄 발행 2022년 6월 21일

원   제 | Cape Cod
지 은 이 | Henry David Thoreau
옮 긴 이 | 유인호
펴 낸 이 | 김진수
펴 낸 곳 | 한국문화사
등   록 | 제1994 - 9호
주   소 | 서울시 성동구 아차산로49, 404호(성수동1가, 서울숲코오롱디지털타워3차)
전   화 | 02 - 464 - 7708
팩   스 | 02 - 499 - 0846
이 메 일 | hkm7708@daum.net
홈페이지 | http://hph.co.kr

ISBN 979-11-6919-025-1 03840

- 이 책의 내용은 저작권법에 따라 보호받고 있습니다.
- 잘못된 책은 구매처에서 바꾸어 드립니다.
- 책값은 뒤표지에 있습니다.

오류를 발견하셨다면 이메일이나 홈페이지를 통해 제보해주세요.
소중한 의견을 모아 더 좋은 책을 만들겠습니다.